第5版

交際費

課税の

ポイントと重要事例

Q&A

西巻 茂 著

週刊「税務通信」「経営財務」発行所
税務研究会出版局

第5版の改訂にあたって

　平成26年12月に本書第4版が発刊されて3年超経過します。この間に交際費等に関する改正は特にありませんでしたが、国税庁平成30年3月発表では、全国法人数267万社の交際費支出総額は3兆6千億円、1社当たり平均136万3千円で5年連続増加しています。景気回復や「得意先との接待飲食」に限って、一人当たり5,000円以下は交際費から除くことができ、それを超えても支出額の50％相当額が損金算入となる一種の節税策により増加したとされています。しかし、これに対する税務調査が本格化し非違事例が多発との報道もあり、せっかくの節税策が不注意等で税金を追徴されないよう注意が必要です。

　ほとんどの方が交際費の意味は承知していますが、税務上問題となった事例、質問が多かった事例等を新たに追加して税務上の交際費等の取扱いを解説しました。予期しない交際費課税を防ぐとともに効果的な交際費等支出により健全経営等の一助に本書がなれば幸いです。

　なお、本書の意見にわたる部分は個人的な見解であり、確定したものでないことをご承知の上でご活用ください。

　　平成30年4月

　　　　　　　　　　　　　　　　税理士　　西　巻　　茂

は　し　が　き

　交際費等は、企業の販売促進や事業活動を円滑に進めるための一般的な費用です。

　平成19年1月に国税庁が発表した「平成17年分　法人企業の実態」では、全国の法人258万5千社が支出した交際費等の総額は、3兆5,338億円で、前年より945億円（2.7％）増加し、1社当たり平均1,369千円（前年1,339千円）、売上10万円当たり243円（前年237円）となり、費用の大きな部分を占めています。

　交際費は、得意先に対する飲食、旅行、ゴルフ等への接待や、中元・歳暮の贈答などの費用であると、多くの人が理解しています。しかし、税務では、交際費の範囲に「等」を含めており、その範囲は極めて広いものとなっています。

　ご承知のように、交際費等は、税務上は、経費と認められません（損金不算入）。ただし、資本金1億円以下の法人は、一定額の損金算入が認められます。

　このことは、例えば、1,000円の交際費支出が損金算入されないと、現行の租税負担率約50％では、1.5倍の1,500円のキャッシュ・フローが必要となります。要するに、交際費等に税金がかかるということです。

　企業にとって、販売促進的費用が交際費等となるか否かは、財務的に大きな影響があります。このため、交際費課税の事例を把握し、なぜ交際費等に該当するのか、状況が変わると結論がかわるのはなぜか、などの理解と幅広い応用が必要となります。

　特に、隣接する費用の販売促進費、情報提供料・手数料、会議費、広告宣伝費、福利厚生費等との区分を検討し、できる限り的確な判断をし

ていくことが重要です。

　さらには、平成18年度の税制改正で、得意先等との飲食接待で一人当たり5,000円以下は交際費等から除くことができるようになりました（いわゆる5,000円基準）。この節税効果は小さくありませんが、相手先の氏名等を記載し、保存するなど多くの要件があり、その取扱いも十分検討する必要があります。

　本書は、第一編では、交際費等課税の概要、範囲、販売促進費等の隣接費用との区分等を幅広く説明し、留意点も取り入れてわかり易く解説しました。第二編では、平成18年度改正の、いわゆる5,000円基準について、その概要、具体的な取扱いをＱ＆Ａにより解説し、その対応策についても明らかにしています。第三編では、交際費等に関する、よく出会う事例、判断の迷う事例等の参考となる事例について、できるだけ多くを解説しました。

　本書が、納税者の皆様や法人税の実務に携わる多くの方々にとって、少しでもお役に立つことができれば、幸いです。

　最後になりましたが、本書の刊行にあたり多大なご支援をいただきました、税務研究会の方々に厚くお礼を申し上げます。

　　　平成19年9月

　　　　　　　　　　　　　　　　　　西　巻　　茂

目　　次

第1編　交際費課税の概要

1　交際費等の損金不算入の趣旨 ………………………………… 3

2　交際費等の損金不算入額の計算 ……………………………… 6

1　「交際費等の損金不算入（措法61の4）」の規定 …………… 7

2　一般法人の交際費等の損金不算入額の計算 ………………… 8

3　100％子会社等の交際費等の損金不算入額の計算 ………… 9

4　公益法人等の資本金（出資金）を有しない法人の損金
不算入額の計算 ………………………………………………10

5　清算中の法人の交際費等の損金不算入 ……………………11

6　交際費等の損金不算入額計算のまとめ ……………………11

3　交際費等の範囲 ………………………………………………12

1　交際費等の範囲 ………………………………………………13

2　交際費等の範囲の基本的考え方 ……………………………15

3　支出の相手方（事業関係者） ………………………………17

4　支出の目的 ……………………………………………………18

5　支出の行為（態様） …………………………………………20

4 **交際費等に該当する具体例（通達規定）**……………22
 1 会社の記念式典………………………………………22
 2 下請け、代理店等の獲得費用……………………………24
 3 得意先等に対する慶弔、禍福の費用……………………26
 4 得意先等の旅行、観劇等への招待費用…………………28
 5 他社が行う旅行、観劇等の招待費用の負担金…………29
 6 いわゆる総会屋等への支出………………………………30
 7 ビル建設等の同意のための近隣対策費用………………31
 8 スーパー等の大型店舗進出のための同意費用…………33
 9 得意先等の役員、従業員に対する謝礼金………………34
 10 いわゆる談合金等の費用…………………………………36
 11 その他得意先等に対する接待、供応費用………………37

5 **交際費等から除かれる費用の具体例（法律規定）**……38
 1 除外条件となる「通常要する費用」の範囲……………39
 2 従業員の慰安のための旅行等に通常要する費用………40
 3 得意先との一人当たり5,000円以下の飲食代…………41
 4 カレンダー、手帳等の贈与に通常要する費用…………43
 5 会議に際しての飲食物で通常要する費用………………44
 6 出版、放送の編集、取材に通常要する費用……………46

6 **交際費等と類似費用との区分**………………………………47
 1 交際費等と寄附金との区分………………………………47
 2 交際費等と売上割戻し等との区分………………………49
 3 売上割戻しと同一基準で物品を交付した場合…………51
 4 売上割戻しと同一基準で旅行、観劇等に招待する費用……53

目　次　*7*

　　5　景品引換券付販売、景品付販売により得意先に交付す
　　　る景品費用……………………………………………………55
　　6　販売奨励金等の交付費用………………………………………57
　　7　交際費等と情報提供料・手数料との区分……………………59
　　8　交際費等と広告宣伝費等との区分……………………………62
　　9　交際費等と会議費との区分……………………………………65
　　10　交際費等と福利厚生費との区分………………………………68
　　11　交際費等と給与との区分………………………………………70
　　12　交際費等と得意先等に対する災害見舞金等…………………72
　　13　特約店等のセールスマン、従業員等に支出する費用………75
　　14　専属下請企業の従業員、自社の一部門機能を有する者
　　　への費用…………………………………………………………77
　　15　販売物件、旅行先、展示会、工場等への現地案内費用……78

7　交際費等の支出の意義、方法……………………………81
　　1　交際費等の支出の意義…………………………………………82
　　2　交際費等の支出の方法…………………………………………84
　　3　交際費等の金額…………………………………………………86

8　取得価額（原価）に算入された交際費等の調整………89

9　交際費等と使途不明金・使途秘匿金……………………90

10　交際費等と連結納税申告・グループ法人税…………93
　　1　連結納税と交際費等……………………………………………94
　　2　グループ法人税制と交際費等…………………………………95

8

11 交際費等と消費税······························96

 1 交際費等と消費税·····························97

 2 交際費等の額と消費税（控除対象外消費税額）·············98

 3 交際費等と消費税の具体例·······················100

12 公益法人等の交際費等····························100

13 交際費等に関する申告書の書き方
（申告書別表15）···························103

 Ⅰ 設 例·····························104

 Ⅱ 記入の仕方··························105

第2編　得意先等との接待飲食費（飲食費）の取扱い

1 接待飲食費（飲食費）の取扱いの概要·············113

 1 接待飲食費（飲食費）の取扱い·················113

 2 接待飲食費（飲食費）の範囲（共通）··············115

 3 帳簿書類等の記載と保存要件····················117

 4 更正の請求が可能（共通）····················117

2 5,000円基準の概要························118

3 接待飲食費の50％損金算入の概要·············119

 1 50％損金算入導入の理由·····················119

 2 50％損金算入の概要·······················120

目　　次　*9*

　　3　その他の留意点……………………………………………… 121

４　5,000円基準及び50％損金算入の具体的内容と留意点………………………………………………………… 122

　1　5,000円基準、50％損金算入の改正・概要 ………………… 122

　　Ｑ1　改正の趣旨及び適用時期………………………………… 122

　　Ｑ2　交際費等から除外及び50％損金算入の意義………… 123

　　Ｑ3　飲食費と接待飲食費の違い……………………………… 124

　　Ｑ4　適用できる法人の範囲…………………………………… 125

　　Ｑ5　社内飲食費（社内交際費等）が除かれる理由……… 125

　　Ｑ6　社内忘年会・新年会等での飲食費の取扱い………… 126

　　Ｑ7　会議に際しての飲食との関係………………………… 127

　　Ｑ8　会議での飲食と5,000円基準・50％損金算入の
　　　　　適用関係……………………………………………………… 127

　2　接待飲食費の対象となる得意先等（社内、社外の判定）… 128

　　Ｑ9　得意先（社外の者）が「一人」の場合………………… 128

　　Ｑ10　子会社、連結納税子会社の社員等との飲食………… 129

　　Ｑ11　子会社へ出向した者又は他社からの出向者、
　　　　　派遣社員との飲食……………………………………… 129

　　Ｑ12　業務委託者（当社内常駐又は在宅勤務者等）との
　　　　　飲食…………………………………………………………… 130

　　Ｑ13　非常勤役員、社外取締役等との飲食………………… 131

　　Ｑ14　労働組合員（組合専従者として休職中を含む）、
　　　　　OB 者との飲食 ………………………………………… 132

　　Ｑ15　得意先が急用で不参加となった場合……………… 132

3 接待飲食の範囲……………………………………………133

Q16 接待飲食及び飲食その他これに類する行為の意味……133

Q17 得意先等に対する「弁当等の差入れ」………………134

Q18 お土産品代の取扱い……………………………………135

Q19 カラオケへの招待費用…………………………………135

Q20 屋形船、納涼船、クルージングでの飲食費用………136

Q21 接待飲食時の送迎タクシー代…………………………137

Q22 ゴルフ、観劇、旅行中での飲食費及び
終了後の飲食費……………………………………………138

Q23 同業者団体等の懇親会（パーティー）に
参加した場合………………………………………………139

Q24 得意先等と共同で開催する懇親会…………………139

Q25 政経文化パーティー、○○先生を励ます会の会費……140

Q26 得意先からの飲食費請求書の肩代わり、
お食事券の交付……………………………………………141

Q27 当社の都合で接待に参加できなかった場合…………141

Q28 海外出張、海外支店の接待飲食費の取扱い…………142

4 飲食費の金額判断…………………………………………143

Q29 一人当たり5,000円以下の飲食費……………………143

Q30 同業者団体等の懇親会の飲食費の判断………………144

Q31 同業者団体等の懇親会の飲食費の判断
（会計報告がない場合）…………………………………145

Q32 当社主催のバイキング方式での一人当たりの計算……146

Q33 二次会、三次会等の場合の金額の計算………………146

Q34 研修会後のパーティー費用を含めて
会費として支払った場合…………………………………147

目　　次　*11*

Q35　飲食費に係る消費税及び控除対象外消費税額の
　　　取扱い……………………………………………………148

5　書類等への記載・保存義務………………………………149

Q36　書類等への記載内容………………………………………149

Q37　5,000円基準は「書類」、50％損金算入は
　　　「帳簿書類」に記載………………………………………150

Q38　保存書類の様式………………………………………………150

Q39　得意先等氏名は全員かつフルネームで記入が必要……151

Q40　得意先氏名を省略できる場合…………………………152

Q41　懇親パーティー等の場合の記載事項…………………153

Q42　当社員の氏名の記載………………………………………153

Q43　飲食店名、住所の記載……………………………………154

Q44　保存書類に記載漏れや誤りがあった場合……………155

Q45　得意先氏名を別名（偽名等）とした場合……………155

6　申告書の記載要領…………………………………………156

Q46　確定申告書別表15（交際費等の明細書）の
　　　記載方法………………………………………………………156

Q47　飲食費を全額交際費として不算入した場合の
　　　更正の請求………………………………………………………157

7　中小法人の場合の取扱い…………………………………158

Q48　中小法人の定義と年800万円定額控除の関係…………158

Q49　年800万円定額控除と5,000円基準及び
　　　50％損金算入の関係……………………………………159

Q50　年800万円の定額控除は修正申告や
　　　更正の請求も可能………………………………………160

5 5,000円基準及び50％損金算入の
税務調査とその対応策……………………………………………… 161

  1 税務調査の本格化……………………………………………… 161

  2 5,000円基準の税務調査での指摘事項 ………………………… 162

  3 得意先等に対する反面調査（接待飲食の確認調査）………… 163

  4 5,000円基準及び接待飲食費の50％損金算入の対応策 ……… 164

第3編　質疑応答事例

1 交際費等の範囲………………………………………………… 175

  Q1 交際費等の損金不算入制度の趣旨…………………………… 175

  Q2 交際費等となる判断基準……………………………………… 176

  Q3 交際費等となる事業関係者の範囲…………………………… 177

  Q4 役員の同級会等と法人の事業関係者………………………… 179

  Q5 領収書の無い交際費等………………………………………… 181

  Q6 接待専用施設の自社所有の場合と
賃借の場合の維持管理費用…………………………………… 183

  Q7 交際費等から除外できる「通常要する費用」とは……… 184

  Q8 役員私邸で行う接待（ホームパーティー）費用……… 186

  Q9 ゴルフ会員権と交際費等……………………………………… 188

  Q10 得意先との会費制のゴルフコンペ…………………………… 189

  Q11 飲食代金を得意先と割り勘又は一部受け入れた場合……… 191

  Q12 接待する社員のタクシー代等………………………………… 192

  Q13 接待を受ける社員のタクシー代等…………………………… 194

  Q14 得意先の結婚披露宴や葬儀等への
出席交通費等の取扱い………………………………………… 196

目　　次　*13*

Q15　得意先からの要請で購入した商品券……………………… 197

Q16　JV（ジョイント・ベンチャー）工事の交際費等……… 199

Q17　建設会社等が施工するサービス工事…………………… 200

Q18　協同組合の交際費等の範囲……………………………… 201

Q19　不正加担料（脱税協力金）と交際費等………………… 203

Q20　弁護士会・税理士会等の役員の交際費の必要経費性…… 204

Q21　マイナンバー制度と交際費……………………………… 206

Q22　中国子会社等の現地撤退（国外移転）の場合と
　　　交際費…………………………………………………… 208

2　交際費等の支出、金額、時期の判定……………… 210

Q1　仮払金・前払金・未払交際費の課税時期………………… 211

Q2　自社施設の無料招待券と交際費等……………………… 213

Q3　割引招待券と交際費等（原価相当額の回収）………… 216

Q4　記念パーティー等で受領したご祝儀・お祝金………… 217

Q5　自社製品の贈答、直営レストランで接待した場合の
　　　交際費等の額…………………………………………… 219

Q6　得意先に値上がりした絵画を贈った場合、
　　　得意先から贈られた場合……………………………… 220

Q7　交際費等を他社と分担した場合
　　　（各社負担額が認められる場合）…………………… 222

Q8　社内懇親会費用（交際費等）に個人負担がある場合…… 223

Q9　プリペイド・クレジットカードと
　　　交際費等の計上時期…………………………………… 225

Q10　外国（外貨）で支出した交際費等の円換算…………… 227

③ 売上割戻しと交際費等 ……………………………………… 228

Q1 売上割戻しと交際費等の区分 ……………………………… 229

Q2 売上割戻しの算定基準の例示 ……………………………… 230

Q3 契約外の売上割戻し ………………………………………… 232

Q4 営業地域の特殊事情、協力度合い等による
売上割戻し …………………………………………………… 233

Q5 得意先が収入計上していない場合の売上割戻し ……… 235

Q6 海外の取引先への売上割戻し（リベート） …………… 236

Q7 売上割戻しの損金算入時期 ………………………………… 238

Q8 交際費等とならない事業用資産の範囲 ………………… 239

Q9 小売店に交付する事業用資産、販促物品の
交際費等の判定 ……………………………………………… 240

Q10 少額物品となる「おおむね3,000円以下」の物品 ……… 242

Q11 少額物品のビール券、デパート商品券等の取扱い ……… 245

④ 販売奨励金と交際費等 ………………………………………… 246

Q1 販売奨励金と交際費等の区分 ……………………………… 247

Q2 売上割戻しと販売奨励金の違い …………………………… 248

Q3 販売促進目的の意義 ………………………………………… 250

Q4 販売奨励金となる「特定の地域の得意先」 …………… 251

Q5 売上目標額達成の得意先・優良得意先に
支払う報奨金 ………………………………………………… 253

Q6 取引年数に応じて支払う販売奨励金額 ………………… 255

Q7 販売奨励金の得意先での使途 ……………………………… 256

Q8 特別販売キャンペーン期間中の販売員給与の負担 ……… 257

Q9 得意先の○周年記念祭等での協賛金・

目　次　*15*

期末増額の割戻し……………………………………………259

Q10　得意先の店舗改装等の費用負担、事業用資産の贈呈……261

Q11　得意先の従業員等に対する値引販売………………………263

Q12　特約店等の従業員を対象とする販売奨励金品……………264

Q13　代理店、特約店を会員とする「協力会」の運営費用……266

Q14　特約店等の従業員に対する健康診断、
生命保険料等の負担……………………………………………267

Q15　ビル賃貸に際して貸主（家主）が負担する
テナントの移転費用……………………………………………269

Q16　フリーレント賃貸と交際費………………………………271

Q17　無料招待券、サービス券の交付…………………………272

Q18　ホテル業者が挙式者に対して行う無料サービス…………274

Q19　災害被災地の得意先、従業員等に対する見舞金等………275

5　旅行、観劇等への招待と交際費等………………………278

Q1　一般消費者を旅行、観劇に招待する場合…………………278

Q2　旅行、観劇に招待する場合の得意先の範囲………………279

Q3　一般消費者と得意先を抽選で
一緒に旅行招待した場合………………………………………281

Q4　旅行等招待者が一般消費者か得意先かの区分……………282

Q5　売上割戻しと旅行招待費用…………………………………283

Q6　売上割戻しを旅行招待費用とした場合の
不参加者への返戻金……………………………………………285

Q7　仕入割戻しの入金と同時の旅行参加費用の支払い………286

Q8　旅行招待費用をメーカー等が負担した場合の
支出交際費等の額（共同開催の適否）………………………287

Q 9　テナント販売員研修と優秀者の海外研修費用の負担････ 289

Q10　得意先社員の海外研修費用を負担した場合················ 290

Q11　販売物件、旅行先、展示会、自社工場等への
　　　現地案内費用··· 292

Q12　新製品発表の展示会に外国取引先を招待した場合······· 295

Q13　得意先の旅行招待に同行する当社員の添乗費用········· 297

Q14　得意先からの招待旅行に参加した当社員の費用········· 298

Q15　翌期に実施した招待旅行の交際費等の支出時期········· 300

6　情報提供料・手数料と交際費等······························ 301

Q 1　情報提供料（手数料）と交際費等の区分················· 302

Q 2　情報提供料、斡旋手数料等が交際費等となる理由······· 303

Q 3　情報提供の専業者の範囲
　　　（いわゆる「士業」に支払う情報提供料）················· 305

Q 4　情報提供料の「あらかじめ締結された契約」とは······· 307

Q 5　情報提供料として認められる場合························· 308

Q 6　情報提供料の「相当の金額」の範囲····················· 311

Q 7　取引先の従業員等に支払う情報提供料··················· 312

Q 8　観光地等のお土産店等がタクシー運転手に
　　　支払う手数料··· 313

Q 9　政治家、地元有力者への顧問料、支払手数料············ 315

7　福利厚生費（社内行事）・給与と交際費等·············· 316

Q 1　福利厚生的支出の福利厚生費、
　　　給与、交際費等との区分··································· 317

Q 2　給与と交際費等との区分··································· 321

目　　次　　*17*

Q 3　社員等に対する飲食代等が交際費等となる理由………324

Q 4　創立記念式典等のホテル又は各地開催と記念品代……325

Q 5　創立記念品を下請先従業員、
　　　派遣社員等に配った場合………………………………327

Q 6　社内サークル、慶弔、会合等と規程の有無……………329

Q 7　福利厚生費となる「通常の飲食に要する費用」………332

Q 8　役員が各職場ごとに行う食事会…………………………333

Q 9　成績優良の支店（課）、優秀社員の表彰費用……………335

Q10　残業食事代と連日残業後の打上げ………………………337

Q11　部・課単位での忘年会、新年会等………………………338

Q12　部・課により会社負担額が異なる場合の忘年会費……339

Q13　忘年会等に得意先（下請先）等が参加した場合………341

Q14　ゴルフクラブ、レジャークラブの入会金、
　　　年会費、名義書換料………………………………………342

Q15　社員旅行での社内ゴルフコンペ費用……………………344

Q16　社内ゴルフサークルに対する会社負担…………………345

Q17　従業員の日帰り慰安旅行に従業員家族を
　　　同伴した場合………………………………………………346

Q18　社員旅行（海外等）の会社負担額………………………348

Q19　従業員の結婚披露宴等への出席旅費、お祝い金等……350

Q20　プロ野球観戦券と福利厚生費……………………………352

Q21　会長の叙勲に伴う祝賀会費用……………………………353

Q22　社葬費用・お別れ会費用…………………………………355

Q23　先代社長の一周忌の費用…………………………………357

Q24　新入社員の募集費用………………………………………358

Q25　採用内定者に対する費用、新人社員の

父兄の工場見学費用‥‥‥‥‥‥‥‥‥‥‥‥‥‥‥‥ 360

Q26　社史の作成と得意先等への贈答‥‥‥‥‥‥‥‥‥‥ 361

8　株主対策と交際費等‥‥‥‥‥‥‥‥‥‥‥‥‥‥‥‥‥ 362

Q1　株主優待券の交付（原則）‥‥‥‥‥‥‥‥‥‥‥‥ 363

Q2　株主優待券の交付（例外）‥‥‥‥‥‥‥‥‥‥‥‥ 364

Q3　株主総会でのお土産品‥‥‥‥‥‥‥‥‥‥‥‥‥‥ 366

Q4　いわゆる総会屋が発行する雑誌の広告料‥‥‥‥‥‥ 367

Q5　総会直前での大株主に対する決算説明会費用‥‥‥‥ 368

9　広告宣伝費と交際費等‥‥‥‥‥‥‥‥‥‥‥‥‥‥‥ 369

Q1　広告宣伝費と交際費の区分‥‥‥‥‥‥‥‥‥‥‥‥ 370

Q2　広告宣伝費となる不特定多数の者‥‥‥‥‥‥‥‥‥ 371

Q3　販売促進、宣伝用物品等の受贈者が
「特定の個人」となる場合‥‥‥‥‥‥‥‥‥‥‥‥ 373

Q4　「メンバー会員」に対する観劇招待、商品券の進呈‥‥ 375

Q5　工場、支店開設時の近隣挨拶の手土産‥‥‥‥‥‥‥ 376

Q6　新規契約者及び1年前契約者に対する贈答品‥‥‥‥ 377

Q7　得意先等への贈答品で交際費等とならない少額物品‥‥ 379

Q8　得意先の店舗新改築に際しての花輪、生花等の贈呈‥‥ 380

Q9　飲食店等の取材に際しての食事の提供‥‥‥‥‥‥‥ 382

Q10　テレビコマーシャル出演者への自社商品の交付‥‥‥ 382

Q11　メーカーが行う新製品の発表展示会の費用‥‥‥‥‥ 383

Q12　新製品展示会での模擬店の飲食‥‥‥‥‥‥‥‥‥‥ 385

Q13　新製品を見本品として贈呈した場合‥‥‥‥‥‥‥‥ 386

Q14　広告宣伝用資産の贈与（メーカー名等の有無）‥‥‥ 388

目　　次　*19*

🔟　会議費と交際費等 ……………………………………………… 390

Q1　会議費と飲食費の5,000円基準・50％損金算入の関係 ‥ 390

Q2　飲食が会議費と認められる「実態ある会議」の判断 …… 392

Q3　会議に際しての「通常供与される程度の飲食」の判断 … 394

Q4　会議の前、会議の途中、会議の終了後の食事 ………… 395

Q5　大型店が出店に際し地元商店等との会議・運動費 …… 396

Q6　社内の取締役会・幹部会における昼食代 ……………… 398

Q7　社内での営業会議後の慰労会 …………………………… 400

Q8　全国の本支店長会議を温泉地で開催する場合 ………… 401

Q9　得意先との打合せに持参する手土産代 ………………… 402

Q10　会費と交際費等との区分 ………………………………… 403

Q11　所属する業界団体への会費と交際費負担額 …………… 406

Q12　会議、研修会費用と懇親会費用を会費として
　　　支払った場合の区分 …………………………………… 407

Q13　ロータリークラブ・ライオンズクラブの会費等 ……… 409

🔟🔟　寄附金と交際費等 ……………………………………………… 410

Q1　寄附金と交際費等の区分 ………………………………… 411

Q2　寄附金と交際費等の現実的区分 ………………………… 413

Q3　寄附金と交際費等の判断に迷った場合 ………………… 415

Q4　寄附金と交際費等の額が異なる理由 …………………… 417

Q5　「政経パーティー」「○○先生を励ます会」等の
　　　パーティー券代 ………………………………………… 418

Q6　政経文化パーティーの会費と
　　　5,000円基準・50％損金算入 ………………………… 419

Q7　選挙に際しての事務所開き、当選祝い等 ……………… 420

Q 8　取引先でもある神社の祭礼等に際しての金品の寄贈‥‥‥ 421

Q 9　赤字工事を請け負った場合‥‥‥‥‥‥‥‥‥‥‥‥‥ 422

Q10　JV 工事での赤字分を代表会社が負担した場合 ‥‥‥‥ 424

Q11　得意先に対する債権放棄等と交際費等‥‥‥‥‥‥‥‥ 426

Q12　得意先に対する無利息等貸付‥‥‥‥‥‥‥‥‥‥‥‥ 427

Q13　社員の子弟が多く通う中学校への物品の贈与‥‥‥‥‥ 429

Q14　得意先の展示会費用の一部負担‥‥‥‥‥‥‥‥‥‥‥ 430

12　使途不明金・使途秘匿金と交際費等‥‥‥‥‥‥‥‥‥ 431

Q 1　使途不明金と使途秘匿金の違い‥‥‥‥‥‥‥‥‥‥‥ 432

Q 2　赤字申告の場合の秘匿金課税‥‥‥‥‥‥‥‥‥‥‥‥ 433

Q 3　調査による秘匿金課税‥‥‥‥‥‥‥‥‥‥‥‥‥‥‥ 434

Q 4　使途秘匿金での物品贈与とその購入領収書‥‥‥‥‥‥ 436

Q 5　使途秘匿金の相手先名記載がない「相当の理由」‥‥‥ 437

Q 6　旅行、飲食、ゴルフ接待した相手先を
　　　明らかにしない場合‥‥‥‥‥‥‥‥‥‥‥‥‥‥‥‥ 439

Q 7　秘匿金課税後に相手先が判明（所得課税）
　　　された場合‥‥‥‥‥‥‥‥‥‥‥‥‥‥‥‥‥‥‥‥ 440

13　連結納税・グループ法人税制と交際費等‥‥‥‥‥‥‥ 441

Q 1　連結納税・グループ法人税制の対象法人‥‥‥‥‥‥‥ 442

Q 2　連結納税の場合の交際費等の損金不算入額‥‥‥‥‥‥ 444

Q 3　グループ法人税制と交際費等‥‥‥‥‥‥‥‥‥‥‥‥ 447

Q 4　交際費課税における一般法人、連結納税、
　　　グループ法人税制の対比‥‥‥‥‥‥‥‥‥‥‥‥‥‥ 449

目　　次　　*21*

14　交際費等と消費税……………………………………… 451

Q1　交際費等と消費税……………………………………… 452

Q2　交際費等と消費税の課否判定………………………… 453

Q3　交際費等に係る控除対象外消費税等の処理………… 457

Q4　交際費等に係る控除対象外消費税の具体的処理……… 459

15　そ　の　他…………………………………………………… 461

Q1　資産の取得価額から減算できる交際費等の額………… 461

Q2　資産の取得価額から交際費等を減算できる時期……… 463

Q3　談合金「その他これに類する費用」とは……………… 464

Q4　民間工事等に談合金はあるか………………………… 466

Q5　公益法人等の交際費等の損金不算入額計算…………… 468

Q6　公益法人等の交際費等での期末資本金……………… 469

Q7　清算中の法人の交際費等……………………………… 471

16　交際費等と税務調査………………………………………… 472

Q1　確定申告に当たっての交際費等の留意点……………… 473

Q2　税務調査の連絡があった場合の交際費等の事前準備… 474

Q3　税務調査での交際費等指摘に対する対応……………… 477

Q4　手数料が交際費等に該当するとの指摘に対する対応…… 478

Q5　販売手数料を個人口座に振り込んだ場合……………… 480

Q6　飲食費の5,000円基準・50％損金算入を
　　　失念した場合の更正請求……………………………… 481

Q7　税務調査で5,000円基準に誤り指摘があった場合に
　　　50％損金算入を適用するこの是非…………………… 482

Q8　税務調査で把握された簿外交際費等…………………… 484

Q 9 「作成日付遡り」の契約書は重加算税に留意 ·············· 486

Q10 社内メールの確認調査 ································· 487

Q11 会計記録データの借用（預かり）を求められた場合 ···· 489

Q12 プリペイド・クレジットカード等と交際費の二重
計上 ·· 491

第4編 参考資料

1 交際費等に関する法令・通達 ································ 497

1 租税特別措置法（交際費等）·························· 497

2 租税特別措置法施行令 ····························· 498

3 租税特別措置法施行規則 ··························· 499

4 租税特別措置法関係等（連結法人の交際費等）·········· 499

5 租税特別措置法（使途秘匿金）······················ 502

6 法人税法 ····································· 503

7 法人税基本通達 ································· 506

8 租税特別措置法関係通達（法人税編）················ 509

2 交際費等（飲食費）に関するQ＆A ······················ 520

3 接待飲食費に関するFAQ ························· 528

4 「消費税法等の施行に伴う法人税の取扱いについて」
通達関係 ······························· 534

凡　例　*23*

【凡　例】

1　本書において使用した主な省略用語は、それぞれ次に掲げる法令等を示します。

法法	法人税法
法令	法人税法施行令
法基通	法人税基本通達
措法	租税特別措置法
措令	租税特別措置法施行令
措規	租税特別措置法施行規則
措通	租税特別措置法関係通達（法人税編）
所法	所得税法
所令	所得税法施行令
所基通	所得税基本通達
消法	消費税法
消基通	消費税法基本通達
通則法	国税通則法
通則令	国税通則法施行令
国税庁Ｑ＆Ａ	交際費等（飲食費）に関するＱ＆Ａ
接待飲食費ＦＡＱ	接待飲食費に関するＦＡＱ
消費税関連通達	消費税法等の施行に伴う法人税の取扱い
電子帳簿保存法	電子計算機を使用して作成する国税関係帳簿書類の保存方法等の特例に関する法律

2　使用例

措法61の4③二　→　租税特別措置法第61条の4第3項第2号

3　本書は、平成30年4月1日現在の法令通達によっています。

第 1 編

交際費課税の概要

1 交際費等の損金不算入の趣旨

○ 交際費は、販売促進等の営業活動上不可欠な支出であり、企業会計上は費用（損金）となるべきものです。

　しかし、過度の接待、飲食等に対する社会的モラルが問題となり、冗費を抑制して企業の内部留保の充実と体質強化を図る必要があり、支出した交際費等の一定額を損金に算入しない制度が昭和29年から始まり、昭和57年に全額損金不算入が原則となりました。

　ただし、中小企業（資本金１億円以下）対策として一定金額（現行、年800万円）までは損金を認めることとしました。

○ 平成22年度改正で、資本金５億円以上の100％子会社は資本金が１億円以下であっても大企業とみなして、全額損金不算入と改正されました（いわゆるグループ法人税制）。

○ 接待飲食費は、平成18年４月から得意先等との商談等をスムーズに行えるよう一人当たり5,000円以下は交際費等から除くことが認められ（いわゆる5,000円基準）、平成26年４月からの消費税率引き上げに伴う景気活性化を図る目的で、その50％相当額が損金に認められるようになりました。

○ 損金不算入の対象法人は、一般法人の他、公益法人、人格のない社団、外国法人も対象となります。なお、個人事業者には不算入制度はありません。

(1)　交際費等は、得意先との親睦を深め、その歓心を買うことにより取引関係の円滑化、親密化を図り、さらには、取引の新規開始や継続、

4   第1編　交際費課税の概要

拡大を目的とするための支出であり、まさに「販売促進費」そのもの
といえます。また、社員等の労務対策としての慰安等もあることから、
企業にとって事業活動、経営活動の両面からも重要な費用といえます。

(2)　平成30年3月、国税庁は「平成28年度分　会社標本調査（平28.4〜
平29.3月期決算）」を発表しました。全国の法人267万2千社（連結親
法人1,645社）が支出した交際費等の総額は、3兆6,270億円で前年よ
り1,432億円（4.1%）増加し、1社当たり1,363千円（前年1,324千円）、
売上10万円当たり250円（前年240円）となり、5年連続で増加してお
り費月の中で大きな部分を占めています。

○　交際費等の支出額の推移

区　　分	交際費等支出額(A)	損金不算入額(B)	損金不算入割合(B)／(A)	営業収入10万円当たり
平成26年分	32,505億円	8,919億円	27.4%	211円
27	34,838	9,065	26.0	240
28	36,270	9,578	26.4	250

○　業種別の交際費等支出額

区　　分	交際費等支出額	1社当たり	営業収入10万円当たり
農 林 水 産 業	173億円	576千円	322円
鉱　　　　業	60	1,708	152
建　　設　　業	6,956	1,632	647
繊 維 工 業	97	913	275
化 学 工 業	1,051	3,189	202
鉄 鋼 金 属 工 業	840	1,679	262
機 械 工 業	1,374	1,757	181
食 料 品 製 造 業	631	1,475	176
出 版 印 刷 業	449	1,404	340

その他の製造業	944	1,104	291
卸　　売　　業	4,066	1,704	167
小　　売　　業	2,527	772	186
料理飲食旅館業	972	776	432
金融保険業	1,276	2,767	164
不　動　産　業	2,321	757	574
運輸通信公益事業	1,759	2,013	215
サービス業	8,217	1,117	471
小　　　計	33,712	1,268	296
連結法人	2,558	155,520	82
合　　　計	36,270	1,363	250

(3)　しかし、交際費等が、企業の販売促進や事業活動に不可欠な費用であるとしても、税務では、社用族ともいわれた過度の支出や、個人的費用の会社付回しなどの濫費、冗費に対する批判があり、その抑制等の社会的要請から、支出の一定額を損金としない制度（交際費課税）が、昭和29年から始まり、昭和57年度改正で、「交際費等は、課税強化してきているが、巨額にのぼる実態、その支出額が毎年増加し続ける事実に対する社会的批判は依然として厳しいものがあり、この際、課税の全般的強化を図る。」として、交際費等は、全額損金不算入が原則となりました。ただし、資本金1億円以下の中小法人は、大企業と対抗していくためには交際費等支出が必要であることから、平成25年4月開始年度からは年800万円までは全額損金が認められるようになりました。

(4)　平成22年度の改正の「グループ法人税制」により、資本金5億円以上の100％子会社等は、その実態は大法人と一体であるとの考えから、たとえ、資本金が1億円以下であっても大法人とみなして全額損金不算入となりました。

6　第1編　交際費課税の概要

また、会社が解散した場合の清算中の各事業年度においても交際費課税が行われることになりました。

(5)　平成18年度改正で商談、打合せ等がスムーズに行われるように得意先等との一人当たり5,000円以下の少額な飲食費は交際費等から除外できることになりました（いわゆる5,000円基準）。平成26年4月から消費税率8％引き上げに伴う景気活性化を図る目的で、得意先等との接待飲食費の50％相当額が損金に認められることになりました（接待飲食費の50％相当額の損金算入）。

(6)　主要諸外国の交際費の取扱いです。交際費等が原則、損金不算入となるのはイギリスのみで、他の国は事業遂行上通常かつ必要なもので、その支出額の50％を損金とする（アメリカ）、事業遂行上直接必要な経費で、過大でないもの（フランス）、事業上必要で取引の通念に照らして相当であるものの70％を損金（ドイツ）、など一様ではありません。ただし、主要国共通として、娯楽、スポーツ施設等の入会金、会費やゴルフ、ヨット、別荘などへの招待費用は損金不算入となっています。

2　交際費等の損金不算入額の計算

○　交際費等は損金不算入が原則ですが、期末資本金等の額及び接待飲食費の額で損金不算入額が異なります。資本金又は出資金1億円以下の中小法人は交際費等も必要であるとの見地から、一定額（年800万円）までの損金（定額控除）を認めています（措法61の4②）

○　また、すべての企業は得意先との接待飲食費については、一人

> ○ 5,000円以下の少額な飲食費は交際費等から除外ができ（5,000円基準）、平成26年4月開始年度からは、一人5,000円を超えても、その50％相当額を損金算入ができます（措法61の4①）。したがって、接待飲食費の額により損金不算入額も異なります。
>
> ○ 中小法人は接待飲食費の50％相当額の損金算入と年800万円定額控除のいずれか有利な方を選択できます（措法61の4②）。
>
> ○ ただし、中小法人であっても、親会社の資本金が5億円以上の100％子会社等はすべて大法人とみなされ、全額損金不算入が原則となります（いわゆるグループ法人税制。措法61の4①、法人税法66⑥二）。
>
> ○ 公益法人等で資本金を有しない場合には、資本金の額又は出資金の額に準ずる額により損金不算入額の計算を行います。

1 「交際費等の損金不算入（措法61の4）」の規定

　交際費等の損金不算入は、租税特別措置法第61条の4第1項に「法人が……各事業年度において支出する交際費等の額のうち接待飲食費の額の100分の50に相当する金額を超える部分の金額は、当該事業年度の……損金の額に算入しない。」と規定されています。

　この規定からは、接待飲食費の50％相当額を超える部分の金額のみが損金不算入となり、他の、例えば、お中元やゴルフ接待等の交際費行為に係る費用は損金になるのかとの疑問がありました。しかし、「……支出する交際費等の額のうち……」として、例外的に交際費等となる接待飲食費についてのみ、その50％相当額を超える部分は損金不算入（50％相当額以内は損金）となるとしたものであり、他のお中元やゴルフ接待等の交際費行為に係る費用は、その全額が損金の額に算入しない（損金

8 第1編 交際費課税の概要

として認めない）規定であり、従来の取扱いと変わりがありません。

2 一般法人の交際費等の損金不算入額の計算

　一般法人（清算中の各事業年度を含む。）の交際費等の損金不算入額は、法人の期末資本金（出資金）の額が1億円以下か1億円超により、また、得意先等との接待飲食費かそれ以外の交際費等かの区分により異なります。1億円以下の中小法人（ただし、親会社資本金が5億円以上の100％子会社等を除く。）は、年800万円定額控除か又は接待飲食費の50％損金算入かのいずれか有利の方を選択適用ができます。

(1)　期末資本金が1億円超の法人及び資本金5億円以上の100％子会社等で平成26年4月1日以後開始する事業年度（措法61の4①②）

　　　次の合計額（①＋②）が損金不算入額となる。

　　①　接待飲食費以外の交際費等の額

　　②　接待飲食費－（接待飲食費×50％）

(注)　1　平成26年3月31日以前開始する事業年度の場合

　　　　　上記①＋②の接待飲食費の額＝損金不算入額

　　　2　接待飲食費とは、交際費等のうち得意先等との飲食その他これに類する行為のために要する費用（社内飲食交際費を除く。）であって、帳簿書類等に得意先参加者の氏名等の必要事項を記載したものをいう（措法61の4④、措規21の18の4）。

　　　　　なお、接待飲食費について5,000円基準適用の場合には、その適用額控除後の金額が課税対象の交際費等の額となる。

(2)　期末資本金の額が1億円以下の法人で、平成26年4月1日以後開始する事業年度（措法61の4①②）

　　　次の①又は②のいずれかを選択適用できる。

② 交際費等の損金不算入額の計算　*9*

① 接待飲食費以外の交際費等の額＋接待飲食費－（接待飲食費×50％）＝損金不算入額

② 交際費等の総支出額－年800万円＝損金不算入額

(注) 1 平成26年3月31日以前開始する事業年度の場合
　　　上記②のみが適用される（ただし、平成25年3月31日以前開始年度は年600万円）。
　　2 年800万円又は年600万円は当該事業年度の月数／12を乗じた金額であり、月数は暦に従って計算し、1月に満たない端数は1月となる（措法61の4③）。

3 100％子会社等の交際費等の損金不算入額の計算

平成22年改正で、100％グループ法人間は、親会社を中心に一体的に経営・運営されている実態に即して、グループ法人間では原則損益を発生させないグループ法人税制が創設（強制）されました（法法61の13①）。100％グループ法人とは個人（その同族関係者を含む。）又は法人により株式の全部を直接・間接に保有される子会社・孫会社や兄弟会社等をいいます（法2十二の七の六）。親会社の資本金が5億円以上の100％子会社等はすべて大法人とみなされて、交際費等は接待飲食費の50％相当額を超えた額及び接待飲食費以外の交際費等はその全額が損金不算入となります（上記**2**の(1)参照。措法61の4①②、法法66⑥二）。中小法人に適用がある年800万円定額控除は適用できません。連結納税では親会社の資本金の額により損金不算入額を計算し、各社に配賦します（措法68の66）。グループ法人税制、連結納税での交際費等の定額控除の適用関係をまとめると以下の表のとおりです。

10   第1編　交際費課税の概要

（定額控除800万円の適用有り○：適用無し×）

	親会社資本金	100％子会社（資本金）	100％孫会社（資本金）
グループ法人税制	甲社（5億円）→×	A社（5千万円）→×	B社（5千万円）→×
	乙社（1億円）→○	C社（6億円）→×	D社（5千万円）→×
	丙（個人）	E社（2億円）→×	F社（5千万円）→○
連結納税	丁社（2億円）→×	G社（5千万円）→×	H社（5千万円）→×
	戊社（1億円）→○	I社（5千万円）→×	J社（5千万円）→×

4　公益法人等の資本金（出資金）を有しない法人の損金不算入額の計算

　公益法人等も原則として交際費等は損金不算入となります。しかし、公益法人等、人格のない社団等、外国法人は、一般には資本又は出資を有しない法人のため、一定の算式で計算した金額を資本金の額等に準ずる金額として損金不算入額の計算を行うとされています（措法61の4、措令37の4、措通61の4(2)-2～6）。

　公益法人等の場合は、次により資本金の額等を計算します（措令37の4）。

(1)　期末貸借対照表の正味財産の金額（「期末総資産の帳簿価額－期末総負債の帳簿価額」の金額をいい、普通法人の「純資産の部」に相当します。）から当期正味財産増加額（当期利益の額）を控除（当期欠損金の額は加算）し、期首正味財産の金額を計算します。

(2)　次に、期首正味財産の60％が元手額であるとして乗じた金額に、期末総資産価額のうち収益事業に係る資産の価額の割合を乗じた金額が資本金の額とみなす金額となります。

(3)　この結果、その金額が1億円以下であれば一定金額（年800万円）

②　交際費等の損金不算入額の計算　　*11*

の損金算入が認められます。

(4) 「資本金の額とみなす金額」は、次により算出します。

$$\left\{\left(\begin{array}{l}期末総資\\産の帳簿\\価額\end{array}-\begin{array}{l}期末総負\\債の帳簿\\価額\end{array}\right)-\begin{array}{l}当期正味財産\\増加額\\\left(\begin{array}{l}減少額の場合に\\はプラスします\end{array}\right)\end{array}\right\}\times\dfrac{60}{100}\times\dfrac{収益事業に係る資産の価額}{期末総資産価額}$$

5　清算中の法人の交際費等の損金不算入

　平成22年度の改正で清算所得課税が廃止され、通常の所得課税に移行されました。したがって、法人が解散した場合の清算中の各事業年度においても交際費課税が行われます（措法61の４）。そして、その損金不算入額は上記**1**〜**3**により計算された金額となります。

6　交際費等の損金不算入額計算のまとめ

　交際費等の損金不算入額（損金算入限度額）の計算をまとめました。

区　　分		接待飲食費（A）		その他の交際費
		5,000円基準適用なし	5,000円基準適用	
①資本金１億円超の法人	損金算入	A×50％	（A－適用額）×50％	全額不算入
	損金不算入	同上を超える金額	同上を超える金額	全額不算入
②中小法人（大企業の100％子会社等は除く）	飲食費50％損金算入適用　損金算入	A×50％	（A－適用額）×50％	全額不算入
	飲食費50％損金算入適用　損金不算入	同上を超える金額	同上を超える金額	全額不算入
	適用なし	（5,000円基準適用後の金額に対し）年800万円まで損金算入		

12　　第1編　交際費課税の概要

③　中小法人のうち資本金5億円以上の大企業の100%子会社等はすべて大企業とみなされ、上記①が適用となります（上記**3**参照）。

④　公益法人、人格のない法人、外国法人等資本金を有しない法人は、期末総資産の帳簿価額等から資本金等の額を算出します（上記**4**参照）。

⑤　解散した法人の清算中の各事業年度においても交際費課税が行われ、その損金不算入額は上記①～④により計算された金額となります（措法61の4①②）。

3　交際費等の範囲

○　税務上の交際費は「等」が付いているため、一般に考えられているよりその範囲はかなり広くなっています。そのため、租税特別措置法関係通達（法人税編）61の4(1)-1以降で「交際費等に含まれる費用の例示」、「類似、隣接費用との区分」等その取扱いをかなり詳しく規定しています。

○　交際費等に当たるか否かの判断基準は、次の三つによります。

①　支出の相手方が、得意先等の「事業に関係する者等」であること

②　支出の目的が、得意先等をもてなすことにより歓心、親密度を増し、「取引を円滑に遂行する」ために行うものであること

③　支出の行為が、「接待、供応、慰安」や金品等の「贈答」及びこれらに類するもののために行われるものであること

○　交際費等の範囲は、接待、贈答等の直接費用の他、その行為に付随して支出する費用（例えば、接待場所への送迎交通費）も含まれます。これは、接待等の行為がなければ発生しないもの又は追

③ 交際費等の範囲　*13*

加的に発生する費用であり、交際費等と不可分の支出であるから
です。

1　交際費等の範囲

ポ　イ　ン　ト

○　税法上、交際費等とは、「交際費、接待費、機密費その他の費
　用で、法人が、その得意先、仕入先その他事業に関係ある者等に
　対する接待、供応、慰安、贈答その他これらに類する行為のため
　に支出するもの」をいいます（措法61の4④）。すなわち、事業に
　関係ある者等の「特定の者」に対する接待、供応、金品の贈答等
　を目的とする行為に基づいて支出するものが交際費等となります。
○　また、その他の費用とありますが、特に具体的な費用を想定し
　ているわけではなく、事業関係者に対する接待、贈答等の費用で
　あれば、法人の処理科目にとらわれずに交際費等になるというこ
　とです。したがって、一般的に考える交際費の範囲よりも、税法
　上の範囲はかなり広くなっています。
○　交際費等の範囲に関する判例では、法人の支出を「交際費等」
　とするには次の三要件、①「支出の相手方」が事業に関係ある者
　等であること、②「支出の目的」が事業関係者等との間の親睦の
　度を密にして取引関係の円滑な進行を図るためであること、③
　「行為の形態」が接待、供応、慰安、贈答その他これらに類する
　行為であること、のすべてを満たすことが必要である（東京高裁
　平15.9.9）としています。

14　第1編　交際費課税の概要

(1)　一般に、企業は、その企業を取り巻く多くの人々、関係者に飲食、便宜供与、金品の贈答等を幅広く行っています。例えば、テレビ番組等の応募者に金品を贈与する、自社工場見学者に試食させる等もあり、これらが交際費となるか否かは、課税にもつながることから大きな問題です。

　そこで、税務は、これらの解釈の混乱を避けるために、交際費等の範囲について租税特別措置法関係通達（法人税編）61の4(1)-1から(1)-24（連結納税の場合は、租税特別措置法関係通達（連結納税編）68の66(1)-1～(1)-27）で、かなり詳しく具体的に規定しています。

(2)　例えば、同通達61の4(1)-15で交際費等に含まれる費用を例示し、一方で、接待、贈答等であっても、主として①寄附金、②値引き及び割戻し、③広告宣伝費、④福利厚生費、⑤給与等の性質を有するものは交際費等に含まれないとし、その具体的取扱いを同通達61の4(1)-2以下で規定しています。

　したがって、支出費用が交際費等となるか否かは通達での確認が必要となります（通達等は第4編を参照）。

(3)　交際費等の範囲に関する判例等で、支出の相手方は事業関係者であるが、役務提供の対価であり、接待等であるとは認められない（上記東京高裁平15.9.9）又は、卒業祝賀パーティー費用も事業関係者であるが、取引関係の円滑な進行を図るためとはいえず、接待等であるとは認められないとして交際費等に該当しない裁決もあります（平20.4.25裁決）。交際費等に該当するか否かの判断には、上記三要件を確認する必要があります。

③　交際費等の範囲　　*15*

2　交際費等の範囲の基本的考え方

> **ポ　イ　ン　ト**
>
> 　交際費等の範囲については、次の基本的考え方があります。
> ①　得意先等への現金交付の割戻し、販売奨励金等は原則、交際費
> 　等となりません。
> ②　得意先等の役員、従業員個人への金品贈与は原則、交際費等と
> 　なります。
> ③　飲食（一定のものを除く。）、旅行、観劇等の招待費用は原則、
> 　交際費等となります。
> ④　総会屋、談合金、特定の情報提供料等は、相手先で収益計上さ
> 　れるものであっても交際費等となります。

(1)　商取引の一環としての「事業者に対する」通常の金銭交付は交際費
　等に該当しません。

　　得意先に対する売上割戻し、販売奨励金等の金銭交付は、商取引で
　の取引価格の調整（値引き）又は広告宣伝費等の補助とも認められ交
　際費等となりません。もちろん、相手方「事業者」の収益となります。
　しかし、割戻し等と同様の基準であっても、物品の交付や旅行、観劇
　等への招待は相手方「事業者」に対するよりはむしろ、相手方の役員、
　従業員個人に対する便益供与としての接待、供応であり交際費等とな
　ります。

　　ただし、事業用資産の交付は金銭と同様に商取引の一環のため交際
　費等となりませんが、繰延資産となる場合があります（法基通8-1-
　8等）。

16　第1編　交際費課税の概要

(2)　得意先等の役員、従業員及びその関係者に対して支出する金品等は原則、交際費等となります。

　企業間の取引に関連してのものであっても、得意先等の役員、従業員等の個人に対する金品の贈与は、対価性がない謝礼金、心付けであり、飲み食いと同様と考えうれるからです。得意先に対する売上割戻しであっても、得意先の役員等の個人口座等へ支払ったものは、個人に対する謝礼として交際費等に該当するとの税務調査での指摘が多くありますので留意が必要です。

(3)　飲食、旅行、観劇、ゴルフ、レジャー施設等への招待費用は、広告宣伝費、福利厚生費に該当するものを除き、交際費等となります。

　飲食、旅行、観劇等の費用は交際費等の典型的な支出の一つであり、いかなる名目による場合であっても得意先等の役員、従業員との飲食（ただし、5,000円基準及び50％相当額の損金算入に該当するものを除く。）、旅行、観劇等の招待費用は、交際費等となります。

　ただし、一般消費者等に対する広告宣伝や社員に対する福利厚生費に該当するものは交際費等になりません。

(4)　総会屋、談合金、役務提供が明確でない情報提供料（いわゆるフィクサー料）等は交際費等となります。

　これらの費用は、一般に対価性が認められず、又は対価性があったとしても社会的には不正な行為の対価と認められるものであることから、業務遂行上の費用として認められず交際費等に含まれるとしました。一種のワイロ的贈答金、不正の請託としての支払いについて、政策的に抑えるために支払側で交際費課税をして抑制するようにしています。

3 支出の相手方（事業関係者）

ポイント

　交際費等の判断基準の「支出の相手方」は、得意先、仕入先その他事業に関係ある者等と規定されています。およそ会社は事業に関係のない者と付き合うのはまれであることから、会社に関わるすべての人が交際費等の対象となる可能性があります。具体的には、次のような者が含まれ、その範囲は極めて広いといえます。

① 得意先、仕入先、外注先等の直接の取引先

② 間接的な利害関係者

　例えば、製造業者の間接的得意先の小売業者（直接は、卸売業者）、同業者団体、監督・許認可官庁、融資を受ける銀行等

③ 現在、取引はないが近い将来取引関係にいたる（予定の）者

④ その法人の役員、従業員、顧問、OB等及びその家族、親族等

⑤ その法人の株主、出資者

⑥ 一般消費者であっても特定の消費者を対象とするものは関係者となる場合がある

(1) 交際費等の相手方は、会社事業に関係のある「特定の者」が対象です。

　特定の者には、会社事業と直接関係のある得意先、仕入先等の外部の者だけでなく、社内の役員、社員等の内部の者及びその家族、OBも含まれます。また、間接的に利害関係のある株主、同業者団体、銀行等当該法人と何らかの取引関係がある者も含まれます。措通61の4 (1)-9（広告宣伝費と交際費等との区分）の注書では、例えば、飼料、

18　第1編　交際費課税の概要

肥料等の農業用資材の製造業者・販売業者における農家は、その数が極めて多数ですが、一般消費者には当たらず得意先としています。

(2) 「事業に直接関係のない者」、「不特定多数の者」は、広告宣伝的要素が強いため交際費等の相手方に含まれません。

　不特定多数の者とは、一般大衆やその商品の最終消費者である一般消費者をいいます。不特定の者、事業に直接関係のない者とは、平たくいうと「行きずりの人」等ともいえます。これらの不特定多数に対する飲食、金品の贈与等は、広告宣伝を意図する場合が多いため交際費等に含まれません（措通61の4(1)-9）。

　なお、金品の贈与等を行った時点では直接、間接にも取引関係がない者であっても、今後の取引や取引先等となることを期待して、相手方の歓心を買うために行う支出は、特定の者となり交際費等に該当する場合があります。

4　支出の目的

ポイント

○　交際費等の判断基準の「支出の目的」は、事業関係者を「もてなし」、その「歓心を買い」、「親密度を深め」て「今後の取引の円滑化」、「安定的な取引の継続」を図ることを目的としての接待、供応、慰安、金品の贈答等を行うものが交際費等に該当します（措通61の4(1)-15）。

○　相手方「事業者」に対する金品交付は、一般的には、取引金額の修正的要素を含んだ商取引の一種であり、相手方では収益を構成することから、単なる金品贈与と異なり交際費等に該当しない

取扱いになっています。

○　しかし、最近の税務の傾向は、相手先企業の収益計上となる金銭の支払いであっても、それが支払側で「取引価格の修正」であることを説明できないと、「謝礼金」等として交際費等に該当するとの指摘もあり、留意が必要です。

(1)　交際費等とは、事業関係者をもてなし、その歓心を買い、親密度を深めて今後の取引の円滑な遂行を図ることを目的として接待、供応、慰安、金品の贈答等を行うものが該当します。

　　しかし、相手方事業者に対する金品の支出であっても、値引き、売上割戻し、景品引換券付販売、販売奨励金、情報提供料等の支払いは、それ自体が正当な商取引の一部であり、また、取引条件、価格の変更等とも認められるため、交際費等に該当しません。相手方との有利な取扱いを期待して一方的に支出する接待、金品の贈与等とは明らかに異なっているからです（措通61の4(1)-1、(1)-3〜(1)-8）。

(2)　売上割戻し等であっても、金銭の支払いに代えて物品の交付、飲食、旅行、観劇等に招待する場合は、交際費等となります。

　　現金の支払いは、相手方の収益に計上されますが、旅行、観劇等への招待は取引価額の修正的要素とはみられず、相手方役員等に対する接待、供応等に他ならないことから交際費等とされます。物品の交付は、一般には、相手先役員、従業員が個人的に使用、利用されることが多いからです。ただし、交付物品が得意先等で事業用資産となる場合には、金銭と同様に商取引の一部とみられることから交際費等に該当しません（措通61の4(1)-4）。

(3)　昭和54年通達改正で情報提供を「業」としていない者に対する情報提供料は、事前の契約等に基づくもの以外は、一種の謝礼金として交

20 第1編　交際費課税の概要

際費等に該当するとし、また、「いわゆる談合金」も、一種の金銭の贈与であるとして交際費等に該当するとしました（措通61の4(1)-8、(1)-15⑽）。なお、バブル崩壊時に証券会社等が特定顧客に支払った株式価格下落に伴う「損失補填金」は、契約条項等に支払いの定めがない場合には、今後の取引関係の継続繋ぎ止めを意図した、一種の「贈与＝つかみ金」であるとして交際費等に該当するとされました。

(4)　交際費等の範囲の変遷を見ると、今まで、相手先企業で当然に収益計上となる金銭の支払いは、交際費等とならないとされていたものであっても、支払側で「契約に基づく支払い」又は「取引価格の修正」であること、支払金額の算定根拠等をある程度証明、説明できないものについては、「謝礼金」等として交際費等に該当するとの指摘があることに留意が必要です。最近の事例でも、中国からの事業撤退に際して支払った地元対策費の一部について、事業撤退のための正当の対価ではないとして交際費課税をした報道も見受けられました（第3編 **1** Q22（208頁）参照）。

5　支出の行為（態様）

ポ　イ　ン　ト

○　交際費等の判断基準の「支出の行為」は、得意先等に対して接待、供応、慰安、金品の贈与等の行為のために支出することが課税の要件です。

　すなわち、交際費等課税は、接待、金品の贈与等の行為が行われ、かつ、そのための金品の支出等があるときに課税されます（措通61の4(1)-24）。

○　したがって、接待、金品の贈与等の事実行為が行われる「前」の支出は、前払いであり交際費等となりません。一方、接待、供応等が行われた事実があると、未払い又は仮払いであってもそのときの交際費等となります。

(1)　交際費等は、得意先等に対する接待、供応、慰安、金品の贈与等の行為のために支出することが課税の要件です。すなわち、事業関係者に対するものであっても接待行為、贈答行為が必要です。判例等でも医薬品会社が若手医師に対して英文添削費用の一部を負担したとしても、それは接待の目的でなされたと認めることは困難である（平15.9.9東京高裁）、また、各種学校の卒業祝賀パーティー費用は関係者との取引等の円滑を図るためとはいえず、接待等の行為とは認められない（平20.4裁決）として交際費課税処分を取り消しています。

(2)　交際費等の課税時期は、それらの行為が行われたときです（措通61の4(1)-24）。接待、供応等の事実行為が行われる「前」の支出は単なる前払いであり交際費等となりません。一方、接待、供応等が行われた事実があると、未払い又は仮払いであってもそのときの交際費等となります。

(3)　交際費等の支出で、接待用の建物、設備等の取得費用及びその減価償却費等は、それ自体は交際費等に該当しません。例えば、迎賓館、ゲストハウス等専ら接待交際用の資産を取得した場合その取得自体は資産の取得であり、接待、供応の行為でないため交際費等には該当しません。その建物等の減価償却費や固定資産税、修繕費等の維持管理費、常駐する社員の給料も交際費等に含まれません。ゲストハウス等での飲食に要した費用、派遣料理人費用等が交際費等となります。この取扱いは、あくまで企業が自己取得した場合であって、他人から接待用

22　第1編　交際費課税の概要

として賃借している場合には、その賃借料は交際費等に該当します。

(4)　接待、供応、金品の贈与等に付随する費用も交際費等となります。付随費用は本体に付随する費用をいい、本体が交際費等であれば付随費用も交際費等となります。交際費課税は行為課税であるため、その接待、供応行為をしなかったら発生しなかった費用、逆には、その行為をしたため追加的に発生した費用は交際費等に含めることになります。

4　交際費等に該当する具体例（通達規定）

○　税法上の交際費等の範囲は一般に考えられている範囲より極めて広くとらえております。

　そこで、企業が一般的に支出している費用のうち、税務上は交際費等に該当するとして、租税特別措置法関係通達（法人税編）61の4(1)-15（租税特別措置法関係通達（連結納税編）では68の66(1)-18）で具体例を例示しています。

○　通達が明らかにしている具体例について、その概要と留意点を解説します。

1　会社の記念式典（措通61の4(1)-15(1)）

ポイント

○　会社の何周年記念又は社屋新築記念等の式典での宴会費、記念品代、交通費並びに新船建造又は土木建築等の進水式、起工式、落成式等でのこれらの費用は交際費等となります。ただし、「式

典」そのものに係る費用は交際費等に該当しないことができます。なお、招待者が持参した祝い金等は支出交際費等から控除することはできず、雑収入として計上します。

○　なお、主として従業員等の内輪だけの会は福利厚生費となり交際費等に該当しません。ただし、「通常要する費用」が限度となり、豪華なものは、いわゆる社内交際費等となります。

▶▶留意点 1

　会社の何周年記念又は社屋新築記念式典及び進水式、起工式、落成式等の「式典、祭事」のために通常要する費用は交際費等となりません。また、進水式、起工式、落成式等の式典、祭事に際し、いわゆる直会（なおらい）として神酒、供物をいただく習慣がありますが、これらは単なる接待飲食とは性格を異にしているため交際費等に含めておりません。その式典後の宴会、祝宴等の宴会費、記念品代等が交際費等となります。したがって、このような式典を催す場合には、「式典費用」と「祝賀会費用」を区分することが重要となります。

▶▶留意点 2

　これらの行事に際して招待者から「ご祝儀」「お祝い金」を受領する場合があります。これらの金額を行事等の支出交際費の額から控除することはできません。雑収入等として収益計上となります。

　交際費課税の対象となる額とは、その法人が接待、供応等の行為のために支出した総額をいいます。式典会場等での支払いにご祝儀金を充てた場合であっても、宴会費用等の総額は変わりがないからです。ご祝儀等は相手先の任意、ご好意で受領したものであり、行事費用の負担金として受領したものではないからです（東京地裁平元.12.18）。

24　第1編　交際費課税の概要

　ただし、他社との共同主催や会費制開催が明らかな場合には、それぞれの分担金額が交際費等支出となります。

　なお、接待飲食費の50%相当額の損金算入の適用に当たっても飲食店等に支払った総額の50%が損金対象となります。

▶▶留意点3

　主として従業員を対象とする記念行事等は、その費用の額が、おおむね一律に社内において供与される通常の飲食に要する費用の程度であれば交際費等とはなりません（措通61の4(1)-10）。したがって、通常の程度を超える豪華なものは、従業員等に対する接待としてその全額が交際費等となります。通常要する程度には具体的例示はなく、行事の内容、会社の規模や会場等により社会一般的な程度となります。また、社内行事に外部の者も参加する場合もありますが、この行事が主として社内行事として認められるものであるときは、外部の者に係る費用は交際費等となります。ただし、当社の専属セールスマンや専属下請先従業員の場合には交際費等とならない場合があります（措通61の4(1)-13、(1)-18）。

2　下請け、代理店等の獲得費用（措通61の4(1)-15(2)）

ポ　イ　ン　ト

　○　下請工場、特約店、代理店等となるため、又はするための運動費用等は交際費等となります。相手方役員等に対する接待、金品の贈与をいいますが、運動費であっても相手方事業者に対する金銭又は事業用資産を交付する費用は交際費等に該当しません。
　○　事業用資産とは得意先である事業者において棚卸資産又は固定

資産として販売又は使用することが明らかな物品をいいます（措通61の4⑴-4）。

▶▶留意点1

特約店、代理店等又は下請けとして取引関係を結ぼうとする場合には、相手方の役員、従業員個人に対して、金品を贈与し又は接待、供応等の働きかけをして、その地位を得ようとする費用が考えられます。これが交際費等に含まれる運動費等です。

もちろん、運動に際しての費用であれば、結果が不調となった場合でも交際費等となります。

▶▶留意点2

特約店等になってもらうための会談、話合い等の会合に際しての昼食の程度を超えない範囲での飲食代は会議費として認められます。また、接待としての飲食代は、いわゆる5,000円基準により交際費等から除くこと及び50%相当額の損金算入も可能ですが、相手先氏名等の記載が要件です（措規21の18の4）。

▶▶留意点3

取引関係を結ぶために、相手方事業者に対して金銭又は事業用資産を交付する場合は、企業対企業の正常な取引の一環であり、相手方会社の収益に計上されるべきものであるため交際費等には該当しません。事業用資産として使用することが明らかな物品とは、例えば事務用機器、機械装置、作業用具等が考えられます。しかし、テレビ等の機器は事務室、休憩室等での使用もありますが、個人家庭での使用もあり、この場合には交際費等となります。実務では、実際に得意先が事務所等で使用して

26 第1編　交際費課税の概要

いる場合には、事業用資産の交付として認めています。

3　得意先等に対する慶弔、禍福の費用(措通61の4(1)-15(3))

ポ　イ　ン　ト

○　得意先、仕入先等社外の者の慶弔、禍福に際して支出する金品
等は交際費等となります。これらは、「お付き合い」としての贈
答であるからです。得意先等の役員等の個人の冠婚葬祭のお祝い
金、見舞金、香典等及び得意先等自体の行事、式典、災害等での
お祝い金、お見舞い等も含まれ、その範囲は広く注意が必要です。
○　ただし、得意先等の災害時の復旧援助、専属セールスマン又は
専属下請先の従業員で自己の社員に準じた慶弔、禍福の金品の交
付は交際費等に含まれません。

▶▶留意点1

　得意先の「役員、従業員」等の個人に対する慶弔、禍福のための費用
は交際費等となります。また、災害見舞金も原則、交際費等となります。
いわゆるお付き合い等の性格が強いためです。

　ただし、取引先等の役員、従業員に対する慶弔、禍福でも次のものは
交際費等に含まれません。実質的な災害援助であり、また自社社員と同
等と見られる者のため福利厚生費として扱われているものです。

①　天災等の災害を受けた得意先に対する取引関係の維持、回復を目
的としての災害発生後相当期間内での見舞金、事業用資産の交付、
役務提供の費用（措通61の4(1)-10の3）

②　災害を受けた不特定多数又は多数の被災者を救援するために緊急

に行う自社製品等の提供費用（措通61の4(1)-10の4）

③　協同組合等がその組合員に支出する災害見舞金等（措通61の4(1)-11）

④　特約店等の専属セールスマン又はその親族等の慶弔、禍福で一定の基準で交付する金品（措通61の4(1)-13(3)）

⑤　その法人の工場、工事現場等での下請企業の従業員の災害に対して、自社の従業員に準じて支出する見舞金等（措通61の4(1)-18(1)、(4)）

▶▶留意点2

相手先「事業者」に広告宣伝費、販売奨励金等として支出するものでも、慶弔等を理由として支出するものは留意が必要です。例えば、①得意先等の新規開店に伴う「花輪、生花」等の贈答は当社名の記載があったとしても、お祝いとして贈るものであり、お付き合いの性格があるとして広告宣伝費にはなりません。また、②販売促進目的で特定地域、得意先への金銭等の交付は販売奨励金（措通61の4(1)-7）となりますが、得意先の慶弔等に際して又は慶弔費用に充てる目的で支出するものは交際費等に該当します。

▶▶留意点3

得意先等に対する災害見舞金等の取扱いについては、後述の **6**「交際費等と類似費用の区分」の**12**（72ページ）を参照してください。

4 得意先等の旅行、観劇等への招待費用
(措通61の4⑴-15⑷)

ポ　イ　ン　ト
○　得意先、仕入先その他事業に関係のある者を旅行、観劇等に招待する費用は交際費等に該当します。交際費等の典型的な形態が旅行、観劇等への招待行為であるからです。 ○　事業関係者には、直接の取引関係者はもちろん、直接の取引先ではないが、自社製品、商品を販売している小売店（直接は卸売業者）等、株主、取引銀行、監督官庁、これから取引を開始する予定者等間接的に関係する者も含まれます。

▶▶留意点 1

　旅行、観劇等への招待費用は、得意先等と取引関係を維持発展させるため、親睦の度合いを深めるためのものであるため、接待飲食、金品贈与と同様に交際費等に該当します。旅行、観劇のほか遊興・娯楽施設、レジャーランド等への招待も含まれます。なお、自社の遊園地施設に得意先等を無料招待した費用も原価相当額が交際費等に該当するとの判決がありました（平22.10.8最高裁）。しかし、本件は特殊な事例であって、今まで販促費等として認められていた無料入場券等のすべてが、この判決により今後は、直ちに交際費等に該当することはないとの見解が多くあります。今後の取扱いに注意が必要です。

▶▶留意点 2

　直接の取引先ではないが、自社製品、商品を扱っている小売店等、例

えば、製造業者の卸売りは直接ですが、小売店は間接的な関係者になりますが得意先等に含まれます。したがって、たとえ、多数の小売店に対して「抽選」で観劇等の招待者を偶然的に選んだとしても、得意先の接待に変わりがないためその招待費用は交際費等に該当します。

▶▶留意点3

売上割戻しとしての金銭交付は、取引価格の調整（値引き）であるため交際費等に該当しません。しかし、売上割戻しと同一基準による交付であっても、その資金を原資として旅行、観劇等の招待費用に充てる場合には交際費等に該当します（措通61の4(1)-6）。

要するに、「旅行、観劇等への招待費用」は、原則交際費等になると考えて差し支えありません。

ただし、販売用土地等の現地案内や団体旅行の下見、展示会等への招待に伴う旅行費用等の負担は、通常要するものは交際費等となりません（措通61の4(1)-17）。

5 他社が行う旅行、観劇等の招待費用の負担金 （措通61の4(1)-15(5)）

ポイント

○ 製造業者又は卸売業者（元卸）が、その製品又は商品の卸売業者に対し、その卸売業者が小売業者等を旅行、観劇等に招待する費用の全部又は一部を負担した場合の負担額は交際費等に該当します。

○ すなわち、自社製品を扱う卸売業者が主催した得意先の旅行、

30　　第1編　交際費課税の概要

観劇等の費用の全部又は一部を（間接的に）負担した場合には、
自社が旅行、観劇等をしたと変わりがないため、その負担額は交
際費等となります。協賛、共催といわれている場合です。

▶▶留意点

卸売業者等が得意先小売店等を旅行等に招待する際に、仕入先である
メーカーや他の卸売業者（元卸）からその招待費用に充てるための負担
金を収受するケースがあります。この場合、主催者の卸売業者等の交際
費等の金額は、その入金額を除いた実質負担額をもって交際費等とする
ことができます。これは一種の共同開催と認められる場合です。もちろ
ん、負担したメーカー、元卸等ではその負担金が交際費等となります
（結果的に、旅行等の招待費用の全額が交際費等になります。）。

6　いわゆる総会屋等への支出（措通61の4(1)-15(6)）

ポ　イ　ン　ト

○　いわゆる総会屋等に対して会費、賛助金、寄附金、広告料、購
読料等の名目で支出する金品は交際費等に該当します。ただし、
明らかに広告宣伝費又は購読料としての実態があるものは交際費
等に該当しません。

○　いわゆる総会屋が、株主でないとしても間接的に利害関係者と
なることから、交際費等の支出の相手先に含まれます。一種の
「お付き合い」としての支出のため交際費等に該当するとしたも
のです。

▶▶留意点

　いわゆる総会屋等が発行する業界紙等の購読料、又はそれらへの広告宣伝費が問題となります。実際に内容のある業界紙等が発行、市販されている場合の購読料、及びそれらへの広告掲載の実態があれば広告宣伝費となる場合もあります。しかし、一般には、買い取った業界紙を見ることなくすぐ破棄したり、広告料、購読料が実勢額とかけ離れた金額であるような場合は、購読等の実態があるとはいえないことになります。なお、購読料等に代えて顧問として顧問料を支払う場合もあります。顧問料の場合も実際の役務提供の有無で判断することになります。

7　ビル建設等の同意のための近隣対策費用 （措通61の4(1)-15(7)）

ポ　イ　ン　ト

○　建設業者等が高層ビル、マンション等の建設に当たり、周辺住民等の同意を得るために、住民等を旅行、観劇等に招待し、又は酒食を提供した場合の費用は交際費等に該当します。ただし、明らかに日照被害、工事振動等に対する損害賠償の性格を有するものとしての金品は交際費等に該当しません。

○　住民説明会等での通常の昼食の程度を超えない飲食物の提供は会議費等となります。また、飲食代は、いわゆる5,000円基準又は50％損金算入により交際費等から除くことができます。

▶▶留意点1

　ビル等の建築に際して、地域住民に手土産、菓子折り等持参で挨拶回

りが行われています。一般的には、これらは工事協力への挨拶代わりの手土産のため交際費等に該当します。

しかし、工事車両等の出入りによる交通障害や騒音等で迷惑をかける補償等としての手土産であれば一種の損害賠償ともなり、交際費等以外の費用となる余地はあります。

▶▶留意点2

近隣住民に対して、実際に日照、電波、風害等の被害に対する損害を補償するための金品は、損害賠償金の性格を有するため交際費等となりません。

損害賠償等の交渉を特定の者に依頼する場合があります。損害賠償金等の金品が明らかに損害者各人に支払われている場合には問題は少ないと考えますが、その特定の者（いわゆる「取りまとめ者」）に全額渡している場合には、損害者各人に支払われているか不明のため、その金品は特定の者に対する取りまとめ謝礼金等として交際費等に該当する場合があります。

▶▶留意点3

近隣・住民説明会等での通常の昼食の程度を超えない程度の飲食物の提供は、会議費等となります。一人当たり5,000円以下の飲食代は5,000円基準により交際費等から除くことができます（5,000円を超えた場合には接待飲食費の50％損金算入が適用できます。）。ただし、これらの適用に当たっては出席者全員の氏名を記載する等の一定事項を記載した書面の保存が必要です（措法61の4④、措規21の18の4）。

8 スーパー等の大型店舗進出のための同意費用
（措通61の4(1)-15(8)）

> **ポイント**
>
> ○ スーパーマーケット業、百貨店業等を営む法人が新規進出するに当たり、周辺商店等の同意を得るための運動費は、たとえ営業補償等の名目で支出するものであっても交際費等に該当します。
>
> ○ 店舗出店は、行政上の制約等はあるとしても本来は自由競争のため、出店に際して地元商店街等への特別な支出強制はないと考えられています。このため、出店に際して支出する費用の性格は、地元商店街等に対する挨拶やスムーズな出店及び営業妨害がないこと等を期待した一種の贈与金の性格があると考え、交際費等に該当するとしたものです。
>
> ○ このような地元対策費には、交際費等となるほか、広告宣伝費、寄附金、繰延資産に該当する場合があります。

▶▶留意点1

出店に際しての同意を得るための運動費は、下請け、特約店となるため運動費及びマンション等建設に対する単に同意を得るための接待等と同様との考えからです。したがって、地元商店街の関係者に対する飲食、旅行、観劇等の招待費用、金品の贈答等は交際費等に該当します。

▶▶留意点2

既存商店等への営業補償は、たとえ将来の売上げ減少に係る損失補塡であったとしても、法的に損失補塡する義務がある訳ではなく、単に同

34　第1編　交際費課税の概要

意を得るための一種の贈与金と考えられるため交際費等になります。ただし、地元の商店等が有する特約店、代理店等の地位、資格を譲り受けて、当商店等が転廃業する場合に支払われるものは、損害賠償等とも認められるため交際費等には該当しないと考えられます。

▶▶留意点3

出店に際し、地元地方公共団体、商工会議所等から、店舗周辺の道路整備、アーケード、街路灯の設置、公民館、公共集会場の設置改良等の費用負担の要請が見受けられます。これらの費用負担は、公共性が高い支出であり、出店条件でもあることから交際費等になりません。しかし、その支出内容により、地方公共団体に対する寄附金又は繰延資産の「公共的施設の負担」又は「共同的施設の負担」に該当し、自己が便益を受ける度合いにより償却期間の定めにより損金となります（法法37③一、法令14①六イ、法基通8-1-3、8-1-4、8-1-13、8-2-3）。

9　得意先等の役員、従業員に対する謝礼金
　　（措通61の4(1)-15(9)）

ポ　イ　ン　ト

○　得意先等の役員、従業員の「個人」に対して取引の謝礼等として支出する金品は交際費等に該当します。

○　得意先等の「事業者」に対する金銭支出は「値引き」、「割戻し」、「販売奨励金」等として原則、交際費等に該当しません。しかし、それらの交付と同一基準で支払うものであっても、得意先等の役員、従業員個人に交付するものは、その性格が歓心を買う

ための「心付け」又は「袖の下」としての謝礼であり、個人の利益享受に当たることから交際費等となります。

▶▶留意点1

　得意先等の役員、従業員に対しての飲食、旅行、観劇等の接待費用は交際費等に該当します。一方、割戻しとして得意先に支払う金銭は交際費等に該当しませんが、その割戻しと同一基準であっても、事業者に支払わず得意先の役員、従業員に対する金銭の交付は交際費等となります。要するに、得意先等の役員、従業員等の「個人」に交付する金銭は原則、交際費等になるということです。

▶▶留意点2

　得意先に対する割戻し等は交際費等となりませんが、その支払いに際して、得意先からの要請により得意先役員の個人銀行口座に振り込む場合が見受けられます。この場合には、得意先に支払ったのか個人に支払ったのかが問題となります。

　税務の現場では、得意先から要請されて「やむを得ず個人口座に支払った。」と抗弁したとしても個人預金口座に振り込んだものは本通達を根拠に個人に支払ったものと認定されて交際費等とされる場合が多いので注意が必要です。

▶▶留意点3

　個人に支払った場合でも交際費等とならない場合があります。メーカー、卸売業者が、専ら自己の製品等を扱う特約店等の従業員に対し、その者の外交販売に係る取扱数量、取扱金額等に応じて交付する金品は交際費等となりません。これはあらかじめ支払うことが明示されている

36 第1編 交際費課税の概要

場合であり、その従業員は一種の事業者としての側面があることから交際費等に該当しないとされたものです。ただし、所得税の源泉徴収が必要となります（措通61の4(1)-14）。

10 いわゆる談合金等の費用（措通61の4(1)-15⑽）

> ### ポイント
>
> ○ 建設業者等が工事の入札等に際して支出する、いわゆる談合金その他これに類する費用は交際費等に該当します。
> ○ 談合は法律で禁止された行為ですが、いわゆる談合と類されるものは見受けられます。税務上は、談合金は自己に有利に入札を進めるため不正の請託に関連して支払うものであり、一種の贈答（いわば賄賂の性格を有するもの）に当たることから交際費等としています。

▶▶留意点1

会社の経理上では「談合金」科目での支払いはありません。したがって、談合金の定義が必要となりますが、税務上、明言された規定はありません。「談合金その他これに類する費用」として包括的に規定しております。実務上は、同業の建設業者等への支払いで、次のような場合に「談合金」と認定している可能性があります。

① 役務提供がまったくなく名目だけの支払手数料、外注費等として支出するもの
② 裏ジョイント契約で工事参加の実績がなく、また、参加も名目だけのもので、相手方持分（取下金）と出資金との差額として支出す

④　交際費等に該当する具体例（通達規定）　　*37*

るもの

③　裏ジョイント契約で実際の工事損益に関係なくあらかじめ定められた一定の利益金額を支出するもの

④　入札参加者間で順次受注・発注を繰り返し最終的に落札者が受注したこととして、それぞれの受注額と発注額との差額として支出するもの

▶▶留意点2

　いわゆる談合金は、発生した工事原価中の外注費科目等で経理する場合が多いと思われます。その場合には、税務調査で談合金と認定されると、実際に工事施工あるいは物品の納入等がないにもかかわらず工事施工あるいは物品納入等があったかのごとく仮装、すなわち交際費等の支出を外注費等に科目仮装して支出したとして重加算税対象となる場合があります。

11　その他得意先等に対する接待、供応費用 （措通61の4(1)-15(11)）

ポ イ ン ト

○　得意先、仕入先等社外の者に対する接待、供応等に要した費用であれば、上記1～10までに該当しない場合であっても、すべて交際費等に該当します。

　ただし、接待、供応費用であっても寄附金、値引き及び割戻し、広告宣伝費、福利厚生費、給与等に該当するものは交際費等となりません。

38 第1編 交際費課税の概要

▶▶留意点

上記1〜10までに交際費等に該当する事例を列挙しているにもかかわらず、その他得意先等に対する接待、供応費用のすべてが交際費等に該当するとしています。すなわち、この趣旨は、上記1〜10は、あくまで「例示」であり、会社が交際費等として経理したものだけでなく、経理科目に係わらず得意先、仕入先等に対する接待、供応等の「行為」に要した費用は、税務上すべて交際費等に該当するとしています。その範囲は極めて広いものがあります。

5 交際費等から除かれる費用の具体例（法律規定）

○ 得意先等に対する接待、供応、金品の贈与等で交際費等に該当する支出ではあるが、次に掲げる費用は交際費等の額に含めないことができると法律で規定されています（措法61の4④、措令37の5①②）。

① 専ら従業員の慰安のための旅行等に通常要する費用

② 得意先に対する一人当たり5,000円以下の飲食代

③ カレンダー、手帳等の贈与のために通常要する費用

④ 会議に際して供与する飲食物で通常要する費用

⑤ 出版、放送の編集、取材のために通常要する費用

○ 上記交際費等から除くのは「通常要する費用」の場合であって、これに該当しない場合には、原則に戻って交際費等となります。

⑤　交際費等から除かれる費用の具体例（法律規定）　　*39*

1　除外条件となる「通常要する費用」の範囲

ポ　イ　ン　ト

○　接待、供応等があっても交際費等から除くことができるのは、いずれも「通常要する費用」が条件です。

　その理由は、いずれも支出目的、内容が交際費等の接待、供応、金品の贈与に該当するものであるが、事業活動を円滑に進めるためには、常識的な程度の金額であれば交際費等から除いてもよいとしたものです。したがって、通常要する費用とは、具体的に定まった金額ではなく、その時の社会情勢や価値観、会社の規模等に応じて一般的に認められる常識的な範囲・金額となります。

○　法人がこの取扱いにより交際費等から除く場合には、「支払伺書等」に通常要する費用の範囲である旨の記載を考えてください。

▶▶留意点1

　通常要する費用の取扱いは、法令のほか交際費関係通達で、広告宣伝費（措通61の4(1)-9）、福利厚生費（措通61の4(1)-10）、会議費（措通61の4(1)-16、(1)-21）、現地案内、新製品展示会、工場見学費用（措通61の4(1)-17）、請負目的物の模型費用（措通61の4(1)-19）にも「通常要する費用」が交際費等から除くことができると規定しています。交際費課税の本質が冗費、濫費、ぜいたくを抑制することにありますので、商売上やむを得ない旅行等であり、かつ、社会一般的に「この程度であれば」と認められる範囲のものといわれています。

40　　第1編　交際費課税の概要

▶▶留意点2

　例えば、会議に際しての茶菓、弁当その他これらに類する飲食物の
「通常要する費用」とは、会議中の飲食ですから自ずと制約があります。
出前弁当は当然に認められます。ホテル等での食事もランチ程度なら常
識の範囲であるとして認められます。会議が夜の場合であっても夕食程
度なら認められるでしょう。ただし、酒食付のフルコースや料亭等での
飲食は、たとえその場所で打合せ等を行ったとしても、場所柄からみて
会議としての実体は認められず、接待が目的とみられることから通常の
範囲を超え交際費等になります。

▶▶留意点3

　「通常要する費用」のポイントを以下で説明します。なお、第3編の
1「交際費の範囲」Q7（184頁）も参照してください。

2　従業員の慰安のための旅行等に通常要する費用
　　（措法61の4④一）

ポ　イ　ン　ト

　専ら従業員の慰安のために行われる運動会、演芸会、旅行等のい
わゆるレクリエーションのために通常要する費用は交際費等から除
かれます。これらは、福利厚生費に該当します。

　ただし、特定の従業員だけを対象とする場合は、たとえ慰安目的
であっても交際費等となり、場合によっては給与となります。

５　交際費等から除かれる費用の具体例（法律規定）　*41*

▶▶留意点１

　「専ら従業員のための」が要件となります。その行う目的が従業員の
レクリエーションのためにだけということです。したがって、福利厚生
費と認められる費用は、役員又は従業員のおおむね全員を対象とする、
いわゆる社内行事に対するものであり、一人当たりの金額もおおむね常
識的な範囲の額となります。社内の「特定の者等」だけを対象とする慰
労、懇親等の飲食や旅行等は、交際費等又は金額が多額の場合及び明ら
かに個人的費用を負担した場合には給与となります。

　なお、最近の判例では、全従業員（約1000人）に対する「感謝の集
い」をリゾートホテルで開催し、一人当たり約2.2万円〜2.8万円の費用
についても福利厚生費として認めた判決がありました（平29.4.25福岡地
裁、第３編 **7** Ｑ７（332頁）参照）。

▶▶留意点２

　交際費等と福利厚生費との区分の具体的な事例については、第３編
7「福利厚生費（社内行事）・給与と交際費等」（316頁）を参照してくだ
さい。

3　得意先との一人当たり5,000円以下の飲食代 （措法61の４④二）

　ポ　イ　ン　ト

　○　得意先等との「一人当たり5,000円以下の飲食費」は、それを
　　証する書類保存を条件に交際費等から除くことができます
　　（5,000円基準）。「得意先等」との「飲食のみの接待」が対象で飲

42　第1編　交際費課税の概要

食の場所、内容等は問いません。ただし、得意先との旅行、観劇等の途中での飲食代は、飲食のみの接待でないため旅行費用等に含まれて、その全額が交際費等となります。

○　なお、専ら会社内の役員、従業員、その親族等を対象とした「いわゆる社内飲食交際費」は5,000円基準の適用はなく、その全額が交際費等となります。

▶▶留意点1

従来から交際費等か会議費かの判断トラブルの多かった会議等での会食費用について、「一人当たり5,000円以下」であれば、形式基準で交際費等としないとなりました。打合せ等の事業活動の円滑化を図るために飲食に伴う無用のトラブルを回避するとしたものです。しかし、社員同士の飲食は慰安が目的であり、また、役員やその一族だけの飲食など公私混同も見受けられることから、社内を含むと弊害が大きいとの考えから社内飲食交際費はこの除外に該当しません。

▶▶留意点2

ただし、この交際費等から除外の適用を受けるためには、次の事項を記載した書類とその保存が要件です（措規21の18の4）。

①　飲食年月日

②　得意先等参加者の名称・氏名とその関係

③　参加者数

④　飲食代金及び飲食料理店名、その住所

⑤　その他飲食であることを明らかにするために必要な事項

⑤　交際費等から除かれる費用の具体例（法律規定）　　*43*

▶▶留意点3

　得意先等との飲食費は5,000円基準により交際費等から除くことができますが、平成26年4月開始事業年度からは、一人5,000円を超過した場合でも、その50％相当額を損金算入できます（措法61の4①）。

　飲食費の5,000円基準及び接待飲食費の50％相当額の損金算入の概要及び留意点は、第2編（113頁）を参照してください。

4　カレンダー、手帳等の贈与に通常要する費用　（措令37の5②一）

ポ　イ　ン　ト

　得意先への贈答であっても、カレンダー、手帳、扇子、うちわ、手拭い、その他これらに類する物品に通常要する費用は交際費等から除かれます。これらは、その主たる目的が広告宣伝的効果を意図するものであり、金額も少額であることから交際費等から除いたものです。

▶▶留意点1

　カレンダー、手帳等のほか、これらに類する物品とは、多数の者に配付することを目的として主として広告宣伝効果を意図する物品で、その金額が少額であるものをいいます（措通61の4(1)-20）。

　具体的には、シャープペンシル、ボールペン、ライター、灰皿、ゴルフボール等がありますが、社名や商品名等の名入りで販促物品として得意先等への配付や訪問セールスの際の粗品、又は名刺代わりとして相手方に交付する場合が多く見受けられます。

44　第1編　交際費課税の概要

▶▶留意点2

　少額とは、実務では購入単価がおおむね1,000円程度以下（社名等の印刷代を除く。）の物品といわれております。カレンダー等はこの金額を超えている場合が多いと思いますが、社名入りであれば消耗品でもあり広告宣伝費として認められます。なお、得意先訪問時の挨拶代わりのお菓子等の手土産は交際費等となります。

5　会議に際しての飲食物で通常要する費用
　（措令37の5②二）

ポ　イ　ン　ト

○　会議に関連して、茶菓、弁当その他これらに類する飲食物を供
　与するために通常要する費用は交際費等から除かれます。これは
　会議、打合せの円滑な進行を考慮して対象外としたものです。会
　議の前、途中であれば昼食、夕食も含まれますが、その食事の程
　度は社内又は通常会議を行う場所において通常供与される昼食等
　の程度の食事をいいます（措通61の4(1)-21）。
○　会議後の飲食は、慰労会とも見られるため交際費等となる場合
　が多いです。しかし、いわゆる5,000円基準又は50％相当額の損
　金算入により、得意先との飲食のみ交際費等から除くことができ
　ます。

▶▶留意点1

　会議に際しての食事とは、会議場所への出前弁当等の食事を考えています。したがって、この程度の食事であれば、都合により外部での食堂、

レストラン等でのランチ等もこれに含まれます。なお、会議には来客との商談、打合せも含まれます。

また、社内・社員のみの会議、打合せも、この会議費の取扱いが適用されますが、社員に昼食を提供するには、それなりの理由が必要です。例えば、遠方からの出席者があり時間的制約で昼食時にも会議を行う必要がある場合や、会議が長くなり中断できない場合、参加者の勤務体制の関係から、昼食時間でしか会議時間がとれない場合等が考えられます。

▶▶留意点2

得意先等を温泉地、観劇等に招待して接待すると同時に、優良販売店等の表彰式や会社の経営方針説明会、時局講演会あるいは新製品の発表、説明会等を行う場合があります。その場合には、その会議等が会議としての実体があると認められるときには、会議に通常要する部分の費用（飲食代を含む。）は交際費等に含めないことができます（措通61の4(1)-16）。要するに全体が接待行為であるとしても、その中に、実質的に会議、商談等の部分があると、その部分に要した費用は会議費として認められるということです。

▶▶留意点3

いわゆる5,000円基準や接待飲食費の50％損金算入は、得意先等との飲食の接待の場合に限ります。会議に際しての飲食は、あくまでも会議の延長線上にあるものであり、例えば昼食がホテル等の場合には一人5,000円を超える場合もありますが、会議に際してであれば会議費と認められます。

46　第1編　交際費課税の概要

▶▶留意点4

　交際費等と会議費との区分の具体的な事例については、第3編 **10**「会議費と交際費等」（390頁）を参照してください。

6　出版、放送の編集、取材に通常要する費用
　（措令37の5②三）

> ### ポ　イ　ン　ト
>
> 　新聞、雑誌等の出版物又は放送番組を編集するために行われる座談会その他記事の収集のために、又は放送のための取材に通常要する費用は交際費等から除かれます。これらの編集、取材等の現場においては、業態特有であり、かつ、不可避的な支出であることから、メーカー等における原価と同様の要素があるとして交際費等から除いたものです。

▶▶留意点

　出版、放送の編集、取材のために通常要する費用の範囲について、具体的な例示は特にありません。取材の相手方、取材方法、取材場所等いろいろな場合が想定されますので、それらに応じて通常要する費用を判断することになります。例えば、インタビュー時のコーヒー、食事等の飲食代のほか、少額な記念品代なども含まれます。

　なお、この取扱いは、出版業や放送業等のいわゆるマスコミ業界に対するものであり、一般法人の「社内報」等の取材等には適用がありません。会議費等に該当するか否かで判断することになります。

6　交際費等と類似費用との区分　*47*

6　交際費等と類似費用との区分

○　交際費等とは、得意先等事業に関係ある者に対する接待、慰安、金品の贈答等のために支出する費用です。しかし、同じ接待、慰安、金品の贈答等であっても、その実質が寄附金、値引き、割戻し、広告宣伝費、福利厚生費、給与等となるべき費用もあります。これらの費用に該当するものは、当然に交際費等となりません。

○　しかし、その区分は実務上極めて難しいものがあります。租税特別措置法関係通達（法人税編）61の4(1)-1以降で交際費等とそれ以外の類似費用との区分については、次のように取り扱われています。

1　交際費等と寄附金との区分（措通61の4(1)-2）

ポイント

○　交際費等と寄附金は、相手方に金銭、物品等を贈与する共通点があります。

一般に寄附金は、反対給付のない一方的な金銭、物品の贈与、役務提供の供与とされています。換言すると、事業に関係のない者、及び事業に関係する者であっても反対給付がなく、一方的な金銭、物品の贈与を寄附金といいます。

○　交際費等は、「得意先等」への金品の贈答費用をいいます。寄附金も「相手方」に無償で利益供与する共通点があります。また、

48　　第1編　交際費課税の概要

　　寄附金は事業に関係のない者への贈与とありますが、企業は事業
　　に関係のない者等への金品の贈与は、災害見舞金等を除いては、
　　通常は極めて稀なことから、交際費等と寄附金との区分は実際上
　　難しいものがあります。

○　極論すると、交際費等は、取引関係の維持強化等の反対給付を求
　　めた事業遂行上に直接必要な経費であるが、寄附金は、事業遂行
　　上に直接関連しない一方的な支出であるとも区分できるでしょう。

▶▶留意点1

　金銭の贈与は原則寄附金とされています（法法37⑦）。しかし、得意
先等の事業関係者に対する金品の贈与は、それが取引の謝礼又は今後の
取引の円滑化を期待しての贈与である場合には、反対給付があるとして
交際費等に該当します。また、一方で、対価性が認められないとする情
報提供料や総会屋対策費等の金銭贈与も交際費等としています。

　このように、交際費等と寄附金とは明確な区分が不可能に近いため、
通達では単に次のようなものは交際費等に該当しないと述べているだけ
です（措通61の4(1)-2）。

①　社会事業団体、政治団体に対する拠出金

②　神社の祭礼等の寄贈金

▶▶留意点2

　政治団体、政治家への金品の贈与は、原則寄附金となります。「○○
先生を励ます会」、「政経文化パーティー」等のパーティー券購入費用は、
原則寄附金となりますが、役員等がパーティーに出席した場合には交際
費等とすることも認められています。これは、政治家や他の参加者との
懇親を深めるために、一種の懇親会へ出席したとの考えからです。立食

⑥　交際費等と類似費用との区分　　*49*

等の飲食を伴うパーティー券等の購入費用を交際費とした場合には接待飲食費の50％相当額の損金算入の適用ができるとされています（（週刊税務通信　平26.9.29　No.3329）、第3編**11**「寄附金と交際費等」Q5、6（418頁以降）を参照）。パーティー券を得意先に交付する目的で購入し、得意先に交付した場合等は交際費等に該当します。

▶▶留意点3

　交際費等と寄附金との区分の具体的事例は、後述の**12**「交際費等と得意先等に対する災害見舞金」及び第3編**11**「寄附金と交際費等」（410頁）を参照してください。

2　交際費等と売上割戻し等との区分（措通61の4⑴-3）

ポ　イ　ン　ト
○　売上割戻しは、一定期間に一定の取引をした得意先に対する「売上代金の返戻金等」、いわゆるリベートのことです。得意先事業者に対し、売上高又は売掛金の回収高に比例して、又は売上高の一定額ごとに金銭で支出する売上割戻しは交際費等に該当しません。さらには、これらの基準のほかに得意先の営業地域の特殊事情、協力度合い等を勘案して金銭で支出する費用も交際費等に該当しないとしています。 ○　すなわち、交際費等とならない売上割戻しは、①得意先の事業者（企業自体）に対して支出するもの、②支払額が販売実績、回収実績等に応じ又は得意先の事情等を勘案して決めているもの、③原則、金銭で支出するものに限られます。

50   第1編　交際費課税の概要

▶▶留意点1

　売上割戻し及びこれに準ずる費用が交際費等にならない理由は、取引対価の修正（値引き等）であり、企業間の正常な商取引行為の一環として行われるものであるからです。得意先「事業者自体」に支出するものであるために、当然に得意先事業者の収益となります。

▶▶留意点2

　得意先である事業者とは、メーカーは卸売業者に、卸売業者は小売業者にといった流れが一般的です。しかし、メーカー等にとって継続して自社製品を販売している小売店は、直接の得意先ではありませんが、得意先であることに変わりがないため、直接小売店を対象に売上割戻しを支出しても交際費等となりません。

▶▶留意点3

　売上割戻しと同一基準であっても、得意先の役員、従業員に対する支出は交際費等となります。税務調査で特に問題となる事例は、得意先企業との契約等による売上割戻しであっても、その企業に支払いをせず得意先役員等の個人口座等へ支払った場合です。法人に支払ったのか個人に支払ったのかは事実認定となりますが、個人口座に振り込んでいるとの事実を根拠に個人に対する謝礼として交際費課税の場合があります。実際の支払先には留意が必要です（前述 **4** 9及び第3編 **16** Q5（480頁）を参照）。

▶▶留意点4

　得意先の営業地域の特殊事情、協力度合いを勘案して支出する場合とは、一定の売上割戻しの算定基準で支出するほかに、得意先の特殊事情

⑥　交際費等と類似費用との区分　*51*

等を加味して上乗せ等して支払う場合も認めるという意味です。協力度合いには、売上高の増加やその地域の販売活動のリーダーとなっているとか、他社製品を扱っていない又は少量であるとかが考えられます。ただし、一定の算定基準に関係なく、単に得意先の特殊事情等だけを考慮して支出するものまで売上割戻しとして認めるものではありません。

▶▶留意点5

　交際費等と売上割戻し（リベート）との区分の具体的事例は、第3編 **3**「売上割戻しと交際費等」（228頁）を参照してください。

3　売上割戻しと同一基準で物品を交付した場合 （措通61の4(1)-4）

| ポ | イ | ン | ト |

○　売上割戻しと同一の算定基準であっても、金銭支出に代えて物品を交付した場合は交際費等となります。物品の贈答は、お中元、お歳暮と同等とみられるからです。

　ただし、その物品が得意先事業者において棚卸資産又は固定資産として使用することが明らかな物品（事業用資産といいます。）の交付は金額の多寡に係らず、交際費等に該当しません。

○　なお、事業用資産以外であっても、その購入単価が少額（おおむね3,000円以下）の物品（少額物品）も交際費等に該当しません。

▶▶留意点1

　物品交付が交際費等となる理由は、その物品が、例えば真珠のネック

レス等の貴金属装飾品であれば、それは得意先の役員等の個人的興味を満たすものであり、企業間の正常な取引行為の一環として行われたとは認められないからです。

　ただし、事業用資産の交付は、得意先の事業の用に供され、事業者の収益（受贈益）と認識されるものであるため、金銭支出と同様に交際費等に該当しない取扱いとなっています。

▶▶留意点 2

　固定資産として使用することが明らかな物品とは、例えば事務用機器、機械装置、作業用具等が考えられます。しかし、テレビの場合には、得意先事務室、休憩室等での使用もありますが、個人家庭での使用もあり、この場合には、交際費等となります。

　事業用として使用することが明らかな資産かどうかは、その物品の性格、資産の属性、交付した側の意思等を斟酌して判断するとされますが、実務では、実際に得意先が事務所等で使用している場合には、事業用資産の交付として認めています。

▶▶留意点 3

　事業用資産以外の少額物品とは、購入単価がおおむね3,000円以下の物品が該当します。おおむね3,000円以下の判定は、交付商品の通常の定価又は売価ではなく、交付者が実際に購入した単価で判定します。したがって、一括購入等したため市価（定価）より割安になっていれば、その実際の購入単価となります。また、購入単価は、その物品の通常の取引単位ごとの金額によります。例えば、ゴルフボールは、1個、3個、半ダース（6個）、1ダース（12個）が一般的な取引単位ですが、それぞれの単位を交付基準としている場合には、それぞれの単位ごとに少額か

否かを判定します。

▶▶留意点4

　例えば図書券のようにその引換物品が特定しており、券面金額も1枚500円、1,000円等であれば、購入単価が3,000円以下のため何枚（例えば、30枚合計3万円分）贈答しても交際費等になりません。しかし、デパートの商品券は、1枚1,000円でも、引換商品が特定しておらず、枚数を合計すると1個数万円の商品購入も可能なことから、購入単価が3,000円以下のものに該当しないことになっています。タクシー回数券綴りのような回数券綴りの場合も1枚当たりの券面金額等ではなく、1冊綴りの合計金額で判定します。

　旅行券・食事券は、物品の交付ではなく、旅行接待、飲食接待と同等であるため、すべて交際費等に該当します。

4　売上割戻しと同一基準で旅行、観劇等に招待する費用（措通61の4(1)-4、(1)-6）

```
ポ イ ン ト
```

○　売上割戻しと同一基準であっても、金銭支出に代えて旅行、観劇等の招待に要した費用は交際費等に該当します。売上割戻しは、相手先事業者の収益計上されるものですが、旅行観劇招待に係る利益享受は、相手先の役員、従業員等の個人が受けるものであるため交際費等に該当します。

○　売上割戻しを預り金として預かり、それを原資に旅行等の招待費用に充当した場合も交際費等となります。また、相手先事業者

に支払った場合であっても、その支払金額を支払者が主催する旅行観劇費用に充当することになっている場合も交際費等に該当します。

▶▶留意点1

売上割戻し費用を、一定額に達するまでは得意先に支払いをしないで、メーカー等で預り金等として積み立て、一定額に達したときに預り金等を取り崩して得意先を旅行、観劇等に招待する場合があります。この場合には、預り金として積み立てた事業年度の損金とはならずに、実際に旅行、観劇等に招待した年度に交際費等の支出があったものとして交際費等課税が行われます（措通61の4(1)-6）。

なお、この場合には、得意先では（仕入）割戻金の入金がありませんので収入に計上する必要はありません。また、実際に旅行、観劇等に参加した場合にも費用の支出がありませんので、何ら課税関係が生じません。

▶▶留意点2

なお、上記の場合に、この旅行、観劇等に不参加の得意先に対して、預り金から現金を支払った場合には、当初から旅行、観劇等に招待する目的のための積立て、預かりであることから、預り金返還時では売上割戻しでなく交際費等となります。得意先も現金収入となります。

▶▶留意点3

売上割戻しと旅行招待費用等の具体的事例は、第3編 **5**「旅行、観劇等への招待と交際費等」（278頁）を参照してください。

6 交際費等と類似費用との区分　　*55*

5　景品引換券付販売、景品付販売により得意先に交付する景品費用（措通61の4⑴-5）

ポ　イ　ン　ト

○　製造業者又は卸売業者が売上高に応じて得意先に対して景品引換券を交付し、一定枚数、点数等に応じて、特定の物品と引き換えることができる景品引換券付販売は、その物品の交付に要する費用は交際費等に該当します。これらの景品を消費するのは、その得意先の役員又は従業員であることから交際費等としたものです。

　　ただし、交付物品が事業用資産（棚卸資産又は固定資産）及び、おおむね3,000円以下の少額物品の場合には交際費等に該当しません。

○　景品付販売も同様です。

▶▶留意点 1

　交付する物品が、次のすべてに該当する場合には、通常の販売手法と同じであるとして交際費等には該当しません。

①　その景品の種類及び金額が交付する製造業者又は卸売業者で確認できるもの

　　これは、景品が多種類あり事業用と非事業用が混在していても、その区別が可能であり、かつ、次の②の少額の金額基準でも判定できるからです。事業用資産の交付は②にかかわらず交際費等に該当しません。

②　その景品が少額物品（購入単価がおおむね3,000円以下）であること

　　購入単価がおおむね3,000円以下の判定は、交付する側の購入単

価で行います。また、引換物品に少額と高額なものが混在する場合には、少額な物品については交際費等に該当しません。少額物品の取扱いは、売上割戻しと同一基準で物品を交付した場合（措通61の4⑴-4）と同様のため前述の**3**を参照してください。

▶▶留意点2

交際費等課税における卸売業者とは、いわゆる卸売業者だけでなく、販売する相手先（得意先）が事業を営んでいる場合には、その販売業者は、卸売業者とみなされることになっています。例えば、酒小売店が飲食店、バー等へ販売する場合、あるいは、肥料販売店が農家への販売促進のために行う景品引換券付販売等は、本通達の卸売業者に該当することになります。

▶▶留意点3

景品引換券付販売、景品付販売に係る景品の引換費用について、交付する卸売業者等が法人税基本通達9-7-3（金品引換費用の未払金の計上）により、その景品引換券が販売価額又は数量に応ずる点数等で表示されており、かつ、たとえ1枚の呈示があっても物品の引換えに応じる場合の引換費用は、その販売した日の事業年度で未払計上ができることになっています。この場合の未払計上額が交際費等に該当するかどうかは、実際に景品を交付した事業年度でこの通達を適用して判定することとされ、交際費等に該当する場合には、景品交付の事業年度の交際費等として不算入額計算をすることになります（措通61の4(1)-5（注））。

6 販売奨励金等の交付費用（措通61の4(1)-7）

ポ イ ン ト

○ 販売促進の目的で、特定の地域の得意先事業者に対して販売奨励金等として金銭又は事業用資産を交付する費用は交際費等に該当しません。

これは、交付目的が自社製品等の販売促進のためであり、一種の広告宣伝費の負担ともみられることから、単なる贈与とは異なり交際費等に該当しないとしたものです。もちろん、相手方事業者の収益に当然に計上されるものです。

○ 支出に当たっては、売上割戻しのような事前に取り決めた一定の交付・算定基準等は特に必要がありません。また、支出先が少数者に限定されたり、支出金額が多額の場合も認められますので、支出時には、「販売促進のため」を明確にし、かつ、慎重な対応が必要です。

▶▶留意点1

販売奨励金は、売上割戻しのように、あらかじめ定められた特別の交付基準は必要がなく、交付者の判断で実行できます。交際費等とならない販売奨励金とは、自社製品、商品を扱う取引先がその販売に関して広告宣伝費や販売活動費が他の地域より多額に必要であるとの事由により、その経費を補助する目的で特別に支出されるものをいいます。すなわち、メーカー等が自社製品の販売戦略のため、特約店、小売店等を使って広告宣伝や販売促進活動をするための費用の補填として支出するものです。

58   第1編　交際費課税の概要

▶▶留意点2

　特定の地域に限定されています。これは、特に自己の商品等の販売を促進する必要がある地域をいいます。例えば、同業者との販売競争が激しく他地域より強力な販売支援が必要な地域、あるいは、新製品や特定商品を地域限定で特に売り出そうとするような地域が想定されています。地域の大小ではなく、販売戦略上、強力な販売促進、バックアップが必要な地域をいい、業種や業態により、又は個別の企業により異なります。

　したがって、販売奨励金として支出する以上は販売促進のためという明確な交付理由が必要です。得意先等の経営難に対して赤字補填等のために支出する場合は、単なる資金援助、損失補填金として寄附金に該当する場合もあります。販売奨励金には「販売促進のため」という明確な理由が必要です。

▶▶留意点3

　なお、販売奨励金等として交付する金銭の全部又は一部が得意先等に対する旅行、観劇等の招待費用の負担額として交付される場合には、その負担額は名目のいかんにかかわらず交際費等に該当します。これは、間接的な交際費等の負担であるからです。ただし、この場合には、得意先における交際費等の額は、メーカー等から交付を受けた販売奨励金の額を控除した実質負担額が交際費等となります（措通61の4(1)-15(4)、(5)）。

▶▶留意点4

　法人が特約店等の従業員等を被保険者とする、いわゆる掛捨ての生命保険、損害保険の保険料を負担した場合は、販売奨励金等に該当し交際費等とはなりません（措通61の4(1)-7（注））。一般に得意先の従業員等に何らかの恩恵を与える支出は交際費等となりますが、保険料等の負担

は、特約店の販売員等を対象としたものであり、特約店等が自らの販売員に対して福利厚生費となる保険料を負担するものをメーカー等が販売奨励金として支払うものです。ただし、特約店の役員、部課長等の特定の者だけを対象とした場合は、交際費等となります。

▶▶留意点5

交際費等と販売奨励金との区分の具体的事例は、第3編 **4**「販売奨励金と交際費等」（246頁）を参照してください。

7 交際費等と情報提供料・手数料との区分 （措通61の4(1)-8）

ポ イ ン ト

○ 取引に関する情報の提供、取引の代理、斡旋等の役務提供（情報提供等）を受けたことにより支払う情報提供料・手数料は、役務提供の対価であることから、一般には損金と考えます。

○ しかし、情報提供料・手数料の取扱いは、情報提供等を業とする専門業者に対する支払いは役務提供の対価として損金となりますが、それ以外の非専業者（専門業者以外）に対する提供料、手数料は、役務提供の有無が判然としない場合が多いことから、一定の要件を満たす場合に限って損金となり、満たさない場合には交際費等となります。

○ 非専業者への支払いで、次の要件のすべてを満たす場合には交際費等となりません。

① その支払いがあらかじめ締結された契約に基づくものである

こと

② 提供を受ける役務内容が当該契約で具体的に明らかにされて
おり、かつ、これに基づいて実際に役務提供を受けていること

③ 支払う金額が提供を受けた役務内容に照らし相当と認められ
ること

○ 情報提供等を行うことを「事業」とする者（専門業者）とは誰
をいうか等その取扱いに問題点が多く、情報提供料・手数料と交
際費等との区分には、トラブルが少なくありません。

▶▶留意点1

この通達の趣旨は、いわゆるコミッション契約に基づく商取引として
の手数料と単なる謝礼、あるいは賄賂のような交際費等的支出とを区別
するために設けられたものです。

情報提供等を行うことを「事業」とする者は、収受する提供料・手数
料を主たる事業の営業収入として収益計上する者をいいます。

しかし、情報提供を業としない者（非専業者）に対する情報提供料や
手数料等は、それが役務提供の正当の対価なのか、それとも一種の謝礼
金（あるいは賄賂）や心付け等の交際費等的支払いを、あたかも情報提
供を受けたとの漠然とした内容を隠れ蓑にして支払って交際費等課税を
免れている事例が多いことから、非専業者への情報提供料の支払いを原
則、交際費等に該当するとしたものです。

▶▶留意点2

この取扱いに対して、次の問題点が指摘されています。

第一に、情報提供等を「事業」とする者の範囲です。専門の仲介業者、
代理店や商社等は当然に含まれますが、建築設計士、不動産鑑定士、自

動車整備士等の各種「士」業等が含まれるかどうかです。新築工事等の情報を建築設計士等は察知する機会が多くありますが、この情報を建設業者へ提供するのが事業といえるかです。現在の税務の現場では、建築設計士は建築設計が事業であり、建築情報を提供するのは事業ではないとしています。したがって、「士」業は、原則として非専業者に該当するとの見解です。なお、自動車販売に関しては、自動車修理業者、整備業者は商慣習上、仲介手数料を収受できるとの立場にあるため交際費等に該当しません。

▶▶留意点3

　第二に、あらかじめの契約（事前契約）が必要ですが、その契約の有無についてです。契約書等の両者合意の文書化は特に必要はありません。ポスター掲示や、チラシ広告等により周囲に周知して情報提供者等を募集する方法も認められています。しかし、社内の内規のみで支払うことが決められているだけでは契約があったとは認めていません。また、成功した場合に支払うとの約束で、実際に成功したために契約を締結した場合は、事後契約となるとの見解が多数を占めています。成功報酬であっても事前の契約書作成をお勧めいたします。

▶▶留意点4

　取引先の役員又従業員でその職務上の行為として取引の発注を行う立場にある者に対する情報提供は、たとえ有効な情報であり、対価も相当としても、個人に対する単なる謝礼として交際費等になります（措通61の4(1)-15(9)）。例えば、部品又は商品の納入業者が納入先の仕入担当者に対して支払う場合やレストランへの材料納入業者がコックさんへ支払う場合等です。ただし、特約店セールスマンで租税特別措置法関係通達

62　第1編　交際費課税の概要

（法人税編）61の4(1)-13に該当する者は除かれます。

▶▶留意点5

　交際費等と情報提供料との区分の具体的事例は、第3編 **6**「情報提供料・手数料と交際費等」（301頁）を参照してください。

8　交際費等と広告宣伝費等との区分（措通61の4(1)-9）

ポ　イ　ン　ト

○　広告宣伝費は、企業の販売促進や知名度アップ等を目的とする広報活動費用をいい、その過程では飲食等の接待や金品の贈与等も行っています。一方、交際費等は得意先等の事業関係者に対する接待、供応、金品の贈与等の費用をいい、お互いに共通の行為が含まれています。

○　交際費等と広告宣伝費等との区分は、一般に、広告宣伝費は、不特定多数の者に対する広告宣伝効果を意図して支出する費用をいい、交際費等は得意先等の事業関係者に対する接待等を意図して支出する費用をいいます。

○　次のような費用は広告宣伝費となり、交際費等に含まないとされています。

①　製造業者又は卸売業者が、抽選で一般消費者に金品を交付する費用又は旅行、観劇等に招待する費用

②　製造業者又は卸売業者が、金品引換券付販売で一般消費者に金品を交付する費用

③　製造業者又は卸売業者が、一定の商品等を購入する一般消費

者を旅行、観劇等に招待することをあらかじめ広告宣伝し、購入した一般消費者を旅行、観劇等に招待する費用

④　小売業者が商品等を購入した一般消費者に景品を交付する費用

⑤　一般の工場見学者等に通常の茶菓、製品の試飲食をさせる費用や工場見学者に対する見学記念品費用

⑥　得意先等に対する見本品、試用品供与に通常要する費用

⑦　製造業者又は卸売業者が、自己の製品又は取扱商品に関し、継続的に試用を行った一般消費者又は消費動向調査に協力した一般消費者に対する謝礼金等の費用、いわゆるモニター料など

▶▶留意点1

　広告宣伝費に該当するか否かの判断基準となる不特定多数の者とは、一般的には一般大衆、一般消費者をいいますが、現実にはその中にも企業の事業関係者も含まれる場合が考えられます。例えば、農薬会社における農家等が一般消費者に当たるかどうかです。

　税務上は、次に掲げる者は、全国的で多数の者が対象であっても得意先等に該当し、一般消費者には該当しないとしています。したがって、それらの者に対する金品の贈与は得意先に対する贈与として交際費等となります。

①　医薬品製造業、卸売業者における医師又は病院・開業医

②　化粧品製造業者における理容、美容業者

③　建築資材業者における大工、左官等の建築業者

④　飼料、肥料等の農業用資材業者における農家

⑤　機械又は工具製造業者における鉄工業者

64　　第1編　交際費課税の概要

▶▶留意点2

　一般消費者とは、事業に直接関係のない者又は不特定多数の者といわれており、不特定多数の者とは、一般大衆やその商品の最終消費者である一般消費者をいいます。平たくいうと「行きずりの人」等ともいえます。これらの不特定多数に対して飲食、金品の贈与等を行うのは、自社商品等に関心を持ってもらう、購買力を高めてもらうための広告宣伝を意図するものであるため交際費等に該当しません。

▶▶留意点3

　一般消費者を対象としての抽選等に当選した者は広告宣伝費が認められますが、当選者等の多数が結果的に身内等の関係者が占める場合には関係者に対する接待等として交際費等に該当することに留意が必要です。

▶▶留意点4

　得意先等に対する見本品、試用品等の交付も、正に自社製品販売の最前線にいる販売業者に対して自社製品の品質や効用等を理解してもらう販売促進又は広告宣伝を意図するものであるため、通常要する費用であれば広告宣伝費となります。ただし、見本品等であっても、例えば、貴金属、宝飾品等の高価な物である場合には、やはり得意先に対する贈与として交際費等になると考えます。

▶▶留意点5

　得意先に事業用資産を交付する費用は、交際費等とはなりません。しかし、自社製品等の広告宣伝の用に供する資産（例えば、広告宣伝用の看板、ネオンサイン、陳列棚、自動車、展示用モデルハウス等の資産）を贈与した場合には、繰延資産として5年以下の期間で損金償却することに

　　　　　　　　　　　　　　　　　　　　6　交際費等と類似費用との区分　　*65*

なります（法令14①六ニ、法基通8−1−8、8−2−3）。また、それらを
受贈した販売業者等は、その金額が30万円以上となる場合には受贈益を
計上することになります（法基通4−2−1）。

▶▶留意点6

　交際費等と広告宣伝費との区分の具体的事例は、第3編 **9**「広告宣
伝費と交際費等」（369頁）を参照してください。

9　交際費等と会議費との区分（措令37の5②二、 措通61の4(1)-16、(1)-21）

ポ　イ　ン　ト
○　得意先等との会議、商談、打合せに際しての社内又は通常会議等を行う場所で供与される昼食の程度を超えない飲食物の提供は、交際費等とはならず会議費として認められます。会議、商談等をスムーズに行うために、会議途中の食事も会議に含まれるとの考えによるものです。 ○　会議に伴う飲食代は、「通常要する費用」であれば一人当たり5,000円を超えても会議費として認められます（措令37の5②二）。しかし、5,000円基準により交際費等から除くことも認められますが、この場合には、得意先参加者全員の氏名を記載する等必要事項の記録保存が必要です（措規21の18の4）。

▶▶留意点1

　交際費等と会議費との区分は、会議としての実体があるか否か、飲食

代が通常の費用の範囲内であるかどうかで区分することになります。

会議としての実体の有無と飲食代の通常の範囲は、次の要件で確認します。

① 会議に実体があること

当然の条件です。会議には来客との商談、打合せも含まれます。

会議時間の長短は問われませんが、飲食するために集まったものは会議とはいいません。

② 社内又は通常会議を行う場所で行うこと

社外で通常会議を行う場所とは貸会議室が一般的ですが、ホテルはもちろん、温泉地でも会議の実体があれば認められます。ただし、温泉地等は観光、慰安等も併せて行う場合が多く、会議が名目的であると認められる場合には、会議部分を含めて全体が交際費等となります（措通61の4(1)-16）。

なお、会議の実体があるとしても、その場所が料亭、バー等では交際費とならざるを得ません。

③ 通常供与される昼食の程度を超えないこと

一般的には、会議場所への出前弁当等の程度をいいます。会議場所がホテル等の場合にはランチも一人5,000円を超えても、通常要する程度として認められるでしょう。会議が夜にかかる場合の食事も通常の範囲であれば認められます。

④ 会議に際しての供与であること

一般的には会議途中での食事をいいます。会議、商談等の「終わった後」での飲食は、会議に際してといえるかどうかの問題があります。

⑤ 社員だけの会議も会議費に該当する

社員だけの会議に際しての飲食は、会議の実体があるとしても、

会議において社員に食事を提供することについて合理的理由が必要となるでしょう。

⑥　会議での飲食として疎明（資料）があること

　会議に際しての飲食であることを証する「会議（打合せ）スケジュール記録」「会議費経費精算書」（参考様式は170頁を参照）等の書類保存が必要でしょう。

▶▶留意点2

得意先等との会議（新製品発表会、販売表彰式、技術検討会等）と懇親会を併せて行った場合、あるいは、旅行、観劇等に招待した時に会議を併せて行う場合があります。この場合であっても、会議が会議としての実体があるときは、その会議に要した費用は交際費等に含める必要はありません（措通61の4(1)-16）。会議室の賃借料、会議での昼食代、会議諸経費等の費用を請求書等で区分しておく必要があります。なお、交通費の負担ですが、その主目的が明らかに会議である場合には、得意先の交通費負担も会議費が認められますが、会議とは名ばかりで実体が懇親会、旅行招待の場合には、その費用全部が交際費等となります。

▶▶留意点3

交際費等と会議費との区分の具体的事例は、第3編 **10** 「会議費と交際費等」（390頁）を参照してください。

68　第1編　交際費課税の概要

10　交際費等と福利厚生費との区分（措法61の4④一、措通61の4(1)-10）

ポ　イ　ン　ト

○　福利厚生費は、一般に社員の健康管理、レクリエーション等の行事、社内サークル活動の補助、厚生施設負担金、法定福利費等社員の勤務条件の改善目的又は慰労のために支出する費用です。しかし、その本質には、従業員等に対する金品の贈与、飲食の提供で経済的利益の供与でもあることから給与又は交際費等に該当する場合もあるといえます。

○　しかし、その供与が会社業務の遂行上から必要なものであり、全社員（あるいは、該当者又は希望者全員）を対象とするもので、また、一人当たりの金額も通常認められる程度の金額である場合には、社員の福利厚生のためと認められ給与又は交際費等となりません。

　したがって、給与又は交際費等となる場合とは、特定の社員等に限って行うもの、一人当たりの金額が多額なもの、遊興娯楽を主とするもの等がこれらに該当することになります。

○　飲食代の5,000円基準及び接待飲食費の50％相当額の損金算入は社内交際費には適用がありません。

▶▶留意点1

　専ら従業員の慰安のために行われる運動会、演芸会、旅行等のために通常要する費用は、福利厚生費に該当し交際費等から除かれます（措法61の4④一）。

また、社内の行事に際して供与される次のようなものは、福利厚生費となり交際費等に該当しません（措通61の4(1)-10）。

①　創立記念日、国民祝日、新社屋落成式等に際し従業員におおむね一律に社内において供与される通常の飲食費用

　このような行事に際し一般的慣習として飲食の提供が行われていることから、通常の程度の飲食であれば交際費等に含まれません。ホテル等で行った場合でも、「社内で供与される程度の飲食」、つまり、一人当たりの単価が一般常識の範囲内であれば福利厚生費として認められます。

　ただし、得意先等を招待して行う宴会等に従業員も参加したときは、得意先接待が主目的である場合には従業員分を含めたすべての金額が交際費等となります（措通61の4(1)-15(1)）。

②　従業員（従業員であった者も含む。）又はその親族等の慶弔、禍福に際し一定の基準に従って支給される金品に要する費用

▶▶留意点2

　慶弔、禍福の際における一定の基準とは、通常は「社内（又は役員）慶弔規程」等を指します。社内規程がない場合でも、その金額が社会通念上相当であれば福利厚生費が認められます。また、役職、家庭事情等による常識的な範囲での支給額の格差は認められますが、やはり、社内で統一した支給ルールが必要となります。なお、慶弔金の支給を受ける従業員については、その金額が社会通念上相当な金額である場合には、所得税は課税されません（所令30三、所基通9-23、28-5）。

▶▶留意点3

　新年会、忘年会等の費用負担は、それが社内の行事として全社員を対

70　　第1編　交際費課税の概要

象として行われるものであり、一人当たりの金額も社会一般的な常識の範囲内であれば、福利厚生費として認められます。人数、事務の繁閑等の関係から部、課、係単位で行うことも認められますが、特定の部署、特定の職制のみを対象とするような場合には交際費等となります。社員のみの飲食のため、いわゆる5,000円基準、接待飲食費の50％損金算入は適用がありません（措法61の4④）。

▶▶留意点4

　社員の福利厚生を目的とする従業員団体への補助金は福利厚生費が認められますが、その従業員団体の事業資金の大部分を会社が負担しているような場合には、その従業員団体の損益は、会社に帰属させることになります（法基通14-1-4、14-1-5）。したがって、その従業員団体が支出した交際費等は、会社の交際費等に含める必要があります。

　また、事業年度末に多額の剰余金がある場合には、その額を申告調整等により益金に加算することになります。

▶▶留意点5

　福利厚生的な支出について福利厚生費、給与、交際費等との区分の具体的事例は、第3編 **7**「福利厚生費（社内行事）・給与と交際費等」（316頁）を参照して下さい。

11　交際費等と給与との区分（措通61の4(1)-12）

ポ　イ　ン　ト

　○　給与は、役員、従業員としての職務遂行に対して与えられるも

の又はその地位に基づいて支給される経済的な利益をいいます。しかし、特定の従業員のみを飲食させたり、金品を贈与したような場合には特別な経済的利益の供与として給与又は接待、供応等に該当して交際費等となります。

○　役員、従業員に対して支給される次のようなものは、給与となり交際費等とはなりません（措通61の4(1)-12）。
①　常時支給される昼食等の費用
②　自社製品、商品等を原価以下で販売した場合の原価に達するまでの費用
③　機密費、接待費、交際費、旅費等の名義による支給で、その法人の業務のために使用したことが明らかでないもの（いわゆる渡切り交際費等）
④　個人的費用の負担額。例えば、社交団体等に対する会費等で個人が負担すべき費用
　　なお、ロータリークラブ、ライオンズクラブの入会金、会費は交際費等に該当します（法基通9-7-15の2）。

▶▶留意点1

　給与とは、雇用関係に基づいて人的役務提供の対価として金銭で支給されるもので、給料、賃金、賞与をいいます。しかし、金銭以外でも物品の贈与、債務免除、各種負担金の会社肩代わり等の経済的利益の供与も給与（現物給与）となります（所法28）。ところで、交際費課税の対象となる得意先等には自社の役員、従業員も含まれることから、自社の従業員等に対する金銭、物品の贈与等の経済的利益の供与は交際費等に該当する場合があります。

72　　第1編　交際費課税の概要

▶▶留意点2

　役員、従業員に対する金品の贈与等が給与となるか交際費等となるかは、給与に該当するかを判断し給与とならない場合に、次に交際費等に該当するかを判断します。さらには、福利厚生費となる場合もありますので、前述**10**「福利厚生的支出と交際費等との区分」を参照してください。

　なお、役員に対する供与が給与と認定されると、定期同額給与（法法34①一）又は事前確定届出給与（法法34①二）のいずれにも該当しない場合には、法人税でも損金の額に算入されないことになります。

▶▶留意点3

　交際費等と給与との具体的区分については、第3編 **7**「福利厚生費（社内行事等）・給与と交際費等」（316頁）を参照してください。

12　交際費等と得意先等に対する災害見舞金等
　　　（措通61の4(1)-10の2から(1)-11）

ポイント

○　一般には、得意先等及びその役員、従業員の慶弔、禍福に対する見舞金等は交際費等に該当します（措通61の4(1)-15(3)）。

○　しかし、平成7年1月の阪神・淡路大震災を契機として災害見舞金等の取扱いが見直され、直接の得意先等に対するもののほか、販社、代理店等を通じて間接的に自社製品等を取り扱う取引先（いわゆる間接的な得意先）に対する災害見舞金等で一定のものは寄附金、交際費等に該当しないとされました。

○　得意先等及びその取引先に対して、被災前の取引関係の維持や回復を目的として災害発生後相当期間（災害を受けた取引先が通常の営業活動を再開するための復旧期間）内に行った災害見舞金等は交際費等に該当しません。この取引先に対する復旧過程での災害見舞金等は、取引先の救済を通じて自ら蒙る損失を回避するための費用とみることができるからです。なお、見舞金を収受した取引先がその見舞金を福利厚生の一環として、社員に給付したことが明らかであっても交際費等に該当しません。

▶▶留意点１──取引先に対する売掛債権の免除等

　法人が災害を受けた得意先等の取引先に対して、その復旧支援を目的として災害発生後相当期間内に売掛金、貸付金等の債権の全部又は一部を免除したことによる損失の額、及び災害前に契約していた返済条件等の変更による損失の額も交際費等、寄附金に該当しません（法基通9-4-6の2、措通61の4(1)-10の2）。これは、得意先等の復旧支援をすることにより、被災した取引先の倒産等を防止し、これにより法人が被ることとなる事業上の損失を回避するためのものであるとの考えからです。

▶▶留意点２──無利息貸付等

　災害を受けた得意先に対して低利又は無利息の融資は、その融資が得意先の復旧を支援することを目的として災害発生後相当の期間内に行われたものであるときは、寄附金に該当しません（法基通9-4-6の3）。
　その理由は、上記の留意点１と同様の考えによるものです。

▶▶留意点３──自社製品等の被災者に対する提供

　法人が不特定又は多数の被災者を救援するために緊急に自社製品等を

74　　第1編　交際費課税の概要

提供する場合に要する費用は人道的見地、社会的要請に基づくものであり、交際費等、寄附金に該当しません（法基通9-4-6の4、措通61の4(1)-10の4）。

▶▶留意点4——協同組合が組合員に支出する災害見舞金

協同組合は、もともと共同事業体としての性格があり、組合員に対する福利厚生も一般には組合本来の事業目的といえます。したがって、その組合員及びその他の構成員の災害に対しての見舞金は実質的に福利厚生費とも認められるため、一定の基準に従って支出するものであれば交際費等に該当しません（措通61の4(1)-11）。

なお、災害見舞金のほか、組合員等の福利厚生の一環として一定の基準に基づいて支出する慶弔、禍福等に要する費用も交際費等に該当しません。

▶▶留意点5

交際費等と災害見舞金等との区分は次のようになります。

	災害見舞金等となるもの	交際費等となるもの
災害等の被災者に対するもの	・地震、火事、風水害等の自然災害に限らず、いわゆる災害により被災した得意先等の復旧支援としての見舞金等 ・不特定多数の被災者に対する見舞金、自社製品、救援物資等の提供	・被災した得意先等の役員、従業員等の個人に対する見舞金等 ・被災した得意先等の復旧支援のための見舞金ではなく、単なる見舞金等と認められるもの
得意先等の範囲	・得意先のほか、仕入先、下請先、特約店、代理店や商社を通じた商品納入先など	・左の得意先等は事業関係者となるため、単なる見舞金等は交際費となる。

	も含まれる（間接的な取引先等）。	
見舞金の期間	・災害被災後で、その取引先が通常の営業活動を再開するための復旧過程にある期間での見舞金等	・災害発生後相当の期間後に支出した見舞金等

13　特約店等のセールスマン、従業員等に支出する費用
（措通61の4(1)-13、(1)-14）

> ### ポ　イ　ン　ト
>
> ○　自己の製品等の販売に携わる特約店等のセールスマンや従業員等であっても、取引の謝礼として個人に支払う謝礼金は、交際費等に該当します。
>
> 　　しかし、販売を促進するために特約店等のセールスマンや一般従業員に対して、売上数量、金額等に応じて報奨金品（リベート）を支払う場合に、あらかじめ明示又は、定められているところによる支払いで、かつ、外交員報酬として10.21％の源泉徴収をする場合には交際費等に該当しません。
>
> ○　また、特約店等のセールスマンに対しては、その慶弔、禍福に際し一定の基準に従って支出する金品の費用は交際費等になりません。

▶▶留意点1

　特約店等のセールスマン、従業員等（外交販売に係るものに限る。）に対する報奨金品、いわゆるリベートは、あらかじめ明示された定めに基

76　　第1編　交際費課税の概要

づいての支払いは交際費等になりません。セールスマンは個人事業者であり、従業員に対するものは売上割戻しに準ずるとの考えからです。あらかじめの定めは契約文書の締結までは要求されておりません。租税特別措置法関係通達（法人税編）61の4(1)-8（情報提供料と交際費等）の場合には契約締結が必要ですが、本件の場合は、特約店等の者であり、役務の内容も自社製品の販売等に限定されているため、あらかじめは常識的な交付基準が明確になっていれば足りるとの考えによるものです。

　ただし、あらかじめの定めがない場合や所得税法第204条の適用までに到らないセールスマンや得意先等の従業員に対する支払いは、単なる謝礼として交際費等となると考えます。

▶▶留意点2──セールスマンの場合

　製造業者又は卸売業者が、自己又はその特約店等に専属するセールスマンのために支出する次の費用は、交際費等に該当しません（措通61の4(1)-13）。また、②、③の福利厚生費的な支出も交際費等に該当しません。

①　セールスマンに対し、その取扱数量又は取扱金額に応じてあらかじめの定めに基づいて交付する、いわゆる報奨金品の費用（ただし、10.21％の源泉徴収が必要です。）

②　セールスマンの慰安のための運動会、演芸会、旅行等に通常要する費用

③　セールスマン又はその親族等の慶弔、禍福に際し一定の基準に従って交付する金品の費用

▶▶留意点3──得意先の従業員の場合

　製造業者又は卸売業者が「専ら」自己の製品等を取り扱う特約店等の従業員に対し、その者の「外交販売」に係る当該製品等の取扱数量又は

⑥ 交際費等と類似費用との区分 *77*

取扱金額に応じて、あらかじめ明らかにされているところにより交付する費用は、交際費等に該当しません（措通61の4(1)-14）。

　上記、留意点2のセールスマンと異なる点は、その特約店等は自社製品等を「専ら」取り扱う店の従業員です。専らとは、その特約店の全体の取扱商品の大部分が自社製品等で占められている場合をいいます。特定の支店、事業所が専らに該当するとその支店等は適用があります。また、外交販売が要件です。例えば、系列のガソリンスタンドの従業員がそのスタンド店舗内での拡販に努めた場合の報奨金は「外交販売」に該当しないとの考えがあります。なお、交際費等とならない報酬に対しては、セールスマンの場合と同様に所得税の源泉徴収が必要です。

14　専属下請企業の従業員、自社の一部門機能を有する者への費用（措通61の4(1)-18）

ポイント

　自社の工場内、工事現場等で従事している下請企業の従業員又は継続してメーカー等の一部門として機能している者は、その実態は自己の従業員と変わりがないことから、自己の従業員に認められている次のような福利厚生費的支出は、交際費等に該当しません。

①　法人の工場内、工事現場等で下請企業の従業員がその業務の遂行上で災害を受けた場合に、自己の従業員に準じて支出する見舞金品

②　法人の工場内、工事現場等で無事故記録達成等に伴い、経常的に業務に従事している下請企業の従業員に対し、自己の従業員とおおむね同一基準で支給する表彰金品

78 第1編 交際費課税の概要

③ 法人が自己の業務の特定部分を継続的に請け負っている企業
の従業員で専属的に当該業務に従事している者（例えば、検針
員、集金員等）の慰安のための運動会、演芸会、旅行等に通常
要する費用を負担する場合のその負担額

④ 法人が自己の従業員と同等の事情にある専属下請先の従業員、
その親族等の慶弔、禍福に際し一定の基準に従って支給する金品

▶▶留意点

この取扱いは、自社の工場内等で常時働いている者や、自社の特定部
分を継続して請負い、それに専属的に従事している者で、自社の社員と
変わりがない、一心同体と認められる専属下請け等の社員が該当します。
下請け会社の従業員等への支払いは、一種の業務委託費を支払ったと同
じとの考えです。

しかし、見舞金品の額が当社従業員に準じた額と大きく異なる場合や
自社の工場内等で常時働いているとしても専属的な下請業者ではなく、
単なる出入業者、納入業者等の場合の見舞金品は、交際費等に該当しま
す。

15 販売物件、旅行先、展示会、工場等への現地案内費用 （措通61の4(1)-17）

ポ イ ン ト

○ 営む事業の特殊性から、例えば、不動産業者が購入希望者等を
販売物件の現地に案内すること、旅行業者が団体旅行の引率者を
旅行先に下見すること、衣料品メーカーが得意先を新作品、季節

品等の発表会、展示会等へ招待すること、自社製品販促のために
得意先を工場等へ見学させること等が一般的に行われています。
これらの現地案内等に通常要する費用は得意先等の接待、供応と
いうよりは、営業上不可欠な営業直接費とも認められるため、交
際費等に該当しません。

○　現地案内等に要する費用とは、得意先等の交通費、食事代、場
合によっては宿泊代も含まれます。なお、食事は昼食程度が通常
要する費用であり、宿泊代は販売物件等の現地との関連から宿泊
の必要性の有無が判断されます。

○　現地案内等には、外国人バイヤー等も含まれます。

▶▶留意点１——不動産販売業者等の場合

　不動産の販売には、販売不動産の現地案内をしないと営業が成り立た
ないとの事業の特殊性があるため、一般顧客を現地に案内する場合の交
通費、食事若しくは宿泊に通常要する費用は、交際費等とはなりません。
別荘地等の遠隔地も該当します。もちろん、同行した社員の費用も交際
費等となりません。

　ゴルフ会員権販売業者が会員権販売に当たって、販売コースの下見の
ために要した交通費、食事等も交際費等とはなりません。しかし、下見
プレー代の負担は、やはり接待に該当し交際費等となると考えられます。

　なお、現地案内費用のうち、宿泊代は、販売物件等の現地との関連性
から宿泊の必要性の有無や宿泊場所等を勘案して相当かどうか判断しま
す。例えば、一般には販売物件等の近隣のホテル、旅館等となりますが、
あえて有名温泉旅館等への宿泊は接待・招待等と認定されると交際費等
となる場合があります。

80 第1編 交際費課税の概要

▶▶留意点2──旅行斡旋業者の場合

　旅行斡旋業者が、団体旅行斡旋に際し、団体の責任者等を事前にその旅行予定地に案内する場合の交通費、食事若しくは宿泊に通常要する費用は交際費等となりません。これらの費用を旅行先の旅館等が負担した場合も同様に交際費等となりません。

　これは、あくまでも団体旅行のスケジュール、安全確保、予算見積等のための準備として旅行斡旋業者が行う場合をいいます。したがって、例えば、業界団体の慰安旅行の幹事となった会社が、事前に下見する費用はこれに該当せず、観光（交際費等）のための下見費用として交際費等に該当します。

▶▶留意点3──新製品、季節商品等の展示会等の場合

　新製品、季節商品等の展示会等は、販売促進活動の有効な手段ですので、多数の得意先等に来場してもらうために、会場までの交通費や食事、場合によっては宿泊代も負担することがありますが、展示会に通常要する費用であれば、交際費等になりません。

　会場はホテル等が多いですが、温泉地、観光地等であっても、場所柄を捉えて直ちに交際費等となるとは限りません。その場所を選んだ理由が、例えば、参加者の地理的条件、会場スペース等を勘案してであり、展示会がその中心であれば交際費等とはなりません。しかし、展示会と慰安、観光等を兼ねての開催の場合には、展示会部分の費用のみが交際費等以外となり、交通費、宿泊費等は交際費等となるので注意が必要です。この取扱いは、「旅行等に招待し、併せて会議を行った場合の会議費用（措通61の4(1)-16）」に準じて区分することになります。

▶▶留意点4 ── 得意先等の工場等見学の場合

　得意先等を自社工場等に招待して、工場設備や製品、商品の知識と理解度を深めてもらうことは販売政策上、重要です。したがって、得意先等を工場等に見学させる場合の交通費、食事若しくは宿泊に通常要する費用は交際費等となりません。

　日本の得意先を外国工場等へ視察する場合又は外国の得意先を日本の工場等へ視察招待する費用も通常要する費用であれば、交通費等が多額となっても交際費等とはなりません。しかし、工場見学の後の宴会費用やお土産代、あるいは観光地等への見学費用は交際費等に該当します。また、工場見学とは名ばかりで、実際は宴会等接待、観光案内等が目的であると認められる場合は、交通費を含めてその費用の全額が交際費等となります。なお、この工場見学は、自社製品等の商品知識の普及のための研修等を行うことが絶対の条件ではありません。

▶▶留意点5

　現地案内等と交際費等の具体的区分については、第3編 **5**「旅行、観劇等への招待と交際費等」（278頁）を参照してください。

7　交際費等の支出の意義、方法

○　交際費等の損金不算入制度は、交際費等に該当する接待、贈答等の行為のために「支出する」金額に対して法人所得の計算上、費用としての損金算入を認めずに課税する制度です（措法61の4）。

　したがって、交際費等に該当する行為があったとしても、その支出がなければ交際費課税はありません（寄附金は「無償」の場

82 第1編 交際費課税の概要

合も時価との差額が課税対象となります。)。

○ しかし、交際費等の行為や支出は単純ではなく、その支出金額はいくらか、いつの時点で交際費等支出があったのか、いつの事業年度で損金不算入とするのか等を判断する必要があります。

1 交際費等の支出の意義 （措通61の4(1)-24）

ポイント

交際費等の損金不算入額計算は、事業年度ごとに、その事業年度中に支出した交際費等の額を基礎として計算します。

この場合、「支出した交際費等の額」とは、交際費等の支出の事実があったものをいいますので、次の点に留意してください。

① 交際費等の支出の事実があった時とは、接待、供応、慰安、金品の贈答等の「行為があった時」をいいます。費用等としての経費処理の有無ではありません。仮払金又は未払金とした場合であっても、行為のあった事業年度の交際費等となります。反対に、接待等の行為がまだ行なわれていないのに支払われた金銭は、前払費用として、交際費等の額に含まれません。

② 交際費等の金額が棚卸資産、固定資産等の取得価額に含めたため、その事業年度の損金になっていない場合であっても、その支出があった事業年度の交際費等として不算入額計算を行います。

この結果、交際費等の損金不算入額と取得価額に含めたことにより二重課税となりますが、取得価額から減算できる調整計算が認められております（措通61の4(2)-7）。後述 **8** の「取得

価額（原価）に算入された交際費等の調整」（89頁）を参照して
ください。

▶▶留意点1──行為が行われた日の判定

　交際費等は接待等の行為があった日に支出の事実があったとされます。
飲食やお中元等贈答品、旅行等はそれらが行われた日が行為のあった日
となります。しかし、例えば、贈答用に購入した商品券、ビール券等は
原則、得意先に交付したときの交際費等となりますが、決算期末に多額
の未使用残額がない限りは、継続適用で購入時の交際費等も認められる
と考えます。コンサート入場券等は、一般には得意先等に入場券を渡し
た日とされています。プロ野球のボックスシート券もその球場の開幕日、
予約券購入日のいずれかの日も継続適用で認められるでしょう。

▶▶留意点2──仮払金計上の交際費等

　法人が、支出した交際費等の金額を仮払金として経理した場合であっ
ても、その支出に係る接待等の行為があった事業年度で交際費等の損金
不算入額計算を行います。具体的には、法人税申告書の別表4の所得金
額の減算欄で仮払交際費等の額を経費として減算認容し、同金額を別表
15（交際費等の損金算入に関する明細書）の「支出額⑥」及び「差引交際
費等の額⑧」に記入し、算出された損金不算入額を別表4の所得加算欄
で加算します。

　なお、所得減算した仮払交際費等の金額は、別表5で△仮払交際費等
の額として翌期に繰り越し、翌期等で仮払金を交際費に振り替えた時に
別表5で減算し、別表4で戻入所得加算します。

▶▶留意点 3 ── 前払交際費等

　翌期に実施する得意先旅行招待費用を当期に支払ったとしても、当期の交際費等ではないため、当期の費用計上及び交際費等の損金不算入はできません。翌期で費用計上、損金不算入計算を行うことになります。なお、交際費等の費用は、いわゆる 1 年以内に提供を受ける短期前払費用の特例の適用はありません（法基通 2 - 2 -14）。

2　交際費等の支出の方法（措通61の 4 ⑴-23）

ポ　イ　ン　ト

○　交際費等の支出は、法人が直接支出したか間接的に支出したかを問いません。次のような場合には、交際費等の支出があったものとして取り扱います。

①　2 以上の法人が共同して接待、供応、金品の贈与等の行為を行い、その費用を分担した場合は、その分担額をそれぞれの法人が交際費等を支出したものとされます。

②　同業者の団体等が接待、供応、金品の贈与等の行為を行い、その費用を法人が分担した場合は、その負担額は法人が交際費等を支出したものとされます。

○　交際費等から除くことができる、飲食費の5,000円基準では、上記①、②の場合には、飲食費総額を参加者人数で除した金額で判断します。ただし、主催者から飲食費総額や参加者人数の通知がない場合には、自己判断で5,000円以内かを判断します（措通61の 4 ⑴-23（注））。接待飲食費の50％相当額の損金算入は飲食費相当額として負担した金額を基とします。

7　交際費等の支出の意義、方法　　*85*

▶▶留意点 1

　親子会社が共同で、あるいは、メーカーと卸売業者が共同で得意先を接待する場合に、幹事会社が費用全額を一旦負担し、後で他社にその負担額を請求する場合があります。共同で接待することが明らかな場合には、それぞれの負担額が交際費等となります。共同接待の場合には、一方が交際費等、他方は販促費等となることはありません。

▶▶留意点 2

　法人が所属する協会等に特別会費等の名目で支出する場合であっても、それが接待、交際等の費用に充てられるためのものである場合には、たとえ、法人がその接待に参加していない場合であっても、その会費は協会等が接待等を行った時の交際費等となります（法基通 9 - 7 -15の 3 ）。

▶▶留意点 3

　また、法人が団体等に対して会費等を負担した場合、その団体等が専ら構成員の親睦、懇親を図るために組織された団体と認められる場合には、その会費等の負担の時に交際費等の支出があったものとされます。例えば、下請業者、協力業者で組織された団体で、実際に研修会等があったとしても、会費の大部分が盆暮れの顔合わせ会食代、ゴルフ大会等の懇親費用に充てられている場合には交際費等となると考えます。

　ただし、研修会等に要した費用は交際費等とはなりません。飲食代はいわゆる5,000円基準及び接待飲食費の50％損金算入の適用があります。

▶▶留意点 4

　多数の者が出席する懇親パーティーに出席した場合の5,000円基準の「一人当たり5,000円」の判定は、飲食代総額を出席者総数で割った金額

86 第1編 交際費課税の概要

が5,000円以下の場合がこれに該当するとしています（措通61の4(1)-23
(注)）。主催者側からの報告で一人当たり飲食代が5,000円以下であれば
交際費等から除外できますが、一般には報告がありませんので参加した
当社員がその会場、料理内容、参加人員等を勘案して、この程度の料理
なら一人当たり5,000円以下と判断できた場合に限り5,000円基準の適用
があるとしています（措通61の4(1)-23(注)）。接待飲食費の50％損金算
入の場合も同様で、飲食費相当額の負担額を明らかにした上で適用する
ことになります。現実には会費相当額で判断せざるを得ないと考えます。

3 交際費等の金額

ポイント

　交際費等は、得意先等の事業関係者に対する接待、供応、贈答等
の行為のために支出するものをいい、懇親パーティー等に出席した
場合も同様です。金銭の支出、物品の贈与、役務の提供等接待等の
ために直接支出した金額のほか、その行為がなければ支出すること
がなかった費用、いわゆる付随費用も交際費等に含まれます。

▶▶留意点1──懇親会等の会費の場合

　例えば、同業者団体主催で実務研修会と懇親パーティー費用を含めて
会費を支払った場合は、研修会は会議費、懇親パーティー費用は交際費
等となります。実務上は、外部の研修会等後の懇親会は、それが立食程
度等であれば会議の延長とみることができるため全額会議費が認められ
ます。しかし、その会合の主目的が懇親パーティーである場合は会費全
額が交際費等となると考えます（ただし、研修会部分を会議費とすること

７　交際費等の支出の意義、方法　　*87*

も可能）。5,000円基準及び接待飲食費の50％損金算入も飲食代が明らか
な場合には、主催者にその区分額の要請も考えます。なお、立食を伴う
政経文化パーティー券の購入費用を交際費等とした場合には、そのパー
ティー券の50％相当額が損金として認められるとされたため、他の同様
のパーティー等の場合にもこれが認められるかに注目する必要がありま
す（週刊税務通信　平26.9.29　№3329参照）。

▶▶留意点２──自社製品の贈答、自社レストラン料理の提供

　税務上の交際費等の額は、得意先等に対する接待、供応、金品贈与等
の行為のために「支出する費用」、つまり、接待等に実際に支出した金
額となります（措法61の４④）。

　自社製品の贈答は、その製造原価を交際費等の額とし、自社レストラ
ンでの接待飲食は、飲食原価（材料費、人件費等）で算定した売上原価
を交際費等とできます。売価（定価）で交際費等とすることも認められ
ます。なお、飲食原価の算定が困難な場合には、一般客へ提供する料理
の売価に一定の原価率を乗じて算定した原価による等の算定金額も認め
られると考えられます。

▶▶留意点３──自社遊園地等へ招待した場合

　遊園地等の娯楽施設等への招待は、得意先の歓心を買って良好な関係
を得ようとする目的の場合には、交際費等に該当します。ただし、自社
の遊園地等へ招待した場合ですが、娯楽施設等の運営は招待者等の入場
の有無にかかわらず不変であることから招待（接待）の行為のために特
に支出した費用はないとの考えが一般的でした。しかし、判例では、遊
園地原価のうち招待者に対応する分が交際費等に該当するとしました
（最高裁平22.10.8）。

88   第1編　交際費課税の概要

　しかし、本件は利用価値の高い特殊な事例であって、今まで税務上も販促費等として認められていた一般的な無料入場券等のすべてが、この判決により直ちに交際費に該当することはないとの見解が多くあります。今後の取扱いに注意が必要です。

▶▶留意点4──接待専用施設の維持管理、減価償却費

　自社所有の接待専用施設（ゲストハウス）の取得費、維持管理費（例えば、管理人給与、修繕費、水道光熱費等）及び減価償却費等は、それが接待専用目的であっても、取得自体は接待行為ではありませんし、減価償却費も投下資本の費用化です。維持管理費も同様で、管理人給与は接待の有無にかかわらず支出される固定給であるため交際費等となりません。ただし、接待の都度雇い入れた時給等の支払いは接待行為のための支出ですので交際費等となります。なお、他社に支払う接待専用施設の賃借料は、その賃借料等の全額が交際費等となります。

▶▶留意点5──接待等の付随費用

　付随費用は本体に付随する費用をいい、本体が交際費等であれば付随費用も交際費等となります。交際費課税は行為課税であるため、その接待、贈答行為をしなかったら発生しなかった費用、逆には、その行為をしたため追加的に発生した費用は交際費等に含めることになります。招待者の送迎タクシー費用、お中元等の郵送料等です。また、得意先を招待旅行に随行する当社員の旅費等も得意先旅行のための付随的、追加的に発生する費用であるため交際費等に含まれますが、社員の給料は毎月固定的に支給されるもので追加的支給ではないため交際費等に含める必要はありません。

⑧　取得価額（原価）に算入された交際費等の調整　　*89*

▶▶留意点６──消費税の取扱い

　接待、贈答等の行為のために支出する額に消費税が含まれている場合には、含まれた金額は交際費等の額となります。ただし、消費税を税抜経理方式の場合には消費税は含まれません（控除対象外消費税の額は含まれます。）が、税込経理方式の場合には、消費税込みの金額が交際費等となります。

8 取得価額（原価）に算入された交際費等の調整（措通61の4⑵−7）

○　交際費等は、通常は販売費及び一般管理費として当期の費用となりますが、製品の製造原価や固定資産の取得価額、繰延資産の金額に含まれる場合（棚卸資産の取得価額等）もあります。この場合に、含められた交際費等の額は支出年度の損金とならない部分があると同時に、交際費等として損金不算入となる部分が生じ、支出年度ではいわゆる二重課税となります。

○　そこで、棚卸資産の取得価額等に含めた交際費等に係る損金不算入額相当額（いわゆる二重課税部分）については、その取得価額等から減額できる調整計算が認められています（措通61の4⑵−7）。

○　この減額調整計算は、交際費等を支出した年度で、かつ、法人が法人税申告書で減額した場合に限って認められ、更正の請求等による減額は認められません。

○　接待飲食費の50％相当額の損金算入の対象となった飲食費についても、この調整計算の対象となります。

90　第1編　交際費課税の概要

▶▶留意点1

取得価額（原価）に算入された交際費等の調整計算は、次によります。

① 当期の交際費等の損金不算入額（全社）に当期の支出交際費等の額（全社）のうちに占める期末棚卸資産の取得価額等に含まれている交際費等の額の割合を乗じて計算した金額が、期末棚卸資産の取得価額等から減算できる金額となります。減算は、法人税申告書別表4の所得金額の減算欄で行います。

② この減額は、確定申告書でのみ認められます。修正申告、更正の請求での減額は認められません。

③ この規定により減額した場合には、翌事業年度で当該金額を決算上調整する必要があります。つまり、翌期では、決算上、「(借方)前期損益修正損○○／(貸方)棚卸資産等○○」の仕訳をたてるとともに、申告書別表4（及び別表5(1)）で前期に減算している同じ金額（○○）を所得に加算（別表5(1)は減算）して調整することになります。

▶▶留意点2

取得価額に算入された交際費等の調整の具体的計算例は、第3編 **15**「その他」（461頁）を参照してください。

9　交際費等と使途不明金・使途秘匿金

○ 事業活動の活発化のためには、交際費等支出は必要不可欠であり、会計上も損金性を認めておりますが、税務上は、原則、損金不算入としています（ただし、接待飲食費（飲食費）の一定額及び

資本金1億円以下の法人の一定額損金算入が認められています。)。

○　交際費等は、損金不算入となるとしても、その支出内容、支出相手先、支出時期等を明確にし、それらを証する書類保存も必要です。しかし、諸般の事情から支出金の使途、費途を明らかにしない場合も見受けられ、これをそのまま放置することは、課税所得計算の正当性や客観性等の検証ができず、課税上の公平が保たれません。

○　そこで、使途・費途の「明らかでない費用」は損金に認めないこととし（法基通9-7-20）、更には、その使途を「故意に明らかにしない場合」には、「使途秘匿金」として支出額の40％相当額の重課税を別途課税するとしました（措法62）。赤字申告でも支出額の40％相当額の納税義務が生じます。

○　なお、解散した法人の清算中の各事業年度についても使途秘匿金課税が適用されます。

▶▶留意点1──秘匿金課税の趣旨

　従来から、法人がその使途、費途を明らかにしない経費は損金算入が認められていません（法基通9-7-20）。この使途不明金がヤミ献金や賄賂等の不正資金の温床となっているとの批判が高まり、使途不明金に対する追加課税として「使途秘匿金」の重課税が平成6年度に導入されました（措法62）。

　この結果、法人が交際費等として申告で損金不算入としている場合であっても使途秘匿金に該当すると、さらにその支出額の40％の税額を別に納付することになります。

　一般には、ヤミ献金、利権獲得の工作資金、謝礼金、賄賂、取引先役員等への裏リベート、株主総会対策費、あるいは、自社の簿外蓄財等が

92　　第1編　交際費課税の概要

あります。いずれも交際費等と関連する支出であるため交際費等と使途秘匿金の区分が必要となります。

▶▶留意点2──秘匿金課税の概要

使途秘匿金課税の概要は、次のとおりです（措法62②）。

1　使途秘匿金の定義

　　使途秘匿金とは、法人がした金銭の支出（金銭以外の資産の引渡しを含む。）のうち、相当の理由がなく、その相手方の氏名又は名称及び住所又は所在地並びにその支出事由をその法人の帳簿書類に記載していないものをいいます。

　　ただし、①相手方の氏名等を記載しないことに相当の理由があるもの、②資産の譲受けその他の取引の対価として支出されたもの（当該取引の対価として相当なものに限る。）であることが明らかなものは使途秘匿金に含まれません。

2　支出の意義、金銭以外の資産の引渡し

　　この制度は、相手先を秘匿する金銭支出等を課税対象とするもので、貸付金、仮払金等も含まれます。金銭以外の資産の引渡しも含まれます（措令38④）。ただし、サービスの提供は含まれません。資産の引渡しの場合に、一般の商品等のように販売目的で相手方に渡したもの（例えば、小売店が消費者に販売する場合に購入者の氏名等を聞くことはありません。）は、使途秘匿金に含まれません。

3　帳簿書類への記載、記載時期

(1)　帳簿書類への記載は、取引の相手方の氏名（名称）及び住所（所在地）並びに事由のすべてを記載しなければなりません。

(2)　それらの記載等があったとしても、税務調査官に、「相手先に確認しない。資料化しない。課税しない。」との条件を要求した

⑩　交際費等と連結納税申告・グループ法人税　*93*

　場合には、記載等があったとみておりません。

⑶　相手方の氏名等について、相手方が偽って陳述したため、結果的に虚偽記載となった場合等には、記載があったとして取り扱われます。

⑷　帳簿記載の有無は、事業年度終了の日の現況によりますが、確定申告の提出期限までに記載すれば認められます（措令38②）。

4　重課税額

　使途秘匿金の課税は、赤字申告で納付すべき法人税額がない場合であっても使途秘匿金支出額×約25％の法人税、地方税×17.3％（標準税率）の納税義務が生じます。

▶▶留意点3

　使途秘匿金の留意点等については、第3編 **12**「使途不明金・使途秘匿金と交際費等」（431頁）を参照してください。

10　**交際費等と連結納税申告・グループ法人税**

○　連結納税は平成14年度導入の制度で、親法人とその100％完全支配の国内子会社等は、グループとして一体運営であるという実態に即して、親会社にグループ利益等をまとめた上で親会社1社が法人税の申告・納税を行い、各子会社等は申告書の提出義務がない制度です。連結子会社等には各社の所得等を個別帰属額として配賦します。

○　平成22年度にグループ法人税制が導入され、100％完全支配関係にある会社間ではグループとして一体運営であるという実態に

94　第1編　交際費課税の概要

即して、一定の取引には損益を発生させない（課税しない）内部取引としました。対象法人は国内外の100％グループ法人群で連結納税よりも、その範囲は広く、かつ、各単体会社がそれぞれ決算し、申告・納税する違いがあります。100％完全支配関係にある会社群はすべてグループ法人税制が強制されます。

○　交際費課税は、連結納税はグループ各社の交際費支出額を合計した上で、親会社の資本金を基準として損金算入額計算を行い、損金不算入額は各社の支出額を基に各社に配賦します。グループ法人税制は、各社が交際費等の損金算入額計算を行います。ただし、親会社の資本金が5億円以上の子会社等は大法人とみなされ、交際費等は接待飲食費の50％相当額超の額と接待飲食費以外の交際費等の合計額が損金不算入となります。

○　連結納税・グループ法人税制の留意点等については、第3編 **13**「連結納税・グループ法人税制と交際費等」（441頁）を参照してください。

1　連結納税と交際費等

▶▶留意点1

連結納税における交際費等の損金不算入額計算は、次のように取り扱われます。

(1)　交際費等となる範囲、取扱い等は従来の各単体の時と変わりがありません。例えば、連結グループ各社に対する接待、供応等であっても交際費等となります。

(2)　交際費等の損金不算入額計算は、各連結法人の支出交際費等を連結親法人の資本金を基準に連結グループ全体を一体として損金不算

入額計算を行います（措法68の66）。親法人の資本金が1億円を超えている場合には、子法人はすべて損金不算入となります。一方、親法人が1億円以下で、子法人も1億円以下が多数社あったとしもグループ全体で定額控除は最大1回、年800万円しか控除できません（連結納税のデメリット）。

▶▶留意点2

連結納税での交際費等の損金不算入額計算は申告書別表15の2（交際費等の損金算入に関する明細書）で行います。

2　グループ法人税制と交際費等

▶▶留意点1

企業が組織的（一体的）に、かつ、効率、効果的に運営することが重要となっています。これを税制面からサポートする制度として親会社を頂点に100％完全支配関係にあるグループ会社間では、一定の取引や資産移動には損益を発生（課税）しない制度が平成22年度に創設されました。これがグループ法人税制です（法法37②、61の13①等）。100％完全支配関係のグループ法人には連結納税制度があり、一定取引や資産移動に損益を発生しないのは同じですが、連結納税は選択性であり、グループ法人税制は強制適用です（グループ法人単体課税制度ともいいます。）。また、グループ法人には、個人オーナーの同族会社及び外国法人の100％日本子会社等も適用があり連結納税より範囲が広いです（法法2十二の七の六）。

96　　第1編　交際費課税の概要

▶▶留意点2

　グループ法人税制における交際費等の損金不算入額計算は、次のよう
に取り扱われます。

(1)　交際費等となる範囲、取扱い等には改正がありません。例えば、グ
　ループ各社に対する接待、供応等であっても交際費等となります（た
　だし、寄附金は支出側で全額損金不算入、受贈側で全額益金不算入となり
　ます。）。

(2)　交際費等の損金不算入額計算は、各法人単独で行います。しかし、
　親法人の資本金又は出資金額が5億円以上の子会社等はたとえ、子会
　社等の資本金が1億円以下であっても、すべて大会社に該当するとし
　て接待飲食費の50％相当額超の額と接待飲食費以外の交際費等の合計
　額が損金不算入となります（措法61の4①②、法法2九、66⑥二）。ま
　た、大会社とみなされるため年800万円の定額控除は適用できません
　（措法61の4②）。

11　交際費等と消費税

　○　消費税は、事業者が国内で行った課税資産の譲渡等（課税売上
　　高）に対して課税され、納付する税額は、国内で行った課税仕入
　　高に含まれる消費税額を控除して計算します。消費税は、取引内
　　容により、「課税取引」、「非課税取引」、「免税取引」と「不課税
　　取引」とに区分され、この区分により納付すべき消費税額が計算
　　されます。

　○　交際費等の支出には、これらの取引のいずれもが発生する可能
　　性があり、その区分は重要です。課税取引に係るもののみが仕入

税額控除ができ、非課税取引に係る消費税は仕入税額控除ができないからです。ただし、課税売上高5億円以下で課税売上割合95％以上の法人は全額控除できます。

○　交際費等の金額は、消費税の経理処理が「税込経理方式」か「税抜経理方式」かにより異なります。いずれが有利・不利かは一概にはいえません。

○　仕入税額控除ができない「控除対象外消費税」については、交際費等に係るものは、交際費等の額に加算して損金不算入額の計算を行います（接待飲食費の50％損金算入額に係る消費税額を除く。）。

1　交際費等と消費税

　消費税はその取引の内容に応じて「課税取引」、「非課税取引」、「免税取引」及び「不課税取引」に区分されています。交際費等支出に係る消費税は、そのいずれにも該当するため、その区分は重要です。課税売上取引に対応する課税仕入の消費税額のみが仕入税額控除ができ、非課税取引に係る消費税は仕入税額控除ができないからです（ただし、年間の課税売上高5億円以下で課税売上割合95％以上の法人は全額控除できます。）。

　主な交際費等の支出例で、課否判定をみていきます。

(1)　課税仕入れに該当

　　接待飲食費、宴会・パーティー費用、お中元・お歳暮等の贈答品費、手土産代、観劇、旅行招待費、ゴルフプレー代（交通費を含む。）、慶弔費のうち生花、花輪、供物代等の購入代金

(2)　非課税仕入れに該当

　　商品券、ビール券、図書券、お食事券、旅行券等の物品切手の得意先等への贈与費用。

98　　第1編　交際費課税の概要

(3)　不課税仕入れに該当

　　　お祝金、餞別、香典、見舞金等、チップ、心付け等、謝礼金（取
　　引の謝礼を含む。）等は反対給付の対価として支出するものではない
　　ため消費税は課税されません（消基通5-2-14）。

(4)　費途・使途不明、使途秘匿金等は支払先等が帳簿に記載がなく、
　　請求書等の保存もないため仕入税額控除ができません（消基通11-
　　2-23）。

(5)　海外旅行に係る国際航空券等は輸出免税となり、海外現地での費
　　用は不課税となります。

2　交際費等の額と消費税（控除対象外消費税額）

　交際費等の支出額は、消費税の経理処理が「税込経理方式」か「税抜
経理方式」かにより交際費等の金額が異なります。同じ支出金額ではあ
っても経理方式が異なると交際費等の損金不算入額も異なります。

　（設例）　お中元贈答品代　100,000円、消費税額　8,000円の場合

　　　　　○　税込経理方式

　　　　　　（借方）交際費等　108,000／（貸方）現金　108,000

　　　　　○　税抜経理方式

　　　　　　（借方）交際費等　100,000／（貸方）現金　108,000

　　　　　　　仮払消費税　8,000

(1)　消費税の経理処理

　　　消費税の経理処理は、「税込経理方式」と「税抜経理方式」があ
　　り、法人はいずれかを選択できます。

　　　「税込経理方式」は、収益や費用、資産の取得等の金額は消費税
　　額を含んだ金額で行い、決算時にその課税取引金額から消費税額を

算出して、収受した消費税と支払った消費税の差額を租税公課として納付（還付）する経理方式をいいます（内税方式）。

「税抜経理方式」は、課税対象の収益や費用、資産の取得等の金額は消費税額を含めない金額（本体価額）で行い、収受した消費税額は仮受消費税、支払った消費税額は仮払消費税として、決算時に仮受・仮払消費税の差額を納付（還付）する経理方式をいいます（外税方式）。

(2) 控除対象外消費税額

消費税の申告は、課税資産の譲渡に係る消費税額（仮受消費税）から課税仕入れに係る消費税（仮払消費税）を控除した金額を申告納付（又は還付）します（消法4、28、30）。仕入税額控除は、課税売上げに対応するものが対象となり、非課税売上に対応する経費等に係る消費税は控除することはできません。この控除できない消費税を控除対象外消費税といい、税抜経理方式を採用している事業者で課税売上割合が100％未満の場合に発生します（ただし、課税売上高5億円以下で課税売上割合95％以上の法人は全額仕入控除ができます。）。経費に係る控除対象外消費税は経費に振り戻されて損金となりますが、交際費等に振り戻された控除対象外消費税は、交際費等の額に加算されて損金不算入額を計算をすることになります（消費税関連通達12（注2））。

(3) 接待飲食費の50％相当額の損金算入の対象となった飲食費に係る控除対象外消費税額は、接待飲食費に含まれるため損金算入となります（消費税関連通達12（注3）、接待飲食費FAQ・Q10）。

100　　第1編　交際費課税の概要

3　交際費等と消費税の具体例

　交際費等と消費税の具体的な取扱いは、第3編 **14**「交際費等と消費税」（451頁）を参照してください。

12　公益法人等の交際費等

○　公益法人、人格のない社団等であっても、その事業活動において交際費等の支出があります。しかし、公益法人等は公益事業を営む場合には法人税の申告・納税はありませんが、収益事業を営む部分について法人税の申告・納税が生じます。

　　したがって、公益法人等の収益事業に係る申告に際し、経費のうちに交際費等がある場合には、一般企業と同様に損金不算入額の計算を行うことになります。

○　公益法人等は、一般企業と異なり資本金を有しない場合が多いです。交際費等の損金不算入額の計算における定額控除の基礎となる期末資本金の額は、公益法人等の場合には「資本金等に準ずる額」により計算した金額が1億円以下であれば定額控除（年800万円）が認められます。

▶▶留意点1

　公益法人、人格のない社団等で資本金又は出資金を有しない法人の「期末資本金等に準ずる額」は次の計算によります（措令37の4）。

$$期末資本金等に準ずる額 = \{A - B - C（又は + D）\} \times 60\% \times \frac{F}{E}$$

A：事業年度終了の日における貸借対照表の総資産の帳簿価額

B：同上に日における貸借対照表の総負債の帳簿価額

C：上記の貸借対照表の利益の額

D：上記の貸借対照表の欠損金の額（加算する）

E：同上に日における公益法人等の総資産の価額

F：同上に日における収益事業に係る資産の価額

つまり、

① 資本、出資を有しない法人は、当該事業年度の貸借対照表の総資産の帳簿価額から総負債の帳簿価額を控除した金額（貸借対照表に当該事業年度の利益の額が計上の場合には、その額を控除し、当該事業年度の欠損金の額が計上の場合には、その額を加算します。）の60％相当額を期末資本金とみなします。すなわち、純資産額の60％が資本金に相当することになります（上記算式のA〜D）。

② そして、公益法人、人格のない社団等については、上記①で計算した期末資本金に、その期末における総資産の価額のうちに占める収益事業に係る資産の価額を乗じた金額を「期末資本金等」とします（上記E、F、措令37の4②③）。

▶▶留意点2

資本、出資を有しない公益法人、人格のない社団等の期末資本金の額は、純資産額の60％相当額に収益事業資産の占める割合が「期末資本金等」となり、その額が1億円以下であれば定額控除（年800万円）の適用が受けられます。

なお、次の点に留意してください。

① 総資産の帳簿価額、総負債の帳簿価額、利益の額、欠損金の額は、期末貸借対照表に計上されている金額によるため、たとえ、税務否

102　　第1編　交際費課税の概要

認金があってもこれらの金額は関係させません（措通61の4(2)-2）。

② 　総負債の額は、外部、内部負債を問いませんので、貸倒引当金（超過額を含む。）や税金未払金、各種引当金等で税務上損金とならないものも含みます（措通61の4(2)-3）。

③ 　総負債の額は、税金引当金が利益処分又は損金経理により積み立てられたかの区分が明らかでないときは、期末日に最も近い時において積み立てられたものから順次成るものとして計算し、その計算により損金経理により積み立てられた部分の金額を総負債の額に含める（措通61の4(2)-4）。

▶▶留意点3

支出した交際費等の額が、公益事業部門と収益事業部門の双方に及ぶ共通経費となる場合の区分経理は慎重にすべきと考えます。交際費等の額を公益事業部門に負担させると収益事業部門の経費が減少するため課税所得が増加する。一方、収益事業部門に負担させると収益事業部門の経費が増加するため課税所得が減少する。したがって、交際費等の支出がどの部門が負担するかは重要です。また、共通経費として区分する場合にも、行為の内容、意図、相手先等を勘案した上で、明確な基準により合理的に区分すべきと考えます。

13 交際費等に関する申告書の書き方（申告書別表15） *103*

13 交際費等に関する申告書の書き方（申告書別表15）

① 交際費等の損金算入に関する明細書

事業年度	29・4・1 30・3・31	法人名	税研商事㈱

別表十五　平二十九・四・一以後終了事業年度分

御注意

(1) 法人（投資法人及び特定目的会社を除きます。）のうち、期末の「資本金の額又は出資金の額」が1億円以下の法人（資本金の額又は出資金の額が5億円以上である法人による完全支配関係がある法人など、法人税法第66条第6項第2号又は第3号に掲げる法人に該当するものを除きます。）…「1」の金額又は が1億円以
(2) 「支出交際費等の額の明細」は、科目ごとにとりわけて交際費等に該当するものの全てを記載してください。
(3) 以上の法人は、次の区分に応じ、それぞれ次の金額を記載します。
(4) 租税特別措置法第61条の4第4項に規定する交際費等に係る消費税等の額のうち控除対象外消費税額等に相当する金額を交際費等の額に含めて損金不算入額を計算する必要がありますので御注意ください。なお、同法施行規則第21条の18の4に規定する書類を保存する必要がありますので御注意ください。
租税特別措置法施行令第37条の4各号の規定により計算した金額…「1」の金額又は が一八〇〇万以
税抜経理方式を適用している法人は、交際費等に係る消費税等の額のうち控除対象外消費税額等に相当する金額を交際費等の額に含めて損金不算入額を計算する必要がありますので御注意ください。

支出交際費等の額（8の計）	1	10,252,000 円	
支出接待飲食費損金算入基準額（9の計）× $\frac{50}{100}$	2	1,505,750	
中小法人等の定額控除限度額（(1)の金額又は800万円×$\frac{12}{12}$相当額のうち少ない金額）	3	8,000,000	

損金算入限度額（(2)又は(3)）	4	8,000,000 円
損金不算入額（(1)－(4)）	5	2,252,000

支出交際費等の額の明細

科　　　目	支　出　額 6	交際費等の額から控除される費用の額 7	差引交際費等の額 8	(8)のうち接待飲食費の額 9
交　　際　　費	12,196,500 円	2,956,000 円	9,240,500 円	2,500,000 円
雑　　　　　費	711,500		711,500	511,500
土　　　　　地	200,000		200,000	
仮　　払　　金	100,000		100,000	
計	13,208,000	2,956,000	10,252,000	3,011,500

法　0301－1500

104　　　第1編　交際費課税の概要

I　設　例

〔交際費等に関する事項〕

(1)　当期（平成29年4月1日～平成30年3月31日）の交際費勘定の金額
　　12,196,500円（うち960,000円は、製造原価報告書中の交際費勘定）の中
　　には、次の費用が含まれている。

　　①　一般消費者の工場見学者に供した茶菓等の接待費用　　547,000円

　　②　得意先に交付した見本品、試供品の費用　　　　　　　390,000円

　　③　年末に得意先に贈答した手帳、カレンダーの費用　　　519,000円

　　④　飲食費のうち、一人当たり5,000円以下の飲食費

　　　　（措規21の18の4規定の書類保存のあるもの）　　　1,500,000円

　　　※　上記①から④の合計額　　　　　　　　　　　　　2,956,000円

(2)　雑費中、創立50周年記念パーティーの得意先招待費

　　用（内、記念品代200,000円）　　　　　　　　　　　　711,500円

(3)　平成29年11月5日土地取得価額中、その取得に際し

　　ての交際費等　　　　　　　　　　　　　　　　　　　　200,000円

　　(注)　土地取得価額等に算入した交際費等に係る損金不算入額の調整を
　　　　　行う（措通61の4(2)-7）。

(4)　平成30年3月25日開催の得意先観劇会費用を期末仮

　　払金処理　　　　　　　　　　　　　　　　　　　　　　100,000円

(5)　得意先との接待飲食費が交際費中に2,500,000円、雑費(2)中に
　　511,500円が含まれている（いずれも措規21の18の4に規定する事項の記
　　載がある。）。

(6)　期末資本金額は、40,000,000円

13　交際費等に関する申告書の書き方（申告書別表15）　　*105*

II　記入の仕方

　申告書別表15の明細書は、まず、下段の「支出交際費等の額の明細」
の⑥から⑨各欄を記入し、次に上段の①から⑤までの各欄を記入します。

　「支出交際費等の額の明細」の各欄は、損金不算入の対象となる交際
費等の額を記入します。

(1)　⑥には、当期で支出する交際費等の額（未払金、仮払金等経理の金額
　　を含む。）を、その支出科目ごとに記入します。当期で支出した交際
　　費等の額のうち固定資産又は棚卸資産の取得価額、繰延資産の金額に
　　算入した金額も、すべて⑥に記入します。

　　　設例の場合は、Iの(1)の交際費勘定12,196,500円、(2)雑費711,500
　　円、(3)土地200,000円、(4)仮払金100,000円の合計額13,208,000円を記
　　入します。

(2)　⑦には、⑥の金額のうちに交際費等の範囲から除かれる次のような
　　費用を記入します。

　①　専ら従業員の慰安のために行われる運動会、旅行等に通常要する
　　　費用

　②　得意先等との一人当たり5,000円以下の飲食代費用（5,000円基準
　　　該当分。ただし、法人の従業員等のみに対する飲食代（社内交際費等）
　　　は除きます。）。この場合には次に掲げる事項記載の書類保存が必要
　　　です（措規21の18の4）。

　　イ　その飲食等のあった年月日

　　ロ　その飲食等に参加した得意先、仕入先等の氏名又は名称及びそ
　　　の関係

106 第1編 交際費課税の概要

　　ハ　その飲食等に参加した者の数

　　ニ　その費用の金額、その飲食店等の名称及びその所在地（その名称
　　　又は所在地が明らかでないときは、領収書等に記載された支払先、住所）

　　ホ　その他飲食費であることを明らかにするために必要な事項

　③　カレンダー、手帳、扇子、手ぬぐい等の物品贈与に通常要する費用

　④　会議（来客との商談や打合せ等も含む。）に関連しての茶菓、弁当
　　等の飲食物供与のために通常要する費用

　⑤　得意先に対する製造工場等の見学及び見本品、試用品の供与に通
　　常要する費用

　設例の場合は、交際費等から除かれる金額は、(1)の①工場見学者の茶
菓接待等費用547,000円、②見本品、試供品費用390,000円、③手帳、カ
レンダー費用519,000円、④5,000円基準該当の飲食費等1,500,000円の
合計額2,956,000円を記入します。

(3)　⑧には、差引交際費等の額（⑥－⑦）を記入します。

(4)　⑨には、⑧のうち、得意先等との接待飲食費の額を記入します。こ
　の場合の接待飲食費とは、得意先等に対する接待飲食費であり、その
　ことを証する上記(2)の②イからホ（ただし、ハの参加者数を除く。）を
　記載した書類等を保存している場合の接待飲食費をいいます。

　　設例の場合は、交際費中2,500,000円、雑費中511,500円の合計額
　3,011,500円を記入します。

(5)　①から⑤までは、次により記入します。

　　①には、「支出交際費等の額の明細」の⑧の「計」の金額
　10,252,000円を移記します。

⑬ 交際費等に関する申告書の書き方（申告書別表15） *107*

②には、得意先等との接待飲食費の額（⑨の計）の50％相当額を記入します。

③には、期末資本金又は出資金の額（以下「期末資本金額等」という。）の区分に応じ、それぞれ次の定額控除限度額を記入します。

① 期末資本金額等が1億円以下の法人……8,000,000円×$\frac{12}{12}$相当額

② 期末資本金額等が1億円を超える法人……………………………0円

なお、「$\frac{}{12}$」の分子には、当期の月数（1月未満の端数は切上げ）を記入します。

ただし、期末資本金5億円以上の100％子会社等は、すべて上記②の大法人とみなされ、定額控除の適用はありません。

　(注)　資本又は出資を有しない法人は、措令37条の4各号（資本金又は出資金の額に準ずるものの範囲等）の規定の金額に応じて③の記入を行います。

設例の場合は、期末資本金4,000万円、当期事業年度月数が12月のため、③には「$\frac{12}{12}$」8,000,000円を記入します。

④は損金算入限度額の計算です。

① 期末資本金額等が1億円超の法人は②の金額を記入します。

② 1億円以下の法人（親会社資本金5億円以上の100％子会社等を除く。）は、②の金額又は③の金額のいずれか有利の方を選択することができます。

設例の場合は③の800万円を選択しました（②1,505,705円＜③8,000,000円）。

⑤の金額が損金不算入額（①－④）です。この金額を申告書別表4（所得金額の明細書）の「加算」の空欄（「総額①」及び「社外流失③（その他）」）に移記します。

設例の場合は2,252,000円を別表4の「加算」欄へ移記します。

108　　第1編　交際費課税の概要

(6)　土地の取得価額に算入した交際費等の金額は、その一部が損金不算
入として所得金額に加算されることから、次の算式により計算した金
額を損金の額に算入することができます（措通61の4(2)-7）。

　　（算式）

$$損金不算入額 \times \frac{資産の取得価額に算入した交際費等の額}{支出交際費等の総額}$$

　　設例の場合は、土地取得価額中の交際費等200,000円のうち、
43,932円（$2,252,000円 \times \frac{200,000円}{10,252,000円}$）を別表4の「減算」の空欄
（「総額①」及び「留保②」）に移記します。

(7)　仮払金として支出交際費の額に含めた金額は、損金の額に算入され
ていないので、これを別表4の「減算」の空欄（「総額①」及び「留保
②」）に移記します。

　　設例の場合は100,000円を別表4の「減算」欄に移記します。

(8)　なお、上記(6)及び(7)の金額は、別表5(1)の「当期の増減」の「減
②」欄で土地43,932円、「増③」欄で仮払金△100,000円と記入し、
「差引翌期首現在④」欄で△43,932円、△100,000円と記入します（翌
期での同金額は、土地勘定の減算となり、仮払金から経費に振り替えられ
ることから、申告書別表4の「加算」欄で加算することになります。）。

⑬ 交際費等に関する申告書の書き方（申告書別表15）　　*109*

| 交際費等の損金算入に関する明細書 | | | 連結事業年度 | ： ： | 法人名 | | 別表十五の二　平二十九・四・一以後終了連結事業年度分 |

御注意							
	支出交際費等の額の合計額 (20の⑤)	1	円	損金算入限度額 (2)又は(3)	4		円
	支出接待飲食費損金算入基準額 (21の⑤)×$\frac{50}{100}$	2		損金不算入額 (1)－(4)	5		
	中小連結法人の定額控除限度額 [(1)の金額又は800万円×$\frac{12}{12}$ 相当額のうち少ない金額]	3					

法　　人　　名							計
科　　　　目			①	②	③	④	⑤
交　　際　　費	6	円	円	円	円		
	7						
	8						
	9						
	10						
	11						
	12						
	13						
	14						
	15						
	16						
	17						
支 出 額 の 合 計 額	18						円
交際費等の額から控除される費用の額の合計額	19						
差 引 交 際 費 等 の 額 (18)－(19)	20						
同上のうち接待飲食費の額	21						
支出接待飲食費損金算入基準の適用がある場合 (20)－(21)×$\frac{50}{100}$	22						
同上以外の場合 (5)×$\frac{(20の①)、(20の②)}{(20の③)又は(20の④)}$ (20の⑤)	23						

法　0301－1500－02

第 2 編

得意先等との接待飲食費（飲食費）の取扱い（5,000円基準及び接待飲食費の50％損金算入）

【はじめに】

　得意先等との接待飲食は交際費の中心的行為です。しかし、飲食費については一人5,000円以下の少額なものは交際費等から除くことができます。更に、平成26年4月開始年度からは「得意先等との接待飲食費」は、その支出金額の多寡に係らず支出額の50％相当額の損金算入が認められました。50％損金算入の要件は5,000円基準と原則同じです。

　一方、5,000円基準等に対する税務調査が本格化し、少額の非違であっても重加算税を課税との報道があります。せっかくの節税策も追徴課税されては意味がありません。

　節税に貢献する接待飲食費（飲食費）の損金算入について、その概要・ポイント、留意点及び税務調査の対応策を説明します。

1　接待飲食費（飲食費）の取扱いの概要

1　接待飲食費（飲食費）の取扱い

(1)　得意先等との商談等での簡単な飲食は会議費的要素もあるため、平成18年度から一人当たり5,000円以下の飲食費は交際費等から除くことができます（以下、「5,000円基準」という。）。平成26年4月から消費税率8％引上げに伴い、経済の活性化を図る観点から「得意先等との接待飲食」に限って、その支出額の50％相当額の損金算入が認められました（以下、「接待飲食費の50％損金算入」又は「50％損金算入」という。措法61の4①）。50％損金算入の要件は、得意先参加者の氏名を記

載する、社内飲食は除く等で5,000円基準と原則同じです。したがって、飲食費については一人当たり5,000円以下の飲食費を交際費等から除いた後の金額の50％相当額が損金になり、5,000円基準を適用しない法人は飲食費の総額の50％相当額が損金算入できます。

(2) これらの適用は法人の任意ですので、いずれも適用しない場合は全額が交際費等となります（措法61の4①④）。ただし、明らかに会議費となる飲食は除きます（措令37の5②二）。なお、中小法人（資本金1億円以下の法人）は、「接待飲食費の50％損金算入」と「交際費等の総額から年800万円定額控除の損金算入」のいずれか有利な方を選択できます（措法61の4②）。

(3) なお、5,000円基準では「飲食費」としていますが、これは会議費的な要素のある飲食も含めて交際費等から除くとしたものであり、50％損金算入の場合の「接待飲食費」は、明らかに交際費等となる場合の接待飲食を意味しているといわれています。しかし、実質的には、いずれも「得意先等との接待飲食」であることから両者に違いはありません。

(4) 交際費等の損金算入限度額については、法人の区分により、それぞれに掲げる金額となります。

〔表1〕 交際費等の損金算入限度額

（平成26年4月開始事業年度以降適用）

区　　分		接待飲食費（A）		その他の交際費等
		5,000円基準適用なし	5,000円基準適用	
資本金1億円超の法人	損金算入	A ×50％	（A－適用額）×50％	全額不算入
	損金不算入	同上を超える金額	同上を超える金額	〃

中小法人 （大企業の 100％子会 社 等 は 除 く）	飲食費50％ 損金算入を 適用	損金算入	A×50％	（A－適用額） ×50％	〃
		損金不算入	同上を超え る金額	同上を超える 金額	〃
	適用なし	（5,000円基準適用後の金額に対し）年800万円まで損 金算入			

(注) 1　5,000円基準及び飲食費50％損金算入は一定事項を記載した書類等保存が要件であり、要件欠如はすべてが交際費等となる（措規21の18の4）。

2　中小法人のうち、資本金5億円以上の大企業の100％子会社等はすべて大企業とみなされる（措法61の4②）。

3　清算中の法人も上記の基準により交際費課税が行われる（措法61の4①②）。

2　接待飲食費（飲食費）の範囲（共通）

　対象となる接待飲食費（飲食費）の範囲は、5,000円基準と50％損金算入は原則同じです（措法61の4④）。ただし、50％損金算入はその支払金額に制限がなく、飲食等のために支払う会場費も含まれます。

　なお、国税庁は、平成18年5月「交際費等（飲食費）に関するQ＆A」（以下、「国税庁Q＆A」という。）、平成26年4月30日及び7月9日（更新）「接待飲食費に関するFAQ」（以下、「接待飲食費FAQ」という。）を公表しています（いずれも「国税庁ホームページ」及び第4編参考資料を参照）。

〔表2〕 接待飲食費（飲食費）の範囲

内容	範囲に含まれるもの	範囲に含まれないもの
定義	・飲食その他これに類する行為のために支出する費用 ・自己の社員等が得意先等を接待して飲食する場合の「飲食代」	・交際費等に該当しない飲食費用（福利厚生費、会議費、広告宣伝費、給与等に該当）
飲食に類する行為（その他これに類する行為）	・テーブルチャージ料、サービス料等 ・飲食等のために支払う会場費（50％損金算入） ・得意先の行事等での弁当等の差入れ、飲食店の持帰り用のお土産代 ・海外支店、海外出張時の接待飲食	・食事券等の贈答、飲食代の肩代わり等 ・他店で購入したお土産品代 ・送迎用のタクシー代等 ・カラオケルーム代（相当の飲食を伴うものは含まれる。）
社内飲食代	・該当なし（得意先接待でないため） 　・役員等の親族は社内者となる 　・形式的に外部従業員を参加させた場合は社内飲食となる	
親会社、出向者等に対する飲食	・親会社、出向先会社は得意先等に該当 ・出向者が、出向先の立場で参加した飲食	・出向者が、出向元の立場（同窓会的）で参加した飲食は社内飲食となる
ゴルフ・観劇・旅行等での飲食	・該当しない（飲食代領収書を別としても該当しない。飲食接待が主でないため） ・ただし、終了後の二次会的飲食は接待飲食費に含まれる	・飲食代を含めてゴルフ接待等として全額が交際費となる（二次会的飲食部分を除く。）

3 帳簿書類等の記載と保存要件

5,000円基準は必要事項を「書類記載と保存」が要件です。50％損金算入は「帳簿書類に記載」が要件です。要件が別のようにみえますが、記載内容（ただし、参加人数記載は除く。）と保存義務は両者に変わりがなく、飲食費であることを確認できる書類記載と保存が共通の要件です（措法61の4④⑥、措規21の18の4）。

〔表3〕 帳簿書類等の記載及び保存要件

内　容	5,000円基準	50％損金算入
記載書類等	書類（指定書式なし）領収書記載、会社独自の様式も認められる	帳簿書類（青色申告の記帳・保存義務の帳簿等）。なお、領収書記載、会社独自の様式も帳簿書類に含まれる（法規59①三）。
記載事項	①飲食年月日、②得意先等名、当社との関係、参加者氏名、③参加者数、④飲食金額、飲食店名、住所、⑤その他飲食を明らかにする必要事項	左のうち、③を除いた事項の記載
保存義務	あり（期間明示はないが、結果的に7年保存）	明記なし。ただし、帳簿書類は7年間保存義務あり（法規59①）

4 更正の請求が可能（共通）

50％損金算入制度では、接待飲食費について、その全額を交際費等として申告した場合であっても、50％損金算入の適用要件を満たしているときは50％損金算入を内容とする「更正の請求」ができます（「接待飲

食費FAQ・Q9」)。

更正の請求は、法定申告期限から原則5年間行うことができ、その要件である「課税標準等若しくは税額等の計算が国税に関する法律の規定に従っていなかったこと又は当該計算に誤りがあったこと」に、本件が該当するとしています（措法61の4①、通則法23①一）。

一方、5,000円基準での更正の請求については明言がありませんでした。しかし、5,000円基準の要件を満たしている場合にあって確定申告で交際費等から減算（損金算入）していなかったときは課税標準等若しくは税額計算の誤りにより納付税額が過大の状態といえるため、50%損金算入の場合と同様に更正の請求ができるとされました（週刊税務通信 平26.8.4　№3322　P3参照）。

2　5,000円基準の概要

得意先との商談・打合せをスムーズに行うために、簡単な飲食の提供は欠かせません。税務調査では、飲食費用が交際費か会議費かの判断トラブルが多くありました。

そこで、企業の販売促進や商談等の円滑化のために得意先等との飲食費は「一人当たり5,000円以下」であれば交際費等から除くことができます（措法61の4④二、措規21の18の4）。この5,000円基準の導入により、得意先との飲食費の判断トラブルの減少と課税交際費の減少（節税）に貢献しています。

国税庁は平成18年5月「交際費等（飲食費）に関するQ&A」を公表しています。5,000円基準の概要は以下のとおりです。

①　得意先等を自社社員が接待飲食をした場合に限る（海外支店、海外出張時の接待飲食も可能）。

ただし、ゴルフ・旅行招待等での飲食代及び飲食券の交付、飲食代肩代わりは適用がない。

② 飲食費には、得意先等の行事等での弁当差入れ、同業者団体等の懇親会パーティー費用も含まれる。

③ 飲食費（飲食店等に支払った金額）が参加者一人当たり5,000円以下に限る。

④ 社内飲食（社内交際費等）には適用がない（得意先接待でないため）。

⑤ 一人5,000円以下を証する書類保存が必要（飲食年月日、出席者全員の氏名、飲食店名、飲食費等を記載もの）。

⑥ ⑤の書類に記載不備等があると原則に戻り全額が交際費等となる。

⑦ 5,000円基準はすべての企業に適用が可能。

3 接待飲食費の50％損金算入の概要

1 50％損金算入導入の理由

従来、交際費等は、原則として全額損金不算入（ただし、中小企業は年800万円までは全額損金算入）でした。平成26年4月から消費税率8％への引上げに伴い、消費の拡大を通じて経済の活性化を図る観点から「得意先等との接待飲食」に限って、その支出額の50％相当額の損金算入が認められました（措法61の4①）。中小企業が多い飲食店の活性化を図るとの観点もあるといわれています。

この改正により、飲食費は5,000円基準で交際費等から除くことができ、5,000円を超えた場合でも支出額の50％相当額が損金となることから減税となります。ただし、この改正後も飲食費と交際費課税額が現金流出となることに留意してください。

2 50%損金算入の概要

50％損金算入について、国税庁は平成26年4月30日及び7月9日（更新）「接待飲食費に関するFAQ」で質問・回答を公表しています。50％の損金算入の概要は以下のとおりです。

① 得意先等を自社社員が接待飲食をした場合に限る（海外支店、海外出張時の接待飲食も可能。ただし、ゴルフ・旅行招待等での飲食代及び飲食券の交付、飲食代肩代わりは「接待飲食でない」ため適用できない。）。

② 接待飲食には、得意先等の行事等での弁当差入れ、同業者の懇親会パーティー費用、飲食等のために支払う会場費も含まれる。

③ 接待飲食費に係る控除対象外消費税額は50％損金算入の対象となる。

④ 社内飲食（社内交際費等）には適用がない（得意先接待でないため）。

⑤ 中小法人（資本金1億円以下で大会社（資本金5億円以上）の100％子会社等を除く。）は、「年800万円の定額控除」か「接待飲食費の50％相当額の損金算入」のいずれか有利な方を事業年度ごとに選べる。

⑥ 得意先等との飲食であることを明らかにした帳簿書類への記載と保存が必要（飲食年月日、得意先名、出席者全員の氏名、飲食店名、飲食費等を記載もの）。

⑦ ⑥の書類に記載不備・漏れがあると、全額が交際費等となる。

⑧ 接待飲食費とすべき金額の一部又は全部につき50％相当額の損金算入をしていなかった場合には、損金算入とすることを内容とする更正の請求ができる（通則法23①一）。

⑨ すべての企業（上場企業も含む。）に適用できる。

3 その他の留意点

(1) 控除対象外消費税額の取扱い

消費税を税抜経理の場合の控除対象外消費税額については、それが交際費等に係るものは支出交際費等に加算して損金不算入額計算を行います（「消費税法等の施行に伴う法人税の取扱いについて」12（注）3（平26.7.9改正））。

接待飲食費の50％損金算入の対象となった飲食費に係る控除対象外消費税額もこの接待飲食費に含まれるため50％損金算入の対象となります。飲食費に係る控除対象外消費税額は合理的な方法により算出し、書類等には当期の接待飲食費の総額に係る控除対象外消費税額を一括して記載しておけば損金算入が認められます。各接待飲食費に配分して、それぞれの領収書等に記載する必要はありません（接待飲食費FAQ・Q10、週刊税務通信№3315・P2参照）。

(2) 取得価額（原価）に算入された交際費等の調整

交際費等の額が製造原価や固定資産の取得価額、繰延資産の金額に含まれた場合には、交際費等の損金不算入相当額が二重課税となるため、取得価額等から減額できる調整計算があります（措通61の4(2)-7）。

50％損金算入の対象となった飲食費も、この調整計算の対象となります。計算基礎となる当期の全社的な交際費等の損金不算入額は、50％損金算入後の金額により算出された金額となります。

(3) 連結納税の場合

連結納税での交際費等の損金不算入額計算は、連結親法人の資本金の額に基づき連結グループを一体として計算します（措法68の66）。そして、損金不算入額は支出交際費等の割合で按分し、個別帰属額として各社に配分します。接待飲食費の50％損金算入も同様です。具体

122 第2編 得意先等との接待飲食費（飲食費）の取扱い

的には、接待飲食費に係る帳簿書類への記載及び保存は各社が行いますが、その額を親会社で集計して、その合計額の50％損金算入の計算をします（申告書別表15の2。109頁参照）。

　なお、5,000円基準も、各社がそれぞれ適用要件を具備した上で、各社が交際費等から除くことになります。

4 5,000円基準及び50％損金算入の具体的内容と留意点

　接待飲食費（飲食費）の「5,000円基準」及び「50％損金算入」の具体的内容とその留意点について説明します。

1 5,000円基準、50％損金算入の改正・概要

Q1 改正の趣旨及び適用時期

A1

　飲食費を巡るトラブル回避と景気活性化のためであり、平成26年4月からはすべてが適用できます。

解説

　以下、要点をまとめました。

5,000円基準	・接待飲食は交際費の典型ですが、同じ飲食でも、会議に際しての通常の飲食は会議費として認められています（措法61の4④、措令37の5②二）。
	・しかし、得意先との商談、打合わせ等での昼食等の提供が、税務調査で「会議費」か「交際費」かのトラブルが絶えませんでした。そこで、得意先等との販売促進のた

④　5,000円基準及び50％損金算入の具体的内容と留意点　　*123*

	めに「一人当たり5,000円以下の飲食」を形式基準により交際費等から除くことができるとしました。 ・平成18年4月1日以後開始事業年度から適用されます（国税庁Q＆A・Q1）。
50％損金算入	・平成26年4月消費税率が8％に引上げされたことに伴い、消費の拡大を通じて経済の活性化を図るとの観点から「得意先等との接待飲食」に限って、その支出額の50％相当額の損金算入を認めるとしました。中小企業が多い飲食店の活性化ともいわれています。 ・平成26年4月1日以後開始事業年度の同年4月1日から支出する接待飲食費から適用されます（接待飲食費FAQ・Q1）。

Q2　交際費等から除外及び50％損金算入の意義

A2

　一定要件に該当すれば形式的に適用ができるが、要件欠如は交際費等となります。

（解説）

　以下、要点をまとめました。

5,000円基準	・得意先との一人5,000円以下は少額のため交際費等にカウントしないとしたものです。5,000円基準を適用しない場合及び5,000円基準の適用要件を欠いた場合は、原則に戻り交際費等となります。 ・5,000円基準は確定申告で交際費等から除外します。 ・ただし、5,000円基準の適用要件を具備しているが交際費等からの除外漏れ等があったときは、更正の請求ができます（週刊税務通信　平26.8.4　№3322　P3参照）。

50％損金算入	・得意先等との接待飲食費について、一定の要件を満たした場合には、その50％相当額の損金算入が認められます（措法61の4①）。 ・したがって、接待飲食費の適用要件を具備しているが一部又は全部につき50％損金算入をしないで申告した場合には、損金算入を内容とする更正の請求ができます（通法23①一。接待飲食費FAQ・Q9）。 ・記載漏れ等の要件欠如は、その全額が交際費等となります。

Q3 飲食費と接待飲食費の違い

A3

　得意先との飲食費は一人5,000円以下は形式的に除外ができるとし、50％損金算入は、交際費となる「接待飲食」について適用できるとしたものです。実質的に両者に違いはありません。

解説

　以下、要点をまとめました。

5,000円基準	・5,000円基準は得意先等との「飲食費」としています。これは会議費的な要素のある飲食を含めて所定事項を記載した書類を保存している場合には交際費等から除くこと及び交際費等としないとしたものです（措法61の4④二、「国税庁Q＆A」）。
50％損金算入	・50％損金算入では得意先等との「接待飲食費」としています。これは、明らかに交際費等となる飲食費のうち、帳簿書類に飲食費であることについて所定の事項が記載されている場合には50％相当額を損金に算入するというものです（措法61の4①、国税庁「接待飲食費FAQ」）。

④　5,000円基準及び50%損金算入の具体的内容と留意点　　*125*

> ・実質的には、いずれも「得意先等との飲食供与」に限る
> ことから両者に相違はないといえます。

Q 4　適用できる法人の範囲

A 4

大企業を含めすべての法人（海外支店等を含む。）が適用できます。

（解説）

以下、要点をまとめました。

5,000円基準	・交際費等の損金不算入制度の適用があるすべての法人が対象となります。大企業、収益事業を営む公益法人等も適用が可能です。 ・外国支店及び海外出張時の得意先等との（海外での）飲食費も適用できます（ただし、得意先等の海外旅行招待時での飲食は除く。）。
50%損金算入	・同上

Q 5　社内飲食費（社内交際費等）が除かれる理由

A 4

社内飲食は販売促進に結び付かないからです。なお、社員飲食の専らとは社員等のみに対する飲食会の場合をいいます。

（解説）

以下、要点をまとめました。

5,000円基準	・得意先との商談や販売促進を活発化するために交際費等から除くとしたものであり、得意先等との飲食に限定されます。 ・社内飲食は社内の意思疎通や慰安が目的であり、経費浪費や公私混同もあることから除いたものです。社員等にはその親族も含まれます。 ・専らの意味は、飲食の「目的」がまったく社内の者だけに対する接待、慰安としての飲食会の場合をいいます（措法61の4④二）。 ・同じ社内飲食でも福利厚生費として認められる飲食は除かれます。
50％損金算入	・同上

Q6　社内忘年会・新年会等での飲食費の取扱い

A6

社内行事としての新年会・忘年会等は福利厚生費が認められます。

以下、要点をまとめました。

5,000円基準	・社内飲食の「目的」が専ら社員等に対する接待、慰安にある場合には交際費等となり、5,000円基準の適用はありません。 ・従業員等に対する飲食であっても、その飲食等が社内行事やレクリエーションとして認められる行為に通常要する費用は福利厚生費となります。忘年会、新年会、創立記念日等の社内行事での飲食は、一般的には福利厚生費として認められています（措法61の4④一、措通61の4(1)-10）。

④　5,000円基準及び50％損金算入の具体的内容と留意点　　*127*

50％損金算入	・同上

Q7　会議に際しての飲食との関係

A7

　会議に際しての通常の飲食代は、会議費が認められます。

（解説）

　以下、要点をまとめました。

5,000円基準	・会議、商談等に際して社内又は通常会議を行う場所において、通常供与される昼食の程度を超えない飲食物の提供（いわゆる会議に関連しての「通常の飲食費」）は会議費となります（措令37の5②二、措通61の4(1)-21）。 ・会議に伴う飲食代は、「通常の飲食費」か否かで判断します（措通61の4(1)-21）。例えば、一人5,000円を超える飲食であっても、それが会議場所でもあるホテル等のランチ程度であれば、通常の飲食費として会議費が認められます（国税庁Q＆A・Q12）。 ・ただし、会議としての実体がある場合の会議に際しての昼食等が該当します。
50％損金算入	・同上

Q8　会議での飲食と5,000円基準・50％損金算入の適用関係

A8

　会議費として認められる飲食代であっても、5,000円基準及び50％損金算入の適用が可能です。

解説

以下、要点をまとめました。

5,000円基準	・会議、商談等に際しての通常供与される昼食等の提供は、会議費となります（措令37の5②二、措通61の4(1)-21）。5,000円基準も得意先等との飲食費用が対象のため、両者は飲食提供では共通です。 ・したがって、得意先との会議に伴う飲食代を会議費とするか5,000円基準の対象とするかは会社の任意と考えます。ただし、5,000円基準採用の場合には相手先氏名を記入する等の要件を充足する必要があります。
50％損金算入	・同上（会議に伴う5,000円を超える飲食について50％損金算入を適用できます。ただし、支出額の50％しか損金になりません。）

2　接待飲食費の対象となる得意先等（社内、社外の判定）

Q9　得意先（社外の者）が「一人」の場合

A9

社外の者が一人でも認められます。ただし、形式的に参加は交際費となります。

解説

以下、要点をまとめました。

5,000円基準	・「社外の者」が一人でも認められます。例えば、得意先社長一人と当社五人の飲食も対象となります。ただし、社外の者が少数の場合には、その飲食の目的、参加者の地位等全体をみて判断します（国税庁Q&A・Q5）。

4 5,000円基準及び50%損金算入の具体的内容と留意点 129

	・なお、得意先従業員等を形式的に参加させていると認められる場合には、社内飲食となります（国税庁Ｑ＆Ａ・Ｑ5）。
50%損金算入	・同上（接待飲食費 FAQ・Ｑ2）。 ・社外の者（特に下請先従業員等）が少人数の場合には注意が必要となります。飲食費は多額の場合が多いため交際費と認定されると影響が大きくなります。

Q10 子会社、連結納税子会社の社員等との飲食

A10

適用できます。

解説

以下、要点をまとめました。

5,000円基準	・子会社、連結対象会社はグループ法人ですが、法人格が異なり「当該法人の社員等」ではないため外部の者として適用が可能です（国税庁Ｑ＆Ａ・Ｑ6）。
50%損金算入	・同上（接待飲食費 FAQ・Ｑ4）。

Q11 子会社へ出向した者又は他社からの出向者、派遣社員との飲食

A11

他社への出向者は適用が可能です。ただし、同窓会飲食会は社内交際費となります。他社からの出向者、派遣社員は社内飲食となります。

130　　第2編　得意先等との接待飲食費（飲食費）の取扱い

解説

以下、要点をまとめました。

5,000円基準	・子会社等への出向者は「別会社」で働いているため適用が可能です。 ・ただし、その飲食が出向先会社の社員等の立場としての飲食（例えば、取引の商談・会議等に際しての場合での飲食）であることが必要です。 ・出向元の社員等の立場としての飲食（例えば、同窓会的な会合としての飲食）は社内交際費となります。 ・他社からの出向社員は、自社社員と同一視されるため社内交際費となります。派遣社員は、雇用関係はないが当社内で働いているため社内飲食に含まれるとの意見が多いです。
50％損金算入	・同上（接待飲食費FAQ・Q5）。 ・出向者は、その飲食参加が「出向先の立場」か「出向元の立場」によるかで取扱いが異なります。「飲食伺い書」等に参加立場を明確にし、社内飲食と誤解されないようにしておく必要があります。

Q12　業務委託者（当社内常駐又は在宅勤務等）との飲食

A12

業務委託を受けた者が委託業務につき当社の指揮命令に服するか否かにより異なると考えます。

解説

以下、要点をまとめました。

④　5,000円基準及び50％損金算入の具体的内容と留意点　　*131*

5,000円基準	・業務委託契約で当社に常駐している者は、その委託業務につき当社の指揮・命令に服する場合は、社内の者と同等と考えてよいと思います。当社従業員への飲食が社内交際費等とならない程度の飲食は交際費等とならない考えです。 ・業務委託を受けた者が在宅等や当社内に常駐していない場合も同様です。 ・ただし、委託先（当社）の指揮命令に服していない場合には当社内に常駐していたとしても外部の者と考えます。 ・当初から得意先等に該当としている場合には、当社員との飲食は当社員分を含めて全額が交際費等となります。
50％損金算入	・同上

Q13　非常勤役員、社外取締役等との飲食

A 13

社内の者となります。

解説

以下、要点をまとめました。

5,000円基準	・非常勤役員、社外取締役等は通常の勤務場所が他社等の社外であったとしても、当社の役員には変わりがないことから社内の者に該当します。
50％損金算入	・同上

132　第2編　得意先等との接待飲食費（飲食費）の取扱い

Q14 労働組合員（組合専従者として休職中を含む）、OB 者との飲食

A14

組合専従者は原則社内の者、OB は社外の者となります。

解説

以下、要点をまとめました。

5,000円基準	・労働組合との飲食は会議費に該当するものを除いて交際費等となります。労働組合は会社とは「別組織」との考えもありますが、組合員は専従休職者を含め、元々は当社社員に変わりがなく、労働組合員との飲食は社内飲食に該当するとの意見が多いです。ただし、明らかに外部団体としての労働組合との飲食は外部の者に該当すると考えます。 ・OB との飲食は社外の者との飲食となります。
50％損金算入	・同上

Q15 得意先が急用で不参加となった場合

A15

得意先接待の要件が欠如のため適用できません。

解説

以下、要点をまとめました。

5,000円基準	・得意先との接待飲食が要件のため得意先不参加（ゼロ）の場合には適用できないと考えます。本件の要件は形式的に判断します。得意先ゼロの理由が、得意先等の突然

	の急用で不参加にやむを得ない事情があるとしてもです。また、飲食を当社員のみで行っているからです。
50％損金算入	・同上

3　接待飲食の範囲

Q16　接待飲食及び飲食その他これに類する行為の意味

A16

得意先を当社員が接待飲食する場合に限ります。出前やサービス料等、会場費も含めることができます。海外飲食も適用があります。

解説

以下、要点をまとめました。

5,000円基準	・当社の従業員等が得意先等を飲食店等で接待した場合の飲食費に限ります。ただし、次のような費用も「飲食その他これに類する費用」として飲食費に該当します（国税庁Ｑ＆Ａ・Ｑ３、４）。 ①　社内等での弁当購入や出前　料理での食事の提供 ②　飲食店に支払うテーブルチャージ料、サービス料等 ③　得意先の業務の遂行や行事に際して飲食する「弁当等の差入れ」及びこれらに付随して消費されるビール等の酒類、おつまみ等（措通61の4(1)-15の2）。 ④　接待店での飲食後、その飲食店で提供している「お持帰り用お土産」 ・「お食事券」、「得意先飲食代の肩代わり」は一種の金銭贈与のため該当しません。 ・海外支店、海外出張時の海外飲食費も含まれます（海外招待旅行時の飲食費を除く。）。

50％損金算入	・同上（接待飲食費FAQ・Q2、Q3） ・なお、飲食等のために支払う会場費も該当します。具体的には、自社主催の得意先等との懇親パーティーでのホテル等宴会場使用料や会食時の個室部屋代等が該当します。

Q17 得意先等に対する「弁当等の差入れ」

A17

得意先の行事に際して食される弁当等が該当します。

解説

以下、要点をまとめました。

5,000円基準	・得意先等の業務の遂行や行事の開催に際しての弁当等の差入れは飲食費に含まれます。例えば、運動会や花見会等に際しての弁当等の差入れで、差入れ後の相応の時間内に飲食されるものが該当します（措通61の4(1)-15の2、国税庁Q＆A・Q3）。これらは当社が弁当等を購入し、得意先等と一緒に飲食したと同等との考えからです。弁当と一緒に飲食（消費）する酒、ビール、おつまみ等も含まれます。 ・ただし、賞味期間の長いもの、飲食物の詰合せ、化粧箱入り等の進物用贈答品等はお中元・お歳暮と変わりがないことから交際費等となります（国税庁Q＆A・Q3）。
50％損金算入	・同上（接待飲食費FAQ・Q3）。

④　5,000円基準及び50％損金算入の具体的内容と留意点　　*135*

Q18　お土産品代の取扱い

A18

　飲食店で提供する持帰用飲食物は含めることができます。ただし、含めない場合及び他から購入したお土産品代は交際費となります。

（解説）

以下、要点をまとめました。

5,000円基準	・飲食費には、その飲食店で提供される持帰用飲食物の「お土産代」も含めることができます（国税庁Ｑ＆Ａ・Ｑ３）。例えば、寿司屋の折り寿司、中華店の餃子、肉まん等その飲食店で食し、提供する飲食物お土産品です。接待飲食の延長上にあるとの考えです。 ・この場合に、お土産代を飲食代に、①「含めても5,000円以下となる場合は含める、②「含めると5,000円超となるので除く。」の選択が可能と考えます。含めない場合には、その土産代は交際費等となります。 ・その飲食店であらかじめ贈答用として「箱詰め」されているお土産品や飲食物以外の物品は交際費等となります。 ・他店で購入準備したお土産品等も交際費等となります。
50％損金算入	・同上（接待飲食費ＦＡＱ・Ｑ２ホ） ・50％損金算入では含めた方が有利のため「飲食費に該当する。」としています。ただし、持帰用飲食物の「お土産品代」に限ります。他からの購入品は交際費となります。

Q19　カラオケへの招待費用

A19

　歌うことが主体の場合は適用できません。相当の飲食を伴う場合は適

136　　第２編　得意先等との接待飲食費（飲食費）の取扱い

用できます。

解説

以下、要点をまとめました。

5,000円基準	・交際費等から除外できるのは「接待飲食」の場合です。カラオケスナック等は歌うこと主であり、飲食があったとしてもおつまみ程度では交際費等から除外はできません。 ・飲食店での備付カラオケセットで歌った場合には飲食が主であることから適用が出来ます。要するにケース・バイ・ケースで接待目的、接待場所、代金内容等を見て判断します。
50％損金算入	・同上 ・最近のカラオケ店は、「食べて、歌って」を提供する所も多くなりました。カラオケ店で相当の飲食を伴う場合には「接待飲食費」に該当することも考えられます。

Q20　屋形船、納涼船、クルージングでの飲食費用

A20

飲食が目的の場合は適用できます。洋上散歩等が目的の場合は適用できないと考えます。

解説

以下、要点をまとめました。

5,000円基準	・屋形船、納涼船は入江に停泊し、沖合いからの景色を楽しむともに船内でてんぷら等の料理も楽しめるため接待用として人気があります。屋形船等は渡し舟等の交通手

④ 5,000円基準及び50%損金算入の具体的内容と留意点　*1*

	段としてではなく、宴会、会食等を船の中で行う飲食場所の提供です。したがって、屋形船等は飲食行為そのものであるため合計額で一人当たりの飲食費で判断します。
50%損金算入	・屋形船、納涼船は接待飲食に該当すると考えます。飲食のために支払う会場費も飲食費に含まれるからです（接待飲食費FAQ・Q2ハ）。 ・ただし、接待した日が花火大会の日などのイベント開催日で船上から花火等を楽しむことを主目的とする場合には、接待飲食か観光招待かの判断が必要となります。 ・クルージングは船上で飲食があったとしてもその主目的が内海、外海でのフィッシング、洋上散歩等の場合が多いです。旅行招待に類似しています。したがって、一義的には接待飲食費に該当しないが「接待飲食」が主目的であることが明らかな場合には、50%損金算入が適用できるとの考えがあります。ただし、確定した判断ではありませんので取扱いに留意してください。

Q21　接待飲食時の送迎タクシー代

A21

送迎タクシー代は交際費等となります。

解説

以下、要点をまとめました。

5,000円基準	・交際費となる飲食代には、飲食に付随して支出した費用も飲食代に含まれます。しかし、得意先等を接待飲食のためにレストラン等への送迎するタクシー代等は飲食代そのものではないため飲食代に含めることはできません。送迎費、タクシー代等は接待、供応等のために支出したものであるため、その送迎費自体は金額の多寡にかかわ

	らず交際費等に該当します（国税庁Ｑ＆Ａ・Ｑ４）。
50％損金算入	・同上

Q22　ゴルフ、観劇、旅行中での飲食費及び終了後の飲食費

A22

　飲食代を抜き出しての適用はできません。ただし、終了後の飲食は適用できる場合があります。

解説

　以下、要点をまとめました。

5,000円基準	・ゴルフ、観劇、旅行等での飲食は飲食部分だけを抜き出して（飲食代の領収書を別にしても）適用できません。得意先等をゴルフ、旅行等に招待することを主目的とする一連の行為の一つとして実施される飲食であり、ゴルフ接待等に吸収されることから、全体・全額が交際費等となります（措通61の4(1)-16）。 ・ただし、例えば、ゴルフ会等を解散した後に、取引先と場所を変えて「反省会」等と称する飲食会は新たに飲食接待したとみられることから、5,000円基準の適用があります。いわゆる二度の接待したような場合です（国税庁Ｑ＆Ａ・Ｑ７）。 ・なお、ゴルフ終了後にクラブハウスでの飲食を行なわないで、別の場所に移動して参加者全員等で会食をするような場合は、ゴルフ接待の一連の行為と認定されて、その全額が交際費等となります（週刊税務通信　平26.8.4 No.3322　P3参照）。 ・海外旅行招待時での飲食費も同様です。
50％損金算入	・同上（接待飲食費ＦＡＱ３）。

④ 5,000円基準及び50％損金算入の具体的内容と留意点　　*139*

| | ・一回当たりの金額多額の場合が多いため、ゴルフ等の招待日当日にプレー代等と飲食費を分割して計上していないかの確認等が必要です。 |

Q23　同業者団体等の懇親会（パーティー）に参加した場合

A23

飲食を伴う会費であれば適用があります。

解説

以下、要点をまとめました。

| 5,000円基準 | ・同業者団体等は、その構成員が社外の者で構成されている場合には社外の者となり、その団体が財団法人等の法人組織か任意団体かを問いません。団体の実態が親睦団体（例えば、下請業者協力会、OB会等。ただし、従業員団体は除く。）でも得意先等に該当します。
・したがって、その懇親パーティーに当社員が一人でも出席した場合には、その飲食費が一人当たり5,000円程度と想定され、かつ、会費が5,000円以下の場合は適用できます（措通61の4(1)-23注）。 |
| 50％損金算入 | ・同上（接待飲食費FAQ・Q4ロ）。 |

Q24　得意先等と共同で開催する懇親会

A24

飲食を伴う会費であれば適用があります。

140　　第2編　得意先等との接待飲食費（飲食費）の取扱い

解説

以下、要点をまとめました。

5,000円基準	・得意先等と共同で開催する懇親会での自己負担分の飲食費相当額は飲食費に含まれます。費用を負担することで懇親会が実施できることから、得意先等に対して接待飲食を行ったと同等とみられるからです。
50％損金算入	・同上（接待飲食費FAQ・Q4ロ）。

Q25　政経文化パーティー、○○先生を励ます会の会費

A25

飲食を伴う会費で、出席した場合には適用ができます。

解説

以下、要点をまとめました。

5,000円基準	・政経文化パーティー等の会費は原則、寄附金となります。しかし、出席した場合は立食等の飲食を伴うこと、他の出席者との懇親を深める意味もあることから交際費等とすることも認められています。 ・しかし、一般的には、それらの会費は5,000円超のため5,000円基準の適用はできません。
50％損金算入	・一般的に会費は2～3万円程度ですが、政治献金等と考えられることから原則、寄附金となります。 ・出席した場合には会費を交際費等とすることが認められます。しかし、主催者側から「飲食費相当額」の通知はないことから飲食費の額が不明ですが、立食等の飲食があることから交際費等として50％損金算入ができるとされました（週刊税務通信　№3329　P2参照）。

④ 5,000円基準及び50％損金算入の具体的内容と留意点　　*141*

Q26 得意先からの飲食費請求書の肩代わり、お食事券の交付

A26

当社員が接待飲食をしていませんので適用がありません。

（解説）

以下、要点をまとめました。

5,000円基準	・5,000円基準は、当社員等が得意先等を接待飲食した場合に限ります。その飲食会に当社員等が一人もいない場合や、得意先の飲食費用を当社が肩代わりやお食事券の交付は、当社が「飲食等の接待行為」をしたことにならず、単なる得意先経費の負担及び券面金額の金銭贈与として交際費等に該当します。 ・なお、Q17「弁当等の差入れ」は接待飲食の適用がありますが、これは得意先行事に際して食する弁当等を当社が購入して、得意先に差し入れたものであり請求書の肩代わりとは内容が異なるとしています。
50％損金算入	・同上

Q27 当社の都合で接待に参加できなかった場合

A27

接待予約が明らかでも当社員が一人もいないため適用ができません。ただし、当社の都合で不参加のため認めても良いとの意見もあります。

（解説）

以下、要点をまとめました。

142 第2編 得意先等との接待飲食費（飲食費）の取扱い

5,000円基準	・得意先との接待飲食を予約したとしても、当日に当社員が一人も出席していない場合での飲食費負担は適用ができないと考えます。 ・Q26でその飲食会に当社員等が一人もいない場合や得意先飲食費用のを肩代わりは交際費等としていますが、得意先との接待飲食の予約が明らかで、かつ、当社員不参加の理由がすべて当社にあるとの前提に立つと、単に、請求書の肩代わりといえない事情があります。 ・難しい問題ですが、当社に急用がなければ得意先に対する接待飲食が明らかなため適用を認めても良いとの意見があります。
50％損金算入	・同上 ・今後の取扱いに留意しましょう。

Q28 海外出張、海外支店の接待飲食費の取扱い

A28

海外での飲食費にも適用があります。

（解説）

以下、要点をまとめました。

5,000円基準	・飲食場所が国内、国外の制約がありません。海外出張等での海外で支出したもの、海外支店が支出したものも得意先等との飲食であれば適用できます。外貨による5,000円の判定は各企業の社内ルールによります。例えば、海外出張の費用等は帰国日の円換算レートでまとめて記帳する場合には、その帰国日のレートで換算し、5,000円以下かを判定することになります。また、海外支店の場合には、原則として期末日の換算レートで円換算した金額で判定することになります（法基通13の2-

４　5,000円基準及び50％損金算入の具体的内容と留意点　　*143*

	1 - 8 ）。
50％損金算入	・同上。 ・ただし、得意先等を海外旅行に招待した場合での飲食代は、その旅行招待の一環での飲食のため旅行招待費に含まれ全額交際費等となります（接待飲食費FAQ３）。

4　飲食費の金額判断

Q29　一人当たり5,000円以下の飲食費

A29

　飲食店に支払った飲食代を参加人数で割った一人当たりの金額です。原則、一人分として負担した金額ではありません。

（解説）

　以下、要点をまとめました。

5,000円基準	・一回の飲食代金の合計額を参加人員で割った金額が、一人当たり5,000円以下のものをいいます（単純に支出総額÷人数≦5000円で判断します）。飲食代金とは飲食店に支払った金額をいいます。 ・一人6,000円の飲食額で、例えば、個人負担等があったため会社負担は一人5,000円以下の場合でも、飲食店への支払単価は一人6,000円のため交際費等となります。一人5,000円は「形式基準」で判断し、各人の負担金額で判断しません。 ・２社共同で得意先を一人8,000円で接待飲食し、各社4,000円を負担した場合にも、店単価は5,000円超のため全額交際費となります。 ・ただし、上記例では、会社の領収書は一人5,000円以下

144　第2編　得意先等との接待飲食費（飲食費）の取扱い

	のため認められるとの意見もありますが、確定した取扱いではありません。 ・一人5,000円超過は、その全額が交際費等となります（国税庁Q＆A9）。
50％損金算入	・一人又は1回当たりの金額制限はありません。接待飲食費であれば一人当たりが多額であっても適用できます。

Q30　同業者団体等の懇親会の飲食費の判断

A30

　多人数の場合であっても、総飲食費用を総参加人数で割った一人当たりの金額で判断します。

解説

　以下、要点をまとめました。

5,000円基準	・パーティー等多数の者が出席する飲食会であっても、飲食費総額を出席者総数で頭割りした金額が5,000円以下の場合には交際費等から除外ができるとしています（措通61の4(1)-23注）。 ・この場合の一人5,000円以下の判定は、主催者側から「会計報告」等がある場合には、その報告により判断します。もちろん、当社の飲食費の負担額は5,000円以下の場合に限ります。
50％損金算入	・懇親パーティー費用での飲食費相当額の自己負担額が該当します（接待飲食費FAQ・Q4）。

④ 5,000円基準及び50％損金算入の具体的内容と留意点　　*145*

Q31 同業者団体等の懇親会の飲食費の判断 （会計報告がない場合）

A31

主催者から会計報告がない場合は当社の会費負担額で判断します。

（解説）

以下、要点をまとめました。

5,000円基準	・多数者が参加するパーティーでは、主催者から一人当たりの飲食代の通知は稀です。交際費通達では「同業者団体主催の懇親会等であっても5,000円基準は、飲食総費用÷参加人数で計算することを原則とし、主催者から参加した法人に当該費用総額等の通知がなく、かつ、当該飲食等に要する一人当たりの費用がおおむね5,000円程度に止まると『想定される場合』には、参加者が負担した金額をもって判定して差し支えない。」としています（措通61の4(1)-23注）。 ・つまり、会計報告等がない場合には、参加者はその会場、料理内容、参加人員等を勘案して、この程度の料理なら一人当たり5,000円以下と判断できた場合に限り5,000円基準の適用があるとしています。 ・現実には、当社参加者が経費報告書等に5,000円以下程度の飲食と明記し、かつ、会費が一人5,000円以下の場合に交際費等から除外できます。
50％損金算入	・懇親パーティー費用への参加費用は、飲食費相当額の自己負担額について50％損金算入ができます（接待飲食費FAQ・Q4）。

146   第2編　得意先等との接待飲食費（飲食費）の取扱い

Q32 当社主催のバイキング方式での一人当たりの計算

A32

　当社主催の場合は、実数割のほか、料理数割りも認められると考えます。

解説

　以下、要点をまとめました。

5,000円基準	・当社主催の得意先等とのパーティー費用の一人当たり飲食費の算定です。例えば、100人参加予定で料理注文数が70人の場合です。 ・実際の出席者数を把握した場合には、その人数で算定しますが出入自由等の場合には実人数を把握できない場合もあります。 ・このような場合には、料理予約数の70人で算定もできると考えます。 ・節税にはそれなりの努力が必要となります。
50%損金算入	・自社主催の懇親パーティーでは飲食費相当額のほか、飲食のために支払う会場費（例えば、会場ホテルの宴会場使用料等）も飲食費に含まれます（接待飲食費FAQ・Q4）。 ・すなわち、接待飲食費の50%損金算入制度は、その範囲を広げて消費経済の活性化を図りたい意図があります。

Q33 二次会、三次会等の場合の金額の計算

A33

　二次会、三次会ごとに計算できます。

④　5,000円基準及び50％損金算入の具体的内容と留意点　　*147*

(解説)

以下、要点をまとめました。

5,000円基準	・二次会、三次会も、それぞれの行為が単独で行われていると認められるときは、その店ごとに判断できます。ただし、実質的に同一の飲食店等での飲食と認められる場合には、店ごとに飲食費用を支払っているときであっても、その合計額で判断します（国税庁Ｑ＆Ａ・Ｑ10）。
50％損金算入	・同一店舗であっても、接待飲食である場合には二次会、三次会もすべて適用が可能です。

Q34 研修会後のパーティー費用を含めて会費として支払った場合

A34

研修会等が主目的であれば立食程度は会議費が認められると考えます。

(解説)

以下、要点をまとめました。

5,000円基準	・研修会と懇親パーティー費用を一括で支払った場合であっても、懇親会費用は5,000円基準の適用があります。その飲食代が5,000円程度と想定され、かつ、一人当たりの会費が5,000円以下の場合は適用できます（措通61の4(1)-23注。Ｑ29、Ｑ30参照）。 ・ただし、外部の研修会等について研修としての実質があり、かつ、研修会後の懇親会の程度が立食程度等であれば、全体として会議費として認められると考えます。
50％損金算入	・同上 ・研修会後の懇親会が、飲食の程度として相当額以上の場合には、会費を会議費と飲食代とに区分しての処理が合理的となります。主催者側にあらかじめ金額区分につい

148　　第2編　得意先等との接待飲食費（飲食費）の取扱い

　　　　　て要請することも考えます。
　　　　　・ただし、懇親会が主目的の場合には、その会費全額を
　　　　　　50％損金算入とすることもあります。

Q35　飲食費に係る消費税及び控除対象外消費税額の取扱い

A35

　消費税の経理処理により異なります。控除対象外消費税は50％相当額
が損金となります。

（解説）

　以下、要点をまとめました。

5,000円基準	・5,000円は法人の消費税の経理処理により異なります（国税庁Q＆A・Q11）。 （例）　5,000円（本体）＋400円（消費税8％）の場合 「税込経理」→交際費等は5,400円＞5,000円のため全額交際費 「税抜経理」→交際費等は5,000円＝5,000円のため交際費等除外が可能
50％損金算入	・同上 ・税抜経理での控除対象外消費税額のうち接待飲食費の50％損金算入に係る部分は損金算入が認められます（「消費税法等の施行に伴う法人税の取扱いについて」12（注）3（平26.7.9改正））。 ・飲食費に係る控除対象外消費税額は合理的な方法により算出し、接待飲食費の総額に係る控除対象外消費税額を一括して帳簿に記載しておけば損金算入が認められます。各接待飲食費に配分して記載する必要はありません（接待飲食費FAQ・Q10、週刊税務通信　平26.6.16　№3315　P2参照）。

④ 5,000円基準及び50%損金算入の具体的内容と留意点　　*149*

5　書類等への記載・保存義務

Q36　書類等への記載内容

A36

得意先名、参加者名、飲食店名等詳細に記載が必要です。

(解説)

以下、要点をまとめました。

5,000円基準	・次のすべての事項を記載した「書類」の保存が必要です。①飲食年月日（類する行為の日）、②得意先名、得意先参加者の氏名、地位（関係）、③参加者数、④飲食費の額、⑤飲食店名、住所、⑥その他飲食費であることを明らかにする事項（措規21の18の4。国税庁Q&A・Q2）。 ・上記項目に記載漏れや記載誤りがあると適用要件欠如として全額が交際費となります。
50%損金算入	・「帳簿書類」に上記の①～⑥の事項（ただし③参加者数を除く。）を記載して、飲食費であることを明らかにする必要があります。 ・記載漏れや記載誤りがあると全額交際費となります（措規21の18の4。接待飲食費FAQ・Q6）。 ・参加者数は記載要件となっていませんが、得意先等参加者は氏名記載が必要であり、当社参加者名は明らかであることから参加者人数は自ずから明らかとなります。

150   第2編　得意先等との接待飲食費（飲食費）の取扱い

Q37 5,000円基準は「書類」、50％損金算入は「帳簿書類」に記載

A37

結果的に両者に違いはありません。

解説

以下、要点をまとめました。

5,000円基準	・得意先等との飲食を明らかにするための「書類」に記載を要件としたものです。5,000円基準は任意選択のため領収書や会社独自に作成した用紙等の書類に記載すれば足りるとしました。 ・したがって、その書類について「保存」義務を課し、その保存期間は取引に関する領収書等として7年となります（法規59①三）。
50％損金算入	・交際費等となる接待飲食費について、要件を具備した場合には支出額の50％を損金となるとしたことから、「帳簿書類」に記載を要件としました。法人税法で記帳・整備保存が7年間義務付けられている帳簿書類をいいます（法規59、67）。 ・したがって、両者ともに得意先等との飲食費が確認できる書類の記載と保存があれば認められ、両者に相違はありません。

Q38 保存書類の様式

A38

法定の様式はありません。しかし、適用要件が細かいため社内様式を制定し、記載漏れを無くす必要があります。

4　5,000円基準及び50％損金算入の具体的内容と留意点　　　*151*

解説

以下、要点をまとめました。

5,000円基準	・保存する書類の様式の定めはなく、領収書や会社独自の用紙等の書類、メモ等でもよいです。ただし、記載項目が多いため社内様式を制定して記載漏れをなくす必要があります。 ・社内様式は、「交際費経費精算書」（171頁）を参考にしてください。
50％損金算入	・特定の帳簿書類への記載を指定していません。取引に関して受取った領収書や自己が作成した書類も帳簿書類に該当するため5,000円基準の場合と同じとなります（法規59①三）。 ・支出金額が多額の場合が多くあり、記載漏れ等をなくすために5,000円基準以上に社内様式の制定必要となります（社内様式は、上記5,000円基準と同じです。）。

Q39　得意先等氏名は全員かつフルネームで記入が必要

A39

　原則は、参加者全員でフルネームの氏名記入が必要です。ただし、場合によっては省略も認められます。

解説

以下、要点をまとめました。

5,000円基準	・得意先等に対する接待飲食であること及び社内交際費等に該当しないことを明らかにするために、得意先名、参加者全員のフルネームの氏名記載が必要です（措規21の18の4二）。 ・接待が目的のため相手方の会社名、氏名が不明はあり得

152 第2編 得意先等との接待飲食費（飲食費）の取扱い

	ないというのが当局の考えです。相手先には個人事業者もあるためフルネームを原則とした。 ・ただし、相当の理由があるときは、フルネーム記載を省略しても差し支えないとしています（国税庁Q＆A・Q13。次問Q40参照）。
50％損金算入	・同上（接待飲食費FAQ・Q7）。

Q40 得意先氏名を省略できる場合

A40

氏名の省略は例外的と考えるべきです。

解説

以下、要点をまとめました。

5,000円基準	・得意先氏名は全員記載が必要（措規21の18の4二）ですが、多数参加の場合や苗字しか判らない場合、女性の場合等には、その参加者が真正である限りにおいては記載を省略しても差し支えないとしています（国税庁Q＆A・Q13）。 ・多人数の例として「○○部長他10名」とし、「10名」程度以上から氏名省略できるとしています（国税庁Q＆A・Q14）。したがって、氏名省略は例外的な取扱いと考えるべきであり、少人数に多用すると記載不備との指摘もあり得ます。
50％損金算入	・同上（接待飲食費FAQ・Q7）。 ・留意すべき点は、上得意先、内密先の接待で（社内的にも）氏名の公表を控えたい場合に、「○○様他1名」のような少人数の場合に省略するには注意が必要となります。 ・氏名の記載漏れとして交際費の可能性があり、接待事実の確認として得意先に反面調査の可能性もあります。得

④　5,000円基準及び50%損金算入の具体的内容と留意点　　*153*

> 意先への反面調査は、当社に対する信頼関係を損ねることもありますので、氏名記載は慎重に行うことになります。

Q41　懇親パーティー等の場合の記載事項

A41

パーティー等の場合は案内状や当社出席者の状況説明を添付します。

（解説）

以下、要点をまとめました。

5,000円基準	・多人数出席のパーティー等では、参加者人数、参加者氏名の記載は不可能です。この場合には、当社の出席者がパーティーの内容、例えば、案内状から立食パーティー飲食、予想参加人員等から一人5,000円以下の飲食代であるとの状況説明及び当社の会費額を記載します（措通61の4(1)-23注）。
50%損金算入	・同上 ・会費が多額であるため、飲食の立証のための案内状・招待状等を添付することを考えます。

Q42　当社員の氏名の記載

A42

当社の参加者名の記載は必須要件と考えます。

（解説）

以下、要点をまとめました。

5,000円基準	・当社の参加者氏名の記載はあえて求めていません（国税庁Q＆A・Q14）。 ・しかし、当社員を含めた全員の人数把握が必須要件であり、かつ、当社の参加者名は明らかであるため、何らかの形で記載されているのは当然が税務当局の考えです。
50％損金算入	・同上 ・外部との飲食、かつ、社内交際費等でないことの証明、会社経費の部署の確認等から記載は必要というのが当局の考えです。

Q43 飲食店名、住所の記載

A 43

飲食店であることが絶対要件ですが、領収書記載で足ります。

解説

以下、要点をまとめました。

5,000円基準	・接待飲食であることを証するために飲食店名、住所の記載は必要です（措規21の18の4四）。 ・不意に立ち寄った場合や住所番地の不明も多いですので領収書記載で足ります（例、「有楽町駅前　焼き鳥○○」）。詳しく補完する必要がないです（国税庁Q＆A・Q2）。
50％損金算入	・同上（措規21の18の4四）。 ・金額が多額の場合には飲食店である旨のために「例えば、イタリアン・レストラン等」の補完記入も必要と考えます（措規21の18の4五）。

4 5,000円基準及び50％損金算入の具体的内容と留意点 155

Q44 保存書類に記載漏れや誤りがあった場合

A44

　記載漏れや誤りがあると全額交際費等となります。場合によっては重加算税の適用があると警告しています。

解説

　以下、要点をまとめました。

5,000円基準	・要件具備の場合に限り形式基準で交際費等からの除外を認めています。したがって、条件を具備しないもの、書類の記載漏れ、誤りや保存の不備等に対しては、原則に戻り交際費等となります。 ・税務当局は事前に「一の飲食等の行為を分割して記載すること、相手方を偽って記載すること、参加者の人数を水増しして記載すること等は、事実の隠ぺい又は仮装に当たりますのでご注意ください。」と「重加算税」の対象になると警告しています（国税庁Q＆A・Q14）。 ・税務調査でも記載誤り等に対しては少額でも重課対象とする事例が見受けられます。
50％損金算入	・同上 ・金額多額も、上得意先接待も多いことから、得意先に配慮して偽名や氏名の省略等の場合には重加算税の可能性がでてきます。飲食費の様式化等、社内ルールの徹底が必要となります。

Q45 得意先氏名を別名（偽名等）とした場合

A45

　参加人数（一人当たり金額等）に誤りがないとしても、偽名等の場合

156 第2編　得意先等との接待飲食費（飲食費）の取扱い

は交際費等となります。

解説

以下、要点をまとめました。

5,000円基準	・交際費等から除外の趣旨は、得意先等との事業活動の活発化のために5,000円以下の少額な飲食代を経費と認めたもので、得意先等との飲食が絶対要件です。したがって、相手先氏名の記載を求めたものです。 場合によっては「○○部長他×名」の氏名省略も許されています（国税庁Q＆A・Q14）。 ・しかし、得意先に迷惑をかけたくないとの配慮から得意先氏名等の安易な省略や、偽名（仮名）記載等は認められません。結果的に参加人数が正しく、一人5,000円以下であっても得意先氏名が偽名（仮名）の場合は、5,000円基準の適用はありません。 ・Q44のとおり偽名（仮名）は重加算税の対象となる場合があります。留意してください。
50％損金算入	・同上

6　申告書の記載要領

Q46　法人税申告書別表15（交際費等の明細書）の記載方法

A 46

　5,000円基準適用は、会計上も初めから「雑費」等で処理することが認められます。

④ 5,000円基準及び50％損金算入の具体的内容と留意点　　*157*

解説

以下、要点をまとめました。

5,000円基準	・会計上、交際費科目で処理した場合は、申告書別表15の「7　交際費等の額から控除される費用の額」欄で控除します（国税庁Q＆A・Q15）。 ・5,000円基準適用額を会計上も初めから「雑費」等で処理することも認められます。この場合には、申告書別表15の記載はありません。
50％損金算入	・接待飲食費は会計上も交際費科目となるため、申告書別表15の「6欄　交際費の支出額」から「9欄の(8)のうち接待飲食費の額」を抽出し、「2欄　支出接待飲食費損金算入基準額」で50％を乗じて損金算入額を算出します（連結納税の場合の別表15の2の記載も同様です。）。

Q47 飲食費を全額交際費として不算入した場合の更正の請求

A 47

確定申告で適用漏れがあっても「更正の請求」で減額できます。

解説

以下、要点をまとめました。

5,000円基準	・5,000円基準は確定申告で適用した場合に認められます。 ・ただし、5,000円基準の適用要件を具備した場合に交際費等からの除外漏れ等があったときは、50％損金算入の場合と同様に更正の請求ができるとされました（週刊税務通信　平成26年8月4日　№3322　P3参照）。
50％損金算入	・50％相当額の損金算入の要件を満たしていた場合に、誤って、その全部又は一部を損金としていなかった場合には、接待飲食費に係る50％損金算入を内容とする更正の

請求による減額請求ができます（措法61の4①、通則法23①一、接待飲食費FAQ・Q9）。

・これは、更正の請求の要件の「課税標準等若しくは税額等の計算が国税に関する法律の規定に従っていなかったこと又は当該計算に誤りがあったこと」に該当するとしています。

7　中小法人の場合の取扱い

Q48　中小法人の定義と年800万円定額控除の関係

A48

資本金1億円以下の法人をいい、年800万円の定額控除ができます。ただし、親会社資本金が5億円以上の100％子会社等は大会社となり、連結納税は連結親法人の資本金によります。

（解説）

以下、要点をまとめました。

5,000円基準	・中小法人とは期末資本金・出資金が1億円以下（公益法人等は資本金とみなされる額。措令37の4）の法人をいいます。 ・ただし、資本金が1億円以下でも親会社資本金5億円以上の100％子会社等は、すべて大法人とみなされ（措法61の4②、法法66⑥二）、中小法人の年800万円定額控除は適用できません。 ・連結納税は、連結親法人の資本金の額によります。親法人の資本金が1億円以下の場合には定額控除が適用できます（措法68の66）。 ・5,000円基準は、すべての法人（5億円以上の100％子会社等及び連結納税各社を含む。）で適用ができます。

50％損金算入	・同上
	・親会社資本金５億円以上の100％子会社等及び連結納税各社もそれぞれ適用ができ、各社で帳簿書類に記載し保存します。
	・ただし、連結納税の場合は、50％損金算入の対象となる飲食費である旨を親法人に連絡し、親法人で50％損金算入を行います。

Q49 年800万円定額控除と5,000円基準及び50％損金算入の関係

A49

5,000円基準で除外後の金額から800万円控除をします。50％損金算入は5,000円基準で除外後の金額を基に年800万円控除か飲食費の50％損金算入のいずれか有利の方を選択します。

（解説）

以下、要点をまとめました。

5,000円基準	・5,000円基準は、支出交際費等の額から控除するものであり、その控除後の総交際費の金額から更に800万円を控除します。したがって、その後の超過額が損金不算入となります。
	・飲食費については5,000円基準で控除できない金額も更に年800万円までを控除できます。
50％損金算入	・全体の支出交際費等から年800万円控除する制度と接待飲食費の50％損金算入制度の、いずれか有利な方を毎事業年度で選択できます（接待飲食費FAQ・Q１）。
	・一般的には、年800万円の定額控除が有利と思われます。ただし、接待飲食費が年間１,600万円以上と多額な場合には、50％損金算入が有利となります。

160　第2編　得意先等との接待飲食費（飲食費）の取扱い

[設例]　　　　　　　　　　　　　　　　　　　　　　　　　　　　（単位：万円）

	交際費支出額　2,000		交際費支出額　2,000	
	内飲食費 1,800	その他 200	内飲食費 1,100	その他 900
定額控除選択の場合の不算入額	$(1800+200)-800=1,200$		$(1100+900)-800=1,200$	
50％損金算入選択の場合の不算入額	$1800×50％+200=1,100$		$1100×50％+900=1,450$	
有利判定	50％損金算入が有利		定額控除が有利	

Q50　年800万円の定額控除は修正申告や更正の請求も可能

A50

いずれも認められます。

（解説）

以下、要点をまとめました。

5,000円基準	・年800万円定額控除は、50％損金算入を選択しない限りは認められます。5,000円基準はどちらを選択しても控除できます。 ・定額控除は確定申告書を原則とし、修正申告書又は更正の請求書でも申告書別表15の3、4欄（定額控除欄）に記載・添付すれば認められます（措法61の4②⑤、接待飲食費FAQ・Q1）。 ・5,000円基準の要件具備の場合に交際費等から除外漏れがあったときは更正の請求ができます（前述Q47参照）。
50％損金算入	・50％損金算入を選択した場合には定額控除は適用できません。接待飲食費が年1,600万円以上の場合には50％損金算入選択が有利です。

> ・なお、50％損金算入を選択した場合でも5,000円基準は
> 適用できます。

5 5,000円基準及び50％損金算入の税務調査とその対応策

1 税務調査の本格化

　5,000円基準による交際費等から除外及び接待飲食費の50％損金算入（以下、「50％損金算入」という。）は、節税効果が大きいため多くの法人が利用しています。

　しかし、この除外等には、得意先参加者氏名を全員記入する等細かい要件があります（措規21の18の4）。また、社内・社員の飲食（社内交際費）は適用できない制約もあります。

　5,000円基準に対して、国税庁はＱ＆Ａで保存書類への記載の注意点として、「一の飲食等の行為を分割して記載すること」、「相手方を偽って記載すること」、「参加者の人数を水増しして記載すること」等は、事実の隠ぺい又は仮装に当たるとして、重加算税の対象になると事前に警告しています（国税庁Ｑ＆Ａ・Ｑ14）。

　これらのことを受けて、5,000円基準及び50％損金算入に対する税務調査が全国的に行われており、非違事例も多いとの報道があります（週刊税務通信　平24.5.14　№3212、平28.7「参加者水増しで3年間5千万円課税漏れ」新聞報道）。

　そこで、5,000円基準に対する税務調査での指摘事項を確認し、5,000円基準と同様の適用要件である50％損金算入の的確な処理に向けて、その対応策を検討します。

　特に、50％損金算入は、その適用金額に制限がありませんので単なる

記載漏れ，誤り等があったときは追徴税額が大きいです。その誤りを不正計算と認定されると影響も大きいです。したがって、事前の慎重な対応策が必要となります。

2　5,000円基準の税務調査での指摘事項

　税務調査では、次の①〜⑨のような非違事項が指摘されています。会社側が誤りのないようにと注意を喚起したとしても、社員が単独で交際費等から除外した場合には、当局は「正しく記入し保存すべき書類を改ざんした行為があり、かつ、接待行為は会社の行為であることから会社としての不正行為（仮装・隠ぺい等）に当たる」と認定して、少額でも重加算税の対象事例が多いといわれています。

① 　参加人員を水増しして一人当たりの飲食代を5,000円以下としていたもの

② 　一人5,000円以下であっても得意先に配慮して得意先氏名を仮名、偽名としていたもの又は安易に省略していたもの

③ 　一回の飲食代を複数回の飲食に領収書を分割して5,000円以下としていたもの

④ 　一人5,000円の判定は飲食店への支払単価で判定するが、当社の負担額が5,000円以下であるとして除外していたもの（割り勘や共同接待の場合に多い。）

⑤ 　社内同士の飲食は適用できないため、得意先氏名を借用して得意先接待と偽装していたもの

⑥ 　ゴルフ接待等での昼食代のみの領収書を徴して5,000円基準で除外していたもの

⑦ 　他から購入したお土産代、送迎タクシー代等を5,000円に含めて

いたもの

⑧　食事券等の商品券贈答や得意先の飲食代を肩代わりしたもの

⑨　領収書に必要事項を鉛筆書きで記入していたが、時間の経過により内容が消滅・不明となっており、記載漏れとして指摘されたもの等

3　得意先等に対する反面調査（接待飲食の確認調査）

　5,000円基準及び50％損金算入は得意先等との飲食が要件です。したがって、税務調査でその適用に疑義があるとされた場合、例えば、参加者は当社員が多数で得意先少数の場合（社内飲食を得意先接待に仮装の疑い等）や、得意先氏名を「○様他4名」として氏名記載省略した場合（参加人数の水増しの疑い等）、逆に、「○様他1名」と少人数の氏名省略の場合（氏名記載の欠如の疑い）、飲食店が遠隔地の場合（招待旅行での飲食を単独の接待飲食に仮装の疑い等）には、調査官が得意先や飲食店に臨場して飲食の有無や飲食者の確認（反面）調査が行われる場合があります。

　反面調査は、得意先からの信頼を損なうおそれがあります。したがって、それらの疑義に対しては会社内で事実関係を十分に説明し、得意先等への確認（反面）調査が行われることがないよう説得することが必要となります。もちろん、当初から疑義が生じないよう社内ルールの徹底が重要となります。

4　5,000円基準及び50％損金算入の対応策

(1)　適用要件の確認

　まず、5,000円基準及び50％損金算入の適用要件を、次の六つの要件で確認します。

　　①　得意先等の外部の者との飲食か。得意先等の参加者氏名の記載があるか

　　②　社内、社員同士の飲食は除かれているか

　　③　5,000円基準の場合は一人5,000円以下か（飲食店支払総額÷参加人数）

　　④　ゴルフ、旅行招待等に際しての飲食でないか

　　⑤　飲食に際しての他から購入した「お土産代」及び送迎タクシー代は除いているか

　　⑥　領収書等はあるか。内容（飲食代のみ等）を確認したか

(2)　具体的事例に対するチェック

　5,000円基準及び50％損金算入の適用の場合で重加算税の対象となることが多いと思われる事案をチェックします。

目的	確認事項
1 得意先等が参加しているかの確認（得意先等参加が要件）	・得意先会社名、当社との関係等から外部の者との飲食か →役員等の個人的関係者との飲食は該当しない。
	・得意先が一人等少人数の場合はその得意先を接待することに理由があるか →下請先等を名目的に参加させている場合は社内飲食費となる。 →下請先少数、当社員多数の場合は特に注意する。
	・出向者との飲食は、出向先の立場（得意先の立場）としての飲食といえるか

	→出向元の立場（同窓会的な立場）の飲食は社内飲食費となる。
2 接待飲食の確認（接待飲食が主目的が要件）	・その接待費は当社員等による「飲食店」での得意先等に対する接待飲食の費用か →食事券の贈答、得意先飲食代の肩代わりは該当しない。
	・ゴルフ、旅行等での飲食費が含まれていないか →ゴルフ等での飲食は、ゴルフ接待での一連の行為のためゴルフ費に含まれる。飲食代の領収書を別にしても該当しない。同じ担当者のゴルフ費と同日の飲食費領収書に留意する。 →ただし、ゴルフ等終了後の二次会的飲食は適用が可能となる。
	・同業者団体等の会費は飲食を伴う懇親会費用か →会費であっても、飲食を伴う飲食費相当額の負担は、5,000円基準及び50％損金算入に該当する。 →研修会等の後の立食程度の簡単な飲食は、会費又は会議費が認められる。
3 飲食代の確認（共通）	・飲食代にお土産品代が含まれていた場合は除いているか →ただし、当該飲食店等で提供されている飲食物の持帰り用「お土産代」は飲食費に含めることができる。 →化粧箱入りお土産品、他から購入したお土産品は、別途交際費等となる。
	・送迎用タクシー代を含めていないか →タクシー代は別途、交際費等となる。飲食店によってはタクシー代を含めて飲食代としての請求もある。
	・二次会、三次会の場合は別々で判断しているか →接待飲食であれば、二次会、三次会はそれぞれが接待飲食に該当する。
4 飲食代の確認（5,000円基準）	・参加者一人当たり5,000円以下となっているか →一人5,000円とは、単純に飲食店支払総額÷全参加人数≦5,000円で判断する。

	・当社の負担額で判断していないか →一人6,000円の飲食代の場合、当社負担一人5,000円以下も、店単価6,000円のため交際費等となる。 →一人8,000円の飲食代を2社共同接待で各社4,000円負担の場合も交際費となる。
	・持ち帰り用飲食物の「お土産」は、含めないことも認められるか →お土産代を含めると5,000円超過の場合は、含めないことも認められる（含否は有利な方を選択が可能）。ただし、お土産代は別途交際費となる。
	・同業者団体等の懇親会費用は会費額で判断しているか →一人当たりの会費が5,000円以下であれば該当する。
5 得意先等の氏名記載の確認（全員記載が要件）	・得意先等の参加者の全員の氏名を記載しているか →得意先等との飲食であること及び社内飲食費でないことを明らかにするために得意先全員の氏名記載が要件（措規21の18の4二） →接待する相手先の氏名が不明はあり得ないというのが当局の考え。要件欠如は交際費等となる。
	・氏名が不明の場合もある。氏名省略をすることができる例外的取扱いに該当するか →苗字のみの記載、例えば、「○○社、鈴木部長」も認められる →得意先女性の場合には氏名を確認しない場合もある →多人数の場合は省略できる。ただし、国税庁は多人数とは「○○部長他10名」と10名以上の場合には記載省略できると回答している。少人数の場合に多用すると記載不備との指摘もあり得る。
	・内密先や上得意先であっても、全員の氏名記載があるか →得意先等参加者全員の氏名記載が法律要件である。 →（社内的にも）内密先の接待等特別な場合に、得意先接待を証するために得意先1名を記載すれば（他は省略）、適用ができるとの見解は賛成できないとの意見

⑤ 5,000円基準及び50％損金算入の税務調査とその対応策　　*167*

	が多い。
	・パーティー等の多人数で把握が困難な場合でも人数確認は必要となるか →同業者団体等への出席は、当社出席者が予想参加人員等の状況説明書を添付する（措通61の4(1)-23注）。 →当社主催のパーティー等は案内状発送・出欠リスト等で人数を把握する。
	・得意先氏名は実名か →接待飲食が明らかでも（一人5,000円要件を満たしたとしても）得意先氏名が偽名・仮名の場合は適用対象外となる。 →頻繁に飲食している得意先氏名が時々変更している場合には注意する（同一人物の偽・仮名の可能性）。
6 社内飲食（社内交際費等）の確認（適用対象外のため）	・飲食参加者は当社員が多数の場合は、社内飲食となる可能性があるか →下請先等を若干名参加させて（名義借りを含む。）、得意先等接待に仮装が想定される（実質、社内飲食と認定）。
	・関係会社との飲食は、社内飲食となる可能性があるため、飲食の目的を確認すべきか →関係会社社員等を若干名参加させて（名義借りを含む。）、得意先等接待に仮装が想定される（実質、社内飲食と認定）。 →出向者との飲食は、出向先の立場での参加が明らかな場合の飲食に限られる（出向元の同窓会的立場の飲食は社内飲食となる）。
	・役員、社員の親族との飲食も社内飲食となるか →役員等と異なる姓名であっても親族は社内となる。相手先会社名及び当社との関係等から他人の有無を確認する。
7 当社の参加者氏名を確認	・当社の参加者の氏名全員を把握しているか →5,000円基準は当社員を含めた全参加者人数の記載が必須の要件。しかし、当社の参加者氏名の記載は要求

されていない。これは、当社の参加者は予算管理上も氏名全員を把握しているのを前提にしているからである。
→参加者人数の水増しは、当社員の水増しによる場合が多いため、全員の氏名記載を確実に行う（簡単に水増しできるため）。
→50％損金算入は、参加人数の記載は要件ではないが、接待実行者の確認と費用の責任を明確にするため氏名記載を確実に行う。
→社員等による交際費の私的流用による横領事例は、接待飲食費の架空・二重計上による場合が多い（馴染みの飲食店は領収書操作が簡単にできる。）。

・同じ社員等による同日の複数回の飲食領収書を検討する。
→「一の飲食」を複数の飲食費の領収書に分割して、それぞれに5,000円基準を適用する場合がある。上記と同様に馴染みの飲食店は領収書操作が簡単にできる。

(3) 社内様式の活用

　5,000円基準及び50％損金算入の適用要件は基本的に同じであり、得意先氏名全員を記載して保存する等その適用要件が細かく設けられており、それらを一部でも失念又は記載誤りがあると、直ちに交際費等として課税対象となります。

　その誤りの内容等によっては、例えば、得意先氏名が仮名の場合には仮装隠ぺい行為があるとして重加算税が課される場合があります。せっかく節税策をとっても、追徴課税されては意味がありません。

　これらを防止するために、例えば「飲食費の様式」を社内で作成・使用する等のルール化して些細なミスをなくし、接待する社員等にも責任を持って対応するようにすべきと考えます（社内様式は、「交際費経費精算書」171頁を参考にしてください。）。

　なお、社内様式により5,000円基準及び50％損金算入の要件（記載要件を含む。）を充足している場合には、確定申告に際して、その一部又

⑤ 5,000円基準及び50％損金算入の税務調査とその対応策　*169*

は全部を損金としていないミス（交際費等として損金不算入額を所得に加算済み）があっても、飲食費（接待飲食費）の損金算入を内容とする「更正の請求」を提出することができます（前述 **1** 接待飲食費（飲食費）の取扱いの概要の **4**「更正の請求が可能（共通）」、及びQ47を参照）。

170 第2編 得意先等との接待飲食費（飲食費）の取扱い

参考様式

会 議 申 請 書

承認1	承認2	承認3

申請日　　　　年　　月　　日
所　属　＿＿＿＿＿＿＿＿＿
報告者　＿＿＿＿＿＿＿＿＿

日時	月　　日（　曜日）　　時〜　　時
会議場所	
出席者	
課題	
議事録の有無	有　　　無
支払先	
区分	弁当・飲物・その他
金額	
備考	

会 議 報 告 書

承認1	承認2	承認3

報告日　　　　年　　月　　日

報告事項			
支払金額		支払方法	☐ 振込 ☐ 小切手 ☐ 振替 ☐ 現金
支払先			

経理処理欄	

⑤ 5,000円基準及び50％損金算入の税務調査とその対応策　　*171*

参考様式

交 際 費 経 費 精 算 書

申請日	年　月　日	
申請者	所　属	氏　名
		㊞

交際等をした日	年　　　月　　　日		
社内と社外の区分　①	社内　・　社外　・　社内及び社外		
交際等の相手先会社名　②			
当社との関係　③			
交際等の場所又は贈答品等購入先の名称と住所　④			
目的・内容　⑤			
参加者	⑥	相手先	人	
	⑦	当社	人	
		合計	人	
支出金額　⑧		合計人数　　一人当たり支出金額　　円 ÷ 　　人 ＝ 　　　円

領収書貼付　⑨

備考　⑩

経理使用欄	交際費⑪	該当・非該当	精算日	／　　／
			精算者確認印	

承認1	承認2	承認3

【交際費経費精算書記載のポイント】

・原則として1回（1軒）の接待ごとに作成します。

・交際費を精算する場合に利用し，会議費等の精算には利用しないこととします。

① 社内と社外の区分

相手先が社内，社外又は両者か該当する区分に〇をします。社外の者が一人もない場合は，社内交際費となります。

② 交際等の相手先会社名

相手先の会社名と所属等を記載します。

③ 当社との関係

得意先，仕入先等，該当する関係を記載します。

④ 交際等の場所又は贈答品等購入先の名称と住所

飲食等の接待を行った飲食店等の名称，贈答品を購入した店名等と，その住所を記載します。

⑤ 目的内容

接待交際等の目的や内容を記載します。

⑥ 参加者（相手先）

参加者の役職と氏名を記載します。複数の場合も全員分を記載します（ただし，多数の場合は〇〇様他〇名も可）。

⑦ 参加者（当社）

社内の運用上は，全員分を記載します。

⑧ 支出金額

一の接待で2軒以上の飲食店を使用する場合などには，この精算書を1軒ごとに記載します。

※明らかに一人当たり5,000円超の場合は「一人当たり支出金額」は不要です。なお，飲食等に際し，他から購入したお土産品代や送迎タクシー代等は別途，交際費等となるため飲食代とは明確に区分します。

⑨ 領収書貼付欄

交際費の精算について，この精算書一枚で完結させる場合に，領収書等の貼付欄を設けることが考えられます。

⑩ 備考

参加者氏名など，上記の各欄で記載しきれない事項がある場合など，その理由や疎明資料についての補足事項を記載します。

⑪ 経理使用欄

一人当たりの金額計算（⑧）で5,000円以下となる場合，税務上の交際費「非該当」に〇をして区別します。

※5,000円基準に該当するため交際費等から除外します。

（週刊税務通信№2940（H18.10.23）P4-6を基に作成）

第 3 編

質疑応答事例

1 交際費等の範囲

Q1 交際費等の損金不算入制度の趣旨

得意先との円滑な取引のためには交際費が欠かせません。一方で、経費削減のために交際費等の支出をできるだけ抑えていますが、一定額を超えた場合には経費として認められず税金がかかります。なぜ、交際費等の損金不算入制度があるのですか。

A1

得意先との円滑な取引のために必要不可欠な費用ですが、過度の支出、個人的費用の会社付回しなど濫費、冗費を抑制するために政策的見地から不算入制度があります。

解説

交際費等が販売促進や事業活動に不可欠な費用であり、会社経費として当然に認められるべきものです。しかし、一方で、社用族ともいわれた過度の支出や個人的費用の会社付回しなどの濫費、冗費に批判があり、その抑制等の社会的要請から支出の一定額を損金としない制度（交際費課税）が昭和29年度から始まりました。昭和57年度からは、原則、全額損金不算入とし、資本金1億円以下の中小法人は厳しい経済環境のなか大企業に対抗して経営していくには交際費も余分に必要であるとの見地から、一定額（年800万円）の損金算入を認めております。得意先との

176 第3編　質疑応答事例

円滑な取引のために必要不可欠な費用であることは認めるが、濫費、冗費、個人的費用付回しの抑制等の政策的見地から不算入制度があります。

なお、得意先等との飲食費については、商談等の活発化及び消費税率の増税に伴なう景気活性化を図る見地から、一定の要件のもと平成18年4月から一人当たり5,000円以下はその全額及び平成26年4月からは支出額の50％相当額の損金算入が認められています（措法61の4①④）。

Q2　交際費等となる判断基準

交際費は、得意先等に対する接待やお中元・お歳暮のような物品の贈与、謝礼金等の金銭の贈与とされていますが、交際費等となる判断基準はなにですか。また、交際費等と「等」がありますがなぜですか。

A2

税務上の交際費等の判断基準は、①支出の相手方が事業関係者、②支出の目的が得意先等をもてなすための支出、③支出の行為が接待、贈答のために行われるもの、で判断します。なお、「等」とは接待行為であれば費用科目にこだわらないこと及び接待に付随する費用も含まれるとの意味です。

解説

税務上の交際費等とは、交際費、接待費、機密費、その他の費用で企業がその得意先、仕入先その他事業に関係のある者等に対する接待、供

応、慰安、贈答その他これらに類する行為のために支出するものをいいます（措法61の4④）。すなわち、事業関係者等の特定の者に対する接待等を目的とする行為のために支出する費用が交際費等となります。税務上の交際費には「等」が付いています。これは接待等の目的のために支出する費用であれば、支出する費用科目にこだわらないという意味です。一般に考えられているよりその範囲はかなり広いです。交際費等に当たるか否かの判断基準は次の三つによります。

① 支出の相手方が、得意先等の「事業に関係する者等」であること
② 支出の目的が、得意先等をもてなすことにより歓心、親密度を増し、「取引を円滑に遂行する」ための支出であること
③ 支出の行為が、「接待、供応、慰安」や金品等の「贈答」及びこれらに類するもののために行われるものであること

なお、「等」には接待等の直接費用の他、その行為に付随して支出する費用（例えば、接待場所への送迎交通費）も含まれます。これは、接待等の行為がなければ発生しないもの又は追加的に発生する費用であり交際費等と不可分の支出であるからです。

Q3 交際費等となる事業関係者の範囲

交際費等は、その支出の相手先が得意先、仕入先その他事業に関係ある者等と規定されていますが、その他事業に関係がある者とは具体的にはどのような者をいいますか。

A3

　事業に関係のある者とは、事業に関係のない者以外の者と言うことができます。事業に関係のない者とは、一般には不特定多数の者、一般消費者をいい、これ以外の者が事業関係者に該当し、その範囲は極めて広いものがあります。

解説

　税務上、交際費等とは、得意先、仕入先その他事業に関係のある者に対する接待、供応、金品の贈与その他これらに類する行為のために支出する費用をいいます（措法61の4④）。

　すなわち、交際費等となるか否かの判定基準の「支出の相手方」は、得意先、仕入先その他事業に関係のある者等と規定されています。およそ会社は事業に関係のない者と付き合うのは、まれなことから会社に関わるすべての人が交際費の対象となる可能性があります。具体的には、次のような者が含まれ、その範囲は極めて広いといえます（措通61の4(1)-22）。

① 　得意先、仕入先、外注先、取引銀行等の直接の取引先
② 　間接的な利害関係者

　　例えば、製造業者の間接的得意先の小売業者（直接は、卸売業者が該当）、同業者団体、監督・許認可官庁等
③ 　現在、取引はないが近い将来に取引関係にいたる（予定の）者
④ 　新規に取引を開始しようとする者
⑤ 　その法人の役員、従業員、顧問、OB等及びその家族、親族等
⑥ 　その法人の株主、出資者
⑦ 　一般消費者であっても特定の消費者を対象とするものは関係者となる場合があります。

　なお、「事業に直接関係のない者」、「不特定多数の者」、「一般消費者」

に対する接待等の行為は、広告宣伝的要素が強いため交際費等の相手方に含まれません。

不特定多数の者とは、一般大衆やその商品の最終消費者である一般消費者をいいます。また、一般消費者とは、その商品の最終消費者のことですが、その商品を原材料、生産手段として事業に活用する事業者、例えば、飼料、肥料メーカーにおける農家等は全国的に多数者があったとしても一般消費者には該当しません（措通61の4(1)-9）。したがって、不特定の者、事業に直接関係のない者とは、平たくいうと「行きずりの人」等ともいえます。これらの不特定多数に対する飲食、金品の贈与等は広告宣伝を意図する場合が多いため交際費等に含まれません（措通61の4(1)-2、(1)-9）。

なお、金品の贈与等を行った時点では直接、間接にも取引関係がない者であっても、今後取引先等となることを期待して相手方の歓心を買うために行う支出は、特定の者となり交際費等に該当する場合があります。

Q 4 役員の同級会等と法人の事業関係者

事業関係者には、現在、取引はないが近い将来に取引関係にいたる（予定の）者も含まれるとあります。役員が、そのような意味合いで役員の出身地同郷の会、出身学校の同級会、同趣味の仲間会等への会合に出席した場合は事業関係者に含めることができますか。役員の個人的費用として給与となりますか。

A4

　法人の経費となる費用とは、その法人の事業遂行上必要な費用をいいます。したがって、法人の負担した費用が事業に関係する者に対するものか、事業に関係しない役員の個人的な関係者に対するものかで判断します。ご質問の会合は一般的には会社の経費となりません。

解説

　支出した接待等の費用が会社の交際費等となる判定基準は、支出の相手方が得意先、仕入先等「事業に関係のある者」に対するものです。事業に関係ある者とは、Q3のとおり、例えば、現在取引はないが近い将来に取引関係にいたる（予定の）者、新規に取引を開始しようとする者も含まれます（措通61の4(1)-22）。一方、役員等の個人的費用を会社が負担した場合には、その法人の事業遂行上必要な費用でないため、その個人に対する給与となります（法基通9-2-9）。会社の役員は、会社に対する経営責任を負っているとしても、やはり公私の区別はあります。会社を離れた個人的な時間等があります。

　ご質問のような役員の出身地の人々、出身学校の同級生、同趣味の仲間等の会合は旧友等との語らい等個人的な身分として参加、出席したとみるのが一般的と思われます。たとえ、その参加者に取引関係者が含まれていたとしても個人的な資格としての出席とみられます。ただし、役員がそのような会合を通じて、人的触合いを深めて会社の販売促進、従業員の新規雇用確保等の具体的な目的を持って出席し、会社のためであるとの活動内容が説明できるような状況にあれば会社費用（交際費等を含む。）となることもあり得ると考えます。しかし、それらの会合の後に日を改めて個別に接触等し、その費用を会社の費用とするのが一般的と考えます。

1 交際費等の範囲　　*181*

Q5　領収書の無い交際費等

当社の経費の中で領収書がない経費があります。

① 取引に際し相手先との関係で「領収書」が取れない場合

② モニター等に対する少額（3,000円程度）の交通費等

③ 冠婚葬祭での香典、祝い金等

④ その他領収書を紛失した場合等

がありますが、どのように取り扱われますか。

A5

　取引において「領収書」が取れない場合は損金となりません。モニター等に対する交通費等は損金又は交際費等となる場合があります。冠婚葬祭、領収書紛失の場合はその日時、内容等を記載した別の書類の保存があれば経費が認められます。日頃からの記帳状況の真面目さ等がその信憑性を高めます。

解説

　現在の信用取引社会においては、その取引を確認する証票（納品書、請求書、領収書等）の交付、保存は欠かせません。当社だけでなく相手先もその取引を確認できるからです。また、決済も銀行振込が多く現金決済は少ないです。税務上は取引内容が確認でき、商品・役務等が確実に引き渡されており、支払先が確認でき、その金額も相当であれば経費等として認められています。領収書等が絶対条件ではありませんが、領収書等はそれらを証明しているとみられ、その授受が一般的ですので領

収書等を要求しています。

① 取引に際し相手先から「領収書」が取れない場合とは、その理由は何かです。当社が経費の場合には相手先は収入（課税対象）となります。したがって、相手先からの要請等で領収書が取れない場合には、当社の費途が不明で経費性が確認できないため経費となりません（法基通9‐7‐20）。使途を故意に秘匿した場合には使途秘匿金重課税（措法62）となります。または、その金品を扱った当社役員等の給与となる場合もあります（法基通9‐2‐9）。

② モニター等は商品等に対する貴重な意見として多くの企業が採用しております。モニター等に対する報酬、交通費等は当然に経費となります。多分に報酬込みの交通費と思われ3,000円と少額のため特に領収書は取らないと思われます。しかし、モニター者の住所、氏名等は確認していますので出席状況、会議資料等の状況証拠の保存があれば領収書がなくても経費として認められると考えます。

③ 冠婚葬祭での香典、祝い金等は通常、領収書はありません。しかし、その支払先によっては役員個人が負担すべきものもあることから、それらの案内状、連絡表、行事日程表等から支払先、支払事由を記録しておくことが必要です。

④ 受領した領収書を紛失した場合です。再発行できない場合には振込通知書で代用もできますし、領収書を紛失した旨を含めてその取引内容、支払先等の必要事項を記録しておく必要があります。もらい忘れたタクシー代等の交通費も日報等に記載が必要です。いずれにしても、日頃から正確性をもっての記帳があれば、その取引に対する信憑性が高まり、領収書の保存が無い場合でも直ちに交際費等あるいは、使途不明金等にはならないと考えます。

　　　　　　　　　　　　　　　　　　　　　[1]　交際費等の範囲　　*183*

Q 6　接待専用施設の自社所有の場合と賃借の場合の維持管理費用

　接待用の施設（ゲストハウス）は、自社所有と賃貸があります。
次の場合の交際費等の額はどうなりますか。
　①　接待専用の施設ゲストハウスの取得費、維持管理費（例えば、
　　管理人給与、修繕費、水道光熱費等）及び減価償却費等の取扱い
　②　これとは別に、グループ代表企業が所有する接待専用迎賓館
　　の自社の利用実績を加味した毎月の運営費

A 6

　自社所有の接待用施設の取得費、維持管理費、減価償却費等は交際費
等に含めないことができます。接待用施設の賃借料負担金は全額が交際
費等となります。

解説

　交際費等とは、接待、供応、贈答等の行為のために支出するものをい
います（措法61の4④）。自社所有の接待用施設及び賃借した接待用施設
に係る交際費等は、次のように取り扱われます。
　①　自社所有の接待用施設
　　　接待用の建物、設備（例えば、厨房設備、カラオケ設備）等の取得
　　は、それが接待専用目的であっても、取得自体は接待行為ではあり
　　ませんので交際費等に該当しません。減価償却費も投下資本の費用
　　化であり、接待行為のための支出ではありません。維持管理費、例
　　えば、修繕費、固定資産税等も上記と同様の扱いです。管理人や料

184 第3編 質疑応答事例

理人の給与は、それが常雇者である場合の固定給については接待の有無にかかわらず支出されるものであるため交際費等となりません。しかし、接待の都度雇い、時給、日給等の支払いであれば、正に、接待行為のための支出ですので交際費等となります。接待用に使用する酒類、料理材料費等は交際費等となります。経常的に発生する維持管理費等と得意先接待のときに発生する費用は区分する必要があります。

② 接待用の施設の賃借料・負担金

自社所有と異なり、他社に支払う賃借料・負担金は、その支払基礎に減価償却費等の維持管理費が含まれていたとしても賃借料等の全額が交際費等となります。接待行為をするための支出であるからです。例えば、町のレストランでの料理代金には、材料費の他、その店の人件費、販管費、利益等が含まれていますが、交際費等の額は飲食代金そのものと同じことです。

Q7 交際費等から除外できる「通常要する費用」とは

交際費等の取扱いには、飲食等であっても5,000円基準とは別に「通常要する費用」は交際費等から除かれています。福利厚生費、会議費、カレンダーの贈呈等にその規定がありますが、具体的にはどの程度をいうのですか。

A7

金額的な明示はありません。行事の内容、場所、会社の規模等を勘案

しての社会一般的な常識の範囲のものとなります。

解説

　得意先等の接待、金品贈答等であっても、事業活動の円滑のために常識的な程度の金額であれば交際費等から除くことができます（措法61の4④等）。事業活動を円滑に、平穏に遂行するために必要な最小限度の飲食、金品の贈与、交通費等の負担は接待というよりは、当該行為そのものであるとの考えからです。したがって、その行為ごとに具体的に定まった金額はなく、その内容やその時の社会情勢、価値観、会社の規模、業種・業界の慣行等に応じて一般的に認められる常識的な範囲・金額となると考えます。その概略です。

内　　容	通常要する費用の範囲
創立記念日等の記念事業、忘年会・新年会等、社員旅行等の社内行事（措法61の4④一、措通61の4(1)-10）	・原則、全従業員を対象（該当者又は希望者は全員。部・課単位の開催も認める。得意先参加部分は交際費） ・飲食は立食程度（ホテル会場等も認められる）、記念品は1万円以下が相当 ・社内旅行は従業員50%以上参加、旅行期間4泊5日（海外は目的地滞在期間）、1人10万円程度の負担
カレンダー、手帳等の物品贈与（措令37の5②一、措通61の4(1)-20）	・多数者に配布で広告宣伝的要素のあるもの ・お土産専用品等豪華なものは交際費の可能性大
会議に関連しての飲食（措令37の5②二、措通61の4(1)-16、(1)-21）	・会議途中における茶菓・ランチ程度の昼食（ホテルランチも可能） ・旅行招待先での実体のある会議途中の飲食
出版・放送等の取材費用（措令37の5②三）	・マスコミ業界が対象で喫茶等の軽飲食、薄謝品等 ・社内報等の取材は対象外

特約店セールスマンの旅行等費用の負担（措通61の4(1)-13）	・専属セールスマンの慰安旅行等の費用負担（自社従業員の程度に準ずる）
新社屋等の起工式、落成式等の式典祭事（措通61の4(1)-15(1)）	・進水式、起工式、落成式等の式典の祭事に係る費用（式典後の懇親会等は交際費）
宅地分譲地、団体旅行先への下見等への現地案内（措通61の4(1)-17）	・販売（旅行先）現地までの交通費、食事代、現地宿泊費等。ゴルフ会員権販売でのプレー代は交際費
得意先に対する見本品、工場見学等（措通61の4(1)-9(6)、(1)-17）	・主目的が工場見学である場合の交通費、試食、場合によっては宿泊代等 ・サンプル程度の見本品（家庭用・個人的に使用可能なものは除く。）
新製品展示会等への招待（措通61の4(1)-17）	・展示会の実体がある場合の会場までの交通費、場合によっては宿泊代等
商慣習として交付する模型費用（措通61の4(1)-19）	・商慣習として発注者に請負製造物の完成模型の贈答費用
モニター等に対する謝礼金品	・自社製品の贈呈。交通費実費的な金額

Q 8 　役員私邸で行う接待（ホームパーティー）費用

　海外の取引関係者が来日した場合、あるいは、日本企業の取引先でも最近は役員の自宅（私邸）でいわゆるホームパーティーとして接待することが多くなりました。もちろん、会社の業務上の必要性からですので会社が費用負担します。次の取扱いはどうなりますか。

① 費用の概算額を渡し切りとする場合

② 賃借料として毎月固定額を支払う場合

③ ホームバー、カラオケ設備等を会社が設置する場合

A 8

　役員私邸でのいわゆるホームパーティーが得意先接待等として会社業務の必要上からである場合には、そのパーティー費用は交際費等となります。ただし、毎月固定の賃借料、ホームバー、カラオケ設備等を会社負担する場合は、そのパーティーの頻度等から見て役員に対する給与となるとの考えが強いです。

解説

　外国の取引先は夫婦同伴での行動も多く、来日した場合には役員私邸でのホームパーティーによる接待も多くあります。それらを引き受ける役員は自宅を開放、利用させる訳ですから、たとえ、会社のためとはいえ相当な対価等を会社から授受することは認められると考えます。ご質問のケースは以下のとおりです。

① 　ホームパーティー費用は、得意先等の接待飲食のために要した費用が交際費等となります。渡し切りでは領収書等もありませんので経費額が判断できないため、渡し切り全額が役員に対する給与となる場合があります。領収書等による実費精算等が必要です。

② 　毎月固定の賃借料を支払うとは、毎日のようにホームパーティーが開かれることを意味します。現実は月2回から3回程度であるとすると毎月固定の賃借料を支払う合理的な理由が弱いと考えます。毎月その部屋を確保する頻度がないということです。このような場合には賃借料は役員の給与となります。実際に開催した日の実情で

188 第3編 質疑応答事例

相当額を考えるべきと思われます。

③ これらの設備は接待時に利用されるものですが、一方、役員も個人的に利用できる設備です。したがって、専ら「接待専用の設備」であり私的目的に利用される余地がないと認められた場合には会社が設置するとの考えもありますが、実際には、上記②のとおり接待回数の頻度も重要です。しかし、それらの設備の利用状況を会社・個人別に区分把握し記録することは不可能と思われます。したがって、一般的には、これらの設備の設置費用の会社負担は給与となるとの考えが多いです。

一方、個人がそれらの設備等を取得した場合に、会社のために使用したときに限って、相当の使用料を会社に請求することは認められると考えます。

Q 9 ゴルフ会員権と交際費等

ゴルフ会員権を購入します。しかし、当ゴルフ場は個人会員のみで法人会員がありませんので社長の個人名義となりました。また、過去に取得していた別のゴルフ会員権を売却しましたが多額の売却損が出ました。どう取り扱われますか。

A 9

個人会員のみのゴルフ会員権は役員等の個人名義であっても会社資産に計上すれば給与となりません。また、会員権の売却損も交際費等となることはありません。

1　交際費等の範囲　　*189*

解説

　ゴルフは得意先等との接待が主であることから、ゴルフ関連費用は交際費等としております。ゴルフ関連費用の取扱いは次のとおりです。

①　ゴルフ会員権の取得は、優先的ゴルフ施設利用権としての権利の取得であるため、その取得価額を資産計上します。なお、取得に際しての名義変更料は取得価額となります。償却及び会員権相場が下落しても評価損の計上は認められません。

②　個人会員のみ発行のゴルフ会員権の取得は、役員等個人名義であっても会社資産に計上した場合には、個人の給与となりません（法基通9-7-11）。この場合には、会社と名義人個人との間で「覚書又は確認書」等により会社資産であることを明確にしています。ただし、法人会員があるときの個人会員名での取得は、原則、その個人の給与となります。

③　資産計上済みの会員権の名義変更料、年会費、年決めロッカー料等及び接待に要したプレー代等は交際費等となります（法基通9-7-13）。

④　ゴルフクラブを脱退しても返還されない金額及び会員権の売却損は、その時の損金となり交際費等とはなりません（法基通9-7-12）。

Q10　得意先との会費制のゴルフコンペ

　当社主催で、取引先との親睦ゴルフ大会を開催します。費用はプレー代、パーティー代等を含め一人4万円の予定です。参加者から一人2万円を徴収し残りは当社が負担します。会費2万円はあらか

じめ通知していることから、当社の交際費等は会費2万円を控除した残額でよいですか。

A10

その徴収する会費がゴルフコンペ費用の負担金であることが明らかな場合には、交際費等の総額から控除することが認められます。

解説

交際費等は、接待、供応、贈答等の行為のために支出する費用をいい、この場合の支出とは、例えば、メーカーと卸売業者が共同して得意先である小売店を旅行等に招待した場合、あるいは、メーカーが卸売業者が行う旅行等の費用を負担した場合には、それぞれの負担額が交際費等となります（措通61の4(1)-15(5)、(1)-23）。また、一方で、記念パーティー等の接待行為において招待者から受け取ったご祝儀・お祝金は、支出交際費等からは控除できないことになっています（**2**のQ4参照）。

この両者の違いは、一方は、旅行等の「一の招待行為費用」を共同で負担したものであり、もう一方は、記念パーティー等の主催者（行為者）は一社のみであり、招待者のご祝儀は主催者に対する任意の贈答行為となり、行為そのものが別々であるからです。

したがって、当該ゴルフコンペの会費の性格が、一の交際費等行為の負担金か、あるいは、単なる祝儀となるかでその扱いが異なります。前者では、ゴルフコンペ総額はそれぞれ負担した者の交際費等の支出の集合体となり、後者では、主催者が総額交際費等の負担者となり、収受した会費は雑収入となります。参加者の会費は別途交際費等となることから二重の交際費等となります。

会費をそれぞれの交際費等とするためには、事前に会報等でゴルフコ

1　交際費等の範囲　　*191*

ンペの費用負担があること、会費納入が参加条件であること等の共同開催である旨の事前準備が必要であり、参加者から事前に会費を徴収することをお勧めします。

Q11　飲食代金を得意先と割り勘又は一部受け入れた場合

　得意先を接待飲食しましたが、お勘定では人数割りで「割り勘」と言われ止む無く承知しました。また、得意先から一部負担金受領の場合もあります。これらの場合の交際費はどの様に考えたらよいですか。

A11

　お互いの支払金額で相手方を接待したとの考えで、お互いの負担額が交際費等となると考えます。

解説

　接待飲食は交際費行為の典型ですので、得意先との飲食費は交際費等となります。一般には、接待側が飲食費の全額を支払いますが、ご質問の様に、得意先との飲食に際し、あらかじめ「割り勘」の場合もあるし、支払時に突然「割り勘」や「一部負担金の受領」もあると思います。飲食時での割り勘等をどのように捉えるかです。自社分を支払ったと考えると、得意先分の支払いがないため接待費用が無いともいえます。社内飲食との考えも出てきます。交際費通達では、「2以上の法人が共同して接待をして、その費用を分担した場合にはそれぞれの分担額の交際費

192 第3編 質疑応答事例

等支出があった」としています（措通61の4(1)-23）。このことから、得意先との飲食による接待行為があることから、それぞれの支払額は相手先との飲食代の負担として、それぞれが交際費等支出があったと考えるのが相当と思います。なお、得意先の一部負担の場合は、予め会費制でない場合には得意先分を雑収入とし、飲食費全額を当社の交際費等であるとの意見もあるかも知れません（前問Q10を参照）が、本件は、明らかに飲食費負担の受入れであることから、当社の実質負担額をもって交際費等としてよいと考えます。

なお、「領収書」の金額と当社の負担額が一致していない場合です。5,000円基準は飲食店に支払った金額を参加人数で割った金額が5,000円以下であり、それを証する領収書や得意先氏名の記載等が必要です。領収書をそのまま添付した社内精算書等で、それらの事情説明を付記すれば足りると考えます。50％損金算入の適用も同様と考えます。

実際に支払った金額以上の額の領収書で飲食費として処理をすると後日の税務調査等で問題視されますので留意してください。

Q12 接待する社員のタクシー代等

当社の役員が、得意先等との接待場所に行くためにタクシーを利用しました。帰りも深夜となったため自宅までタクシーとなりました。接待場所、自宅までの交通費は交際費等となりますか。

また、得意先をゴルフに招待する場合に当社の役員がゴルフ場までの交通費はどうなりますか。

A 12

　接待場所への交通費は原則交際費等に該当しますが、場合によっては交際費等とならないこともあると考えます。ただし、ゴルフ場への交通費は交際費等と考えます。

解説

　交際費等とは、得意先等に対する接待、供応、金品の贈答等の行為のため支出する費用をいいます（措法61の4④）。そして、これらの行為に付随して支出する費用、例えば、得意先等を接待したときの宿泊費用、送迎費用、旅行招待の際の当社の添乗社員の交通費（**5** Q13参照）、更には、お中元等の郵送料等も接待、供応等の行為がなければ支出されなかった費用であり、いわゆる交際費等の付随費用として交際費等に含まれます。ご質問の場合、接待する側の役員の接待場所へのタクシー代、帰りの自宅までのタクシー代等交通費の取扱いです。原則的には、接待等の行為がなければ支出されなかった費用であり付随費用として交際費等に含まれるとの考えが一般的です。しかし、例えば、日常の営業活動中の場所から接待場所に向かうような場合には、営業活動上認められている範囲内での一般的な交通費として認められる余地はあると考えます。また、帰りの自宅までのタクシー代は接待の付随費用ですので交際費等となると考えます。ただし、一般的な営業活動において、例えば、残業や営業等で帰宅が深夜となり他に交通機関がなくなったような場合には、自宅までのタクシー利用が認められていると同等の状況にあるといえるときには、一般的な交通費の取扱いに準じて交通費となる余地もあるかもしれません。一方、得意先のゴルフコンペ招待の場合は、会社業務上であるとしても、その金額が多額でありゴルフ接待そのものに直接要した費用と認められるため交際費等に該当すると考えます。

194　第3編　質疑応答事例

Q13　接待を受ける社員のタクシー代等

　当社の役員が得意先の懇親会に招待され、タクシーを利用しました。帰りも深夜となったため自宅までタクシーとなりました。これらのタクシー代は会社の業務遂行上の経費であり、当社が行う接待等のために支出するものではないため交際費等とならないと考えます。また、得意先のゴルフコンペに招待された時のゴルフ場までのハイヤー代等の交通費はどうなりますか。

A13

　懇親会会場へ及び自宅までのタクシー代は交際費等に該当しないことができますが、ゴルフ場への交通費は交際費等になるのではないかと考えます。

（解説）　交際費等とは、得意先等に対する接待、供応、金品の贈答等の行為のため支出する費用をいいます（措法61の4④）。そして、これらの行為に付随して支出する費用、例えば、得意先等を接待したときの宿泊費、送迎費、旅行招待の際の当社の添乗社員の交通費更には、お中元等の郵送料等も接待、供応等の行為がなければ支出されなかった費用であり、いわゆる交際費等の付随費用として交際費等に含まれます。Q12では接待する側の接待場所へのタクシー利用等の交通費の取扱いでした。ご質問の場合は、接待される側の接待場所へのタクシー代、帰りの自宅までの交通費の取扱いです。これも、接待等の行為がなければ支出されなかった費用であり交際費等の付随費用に含まれるとの考えもあります。

　　　　　　　　　　　　　　　　　　　　　1　交際費等の範囲　　*195*

　しかし、交際費等は得意先等を接待するために支出する費用が該当す
るものであり、ご質問は接待するために支出するものでないため交際費
等に該当しません。国税庁の質疑応答事例でも「他社が主催する懇親会
に当社の従業員又は役員を出席させるために要するハイヤー・タクシー
代（当社～懇親会会場、懇親会会場～自宅）は、会社の業務の遂行上の経
費であり、接待、供応等のために支出するものではないから、交際費等
以外の単純損金（旅費交通費）と解してよいか」との質問に対し、「照会
に係る費用は、接待を受けるための費用であり、その意味においては交
際に係る費用ではあるが、接待、供応、贈答その他これらに類する行為
のために支出する費用ではないため交際費等に該当しない。」と回答し
ています（国税庁HP　質疑応答事例「交際費等の範囲（接待を受けるため
のタクシー代）」参照）。

　接待をする場合には、接待側が費用を負担するのが一般的ですが、ご
質問の場合は、懇親会でのタクシー代は自社が負担しましたが、これは
自社の営業・事業活動上認められている一般的な交通費の範囲（例えば、
日常の営業活動中の場所から接待場所に行く場合の交通費等）であるから交
通費として認めるとの考えと思われます。

　しかし、招待された側のその招待に係る費用のすべてが無条件に損金
として認められるものではないとの考えがあります。

　ゴルフ行為は典型的な交際費行為であり、それに参加するか否かは当
社の任意であり、ゴルフに参加したことは自社も交際費行為に応じたと
もいえます。そして、その接待行為のために当社が敢えてハイヤー代等
の交通費を特別に支出した場合は、その金額等からみても交際費等の費
用の一部を負担したとも考えられ、当社の交際費等となるのではないか
と思われます。日常的な営業活動の範囲内でのタクシー代とは支出目的
が異なるのではないかとの判断です。ただし、このような判断基準は税

196 第3編 質疑応答事例

務の取扱上で明確にされているものではありません。

Q14 得意先の結婚披露宴や葬儀等への 出席交通費等の取扱い

得意先の結婚披露宴に出席する場合や葬儀等に参列する場合の旅費等についてです。結婚祝金や香典等は交際費となりますが、会場が遠隔地の場合には新幹線代等交通費も相当の額となります。会社を代表しての業務上の出席のため旅費等として認められるでしょうか。

A14

得意先の慶弔、禍福に際して支出する金品は交際費等となり、それに付随して支出する費用（旅費等を含む。）も交際費等に含まれます。ただし、場合によっては交際費等とならないときもあると考えます。なお、いずれの場合も個人的関係に対するものは会社経費となりません。

解説

得意先等の慶弔、禍福に際して支出する金品は、一定の災害見舞金等を除いては交際費等となります（措通61の4(1)-10の3、(1)-15(3)）。これはお付き合いとしての贈答であるからです。結婚、葬儀という行事は個人の慶弔ですが、得意先関係者の結婚披露宴への招待が会社の立場としての出席依頼や生前の会社に対しての貢献等に対する哀悼の意での参列であれば、業務遂行上必要なお付き合いと認められ、それに要する慶弔金品費用は交際費等となります。交際費等の考えは、得意先等に対す

　　　　　　　　　　　　　　　　　　　　□1　交際費等の範囲　　*197*

る接待、贈答等の行為のために支出するもので、これらの行為に付随し
て支出する費用（接待、贈答等の行為がなければ支出されなかった費用、
例えば、中元贈答の送料等）も交際費等の額に含まれます（いわゆる交際
費等の付随費用。措法61の４④）。結婚披露宴、葬儀等に出席、参列する
ことは得意先等に対するいわゆるお付き合いの接待行為であり、そのた
めに特別に支出した会場までの交通費等も付随費用として交際費等に含
まれる考えになります。

　しかし、交通費であっても通常の営業活動等の途中での参列等へのタ
クシー代等は通常の旅費の範疇として認められています。遠隔地の場合
の新幹線代も、参列を契機に地元同業者や得意先等との顔合わせを兼ね
る目的があるとか、また、当社の現地営業所等との打合せ等の営業活動
も兼ねての出張と認められる場合には、その交通費は営業経費として認
められる余地はあると考えます。出張目的に、商談や支店等との打合せ
等があれば、直ちに、交際費とならないとの考えです。会社の出張目的
次第によるとの考えです。

　なお、得意先の冠婚葬祭であっても、個人的な関係者に対するものと
認められる場合には、給与となる場合があります。また、社内の役員・
従業員の結婚式出席等費用の会社負担については、**7** 社内行事等（福利
厚生費）・給与と交際費等（316頁）を参照してください。

Q15　得意先からの要請で購入した商品券

　得意先からお中元、お歳暮の時期に得意先発行の商品券の購入を
要請されます。取引関係の円滑化を考えて相当額を購入しました。

198 第3編 質疑応答事例

購入したこと自体が交際費等となりますか。なお、商品券は当社の
得意先に贈答したり、当社の事務用品等の購入に充てています。

A15

購入自体では交際費等となりません。その使途により交際費等又は販
管費等となります。

解説

得意先から時に応じて得意先商品等の購入を依頼されることはよくあ
ると思います。今後の取引の円滑化を考えると購入も止むを得ないもの
です。商品券等の購入は交際費等の支出としては一般的なものです。ま
た、当社はその商品券の購入意思はなかったが得意先からの要請で止む
を得ず購入したため、「お付き合い」としての支出であるため交際費等
に該当するのではないかとのご質問です。しかし、購入意図がお付き合
いであったとしても、一般の商取引としての商品券の購入であり、その
得意先に対して金品を贈答したものでもないため購入自体は交際費等と
なりません。ただし、特に定価より高価で購入した場合には交際費等と
なる場合があります。

次に購入した商品券の処理ですが、その商品券を自社の得意先に贈答
した場合にはその価額が交際費等なります。自社の文房具や事務用品の
購入代金に充てた場合には販管費又は固定資産となります。

1 交際費等の範囲　　199

Q16 JV（ジョイント・ベンチャー）工事の交際費等

　他社を代表者とする JV 工事に当社は出資割合（持分）40％で参加しました。代表会社から送られる毎月の「経費精算書」の交際費科目金額の40％相当額を当社の支出交際費等としてよいですか。

A16

　JV 工事における交際費等は、各構成員の持分割合（貴社の場合は40％相当額）をもって支出交際費等とすることが認められます。

（解説）

　建設工事等での共同施工方式として JV（ジョイント・ベンチャー）工事がよく見受けられます。JV 工事に対する税務上の取扱いは、共同請負として収入額、原価額、費用、損失、利益の額は各構成員の出資割合（持分）に応じた金額が各構成員の配分額となります。したがって、JV が支出した交際費等は、それぞれの構成員の出資割合（持分）が各社の支出額となります。毎月の「経費精算書」の交際費科目金額の40％相当額が貴社の支出交際費等となります。もちろん、貴社も毎月の経費精算書の内容を確認をしていると思います。

　注意が必要なのは、例えば、事後の税務調査で JV 経費の雑費中等の他科目に交際費等が含まれていた場合には、構成員各社に対して交際費等の追加加算しなければならないこともあり得ますので、毎月の経費科目の内容確認には留意してください。なお、各社が当該工事で単独で支出した交際費等があれば、各社でその額を加算することになります。

200 第3編 質疑応答事例

Q17 建設会社等が施工するサービス工事

建設会社です。次のサービス工事は交際費等になりますか。

① 施主（発注者）から当初設計にない部分の追加工事要求がありました。また、当社の現場責任者の判断で全体のバランスを考えて若干、設計変更しました。追加工事部分は当初請負額の１％未満と少ないのですが、施主に値増し（追加）要求はせずサービス工事としました。

② 得意先部長の個人住宅工事を請け負いました。請負金額は工事原価を下回りますが差額はサービス工事としました。

A17

サービス追加工事が売上値引等に代えての施工であれば交際費等となりませんが、施主に対する贈答的なものである場合には、原則交際費等となります。

解説

交際費等とは得意先等に対する接待、供応、金品の贈答等の行為のために支出するものをいいます（措法61の4④）。ただし、主として寄附金、値引き又は売上割戻し、広告宣伝費等の性質を有する費用は交際費等に含まれません（措通61の4(1)-1）。

① 追加施工したサービス工事費用が交際費等に該当するかどうかです。当初契約が不明ですので一般論で考えますと、通常行われている「値引き」に該当するかどうかです。当初の請負金額は確定金額

であり値引きができないことから、その代わりに当初の請負工事に追加工事を行い、実質値引きを行った場合です。売上値引的なものは商慣習として一般に行われていることから交際費等に該当しないと考えます。しかし、値引きすることに特別な事情や意図がある場合には交際費等となる場合があります。例えば、取引の謝礼としてのサービス工事の場合には交際費等となります。現場責任者の判断での設計変更も、変更することに特別な事情や贈答の意図の有無により判断することになります。

② 得意先の役員等の個人住宅の工事請負が、いわゆる赤字工事となったとのことです。何故赤字を請け負うことになったかについて、相当の理由があれば問題は少ないと考えられますが、得意先の役員である故にサービスしたのが本音であると、得意先の役員等に対する取引謝礼としての金品支出と認められ交際費等となります（措通61の4(1)-15(9)）。類似の例として、法人から建築受注した場合に、その工事とは別に当該法人（施主）の役員等の個人住宅等に対して無償又は廉価によるサービス工事も見受けられ、このサービス工事も交際費等に該当しております。一般の住宅購入者への値引販売とは取扱いが異なります。

Q18 協同組合の交際費等の範囲

協同組合等が組合員等に対して支出する災害見舞金等は交際費等に該当しないとされています。次のような費用も交際費等に該当しないと考えてよいですか。

① 組合員の冠婚葬祭のために支出する費用

② 組合員の運動会等のレクリエーションの開催費用

③ 組合員総会を温泉地で開催した場合の組合員宿泊費、懇親会費、交通費等で総会に通常要する費用

A 18

　組合員等の福利厚生事業の一環としてのレクリエーション開催費用や一定の基準による慶弔・禍福は交際費等に該当しません。組合員総会に通常要する費用（宿泊費、懇親会費、交通費等を含む。）は交際費等となりませんが、通常要する費用を超える場合や温泉地で開催することに相当の理由が認められない場合は交際費等となると考えます。

解説

　農・漁業協同組合や中小企業等協同組合など（法人税法別表第三に掲げる組合等）の組合員である農家等や中小企業者は、協同組合等からみれば出資者であり、購買又は販売先であるため得意先等の事業関係者に該当します（措通61の4(1)-9）。しかし、もともとは共同事業体たる協同組合等の構成員としての性格を持つことから、通常の取引先とは異なり、むしろ組合員の福利厚生は組合等の本来の目的事業ともいえます。したがって、①や②の組合員を対象とした福利厚生の一環として一定の基準に従って組合員その他の構成員のために支出する災害見舞金や冠婚葬祭及び運動会等のレクリエーション開催費用は妥当な金額である限りは交際費等に該当しません（措通61の4(1)-11）。

　組合員総会の開催に通常要する費用、例えば、会場費、交通費、宿泊費等のほか、会議費と認められる程度の懇親会費なども交際費等とならないと考えます。しかし、③のような総会の開催場所が温泉地の場合に

は留意が必要です。一般法人の場合も会議等が温泉地の場合には会議場所として相当と認められる場合に限って会議費等となり、懇親や慰安が目的の場合には交際費等となるからです（措通61の4(1)-16）。したがって、総会を温泉地で開催することの必然性が認められる場合には交際費等となりません（総会に通常要する費用を超える場合の費用は交際費等となります。）。例えば、各地に拡散している組合員の中間地点での開催や各地持ち回り開催等の場合の該当地開催等の理由は認められる余地があると考えます。

ただし、温泉地で開催することに相当の理由が認められない場合は、その目的は組合員相互の懇親にあるとして総会に係る部分の費用を除いては交際費等となると考えられます。

Q19 不正加担料（脱税協力金）と交際費等

特需があったため利益が急増しました。利益を低く抑えるために外注先に依頼して「水増外注費」を計上しました。外注先には水増し分の20％相当額を手数料として支払い、残りの80％を現金でバックしてもらいました。バックした80％の金額が架空外注費となり外注先の手数料20％相当額は交際費等となるのですか。

A19

外注先に支払った手数料（20％相当額）は交際費等には該当しませんが、全額損金不算入となります。

204 　第3編　質疑応答事例

解説

　外注先への支払いは、当社の脱税に加担してもらうための謝礼金に該当するため交際費等に該当するとの意見もあるかもしれません。しかし、この手数料は、いわゆる「不正加担料」といわれるものです。税金は「適正」「公平」課税が極めて重要です。脱税行為は正しく申告している納税者に対して著しく公平を欠くものであり許してはならない行為です。したがって、脱税行為に加担した者に対しての「不正加担料」も許してはなりません。法人税法第55条で、①隠ぺい仮装行為に要する費用、損失の額は損金の額に算入しない、②法人税以外の租税を減少させる費用、損失の額も損金の額に算入しないと規定しています。したがって、法人税だけでなく租税一般についても脱税するために支払った手数料等は交際費等に該当せず、その全額が損金不算入となります。なお、平成6年9月の最高裁判決でも公正処理基準に反するとして経費性を否認しています。なお、不正加担した外注先では受領した手数料は当然に収益に計上され、両者で課税対象となります。

Q20　弁護士会・税理士会等の役員の交際費の必要経費性

　弁護士ですが、所属する弁護士会の役員として、その弁護士会活動に際して種々の懇親会等に出席しています。これらの懇親会等の会費・参加費用は弁護士個人の事業所得の計算上、必要経費として認められますか。

A20

　弁護士等における事業所得の必要経費は、その事業所得を生ずべき業務の遂行上必要である支出が該当します。弁護士が弁護士会の役員として支出したものであっても、個々の内容に応じて事業所得の必要経費か否かを判断することになります。

解説

　事業所得の計算上必要経費に算入すべき金額は、事業所得の総収入金額に係る売上原価その他当該総収入金額を得るために直接に要した費用の額及びその年における販売費、一般管理費その他これらの所得を生ずべき業務について生じた費用の額とされています（所法37①）。そして、一般的に必要経費とは、事業活動と直接に関連がある支出、すなわち、所得を生ずべき事業と「直接に関係」し、かつ当該業務の遂行上必要である経費とされていました。確定申告の手引等によると「接待費及び交際費」は、その接待等の相手方、支出の理由などからみて、専ら業務の遂行上直接必要と認められるものに限り必要経費に算入できるとしています。

　弁護士業を営む弁護士が、①弁護士会、日弁連の役員として支出した懇親会費、その二次会費、②弁護士会役員への立候補費や選挙活動費、③弁護士会事務局員の親族の香典等を弁護士事業の所得に対する必要経費として申告したところ、税務当局は弁護士会等の役員活動は「弁護士事業に直接」関係がないとして必要経費を否認しました。この懇親会費等の必要経費性について、東京高裁は「弁護士会等の活動は、弁護士業務の改善に資するもので弁護士の事業所得を生ずべき業務に密接に関係しているため、役員等の業務の遂行上必要なものであれば必要経費が認められる」と判決し、最高裁もこの判決を支持しました（平24.9.19東京

206 第3編 質疑応答事例

高裁、平26.1.17最高裁）。

　そして、争点となった上記①〜③については、①の懇親会については一般的に行われている懇親会等で金額も相当なものは必要経費に該当するが、二次会費は該当しない、②の選挙規定に基づく立候補費等は該当するが、一般的な選挙活動費は該当しない、③の事務局員の香典は該当しない等各支出について、事業との直接関連性までは必要としないが、個別にその内容を検討して業務の遂行上必要であるか否かで必要経費を判断するとしています。

　このことから、税理士会や司法書士会等の役員等の活動に伴う懇親会費等に対する費用についても、税理士会等の役員等としての業務の遂行上必要な支出といえるものについては、税理士等の事業所得に対する必要経費が認められるものと考えられます。なお、税務当局は、本判決は、あくまでも各支出を個別に事実認定した事例判決であるとの見解を示しています（詳細は「週刊税務通信　平26.2.3　No.3297」を参照してください）。

Q21　マイナンバー制度と交際費

　平成28年度から「マイナンバー制度」が個人・法人ともに本格的に始まりました。マイナンバー制度導入により、交際費の取扱いで留意する点を教えてください。

A21

　マイナンバーにより、個人、法人の存在の有無及び所得（収入）又は費用が「確実に把握」されます。したがって、交際費、特に謝礼金等の

1 交際費等の範囲 　*207*

支払先が特定され、支払側で経費の適否、受取側で収入申告有無等が調査されます。

（解説）

1　マイナンバー制度は、行政の効率化や公平・公正社会の実現のために各行政機関等が管理している情報をマイナンバーと紐付けして、税、社会保障、災害対策に役立てることを目的とする制度です。個人は「12桁」の個人番号、法人は「13桁」の法人番号が付与され、途中で変更されることはありません。具体的には、住民票、戸籍（将来的）、商業登記、課税所得、社会保障制度（社会保険・年金、失業保険、生活保護費等）、金融取引等について個人、法人情報が番号で紐付けされることで、行政窓口での諸申請、証明書交付や税務関係処理の迅速化等が可能になり、結果的に課税所得の把握も確実に行われます。

2　税務上、特に交際費の観点では、従来は報酬、料金、謝礼金、飲食代等の支払いの確認は「領収書」「振込口座」等の氏名、名称、住所等で行いましたが、同姓同名や住所、本店所在地が不明な場合もあり、所得及び経費の確認に不確実・不明確な部分があり、課税もれもあったといわれています。しかし、唯一無二のマイナンバーを領収書や支払調書、金融口座等に付番することにより、本人確認、真実の預金者及び住所、本店所在地が即座に判明し、あらゆる角度から所得等の検証、把握が可能となり（時間短縮しての）課税漏れが少なくなるともいえます。

　一方、支払者側も支払先マイナンバーの確認により、支払先の存在が明確となり、信用上や与信の確認や架空・仮名の支払いが無くなることが想定されます。したがって、税務調査では、飲食代、手数料、謝礼金、顧問料、賃貸料、多額のお車代等の交際費的支払いについて

208　第3編　質疑応答事例

マイナンバーで支払先の確認やその表示がない場合には、その費用性追求が高まりそうです。

3　法人番号は国税庁が付番するため、税務調査官は法人番号等を活用しての調査も高まりそうです。平成30年からは、銀行の預金口座開設や住所変更時に「任意ですが番号提供」の要請が始まり、3年後には義務化されるといわれています（証券口座は番号提供義務化済み）。個人と預金資産との紐付き把握がいよいよ加速されます（いわゆる簿外預金は無くなるかも知れません。）。

4　このマイナンバー制度活用は税務当局が「先行」しており、他の行政サイドとの連結及び利用を積極的に検討しています。将来的には、税務調査官が持参した「タブレット等」にマイナンバーを入力して支払先の存在の有無や業種等を確認して、その経費性の是否、妥当性等を即座に質問することが想定されます。今後の活用情報に十分な留意が必要です。

Q22　中国子会社等の現地撤退（国外移転）の場合と交際費

　中国の製造子会社は、人件費急騰と商圏縮小により採算が悪化したため、製造はベトナム子会社に移管し、中国子会社は解散することになりました。

　解散に伴い、従業員、販売代理店、行政当局等との交渉が合意したため契約書等を取り交わし、支払額が確定しました。しかし、その後に、行政当局、販売代理店等から、契約外の補填・支払要求があり、止むを得ず追加支払いに応じました。事業撤退に伴う止むを

得ない支出として損金が認められるでしょうか。

A22

　子会社等を含めて現地から撤退の場合は、関係者との合意に基づく金銭等の支払いは親会社責任分を含めて損金性は認められると考えます。しかし、支払いの具体的内容によっては（例えば、撤退に関連しない支払い、賄賂性等）交際費等又は寄附金となる場合があるかも知れません。

解説

　多くの企業が中国に進出し活動してきました。しかし、人件費の高騰や為替の問題、海外への資金流出の資本規制等から営業利益の減少や利益を上げても本国に送金できないことの制約等、又はベトナム、ミャンマー等の労働環境が整備されたことから中国から撤退又はベトナム等への工場移転が加速しています。子会社等が解散、整理する場合の子会社等が負うべき費用を親会社が負担したとしても、今後より大きな損失を回避するため、その他真にやむを得ない事情がある場合には、その損失負担は寄附金に該当しないで、事業上の損失として認められています（法基通9-4-1）。この取扱いは、海外子会社等の撤退等の場合にも日本の親会社負担は認められています。この場合の損失負担とは、子会社等が解散等に当たり支払うべき、従業員給与、借入金、買掛・未払金、あるいは代理店等への補償等で子会社等が負担できない範囲、金額となります。したがって、ご質問の中国からの製造子会社の撤退における親会社の損失負担は損金が認められると考えます。

　しかし、中国からの撤退は様々な報道でもあるように、撤退費用には、従業員の補償金だけでなく、取引先からの違約金請求、納入（売掛）先の支払拒否、進出時の優遇措置の返還、あるいは、現地行政からの不当

と思われる要求やブローカー等の賄賂性の要求等があり、撤退等も容易でないとされています。

　そのほか、中国からの製造・販売子会社撤退に際して現地のメンテナンス会社や販売代理店に今後の保守管理を委託契約しその対価を親会社の損金としたが、税務調査で支払金額には保守管理のほかに、撤退に伴う地元雇用の喪失や生活費の補償費、現地まとめ役ブローカー等への数億円が含まれていると指摘され、会社はこの上乗せ分は撤退に際しての反日運動や不買運動につながるのを恐れての地元対策費を盛り込まざるを得なかったもので、正当な対価と主張したが、事業撤退のための正当な対価ではなく交際費等に該当したケースもありました。

　中国からの撤退等に際しての正当な対価とはどの範囲までが認められるかは、国情等を勘案しても難しいものがあると考えます。報道にあるような地元対策費の上乗せ分がすべて交際費等に該当するかは詳細が不明のため明確にできません。しかし、やはり、支払いに当たっては、海外の場合は現地確認ができないことを考慮に入れて、その支払先、支払根拠やエビデンス等を必要な限り取り揃えて正当な対価であると説明し、理解してもらう必要があると考えます。

2　交際費等の支出、金額、時期の判定

○　交際費等は、接待、贈答等の行為のために支出するものをいい、接待等の行為があった時が交際費等の支出の時期となります。支出した科目にはこだわりません。また、棚卸資産、固定資産の取得価額に含まれている場合、あるいは仮払金等としたため損金となっていないものであっても、その接待等の行為があった日の事業

② 交際費等の支出、金額、時期の判定　　*211*

年度で不算入額計算を行います（措法61の4④、措通61の4(1)-24）。
○　交際費等の金額は、接待等の行為のために支出するものをいい、
直接支出のほか付随費用及びそれらの費用を間接的に負担した場
合も含まれます（措法61の4④、措通61の4(1)-23）。交際費等に係
る消費税は会社が採用している経理方式に従います。なお、自社
製品等を贈答又は自社レストランで接待飲食する場合等は原価額
で交際費等とすることができます。

Q1 仮払金・前払金・未払交際費の課税時期

当社は、交際費等に関して次のように経理して損金不算入額の計
算を行う予定ですが、認められますか。
①　工場新設に際し地元有力者にご協力お礼として謝礼金100万
円を支払いました。工場取得価額に含めますが完成前であるた
め仮払金と経理しました。
②　翌期に実施する得意先との旅行招待費用を旅行業者に60万円
支払い経費としました。社内交通費等の支払いで利用する旅行
業者であり定時払いであるからです。
③　得意先の慶事にお祝い品（30万円相当）をデパートから贈り
ました。期末までに請求書が届きませんでしたので、何も経理
していません。

A1

交際費等の支出の時期は、接待、金品の贈答等の「交際費の行為があ

った時」となります。支払いの有無や費用等として経理した有無によるのではありません。

解説

交際費等の損金不算入額の計算は、事業年度ごとにその事業年度に支出した交際費等の額を基礎として損金不算入額を計算します。「支出した交際費等の額」とは、交際費等の支出の事実があったものをいい、会社が費用等として経費処理か否かは問いません（措通61の4(1)-24）。接待、供応、慰安、金品の贈答等の「行為があった時」をいいます。接待等行為があれば、仮払金とした場合でも、逆に、何ら経理しない場合でもその事業年度の交際費等となります。反対に、交際費等と経理した場合であっても接待等が行われていないときは交際費等の額に含まれません。

① 地元有力者への謝礼金100万円は支払った時の交際費となります。仮払金経理した場合には税務上は申告書別表4で所得金額から仮払金を減算し、別表15で支出交際費等の額に加算して損金不算入計算を行い、不算入額を別表4加算欄に移記します。なお、翌期では交際費等の損金不算入額計算は不要です。

〈申告書別表4〉 （単位：円）

区　　分		総　　額	処　　分	
			留　　保	社外流出
加算欄	交際費等の損金不算入※	1,000,000		1,000,000
減算欄	仮払金認定損	1,000,000	1,000,000	

※交際費等損金不算入額は申告書別表15から移記する。

② 旅行招待費用は短期の前払費用の適用（法基通2-2-14）がありませんので当期の費用（交際費等）となりません。申告書別表4で所得金額に費用を加算（前払費用）し、別表15で支出交際費等から

減算し不算入過大額を別表４の加算欄で調整します。なお、翌期で前払費用を交際費等の額に加算し損金不算入計算を行います。

〈申告書別表４〉　　　　　　　　　　　　　　　　　　　　　　（単位：円）

区　　分		総　　額	処　　分	
			留　保	社外流出
加算欄	交際費否認（前払費用）	600,000	600,000	
〃	交際費等損金不算入※	（△600,000）		（△600,000）

※交際費等損金不算入額は申告書別表15から移記する。

③　得意先への贈答行為は当期であるため当該費用30万円は税務上は当期の費用となり、交際費等の損金不算入額計算を行います。申告書別表４で所得金額から費用減算（未払費用）し、別表15で支出交際費等の額に加算して不算入額増加を別表４加算欄に移記します。なお、翌期で未払額を交際費とした場合には、未払費用を所得加算します。交際費等の損金不算入額計算は不要です。

〈申告書別表４〉　　　　　　　　　　　　　　　　　　　　　　（単位：円）

区　　分		総　　額	処　　分	
			留　保	社外流出
加算欄	交際費等の損金不算入※	300,000		300,000
減算欄	交際費認容（未払費用）	300,000	300,000	

※交際費等損金不算入額は申告書別表15から移記する。

Q2　自社施設の無料招待券と交際費等

当社は運輸業ですが鉄道事業のほか映画館、ゴルフ練習場等も経

営しており、売上増進を図るために各種イベント等に際し無料の乗車券、入場券等を一般者や得意先等に交付しています。映画館やゴルフ練習場は空き席を埋めるために営業政策上も必要なものです。販売促進費等として認められますか。

① 各種イベントに際し、無料の鉄道乗車券（1,000円程度）をイベント参加の一般者に景品等として交付し、また、得意先等にも交付しています。

② 映画館の無料招待券を得意先等に数枚交付しています。

③ ゴルフ練習場の利用回数の多い一般入場者に無料入場券や次回のボール1籠無料券を、得意先等にも希望者には無料入場券を交付しています。

A 2

　一般消費者への交付は交際費等に該当しませんが、得意先等に対する無料券交付は交際費等が原則となります。しかし、自社施設に得意先等が入場等したとしても特に特別な支出増が認められず、かつ、広告宣伝的な意図で少額のものは交際費等に該当しないとの考えが一般的にあります。

解説

　一般消費者等の不特定多数の者を対象に広告宣伝的効果を意図しての金品贈与は原則、交際費等に該当しません。販売促進費、広告宣伝費となります（措通61の4(1)-9）。一方、得意先等の事業関係者に対する金品贈与は接待・供応に該当するため原則、交際費等となります（措通61の4(1)-15(4)、(1)-15(9)）。

　各種イベントへの参加者に景品等として交付する無料乗車券及びゴル

②　交際費等の支出、金額、時期の判定　　*215*

フ練習場の無料券も一般消費者を対象とするものは販売促進費等と認められますが、得意先等に対する無料券等の交付は、たとえ、広告宣伝的意図があったとしても得意先の歓心を買うために行う、あるいは贈答の意味があることから旅行、観劇等への招待と変わりがなく、①〜③は原則、交際費等となると考えられます。交際費等の額は無料券に係る売上原価相当額となります。しかし、交際費課税は接待等のために特別に「支出した金額」がある場合です。自社施設等に得意先等が無料入場したか否かに係らず運営費（原価）自体に変化が認められない場合には、接待等のため特別に「支出した金額」があったとはいえない考えがあります。①〜③は、極端ですが乗車者、鑑賞者、入場者がゼロの場合でも電車運行、上映等が行われており運営費（原価）の額は固定額的となります。無料入場者等のために特別に支出した額は判定できない（又は極端ですが支出額は無い）との考えです。施設の空席を埋めてある程度の活況性を示すのも有料入場者を増やす効果があるともいえます。ただし、③のゴルフ練習場はゴルフボールも無償とすると交際費等との考えがあります。得意先等への無償交付でも広告宣伝的意図が明らかで、その金額も少額なカレンダー、手帳等の贈答は交際費等に該当しない取扱いがあります（措通61の4(1)-20）。無料入場券等の交付も同じような考えによるものです。税務の現場でも、上記と同じような場合で金額的にも少額と認められる無料招待券等交付も交際費等に該当しない考えが長い間支持されていると思われます。ご質問の場合も原則は、交際費等に該当しますが無料券使用があっても運営原価の額に特に変化がなく、かつ、無料券の金額も少額と認められる場合には交際費等に該当しない取扱いが一般的と思われます。

　しかし、著名な遊園地施設に得意先等を無料招待したことについて、有償入場者と同等の役務を提供するものであるため遊園地事業の運営原

216 第3編 質疑応答事例

価を総入場者数で除した一人当たり原価相当額を招待者に対する交際費等の額とした判例があります（平22.10.8最高裁）。この事例は、遊園地入場料が6,000円を超える利用価値・人気の高い入場券であり、贈答の意味合いも強い特別な事例であり、この判決により直ちに一般的な無料入場券等にまで影響を及ぼすことはないともいわれていますが、無料入場券は交際費となる可能性もあることから今後の対応に注意が必要となります。

Q3 割引招待券と交際費等（原価相当額の回収）

当社の事業・商品を理解してもらうこと、及び販売促進の意味を含めて自社商品の割引購入券を一般消費者及び得意先に交付します。交際費等の額は自社製品等の場合は「原価相当額」となると聞きましたが、次の場合は得意先交付分を含めて交際費等にならないと考えてよいですか。

① 当該事業の売上（製造）原価相当額までの割引
② 当社製品売価の10％程度の割引

A3

原価相当額を回収している場合及び売価の10％程度の割引であれば、得意先分を含めて交際費等にならないと考えます。

（解説）

交際費等は、得意先等の事業関係者に対する接待、供応、贈答等の行

② 交際費等の支出、金額、時期の判定　　*217*

為のために「支出するもの（額）」をいいます（措法61の4④）。寄附金や給与課税は、原則、相手方に与えた便益のすべての額（利益を含んだ時価の額）を対象としますが、交際費は支出側が接待等のために現実に支出した額となります。したがって、自社製品の贈答の場合には、その製造原価、自社レストランでの飲食接待は飲食原価（材料費、人件費等）、自社施設等へ招待して接待した場合は、接待に要した原価相当額が交際費等の額となります。原価算定が困難な場合には、一般客へ提供する売価に一定の原価率を乗じて算定した原価による金額も認められ、売価（定価）により交際費等とすることも認められます（後述Q5を参照）。

　①の場合は、得意先等からの入金は当社の原価相当額を回収していると認められる場合には当社での支出交際費等の額はないという考えがあります。②の場合は、当社製品を購入した場合に限り10％程度の値引きであり、また、一般消費者の値引きも同率であることから交際費等に該当しないと考えます。なお、自社製品を社員に値引販売する場合には、原価割れすることなく、通常販売価格の30％までの値引きは給与とならない取扱いがあります（所基通36-15(1)）。得意先等に対しても従業員と同等の条件等に基づいての値引きの場合には交際費等にならない可能性があり得ます。

Q4　記念パーティー等で受領したご祝儀・お祝金

　当社の新社屋完成記念パーティーで、招待した得意先からご祝儀・お祝金をいただきました。受領金はパーティー費用の支払い時に使用しましたので交際費等の額はパーティー費用から控除した額

218　　第3編　質疑応答事例

（純額）でよいですか。

A 4

受け取ったご祝儀・お祝金は交際費等から控除できません。パーティー費用総額が交際費等の額となります。

解説

会社が主催する記念行事等では、招待した得意先等から「ご祝儀」「お祝い金」等をいただくことがあります。この場合に、費用総額からお祝い金等を差し引いた金額で交際費等の計算ができるかです。

交際費等課税は、接待等の行為があったときに「その行為に対して課税」する、つまり一種の行為課税を本質としています。したがって、その法人が接待、供応等の行為、すなわち新社屋完成記念パーティーのために支出した総額が交際費等となります。招待者からの「ご祝儀」等は、そのパーティーの費用負担金として受領したものではありませんので、パーティー会場でその費用の一部をお祝い金から支払ったとしても支出交際費の額から控除することはできません。雑収入等として収益計上となります。

判例でも、お祝い金は、主催者によって催される行事の機会を利用して招待客が行う一種の交際行為であり、主催者の交際行為と招待者の交際行為の2つの交際行為が同一の機会に行われたものと解されるとして、この取扱いを認めています（平元.12.18東京地裁）。招待者がお祝い金等を支出するか否かは招待者の自由であり、パーティー費用の支出とは何ら関連がないともいえます。

ただし、その記念行事等が他社と共同開催や会費制で行うことが明らかである場合には、それぞれの分担額がそれぞれの交際費等支出となり

ます（措通61の4(1)-23(1)）。

Q5 自社製品の贈答、直営レストランで接待した場合の交際費等の額

食品メーカーです。得意先へのお中元・お歳暮は自社製品を贈っています。また、直営レストランで得意先のおもてなし接待を行っています。この場合に交際費等となる金額はどうなりますか。

A5

自社製品の贈答、直営レストランでの飲食接待の場合の交際費等の額は、いずれも原価の額（売上原価等）で計算できます。

解説

税務上、交際費等の金額は得意先等に対する接待、供応、金品の贈与その他これらに類する行為のために「支出する費用」です（措法61の4④）。

つまり、法人が得意先等を接待、金品の贈与等のために支出する費用とは実際に使った金額となります。支出していない利益を含んだ売価を交際費等とする必要はなく、原価の額で計算することになります。この点はその時の時価で支出したとみなされる寄附金の額と異なります。自社製品の場合は、その製造原価により交際費等の額とすることができます。自社レストランでの飲食接待は、飲食原価（材料費、人件費等）で算定した売上原価が交際費等となります。いわゆる自家消費の場合と同じ取扱いです。原価算定が困難な場合には、一般客へ提供する売価に一定の原価率を乗じて算定した原価による金額も認められ、売価（定価）

220　　第3編　質疑応答事例

で交際費等とすることも認められます。

　なお、自社製品であっても他者から購入した場合には購入価額となり、また、飲食原価の算定が困難な場合には、一般客へ提供する料理の売価に一定の原価率を乗じて算定した原価による等の算定金額も認められると考えられます。

　また、自社施設等への無料招待券と交際費等については前問（Q2、3）を参照してください。

Q6　得意先に値上がりした絵画を贈った場合、得意先から贈られた場合

　得意先の新社屋竣工記念に、当社が保有している「絵画」を贈りました。当社の簿価は30万円ですが現在の時価は100万円相当です。この場合の交際費等の計算はどうなりますか。また、逆に、得意先から20万円相当の絵画の贈答を受けました。どう処理したらよいですか。

A6

　自社製品を贈答の場合の支出額は原価相当ですが、値上がりの大きい美術品等でその価値が確認できるものは「時価」で交際費等の額又は受贈益の額を計算するのが相当と考えます。

（解説）

　難しい問題です。前問Q5でご説明しましたが、税務上の交際費等の額は得意先等に対する接待、金品の贈与のために「支出する費用」です

（措法61の4④）。つまり、交際費等の額は実際に使った金額となりますので、自社製品の場合はその製造原価により交際費等の額とすることができます。したがって、ご質問の場合は簿価30万円が交際費等の額でよいかです。

極端な例ですが、含み益のある土地や上場株を贈与した場合には、簿価の金額ではなく「時価」相当額の贈与があったとみるのが相当です。それは、時価の金額が客観的にある程度認識できるからです。貴社は、得意先に絵画を贈ることにしたのは、その絵画が100万円の価値があるから贈答品に選んだものであり、得意先も100万円相当の絵画を贈られたと認識していると思います。そうすると本件での金額の測定は、あたかも100万円に相当する現金の贈与と同じとお互いに認識していると推測されます。したがって、税務上は次の仕訳が相当と考えます。

当社　　　　　　　　　　　　　　得意先

交際費　　　100万円／絵画　　　30　　絵画　　　100／雑収入　　100
　　　　　　　　　　／雑収入　　70

この場合、当社の法人所得計算では経費が▲30（70－100）増加しますが、交際費等の損金不算入額が100となるため結果的に含み益相当70（雑収入）に対する税負担となります。したがって、含み益のある資産を贈与した場合には、税負担が増加することも考えられますので、物品の贈答には留意が必要です。

また、得意先から受贈した絵画の受入価額です。この答えは、時価を適正に見積もって受入価額としてくださいという以外にありません（法22②）。鑑定評価を専門家に料金を支払ってまで見積もる必要はありませんが、ある程度説明が付く価額にしてください。本件は時価相当額の20で雑収入受入れが相当と考えます。

Q 7 交際費等を他社と分担した場合 （各社負担額が認められる場合）

当社は食品メーカーですが、卸売会社と共同で得意先小売店との懇親会を催します。懇親会費用は、一旦は当社が支払いますが、後日に卸売会社に応分の負担を請求します。交際費等の支出額は、それぞれの会社が負担した額とすることが認められますか。

A 7

共同して懇親会を運営していることが明らかな場合には、各社の負担額が交際費等の額となります。

解説

2以上の法人が共同して接待、贈答等の交際費行為をして、その費用をそれぞれが負担した場合にはそれぞれの負担額が交際費等の額となります（措通61の4(1)-23(1)）。特定の法人が幹事会社となりその接待を取り仕切って、かつ、費用の総額を支払った場合においても、その接待終了後に共催した各社にその費用を分担させたとしても認められます（結果的に、懇親会費用の全額が交際費等になります。）。ただし、共同して接待したとの事実認識・確認が必要です。当社と卸売会社が小売店等を共同して接待するとの「意思の共通」が必要であり、各社の負担額は「接待費用の負担」であるとの認識が必要となります。このことは、例えば、卸売会社が得意先の小売業者等を旅行、観劇等に招待する費用の全部又は一部を製造業者等が負担した場合の負担額も製造業者等の交際費等に該当します（措通61の4(1)-15(5)）。卸売業者が主催した得意先の旅行、

2　交際費等の支出、金額、時期の判定　　223

観劇等の費用を（間接的に）負担したことは、自社が旅行、観劇等をしたと変わりがないため、その負担額は交際費等としたものです。協賛、共催といわれている場合です。

　共同開催の認識は重要であり、判例でも「ある法人が他の法人に交際行為のすべてを委ね、しかも事前にいかなる交際行為が実施されるのかの認識すらしていないような場合には、共同して交際行為を行ったとはいえない（東京地裁平2.3.23)。」としています。

　ご質問の場合も、当社と卸売会社が得意先との懇親会を共同して執り行うことが事前に協議されており、かつ、卸売会社の負担額が当該懇親会費用の負担額であることが文書等で明らかにされている場合には、それぞれの負担額で交際費等の額とすることが認められます。

　なお、接待飲食に場合には、いわゆる5,000円基準及び接待飲食費の50％損金算入が適用できます（措法61の4①、④二）。この場合の一人当たり5,000円以下とは、各社の負担額を基礎とするのではなく、飲食費用の総額を参加人数で除した金額を基礎として算定することになります。一の接待飲食に5,000円基準の適否が各社で分かれることはないとの考えです（第2編（113頁）を参照）。

Q8　社内懇親会費用（交際費等）に個人負担がある場合

　当社の部長以上で懇親会を開きます。この懇親会費用は社内交際費となりますが参加者から一部個人負担を求めることにしました。会社の交際費等の額は個人負担額を控除した額が認められますか。

A 8

　懇親会費用の個人負担であることが事前に明らかな場合には、その額を控除しての交際費等の額が認められると考えますが、留意が必要です。

解説

　前問の場合は、2以上の法人が共同して接待、贈答等の交際費行為をして、その費用をそれぞれが負担した場合にはそれぞれの負担額が交際費等の額となります（措通61の4(1)-23(1)）。しかし、いわゆる社内交際費を会社が全額負担しないで、一部を参加した社員等に求めた場合に会社の交際費等の額は個人負担額を控除できるかです。社員等に対する経済的利益は給与が原則ですが、給与となる金額は個人負担額がある場合にはその額を控除した額となります。このことから、社内交際費であっても会社が個人に負担を求めた場合には、その額を控除した額を会社の交際費等とすることも可能と考えます。支出交際費から他者負担分を控除できるのは、あらかじめ当該交際費行為の費用を負担することが事前に明確になっていることが要件です。しかし、一般論として、会社の社内交際費に事前に社員等に負担を求めること（一種の割り勘）があり得るかです。一次会は全額会社負担、二次会は個人負担という形での個人負担と思われます。一次会しかない場合であっても飲食店等からの領収書名義人は全額会社名義になっているとすると、その領収書金額から個人負担額を引いた金額を会社の交際費額とすることは事情説明が残ると考えます。

　会社負担額と個人負担額の2枚の領収書は現実的ではないように思われます（個人負担額は、次回の予備費かも知れません。）。

　なお、社外の者との割り勘については前述 **1** 「交際費等の範囲」Q11（191頁）を参照してください。

② 交際費等の支出、金額、時期の判定　　*225*

Q 9　プリペイド・クレジットカードと交際費等の計上時期

　役員には交通費、宿泊代、飲食代等の業務上の費用についてクレジットカードによる支払いを、また、営業等外回り社員には交通費、打合せコーヒー代が頻繁にあることからプリペイドカードによる支払いを認めています。プリペイドカードは月初に定額をチャージし、月末締め翌月5日に支払報告を求め、クレジットカードはカード会社の支払明細が約1～2月後等に届きますので、この報告等に基づいて経費処理します。事務処理の都合上、交際費等の計上時期は報告、明細書到達時でよいですか。

A 9

　交際費の課税時期は、接待、供応、金品の贈与があった時となり報告書到達や決済の時点ではありません。使用明細書が遅れるとしてもその時期に変更はありません。なお、プリペイドカードはカード購入時には仮払金となります。

解説

　プリペイドカードやクレジットカードが日常的な代金決済手段とするキャッシュレス時代となりました。プリペイドカードは、事前に一定金額を前払いしてカードを購入し、その残高がゼロになるまで商品購入やサービス代金の支払いとして利用できるものです。交通系や図書カード、テレホンカードのほか社員食堂や売店等会社内にのみ通用するカードもあります。クレジットカードは、商品等を購入する際の購入代金等の決

済（支払い）を後で支払うもので、カード会社からの請求により銀行等から引き落とされる後払いのカードです。クレジットカードには法人カード（コーポレートカード）として法人を対象に発行されるカードもあり、役員の接待費や出張費等の経費決済として利用されるカードもあります。

税務上の経費は、事業年度末までに費用債務が成立し、相手方から役務提供等があり、金額の算定ができる場合に経費となります（法基通2－2-12）。交際費等の計上時期も同じであり、接待、供応、金品の贈答等の行為があった時点の経費となります。飲食接待は飲食をした時点が交際費等の日となり、支払った日ではありません（措通61の4(1)-24）。

ご質問の場合です。プリペイドカードは前払方式ですので、カード購入時点では仮払金となります（交際費等、会議費等はいわゆる短期前払費用の適用（法基通2－2-14）はありません。）。その後のカード使用実績の内容により経費科目を確定して、その使用の日の経費として仮払金から振り替えることになります。営業担当者等の報告書の日にまとめての経費処理は認められません（期中はともかく、期末月分は認められません。）。確定申告書の提出期限が決算期末日から2月後としたのはそれらの処理を考慮したともいわれています。カード等には使用履歴が印字されますので期末には必ず確認してください。

クレジットカードは決済（支払い）の後払いですので、経理担当はカード会社からの1～2月遅れの請求書でその内容が確認できます。しかし、上述のように経費の計上時期は、その債務が確定した日（交際費等の場合は接待等が行われた日）となりますので、請求書が遅れて到達するとの理由だけでは交際費等の後計上は認められません。特に期末日までの分については、当該役員等に支払内容を確認して処理もれのないように留意してください。

なお、最近、役員等がカード利用した場合に、別に領収書を徴してカ

②　交際費等の支出、金額、時期の判定　　*227*

ードによる経費と領収書による経費の二重計上が税務調査で把握されています。カード使用の場合にはその使用状況の把握とチェックに留意してください。

　カード利用による税務上の問題点については、後述 **16** 「交際費等と税務調査」Q12（491頁）を参照してください。

Q10　外国（外貨）で支出した交際費等の円換算

　当社の役員が外国出張の際に外国の得意先を接待し現地通貨（外貨）で支払いました。また、当期にアメリカに営業所を設けましたが現地でも交際費等の支出があります。外貨で支払った交際費等の円換算はどのように行うのですか。

A10

　外貨で支出された経費の円換算は、その取引日のレートで円換算を原則としますが、社内の統一ルールによる換算も認められます。また、外国支店の円換算は、事業年度末日のレートで一括円換算するのが一般的です。

解説

　外国、あるいは外貨で支払った交際費等も当然に損金不算入の対象となります。その場合に円換算をどうするかです。外貨建取引の円換算は、経費の支払いを含めて、その外貨建取引を行った時の換算レートで円換算します（法法61の8①）。電信売買相場の仲値を原則とし、継続適用により経費については電信売相場（TTS）も適用できます（法基通13の2-

228　　第3編　質疑応答事例

1-2）。また、海外支店等の円換算は、財務諸表のすべてについて事業
年度末日のレートで一括換算するのが一般的ですが、月、半期単位での
換算も認められています（法基通13の2-1-8）。

　ご質問の場合は、海外出張での外貨交際費等の円換算はその取引日レ
ートでの換算が原則ですが、一般的には社内ルールによる場合も認めら
れます。例えば、海外出張費は帰国日の円換算レートでまとめて計算し
帳簿に記載するのが社内ルールである場合には、それも認められます。
外国支店等の場合は、期末日の為替レートで期中の交際費等の額を含め
全部を円換算するか、月、半期ごとで換算します。

　なお、いわゆる5,000円基準での交際費等からの除外も外国での交際
費等支出にも適用があります。その場合の一人当たり5,000円以下の判
定は、会社が帳簿に付した円換算額で判定します。飲食接待費の50％損
金算入の円換算も同様です。

3　売上割戻しと交際費等

　○　得意先に対し、売上高、売掛金回収高等に比例し又は売上高の
　　一定額ごとに若しくは得意先の営業地域の特殊事情、協力度合い
　　等を基準として金銭又は事業用資産を交付する場合は交際費等と
　　なりません。
　○　事業用資産以外の交付も、購入単価が少額（おおむね3,000円以
　　下）の物品を交付する場合も交際費等となりません。
　○　売上割戻しと同一基準であっても、旅行、観劇等への招待費用
　　に充てた場合には交際費等となります。

③ 売上割戻しと交際費等　*229*

Q 1 売上割戻しと交際費等の区分

売上割戻しと交際費等の区分について明らかにしてください。

A 1

売上割戻しは、得意先に対する商取引の一環としての「売上代金の返戻金等」であるため交際費等となりません。

解説

売上割戻し（リベート）は、得意先に対し売上高等に比例して支払うもの及び得意先の営業地域の特殊事情、協力度合い等を勘案して割増的に増額等して金銭（事業用資産を含む。）で支払うものをいいます。商取引の一環としての売上代金の返戻金等のため交際費等に該当しません（措通61の4(1)-3）。したがって、得意先の事業者に直接現金等で支払う必要があり、割戻し額を預かって、その預り金を観光旅行等に充当した場合には交際費等となります（措通61の4(1)-4、(1)-6）。

	売上割戻しとなるもの	交際費等となるもの
支払先・支払金品	・得意先事業者に対して直接現金で支払うもの（相手先事業者の収益となる。） ・現金に代えての事業用資産又は棚卸資産の交付	・得意先の役員、従業員個人に支払われるもの（契約者は法人であっても振込先が個人の場合を含む。） ・現金、事業用資産等以外の物品交付（ただし、購入単価3,000円以下の少額物品は除く。措通61の4(1)-4)

230 　第3編　質疑応答事例

		・支払側が売上割戻しの預り金から旅行観劇費用に当てたもの（旅行不参加者への現金交付も交際費等。措通61の4(1)-6）
支払金額の根拠	・売上高、回収高に比例又は売上高の一定額ごとに支出するもの ・上記基準のほかに得意先の営業地域の特殊事情、協力度合等を勘案しての支払い	・売上高、回収高等の一定の基準に基づかない売上割戻し ・特定の得意先のみを合理的な理由がなく優遇支出するもの ・売上割戻しと同一基準であってもその金額で行った旅行・観劇等（措通61の4(1)-4）

Q2　売上割戻しの算定基準の例示

売上割戻しの算定基準で、次のものはどうなりますか。

① 同じ商品でも地域、得意先により割戻し率が異なる場合

② 目標額を達成した販売店のみに支出する場合

③ 算定基準をあらかじめ定めていない場合

A2

　いずれの場合も売上割戻しと認められます。しかし、③の場合には留意が必要です。

解説

　売上割戻しは、一定期間の取引高等に応じて売上代金を返戻することをいいます。具体的には、売上高、売上数量、売掛金回収高等を算定基

準として計算されますが、得意先の営業地域の特殊事情、協力度合い等を勘案しての金銭支出又は事業用資産の交付も認められます（措通61の4(1)-3、(1)-4）。すなわち、算定基準は①売上高、売掛金回収高に比例する、②売上高の一定額ごとにする、③それらの基準に累進又は割増しを付加する、④重点地域で行う等が該当します。

売上割戻しは、得意先である事業者に対する支出であり、得意先の収益に計上されるものです。得意先の役員、従業員への支払いは交際費等となります。なお、得意先の営業地域の特殊事情、協力度合いとは、例えば、他社との競争が激しい地域、後発として進出する地域、新商品を先発して販売する地域などがあり、協力度合いには、そういう地域でリーダーとして活躍している得意先、自社製品を主として販売している得意先、特に販売に善戦している得意先などがあり、他の地域や得意先と異なる特別の事情がある場合をいいます。以上を整理すると、売上割戻しは、売上高、売上数量、売掛金回収高等を算定基準としますが、ご質問の場合も認められます。

① 得意先の営業地域の特殊事情、例えば、他社との競争が激しい地域、後発進出の地域、新商品の先発販売地域等、地域によって事情や温度差があります。また、得意先の協力度合い等を勘案した基準、例えば、大口得意先は割戻率増をもって優遇することも一般的に行われています。したがって、地域、得意先により割戻し率が異なる場合であっても交際費等となりません。

② 売上割戻しは、売上高、売上数量、売掛金回収高等を算定基準としますので、その目標額を達成した得意先のみに支出することはあります。すなわち、一種の報奨金であるともいえます。したがって、基準を達成した得意先が少数、例えば、結果的に1社のみの場合もありえます。

232　　第3編　質疑応答事例

③　売上割戻しの算定基準はあらかじめ定めている場合が一般的で
しょう。しかし、あらかじめの定めがなくても支払基準が売上実績、
回収実績等に応じているとか、又は得意先の営業地域の特殊事情、
協力度合い等を勘案している等の合理的な基準による売上割戻し率
又は金額が定められていれば交際費等に該当しません。

　しかし、支払基準を限られた特定の者に対応するように恣意的に
設定した場合には問題視される可能性があります。また、支払基準
が定まった場合には、得意先にすみやかに通知することが必要と考
えます。

Q3　契約外の売上割戻し

　当社は、売上割戻しは得意先との契約書により売上割戻しを行っ
ています。しかし、今期業績も向上したことから当社独自の施策と
して契約外の売上割戻しを行います。すなわち、当社の一方的な例
外の売上割戻しですが認められますか。

A3

　その売上割戻しが販売金額や販売数量等の算定基準に基づき又は得意
先の協力度合い等を勘案しての売上割戻しであれば交際費等となりませ
ん。

解説

　売上割戻しは、販売した商品等に対して売上数量等の一定の算定基準

③　売上割戻しと交際費等　　*233*

に基づいて交付する、一種の値引きに相当するため交際費等となりません。販売促進が目的ですので得意先等にあらかじめ算定基準を公表して販売の促進を図るのが一般的です。しかし、協力度合い等を勘案しての支出もあることから、あらかじめの公表がなく当社の一方的、突然に行うものであったとしても、その支払基準を売上高、回収高等に比例している場合とか又は得意先の営業地域の特殊事情、協力度合い等を勘案して支出されているもの等、その支出に係る算定根拠に合理性があると認められる場合には交際費等に該当しません。得意先は当社からの支払通知又は入金事実で初めて売上割戻しを知る場合であっても交際費等に該当しないと考えます。

Q 4　営業地域の特殊事情、協力度合い等による売上割戻し

　特約店に対して売上高に比例して売上割戻しを支払っています。今回、競争の激しい地域の特約店が営業不振に陥ったため、当初の売上高基準によらず相当額の金銭を売上割戻しとして交付する予定です。「営業地域の特殊事情、協力度合い等」を勘案しての金銭支出として売上割戻しと認められますか。

A 4

　一定の算定基準に基づかないで特約店が単に営業不振であることだけを理由としての金銭交付は売上割戻しとは認められません。

解説

　売上割戻しは、一定期間の取引高等に応じて売上代金を返戻すること
をいいます。具体的には、売上高、売掛金回収高に比例して又は売上高
の一定額ごとに金銭で支出する費用及びこれらの基準のほかに得意先の
営業地域の特殊事情、協力度合い等を勘案して金銭又は事業用資産の交
付に要する費用が売上割戻しとなり交際費等に該当しません（措通61の
4⑴-3、⑴-4）。

　この場合の「これらの基準のほかに」というのは、従来から認められ
ている売上高等に比例する売上割戻しにプラスして支払うという意味で
す。得意先の特殊事情等だけを考慮して支出するものまで売上割戻しと
して認めるものではありません。

　売上割戻しの支払基準で支出するほかに、得意先の営業地域の特殊事
情、協力度合い等を加味して交付する金額が、その得意先の売上高、売
掛金回収高等に比例していない場合であっても交際費等としないという
ことです。

　なお、得意先の営業地域の特殊事情、協力度合いとは、例えば、他社
との競争が激しい地域、後発として進出する地域、新商品を先発して販
売する地域などがあり、協力度合いには、そういう地域でリーダーとし
て活躍している得意先、自社製品を主として販売している得意先、特に
販売に善戦している得意先などがあり、他の地域や得意先と異なる特別
の事情がある場合をいい、通常の売上割戻しに上積みして支出した分も
売上割戻しとして取り扱うということです。

　したがって、当初から売上高等の基準によらず単に営業不振であるこ
とのみを考慮して支出した金額は、売上割戻しには該当しません。その
支出の実態により寄附金、交際費等となると考えられます。なお、寄附
金に該当しない合理的な再建計画に基づく支援（法基通9-4-2）、ある

いは販売奨励金（措通61の4(1)-7）として認められる場合には寄附金又は交際費等とならない余地はあるかも知れません。

Q5 得意先が収入計上していない場合の売上割戻し

売上割戻しの支払いに際し得意先からの依頼で、①従来の振込口座と異なる得意先口座へ送金、②得意先役員の個人口座に送金しました。その後、得意先の税務調査で、いずれも得意先が収入に計上していないため当社に対して割戻しに該当せず交際費等となるとの指摘がありました。どうしてですか。

A5

当社の売上割戻しが正当であれば得意先のみの問題となります。ただし、正当かどうかの検証が必要です。得意先役員の個人口座への送金分は個人への支払いと認定されると当社の交際費等となるからです。

解説

売上割戻しはリベートともいわれ、税務上、問題となる項目の一つです。売上割戻しは一定期間の取引高等に応じての売上代金の返戻をいい、具体的には、売上高、売上数量、売掛金回収高等を算定基準として計算されますが、得意先の営業地域の特殊事情、協力度合い等を勘案しての交付も該当します。取引価格の調整ですから当然に得意先の収益計上となります（措通61の4(1)-3、(1)-4）。

一方、得意先の役員、従業員に対する取引の謝礼としての金品贈与は、

原則交際費等となります（措通61の4(1)-15(9)）。ただし、例外として、専ら自社製品を扱う特約店の従業員にあらかじめ定めた基準に基づく報奨金は交際費等となりません（措通61の4(1)-14）。したがって、得意先への金品の支払いが売上割戻しとなるか交際費等となるかは、支払いの相手先が誰であるかも重要となります。

　当社が売上割戻しの要件を満たした上で得意先に支出したものであれば、得意先が収益に未計上であっても、そのことをもって当社が交際費等課税を受けることはありません。しかし、相手方の要請に基づいて通常の振込口座を変えたとのことから、正当な売上割戻しと見られるかどうか、単なる取引の謝礼かどうかの問題が生じます。変更後も得意先会社名口座であれば正当な支払いと認められると思いますが（質問①の場合）、取引先役員の個人名口座への振込み変更（質問②の場合）は取引の謝礼として交際費等に該当するとの指摘がありますので注意が必要です。

Q6　海外の取引先への売上割戻し（リベート）

　海外の取引先へ売上割戻し（リベート）を支払います。振込先は同社社長の依頼により日本の銀行の社長個人口座宛に日本円で振り込みます。日本での滞在費等に充てるとのことです。契約に基づく売上割戻し支払いのため特に問題がないと考えますが、いかがでしょうか。

A6

契約に基づく売上割戻しであっても、実際の支払先が得意先事業者で

なく個人名義宛の場合には、交際費等に該当する場合があります。

（解説）

　売上割戻し、販売奨励金等の支払いは、海外の得意先であっても税務上は国内の取引先と同様に損金として認められます。

　ただし、海外との取引には、相手国の事情や取引慣行が日本のそれと異なる場合もあり、日本企業の担当者はその税務処理にとまどう場面も多いようです。税務上、売上割戻し、販売奨励金等が損金と認められる場合とは、一定の基準に基づくもの、あるいは得意先の協力度合い等を勘案しての支払いであり、かつ、相手先事業者の収益に計上されるものが該当します（措通61の4(1)-3、(1)-7）。

　一方、得意先等の役員、従業員等の個人に対する取引の謝礼は交際費等に該当します（措通61の4(1)-15(9)）。

　したがって、本件は、支払いの根拠が契約に基づく売上割戻しであっても、取引先会社の預金口座への振込みではなく、社長個人名の口座に振り込まれていることからすると、社長個人への謝礼金としての性格も考えられます。個人口座への振込みは社長からの指示によるものであり、日本への出張時の滞在費に充てることから売上割戻しになるとの意見もありますが、現在の税務の現場では取引先の会社口座に振り込まれない限り、売上割戻し、販売奨励金に該当せずに、得意先等の役員に対する謝礼として交際費等に該当するとの考えが強いので注意が必要です。個人口座へ振り込んだとの結果を重視するということです（前問Ｑ5及び後述 **16** 「交際費等と税務調査」Ｑ5（480頁）参照）。

238 第3編 質疑応答事例

Q7 売上割戻しの損金算入時期

　売上割戻しは、得意先とのあらかじめの契約等により支払う場合が通常ですが、得意先の協力度合い等を勘案して当社独自の判断で割増し支払いもあります。売上割戻しの損金算入の時期はいつになりますか。

A7

　売上割戻しの算定基準が販売価額による等契約等で明確な場合には販売した事業年度の損金となります。確定申告の提出期限までに得意先に支払通知をすれば期末未払い計上も認められます。なお、売上割戻しが交際費等と認定された場合には支払った日の交際費等となります。

解説

　売上割戻しは、得意先に対する一種の値引きに該当するとの判断です。その支払いの算定方法は販売価額又は販売数量による場合、売掛金の回収高を加味する等種々にあります。その支払形態に応じ損金算入時期が定められています（法基通2-5-1～2-5-3）。なお、支払いを受ける得意先は仕入割戻しとなり、その益金算入時期も定められています（法基通2-5-4、2-5-5）。

区　　分	売上割戻しの損金算入時期		仕入割戻しの益金算入時期
	原　　則	特　　例	原　　則
算定基準が販売価額、	販売した年度	金額通知又は支払年	購入した年度

③ 売上割戻しと交際費等　　*239*

数量によっており、契約等で相手方に明示されたもの		度	
上記以外	金額通知又は支払年度	確定申告提出期限までに支払通知した場合は期末未払金	金額通知年度

　なお、売上割戻しがその基準等に該当しないため交際費等と認定された場合には支払った日の交際費等となります。

Q8　交際費等とならない事業用資産の範囲

　売上割戻し、販売奨励金は金銭支出のほか事業用資産の交付も交際費等に該当しないとあります。事業用資産とは具体的にはどのような資産をいいますか。

A8

　事業用資産とは、得意先において棚卸資産又は固定資産として販売又は使用することが明らかな物品をいい、その判断は交付者が交付の時に判断します。

（解説）

　事業用資産の交付が交際費等とならないのは、その交付資産が得意先の事業の用に供されるもので、かつ、事業者の収益となるため金銭支出と同様の効果があることから交際費等に該当しないとしたものです。

240　第3編　質疑応答事例

　棚卸資産の交付は得意先の販売収益を生みます。また、固定資産の交付は事業用として便益を生みます。固定資産として使用することが明らかな物品とは、交付者が交付のときに得意先が事業用として使うものとの考えがあり、かつ、得意先でも事業用として使用する物品をいいます。

　事務用機器、機械装置、作業用具、作業服、事務所用器具備品等が考えられます。

　しかし、例えば、テレビ等は休憩室等での使用もありますが、個人が家庭で使用することも考えられます。事務所等で使用する可能性があるという程度では、事業用資産の交付に該当しない場合があります。また、デジタルカメラ、電子レンジ、家庭用家具、書画骨董、貴金属等といったものは個人的な使用も当然にありますので交際費等となる場合が大きいです。「事業用として明らかな資産」かどうかは、その物品の性質、資産の属性、交付した側の意思等を斟酌して判断されることとなっています。

　実務では、得意先で事業用に使用されていることが確認されれば事業用資産の交付として差し支えないでしょう。

　なお、固定資産の取得価額が10万円未満の場合は、相手先でも少額資産となり資産計上する必要がありません。

Q9　小売店に交付する事業用資産、販促物品の交際費等の判定

　電気機器メーカーです。得意先小売店に対して事業用資産、販促物品を交付しますが、下記の場合の販売促進費、広告宣伝費、交際費等の判定はどうなりますか。

③ 売上割戻しと交際費等　　*241*

① 事業用資産の判断基準
② 店頭での広告用、イベント用を条件に液晶テレビの無償交付
③ 販売促進用の小物類（単価3,000円を超えるものは当社又は当社製品ロゴマーク入り）

A9

①は、物品の性質、属性及び交付側の意図等を考慮して判断します。

②は、広告宣伝用資産の交付として繰延資産となります。

③は、小売店が一般消費者に景品等として配布する場合は広告宣伝費となります。

解説

　得意先に対して売上割戻し等と同一の算定基準で金銭に代えて行う棚卸資産又は事業用資産として明らかな物品の交付及びそれ以外の物品の交付で購入単価が少額（おおむね3,000円以下）の物品の交付は、交際費等に該当しません（措通61の4(1)-4）。また、小売店が商品を購入した一般消費者に景品等として配布する販売促進用の物品は広告宣伝費となります（措通61の4(1)-9(4)）。

① 事業用資産の判断基準

　得意先で事業用資産として使用することが明らかな物品をいいますが、これは得意先が現に事業用に使用しているか否か（結果）で判断せず、交付者が交付の時に判断します。例えば、その物品が、得意先で事業用にも使用でき、役員等の個人的、家庭でも使用できる物品の交付は交際費等に該当する場合があります。その物品の属性、性質又は交付する側の意図等で判断します（前問Q8参照）。一般的には、事務用機器、作業用機器等が該当します。ただし、現実

242 第3編 質疑応答事例

には、得意先で事業用に使用されていることが確認されれば、事業用資産の交付として差し支えないでしょう。

② 広告宣伝用資産の無償交付

広告宣伝用資産の無償交付は繰延資産となります（法令14①六ニ、法基通8-1-8）。テレビを小売店店頭でのデモ用、イベント用を条件に交付する場合は、広告宣伝用資産の贈与にあたります。この場合、繰延資産の償却期間は法定耐用年数の10分の7の年数（その年数が5年を超える場合は5年）の均等償却となり、また、支出時の交付費用が20万円未満のときは損金経理により損金とすることが、認められます（法令134）。

また、小売店は贈与者の取得価額の3分の2の金額から小売店が負担した額を控除した金額（本件はゼロ）を収益計上します。ただし、その金額が30万円以下のときは収益計上が不要とされています（法基通4-2-1）。

③ 販売促進用の物品交付

小売店が当社商品を購入した一般消費者に対して、景品等として配布する販売促進用の物品の交付は広告宣伝費となります。当社が一般消費者に交付する代わりに小売店がその交付を行っているのと同じことであり、当社のロゴマークの有無、購入単価の多寡にかかわらず広告宣伝費となります（措通61の4(1)-9(4)）。

Q10 少額物品となる「おおむね3,000円以下」の物品

得意先に対する売上割戻しと同一基準でのおおむね3,000円以下

③ 売上割戻しと交際費等 *243*

の物品交付は交際費等に該当しないとされていますが、次の場合は
どうなりますか。

① 3,000円以下の少額物品の判定単位

② 定価3,000円超が大量購入のため3,000円以下となった場合

③ 3,000円超と3,000円以下の物品が混在している場合

④ 自社製品の場合

A 10

おおむね3,000円以下の判定は、通常の取引単位ごと、購入単価ごと
に判定します。自社製品は原価で判定します。

解説

売上割戻しは、現金か事業用資産の交付の場合は、交際費等に該当し
ません。これは、取引としての売上金の調整・返戻（一種の値引き）で
あり、相手方の収益計上となるからです。これ以外の物品交付は原則交
際費等となりますが、少額不遡及の観点から購入単価がおおむね3,000
円以下の物品交付は、交際費等に該当しないとされています（措通61の
4(1)-4）。これは、景品引換券付販売等も同様です（措通61の4(1)-5）。
ご質問のケースは以下のとおりです。

① 購入単価がおおむね3,000円以下の判定は、交付する側での購入
単価で、通常の取引単位ごとに行います。例えば、ゴルフボールは、
1個、2個、3個、半ダース、1ダース等が取引単位ですから、そ
れに基づいて判定します。したがって、半ダースが3,000円とする
と少額物品に該当しますので、この半ダースを15箱（総額45,000円）
を1社に贈答しても交際費等にならないことになります。ただし、
半ダース2箱入りが1つの商品（1ダース入り）となっている場合

244 第3編 質疑応答事例

には、取引単位が6,000円となり交際費等に該当します。

② 少額物品か否かは、定価でなく実際の購入単価で判定します。一括購入等により市価より割安になれば、その実際の購入単価で判定します。

なお、おおむね3,000円以下とは、3,000円を若干超えてもよいということです。アローアンスの程度はその時の状況によります。

③ 贈答用物品を、単価2,000円から6,000円まで用意し、相手方に選択させる場合には3,000円超の物品のみが交際費等となります。例えば、ゴルフボールの場合、3個（1,500円）、半ダース（3,000円）、1ダース（6,000円）とすると、1ダース（6,000円）のみが交際費等となり、それ以外はなりません。

なお、半ダースのものを2箱交付しても購入単価、取引単位が3,000円以下ですので交際費等となりませんが、半ダース2箱入りが1つの商品（1ダース入り）の場合には、取引単位が6,000円となり交際費等となります。

④ 自社製品の交付は、製造原価、販売原価での判定が認められます。自社製造の食料品を交付した場合、例えば、売価6,000円、製造原価は3,000円のときは製造原価での判定が認められます。購入単価、すなわち調達コストが3,000円以下となるからです。

なお、自社製品が得意先において棚卸資産となるときは交際費等に該当しません（措通61の4(1)-4）。

③　売上割戻しと交際費等　　*245*

Q11　少額物品のビール券、デパート商品券等の取扱い

　売上割戻しと同一基準でおおむね3,000円以下の物品を交付する場合にビール券、図書券、デパート商品券、お食事券、旅行クーポン券、観劇券等の各種の「券」の取扱いはどうなりますか。

A11

　引換物品が特定され、かつ、券面金額がおおむね3,000円以下の場合に限って少額物品に該当します。ビール券、図書券は該当しますが、デパート商品券、旅行クーポン券のように引換商品、金額が特定できないもの、及びお食事券、観劇券のように物品の引換えではないもの等は少額物品に該当しません。

解説

　売上割戻しは、現金か事業用資産の交付の場合は交際費等となりませんが、それ以外の物品交付は原則交際費等となります。しかし、少額不遡及の観点から購入単価がおおむね3,000円以下の物品交付は交際費等に該当しません（措通61の4(1)-4）。

　しかし、商品引換券等が少額かどうかの判定は、引換物品が特定され、かつ、券面金額がおおむね3,000円以下の場合に限って少額物品に該当するとされています。引換物品が不特定のもの及びサービスの提供は該当しません。観劇、旅行等を対象とするものは物品の交付ではないため対象外となります。券面金額が3,000円以下というだけで、すべてが該当するものではありません。

246　　第３編　質疑応答事例

①　引換物品が特定されているもの

　　例えば、ビール券、図書券等が該当します。ビール券、図書券等は「券」により引き換えられる物品が特定されております。例えば、ビール券は通常１枚がビール大瓶２本と引換えで券面金額も１枚約800円以下のため3,000円以下となります。したがって、ビール券の購入単価は１枚3,000円以下のため何枚交付しても少額物品となります。なお、現行では有効期限の表示（例えば、2022年３月31日）がありますがこの取扱いに影響はありません。図書券も券面金額が3,000円以下であれば該当します。

　　なお、１枚3,000円以下であっても１冊綴りのものの交付は、１冊の合計額で判定されますので注意してください。

②　引換物品が特定されていないもの及び物品以外の引換券

　　例えば、デパート商品券は１枚1,000円であっても各種の物品、サービスとの引換えが可能であり、また、枚数を集めることにより3,000円を超えることも可能です。交付者が引換物品の確認ができないものは少額物品に該当しません。

　　また、旅行券は旅行への招待であり、お食事券は飲食への招待と目的に限定されており、物品への引換えではないため少額物品の対象外となります。タクシークーポン券、観劇券等も同様です。

4　販売奨励金と交際費等

○　販売奨励金は、取引関係に基づいて自社製品等の販売を促進するために特定地域の得意先等に対する金銭又は事業用資産を交付する費用をいい、交際費等に該当しません。その目的が販売促進

④ 販売奨励金と交際費等 *247*

のための費用であり、その効果は直接的に当社の売上増加等に結び付くからです。しかも相手方事業者の収益に計上されるものであるため、単なる贈与とは異なり交際費等に該当しません。

○ 販売奨励金の支出には、売上割戻しのような一定の算定基準等は特に必要がなく、交付者の判断で実行することができます。販売奨励金が交際費等とならないのは、メーカー等が自社製品の販売戦略としての広告宣伝や販売促進活動を、間接的に特約店、小売店等を使って行わせることに対する費用の補助であるからです。

Q 1　販売奨励金と交際費等の区分

販売奨励金と交際費等の区分について明らかにしてください。

A 1

販売促進の目的で、販売奨励金等として金銭又は事業用資産を交付する場合は、一種の広告宣伝費の負担と認められることから交際費等に該当しません。

解説

販売奨励金は、自社製品の販売促進を目的に特約店、小売店等の得意先が行う広告宣伝や販売活動の費用を補助するために特別に支出するものをいい、間接的な広告宣伝費となるため交際費等となりません（措通61の4(1)-7）。あらかじめ定められた一定の交付基準の必要はなく、交付者の判断で実行できます。

第3編　質疑応答事例

	販売奨励金となるもの	交際費等となるもの
支出目的	・自社製品の販売促進目的で特定の地域（例えば、競争激化の地域、販売力低下地域、新製品の地域限定発売等特に販売促進を必要とする地域）の得意先に支出するもの ・得意先の販売力強化のために支出するもの ・自社社員等を販促活動として派遣する場合も含む	・得意先が行う旅行観劇等の交際費等支出に充てるためのもの ・経営悪化の得意先に対する単に経営支援として支出するもの（寄附金となる場合もある） ・特定の得意先のみを合理的な理由がなく優遇するもの ・得意先の役員、従業員個人に支払われるもの（契約者は法人であっても振込先が個人となる場合を含む）
支出根拠、金額	・売上割戻しのような一定の算定基準に基づく必要はないが、販売促進目的で必要な金額 ・現金、事業用資産又は棚卸資産交付に限る	・現金、事業用資産又は棚卸資産以外の物品の交付 ・販売促進のために必要額以上の支出金（寄附金となる場合もある）
特約店従業員又は専属下請先等に対するもの	・特約店の従業員又は専属下請先を対象とした掛捨ての生命保険料又は定期健康診断料の負担（措通61の4(1)-7（注))	・特定の役員、従業員のみを対象とするもの及び養老保険料等の負担

Q2　売上割戻しと販売奨励金の違い

売上割戻しと販売奨励金はともに得意先との取引関係に基づいて

④　販売奨励金と交際費等　　*249*

の金銭、事業用資産の交付ですが両者の違いはどこにありますか。

A 2

　どちらも得意先に対する金品の交付ですが、売上割戻しは支払基準が売上高等に応じての支払いで一種の値引きとして行うものです。販売奨励金は特に定まった支払基準はありませんが、自社製品等の販売促進を目的として行うものです。

解説

　企業が活発な営業活動をするには得意先の協力が重要です。得意先に対して当社製品等の販売意欲を高めるために一定期間の取引高又は代金回収高等の一定基準に基づいての取引高の修正、すなわちリベートとして売上代金を返戻するのが売上割戻しです。得意先の営業地域の特殊事情、協力度合い等を勘案しての支払いも認められます（措通61の4(1)-3）。一方、販売奨励金は、売上割戻しのような一定の支払基準の必要はなく、販売促進を目的として特定地域の得意先に対して（ある意味では一方的に）支出する金銭、事業用資産の交付をいいます（措通61の4(1)-7）。販売奨励金は販売促進の目的のために支出することから、その範囲はかなり広く、例えば特約店の社員を対象に掛捨て保険料を負担した場合も販売奨励金に該当します（措通61の4(1)-7(注)）。販売奨励金が交際費等とならないためには、次の点に留意しなければなりません。

①　支出目的が、自社製品等の販売促進のために必要な広告宣伝等の経費補助、営業力強化のための設備投資等の補助、販売員教育の補助等自社の販売を促進するためのものであること。

②　販売促進を必要とする地域の得意先であること。例えば、同業者との競争が特に激しい地域、特定商品の重点販売地域、新製品を先

行的に発売する地域等他の地域より強力な販売促進、バックアップ
が必要な地域の得意先に対して支出すること。

なお、特定地域とは、地域の大小ではなく販売戦略上の販売地域
等をいい、業種や業態により又は個別の企業により異なります。

③ 販売促進の目的で支出することを明らかにすること。例えば、得
意先の赤字経営の建て直しとして支出するもの、交際費等の分担金
として支出するもの、単なる経費補助や支援金として支出するもの
は交際費等又は寄附金となる場合があります。

Q3 販売促進目的の意義

販売奨励金は販売促進の目的で支出するものとありますが明確な
ひも付きが必要ですか。

A3

販売促進目的で支出するとの明確な交付理由が必要です。

解説

販売奨励金は、売上割戻しが売上高等の一定基準に基づく交付とは異
なり、メーカー等の独自の判断で、ある意味一方的に支出することがで
きます。したがって、販売奨励金が交際費等や寄附金とならないために
は、その交付目的が販売促進のためであるとの理由が必要です。得意先
に交付理由を開示する必要はありませんが、できれば開示しておくこと
をお勧めします。また、社内でも、稟議書等でその理由を明らかにして

おくべきです。例えば、「夏の特別販売キャンペーンのため、競争の激しい東京地区の特約店に対し、広告宣伝、販促物品費用の補助として500万円を支出する。」等です。

販売奨励金としての認識があったとしても支出根拠・目的が明確でないと、その実態が例えば、得意先の赤字経営の建て直しとして支出するもの、交際費等の分担金として支出するもの、単なる経費補助や支援金として支出するものに該当と税務当局に認定されると交際費等又は寄附金となる場合があります。

Q4 販売奨励金となる「特定の地域の得意先」

販売奨励金においては、特定の地域の得意先である事業者に対しての金銭又は事業資産の交付に要する費用は、交際費等に該当しないこととされています。
① 「特定の地域」とは、具体的にどのような地域をいいますか。
② 特定地域の得意先には、新規取引を開始する業者は含まれますか。

A4

特定の地域と限定しているのは、特に販売促進を必要としている地域をいいます。

その地域の得意先には、これから取引を開始しようとする得意先は含まれませんが、新規取引獲得のためにその事業者に対する金品の交付は交際費等となりません。

252　第3編　質疑応答事例

解説

　自社製品・商品の販売促進のために広告宣伝を積極的に行っています。
一方、得意先も当社製品の販売宣伝を行う場合に多額な広告宣伝費が必
要となるときもあります。このような場合に、その商品等のメーカー等
がその得意先の販売促進経費を補助する目的で支出する費用を販売奨励
金といいます（措通61の4(1)-7）。得意先が行う広告宣伝を補助するこ
とにより、自社が広告宣伝を行ったと同じ効果があるからです。ご質問
のケースは以下のとおりです。

①　販売奨励金が特定地域の得意先に限定されているのは、同業者等
　との競争が特に激しい地域などでは、他の地域より広範でインパク
　トの強い広告宣伝が必要となるからです。特に多く支出する販売促
　進のための費用補助を損金として認めるために地域を限定したもの
　です。販売促進を特に必要とする地域とは、例えば、同業者との競
　争が特に激しい地域、特定商品を重点的に販売する地域、新製品を
　他に先駆けて発売する予定の地域など他の地域より強力な販売促進、
　バックアップが必要な地域をいいます。

　　なお、特定地域は地域の大小ではなく、販売戦略上の販売地域等
　をいい、業種や業態により又は個別の企業により異なります。また、
　販売奨励金は、得意先の事業者に対する補助であるため得意先の収
　益となります。得意先の役員、従業員に対する支払いは、心づけ、
　謝礼等として交際費等となります。

②　販売奨励金は、自社製品等を取り扱う得意先に対して販売促進を
　目的とする広告宣伝費等の経費補助をいいます。したがって、一般
　には、現在取引をしている取引先が対象となります。

　　一方、新しく取引先となるための運動費は原則交際費等となりま
　す（措通61の4(1)-15(2)）。しかし、これらの費用であっても金銭又

は事業用資産で、かつ、相手方事業者に対して支払われるものは交際費等に該当しない取扱いとなっています（措通61の4(1)-15(2)(注)）。これは、相手方事業者において収益に計上されるものであるからです。ご質問の場合は、新規取引を予定する者に対する金銭の交付であれば交際費等に該当しません。

Q 5 売上目標額達成の得意先・優良得意先に支払う報奨金

販売促進の一環として、得意先販売店に対して次の施策をして、その得意先に報奨金品を交付する予定です。売上割戻し又は販売奨励金として認められますか。

① 販売店ごとに売上目標額を定めて、この目標額を達成した販売店に支払う報奨金品

② 地域キャンペーンであらかじめ定めた売上高又は売上伸び率等を達成した上位数社を優良得意先として表彰して支払う報奨金品

A 5

いずれも売上高等の一定の基準に基づいての交付ですので、売上割戻し等として認められます。ただし、物品を交付する場合は、その物品が事業用資産又は少額物品（概ね3,000円以下）に限られます。

（解説）

得意先に対して、売上高又は売掛金の回収高に比例して、又は売上高

の一定額ごとに金銭で支出する費用及びこれらの基準のほかに得意先の営業地域の特殊事情、協力度合い等を勘案して金銭で支出する費用は交際費等に該当しません。売上割戻しとなります。すなわち、売上割戻しは一定期間に一定の取引をした得意先に対して「売上代金の一部を返戻する費用（いわゆるリベート）」であり、売上値引きに相当するため交際費等となりません（措通61の4(1)-3）。

一方、このような基準がなく、販売促進の目的で特定の地域の得意先に対して販売奨励金等として金品を交付する費用も交際費等に該当しません（措通61の4(1)-7）。交付目的が自社製品等の販売促進のための一種の広告宣伝費の負担とも見られることから交際費等に該当しないとしたものです。

ご質問の①の場合です。販売店ごとに売上目標額を定めて、この目標額を達成した販売店に支払うとのことですので、売上割戻しそのものであり報奨金は損金となります（措通61の4(1)-3）。

次に、②の売上高又は売上伸び率等を達成した一定地域の上位数社のみに限定して支払う報奨金ですが、あらかじめ一定地域の上位の優秀販売店に報奨金を支払うことが決められていることから売上割戻しとしても問題はないと考えます。特定地域、特定得意先に限ったとしても売上割戻しのほかにも販売促進のための販売奨励金の交付がありますが、これらはいずれも特定地域の特殊事情を勘案しての特定の得意先に対する支払も損金として認められているからです（措通61の4(1)-7）。売上割戻しは値引き、販売奨励金は広告宣伝費の負担等であるからです。なお、キャンペーン結果を見てから急遽、上位者に交付を恣意的に決めた場合には問題視されることもあります。しかし、報奨金交付が公表されていない場合であっても、社内においてあらかじめ交付が決められておれば、表彰式等により多くの販売店（得意先）に公になるため恣意性の懸念が

４ 販売奨励金と交際費等　　*255*

なくなると考えます。優良販売店は当社への貢献度合いが他社よりは高いことから、それ相当の報奨があっても経済合理性からは問題はないとの考えです。

なお、報奨金は得意先に直接支払うことが前提であり、物品の交付は事業用資産又は少額物品（購入単価が概ね3,000円以下）に限られ、それ以外の物品交付は交際費等となります（措通61の4(1)-4、(1)-7）。

また、表彰式等の式典に要した費用は交際費等となりませんが、その後の懇親会費用は交際費等となります（ただし、5,000円基準及び接待飲食費の50％損金算入の適用があります）。

Q 6　取引年数に応じて支払う販売奨励金額

　　本年、創立50周年に当たり全国の特約店に対して、取引の感謝の気持ちと今後の販売力増強を込めて記念販売奨励金を支給する予定です。支給額は当社との取引年数に比例し、例えば、5年以上は10万円、10年以上は20万円、20年超は50万円です。売上高や地域の特殊性等を特に考慮しませんがこの支給額は販売奨励金に該当しますか。

A 6

交付金額が取引年数に応じて支給するものであっても特約店の販売強化が目的であれば販売奨励金に該当すると考えられます。

（解説）

税務上、販売促進の目的で得意先に対する販売奨励金として金銭又は

事業用資産の交付に要する費用は交際費等に該当しません（措通61の4(1)-7）。この場合の交付基準は特に定めがありませんので、交付金額を取引年数の長短に応じて支払う販売奨励金も認められ、交際費等に該当しないと考えられます。また、取引年数を基準としての支払いは一種の売上割戻しの基準とも考えられます。

　ただし、金銭交付であることから寄附金に該当するか否かの検討が必要です。全国の特約店が対象となりますが、一定の基準に該当した特約店にはすべて支給し、更には今後の販売力増強に資するために交付するとのことであれば、支出目的も明確であるため、単なる資金贈与、援助とは性格を異にすると考えられるため、寄附金には該当しないでしょう。

Q7　販売奨励金の得意先での使途

　新製品の発売に当たり販売促進のために、得意先（卸業者）に対して新製品の販売数量に応じて販売奨励金を支払いました。ところが後日、その得意先が当社の支払った販売奨励金を原資に小売店の観光旅行招待費用に充てていることが判りました。当社の販売奨励金は交際費等となりますか。

A7

　当社がその販売奨励金の支払いを、得意先が支出する交際費等の負担額として支出した場合には当社の交際費等となります。しかし、その前提がない販売奨励金は交際費等とはなりませんが、留意が必要です。

④ 販売奨励金と交際費等　*257*

解説

　新製品の販売に際してや競争の激しい地域等で売上げを伸ばすための販売促進を目的として得意先に支出する販売奨励金は交際費等となりません（措通61の4(1)-7）。販売奨励金が交際費等とならないのは、メーカー等が自社製品の販売戦略としての広告宣伝や販売促進活動を間接的に特約店、小売店等を使って行わせることに対する費用の補助、すなわち、間接的な広告宣伝費や販売促進費の支出であるからです。ただ、販売促進活動といっても、広告宣伝的活動もあるし、取引先の歓心を得る交際費的活動もあります。そこで、販売奨励金の使途が得意先（本件の場合は小売店）を旅行、観劇等の接待費用に充当することを前提として交付するものは、当社も接待行為をしたことに変わりがありませんので交際費等となります（措通61の4(1)-7ただし書）。しかし、そのような前提がなく、支払う販売奨励金の使途も特に強制されていない場合には、結果的に得意先が接待用に使途したとしても当社が旅行等の接待をしたことになりませんので交際費等とはなりませんが、ご質問のような結果論からみて交際費等になるとの指摘もあり得ましょう。したがって、このような誤解等を回避するためには、当社が販売奨励金を支払う時に広告宣伝費、販売促進費等のために費消する文書等を交付することをお勧めします。

Q8　特別販売キャンペーン期間中の販売員給与の負担

　得意先に対して新製品の特別販売キャンペーンを行うことにしました。得意先によって①当社の社員が売り子として手伝う、②当社

258 第3編 質疑応答事例

が雇ったアルバイトを派遣する、③得意先が雇ったアルバイトの給
与を当社が負担する場合があります。いずれも販売奨励金として認
められますか。

A 8

　新製品の販売促進のために必要な費用の負担であるため、いずれの場
合も販売奨励金として認められます。

解説

　販売奨励金は、販売促進の目的で特定の地域の得意先に対して支出す
る費用をいい、一種の広告宣伝費的費用の補助であるため交際費等とな
りません。新製品を販売するときの特別なキャンペーンには、テレビコ
マーシャル等の広告媒体による広告宣伝のほか、販売員、キャンペーン
ガールによる実演販売等各種の広告宣伝方法がありますが、いずれも広
告宣伝費となります。これと同様に、得意先が特別なキャンペーンを行
う場合に、その費用を当社が負担した場合には当社が広告宣伝を実施し
たと同じ効果があるためその負担費用は販売奨励金として認められます。
　したがって、新製品の特別販売キャンペーンとして当社社員が売り子
として手伝う場合はもちろん、当社が雇ったアルバイト、キャンペーン
ガールを派遣する場合、得意先が雇ったアルバイト等の人件費を当社が
負担する場合の、そのいずれもが販売奨励金として認められると考えます。

4 販売奨励金と交際費等　*259*

Q9 得意先の○周年記念祭等での協賛金・期末増額の割戻し

当社はデパート、専門店等に婦人服を納入するアパレルメーカーです。得意先から祭事等にあたって特別な支出を要請され、当社製品の販売に力を入れてもらうこと等を条件に支払うことにしました。売上割戻し又は販売奨励金と考えていますが認められますか。

① 得意先の創業祭、開店○周年記念大売出し等の祭事に際し協賛金を支出する場合

② 得意先の決算月に、得意先の要請により通常の売上割戻しのほかに売上割戻しの増額を支出する場合

A9

得意先から要請された支出であっても、それが売上割戻し基準での特殊事情に該当する場合又は当社製品の販売促進の費用に充てられる場合には売上割戻し又は販売奨励金になると考えます。

解説

法人が得意先事業者に対し、売上高又は売掛金の回収高に比例して、又は売上高の一定額ごとに金銭で支出する売上割戻しは交際費等に該当しません（措通61の4(1)-3）。これらの基準のほかに得意先の営業地域の特殊事情、協力度合い等を勘案して金銭で支出するものは、たとえ、売上高等の一定の基準に該当しない場合であっても交際費等に該当しないとしています。売上割戻しが交際費等にならない理由は、企業間での正常な商取引の一環として行われる取引価格の修正（値引き等）である

からです。

　一方、販売奨励金は自社製品等の販売促進の目的で特定の地域の得意先に対して支出する金銭又は事業用資産の交付であり、自社製品等の一種の広告宣伝費の負担ともみられることから、単なる贈与とは異なり交際費等に該当しないとしています（措通61の4(1)-7）。

　ご質問の①の場合です。得意先の創業祭、開店〇周年記念大売出し等の祭事に協賛しての支出金ですので、その祭事で当社製品等の販売促進に努めていたとの実態とそのための費用負担（例えば、祭事の広告宣伝費等の負担）が明らかである場合には販売奨励金として認められると考えます。しかし、単に祭事に対する協賛金は、当社の販売促進には直接的には結びつかないと認定されると交際費等又は寄附金となる場合があります。

　②は決算期末における追加の売上割戻しです。通常の売上割戻しは売上金額又は販売数量等に比例する等の一定の基準に応じての支払いですが、これらの基準のほかに「得意先の営業地域の特殊事情、協力度合い等を勘案して金銭で支出する」もの、すなわち、特定の得意先に対して通常の売上割戻しに加算しての支払も売上割戻しとして認められます（措通61の4(1)-3）。当社に貢献度の大きい上得意先には割増値引きや優遇策が認められるのは商慣習として当然にあるからです。

　したがって、決算期末に通常の売上割戻しとは別に、得意先の特殊事情を勘案しての割増し額を支払うことは、たとえ、得意先から要請があったとしても支払うか否かの判断が当社にあることから売上割戻しが認められると考えます。ただし、特定の得意先に支払うことから、その算定根拠や支出理由を明らかにしておく必要があると考えます。

　なお、いずれの場合も協賛金や割戻しは得意先事業者に支払う必要があり、得意先担当者個人に支払った場合には個人への謝礼として交際費

等に該当します（措通61の4(1)–15(9)）。

Q10 得意先の店舗改装等の費用負担、事業用資産の贈呈

　得意先が店舗改装等を行った場合には、その費用の一部負担や事業用資産等を贈呈しています。次の場合は販売奨励金となりますか。
①　店舗新築、改装に伴う、その費用の一部負担
②　陳列ケース（当社製品名入りで専ら当社製品の販売用と自由使用が可のもの）

A10

　いずれも販売奨励金と認められますが繰延資産となる場合もあります。

（解説）

　得意先に対する金銭又は事業用資産の交付は、売上割戻しと同一基準で交付する場合は交際費等となりません（措通61の4(1)–4）。また、売上割戻しのような基準がなく、自社製品の販売促進を図るために、販売競争の激しい特定地域や得意先の協力度合い等に応じての交付も販売奨励金となり交際費等となりません（措通61の4(1)–7）。

　ただし、金銭又は事業用資産の交付であっても、広告宣伝用資産の交付やその支出の効果が1年以上に及ぶ場合には繰延資産に該当することとなります（法令14①六ニ、ホ、法基通4-2-1、8-1-8）。ご質問のケースは以下のとおりです。

①　得意先の店舗改装等に際しての単なる資金援助は寄附金（改装祝

い金は交際費等）となります。しかし、自社製品の販売促進のため
に支出する店舗改装等の費用負担は、販売奨励金となります。同じ
資金供与であっても税務上の取扱いが異なります。すなわち、前者
は供与した資金の使途を得意先である程度自由に使えるからです。
一方、後者は店舗改装費用そのものの負担であり、かつ、得意先で
も事業資産として活用している等その使途が当社の販売促進目的の
ためであることが明らかであるからです。

②　販売促進、広告宣伝のために得意先の店舗改装費用の補助のほか
に自社名、製品名等を記入した陳列ケースや看板、自動車等の資産
を交付することがあります。このような自社製品の看板、陳列棚等
の広告宣伝用資産の贈与をした場合又はその支出の効果が1年以上
に及ぶ場合には繰延資産に該当し、交付側では支出の効果の及ぶ期
間で償却費として費用処理を行います（法令14①六ニ、ホ、法基通4
−2−1、8−1−8）。広告宣伝用資産の贈与に伴う税務上の取扱いは
次のとおりです。

資産の種類	贈　与　者	受　贈　者
1　広告宣伝用資産の贈与 ①　看板、ネオンサイン、どん帳等専ら広告宣伝用のもの	取得価額−受贈者負担額＝繰延資産 償却期間はその資産の耐用年数×7/10（5年超は5年）	収益計上なし
②　自動車（車体に贈与者製品、社名等が表示されているもの）	同　上	贈与者の取得価額×2/3−受贈者負担額＝収益計上 ただし、30万円以下は不要
③　陳列棚、陳列ケース、		

冷蔵庫、容器等で贈与者製品、社名等が表示されているもの	同　上	同　上
④　展示用モデルハウス等の贈与者製品の見本	同　上	同　上
2　広告宣伝用以外で支出の効果が1年以上に及ぶもの	支出価額＝繰延資産効果の及ぶ期間で償却	収益計上

Q11　得意先の従業員等に対する値引販売

　　当社の従業員が自社製品を購入する場合には、売価の20％引きで販売しております。得意先の役員、従業員に対しても同様に売価の20％引きで販売することにしました。販売奨励金として認められますか。

A11

　当社社員と同様内容の値引きであり、かつ、購入希望者には分け隔てなく値引きするものであれば値引き販売が認められます。特定の得意先、特定の役員等限られた者に対する値引きは交際費等となる場合があります。

（解説）

　社員に対する自社製品の値引販売（社員割引）の取扱いは、①通常の販売価格の30％以下の値引きで、原価割れでないこと、②値引率が一律又は地位、勤続年数等で合理的に設定されていること、③販売数量が自

264　第3編　質疑応答事例

家消費（家庭使用）程度であれば、その値引販売は社員に対する給与となりません（所基通36-15(1)）。ただし、原価割れで販売した場合には、その原価に達するまでの費用は従業員に対する給与となります（措通61の4(1)-12(2)）。

　ところで、得意先の役員、従業員に対する金品贈与等の経済的利益の供与は、原則交際費等となります（措通61の4(1)-15(9)）。したがって、得意先役員等に対する自社製品の値引販売も経済的利益の供与として交際費等となる場合があります。しかし、自社社員に対する値引販売（社員割引）と同様なものであれば値引販売が認められるものと考えます。すなわち、割引率が30％以下で、原価割れでないこと、値引きする得意先は広範であること（極めて限定的な得意先に限ったものでないこと）、販売数量も自家消費（家庭使用）程度であることが要件です。なお、販売奨励金は販売促進が目的です。得意先個人に対する値引販売は自社製品を理解してもらう機会でもあり、販売促進のためといえないことはありませんが販売奨励金よりは、むしろ通常の値引き販売が相当と考えます。

Q12　特約店等の従業員を対象とする販売奨励金品

　当社の特約店従業員を対象に販売奨励制度を実施します。特約店の従業員に対して年間販売計画を作成し、その販売目標を達成した場合には、5〜10万円の旅行クーポン券又は現金を贈る予定です。これらは販売促進費となりますか。

A12

　あらかじめ明示された基準での支出は販売促進費として認められます。ただし、所得税の源泉徴収が必要な場合があります。

解説

　一般に、得意先従業員に対する現金の交付又は旅行への招待費用は交際費等に該当します（措通61の4(1)-15）。個人への支払い等は、一般には謝礼又は心付け等としての利益供与に該当するからです。売上割戻しに代えての旅行等への招待も参加者は個人となるため同様に交際費等となります（措通61の4(1)-6）。一方、特約店のセールスマンに対する報奨金で所得税法の源泉徴収を受けるものは、交際費等に該当しません（措通61の4(1)-13(1)）。これは、自社製品を取り扱う特約店のセールスマンに対して、販売活動を積極的に行ってもらうための費用は、単純な謝礼というよりは、むしろ、事業上の必要経費の性格が強いからです。特約店のうち、専ら当社製品を取り扱う一般従業員に対しても、セールスマンと同じような販売活動を行った場合に、あらかじめ定められている基準に基づいて金品を交付する費用も交際費等に該当しないこととされています（措通61の4(1)-14）。したがって、販売目標を達成した場合の旅行クーポン券、現金の交付は販売促進費として認められますが、セールスマンと同様に源泉徴収の必要があります。源泉徴収がない場合は交際費等となります。

266 第3編 質疑応答事例

Q13 代理店、特約店を会員とする「協力会」の運営費用

　当社は代理店等との販売戦略会議、福利厚生、親睦を目的として協力会を発足しました。協力会事務局は当社内で、運営に必要な費用は当社がすべて負担し会員は無料です。運営も会計も当社が行います。

　協力会は、おおむね月1回の販売会議その後の懇親会を開催し、ゴルフコンペ等もあります。実際に販売会議等を行っていることから販売促進費として認められますか。

A13

　協力会の活動が販売戦略会議等の会議、打合せが主であれば販売促進費になります。実態が懇親の場であるときには、その全額が交際費等となりますが、会議に要した費用、福利厚生的費用は経費となります。また、協力会費の期末残高は、現預金残として当社の所得金額に加算する必要があると考えます。

解説

　販売活動の強化、充実のために代理店等との関係の親密化、強固化は重要な営業戦略です。このため、代理店等を会員とする協力会や共済会等の結成はよく見受けられます。会費は会員負担もありますが、主催法人の全額負担も多いようです。この場合の主催者負担額が販売促進費、会議費、交際費等となるかは、その協力会等の実際の活動内容により判断されます。協力会が月1回の販売会議が主目的で費用の大半がそれに

4 販売奨励金と交際費等　　*267*

使用されている場合には、全体として販売促進費等の経費となり、懇親
会やゴルフ費用部分のみが交際費等となります。しかし、会議としての
実態が殆んどなく、実質は会員相互の親睦が目的であれば会議に要した
部分を除いて交際費等となるでしょう（措通61の4(1)-23(3)）。福利厚生
の内容が不明ですが、会員の慶弔禍福費用であるとすると得意先に対す
る交際費等となります（措通61の4(1)-15(3)）。

　なお、いずれの場合であっても、協力会は独立した団体とは認められ
ず、社内の一組織であると見るのが相当ですから、期末未使用残高は現
預金の残額として当社の所得金額に加算（申告書別表4、5で所得加算）
する必要があると考えます。

Q14 特約店等の従業員に対する健康診断、生命保険料等の負担

　当社は、特約店等の従業員等の福利厚生、親睦を目的とした「共
済会」を発足し、事務局は当社内に置き運営に必要な費用はすべて
当社が負担します。共済会から支出した次の費用は販売奨励金とし
て認められますか。

① 会員代理店等の従業員に対する無料の健康診断（巡回健康診
断）

② 共済会を契約者、会員従業員等を被保険者とする掛捨ての傷
害、生命保険料の負担

③ 共済会を契約者、会員従業員等を被保険者とする養老保険料
（生存保険金又は死亡保険金の受取人は従業員又は遺族）の負担

268　第3編　質疑応答事例

A14

　①健康診断及び②掛捨ての傷害、生命保険等の保険料の負担は販売奨励金となります。

　ただし、③養老保険の保険料は交際費等となります。

解説

　法人が販売促進の目的で、特定地域の得意先事業者に対する金銭又は事業用資産の交付に要する費用は、販売奨励金として交際費等に該当しません（措通61の4(1)-7）。

　また、特約店等の役員、使用人を被保険者とする、いわゆる掛捨ての傷害、生命保険の保険料を負担した場合も、販売奨励金として取り扱うこととされています（措通61の4(1)-7（注））。

　この取扱いは、例えば、法人が得意先等に支払う売上割戻し、販売奨励金は損金となりますが、特約店等がこの入金額を原資として従業員に対して、一定の掛捨保険料の支払いをする場合は、福利厚生費として認められ課税関係が生じないものがあります。当社→得意先→従業員の保険料負担の関係が成り立つと、当社→従業員も同じ結果となるからです。法人が特約店従業員を対象に直接、健康診断等を実施しても同じことになります。

　ただし、特約店等の全従業員を、原則対象とすることが要件とされています。例えば、役員、部課長以上等の特定の者のみを被保険者とするものは、特約店においても給与等となることから交付側でも交際費等となります。なお、販売奨励金となるのはあくまでも掛捨て部分のみであって、満期返戻金のある契約や養老保険の保険料は特約店等でも給与等となることから（法基通9-3-4(2)、所基通36-31〜36-31の3）、その保険料の負担は特約店等の従業員に対する経済的利益の供与として交際費等

④ 販売奨励金と交際費等　*269*

に該当すると考えられます。

Q15　ビル賃貸に際して貸主（家主）が負担する テナントの移転費用

　不動産賃貸業です。今回、新築したビルのテナントの入居交渉で、最大テナント予定のＡ社が旧事務所からの移転費用が数億円と多額となるため、当社が移転費用の15％程度を負担すれば入居するとの条件提示がありました。当社は、他のテナント交渉が不調でもありＡ社は大口で長期賃貸も予定されるため要求を受け入れることにしました。税務上は交際費等となりますか。Ａ社は第三者です。

A15

　確定的な結論ではありませんが、テナント入居のための必要費用であり交際費等、寄附金とはならず、繰延資産の開発費に該当するとの考えもあります。

解説

　景気が好況とはいえず、また賃貸物件の供給過剰気味等も重なりテナント募集は厳しい状況にあるようです。本件は入居予定のテナントの移転費用の負担が交際費等、寄附金となるか否かです。交際費等は得意先等の接待、供応、金品の贈与のために支出する費用であり（措法61の4④）、その具体例として、下請工場、特約店等となるため又はするための運動費が挙げられています。しかし、これらの取引関係を結ぶために相手方事業者に対する金銭又は事業用資産の交付は交際費等に該当しな

いとされています（措通61の4(1)-15(2)）。したがって、移転費用の負担は接待、供応等の行為であるとも直ちにはいえず、しかもテナントとして取引関係を結ぶための条件としての現金負担ですので、この取扱いに該当する考えもできます。

次に、寄附金になるかです。寄附金は金銭、資産の贈与又は経済的利益の無償供与等をいいます（法法37⑦）。移転費用の負担は、Ａ社が当社ビルに移転するための移転費用の一部の負担であり、当社新築ビルへの入居が条件とされていますので、費用負担と家賃収入増加の対応関係があることから単なる一方的な贈与、無償の利益供与ともいえません。しかも、Ａ社とは資本関係がないことから寄附金にも直ちには該当しないと考えられます。

次に、繰延資産に該当するかです。税務上の繰延資産は、支出する費用のうち支出の効果が１年以上に及ぶものです（法令14①）。Ａ社とは、数年契約、自動更新ということですから15％相当額を支出することにより今後長期にわたりテナントが確保されるため、その支出の効果は１年以上に及ぶといえます。また、その支出の性格は、内容、金額等からみて、市場の開拓のために特別に支出する費用の開発費に該当するとも考えられます（法令14①三）。

以上のように種々の考えがありますが、このような取引が慣行としてあり得るのか、支出金額がいくらまでなら正当な取引といえるか、特定の者だけでも良いのか等疑問も残りますが、会社にとって経済合理性が説明できるものであれば、移転費用の負担が直ちに交際費・寄附金に該当することはないものと考えられます。

④ 販売奨励金と交際費等　　*271*

Q16　フリーレント賃貸と交際費

　不動産賃貸業です。最近の賃貸物件の供給増加から賃借人の募集が大変です。そこで、今回契約者には、当初６ヶ月間は家賃を無料とするいわゆる「フリーレント契約」により入居が決まりました。６ヶ月間家賃を無料とすることは販売促進のためであり寄附金、交際費等に該当しないと考えています。

A16

　フリーレント契約による賃貸借が中途解約不能、解約可能にかかわらず家賃の一定期間の無償は販売促進費として認められると考えます。

解説

　前問Q15にもありますが、賃貸物件の供給過剰等からテナント募集は厳しい状況にあるようです。最近では、テナント等の空き室を埋めるために一定期間の賃借料を免除するいわゆる「フリーレント」契約が見受けられます。賃借料の無料期間は１ヶ月から６ヶ月程度が多いそうですが１年間免除もあるそうです。また、５年間程度の賃借期間で中途解約ができないのが多いですが、家賃数ヶ月相当分の損害金を支払えば中途解約可能もあるそうです。この賃借料の免除は経済的利益の供与にあたるため寄附金又は得意先に対する優遇策として交際費等となるかです。しかし、フリーレントは賃貸人（家主）がテナントを誘致するためのカードとして利用するものであり、一定期間家賃を免除したとしても入居者があればその後の家賃収入が見込まれるため、経済合理性に基づく施

策といえます。その無料期間とは販売促進費又は広告宣伝費としての性格を有するものと解されております。したがって、その無料が、あらかじめの賃貸借契約におけるフリーレント（無償）期間の定めに基づくものである場合には、入居者を獲得するための経済合理性のある取引と認められ寄附金又は交際費等とならないと考えます。ただし、関係会社等を対象とするフリーレントは、家主（親会社等）が一方的に実行することも可能であることから関係会社等に対する利益供与として寄附金又は交際費等となるとの考えが強いです。

なお、フリーレント契約の賃貸料収入に関して、中途解約が不能（できない）であることから契約賃貸料総額（免除後の金額）をフリーレント期間を含む全契約期間で除した金額（すなわち、賃貸全期間にわたっての均等額）をフリーレント期間を含めて収益計上すべきであるとの考えが税務上議論されております。フリーレント契約を行う場合には、収益及び賃借料の計上時期、消費税の課税時期等についても留意が必要です。

Q17 無料招待券、サービス券の交付

　各種の娯楽サービス施設やレストランを経営しております。〇周年記念として、無料招待券、サービス券を一般消費者のほか、得意先にも交付する予定です。交付枚数は圧倒的に一般消費者が多く、かつ、利用時（無料券回収時）には、一般消費者か得意先かの区別ができません。全額を販売促進費、広告宣伝費とすることが認められますか。

4 販売奨励金と交際費等 *273*

A 17

　得意先への無料招待券等の交付は原則、交際費等となりますが、場合によっては広告宣伝費として認められる余地があると考えます。

解説

　一般消費者や不特定多数の者を対象に宣伝的効果を意図して支出する費用は交際費等に該当しません（措通61の4⑴-9）。これらには、各種の娯楽サービス、レストランを利用できる無料招待券やサービス券等の交付も含まれます。一方、これらの無料招待券やサービス券を得意先に交付した場合には、観劇等、飲食の接待、供応等に該当するとして交際費等となります（措通61の4⑴-15）。

　したがって、○周年記念として、主として一般消費者を対象にした広告宣伝効果を意図しての無料招待券、サービス券の交付であったとしても、得意先に交付するものは交際費等となると考えます。この場合の無料招待券の交際費等の額は、無料招待券を使用したとき（無料券回収時）における、その券の売上原価相当額となります。しかし、交付した無料招待券等の内容が一般消費者と得意先とは同じで、かつ、利用時（回収時）には一般消費者か得意先かの区別ができないとのことですから、交際費等とする金額等は合理的な方法、例えば、総交付枚数のうち得意先交付枚数の占める割合で、回収した枚数を按分する方法等も考えられます。

　しかし、交付枚数は圧倒的に一般消費者が多く、かつ、利用時（回収時）には一般消費者か得意先かの区別ができないとあります。また、例えば、運輸業のように乗客の有無にかかわらず運行している場合には接待等の行為のために支出した金額の算定が困難な場合もあり得ます。それらのことを考慮すると販売促進費、広告宣伝費とすることも認められる余地があると考えられます。ただし、得意先等に交付するサービス対

274　第3編　質疑応答事例

価等が少額であることが要件であり多額と認められる場合には交際費等に該当すると考えます。

　なお、遊園施設の優待入場券を得意先等に交付したものが交際費等に該当するとの判決がありました（最高裁平22.10.8）。報道によりますと、納税者は優待入場券の交付を仮に廃止したとしても遊園施設は営業しており運営原価の額に変わりがない。したがって、得意先等の接待等ために支出した金額、費用はないことから交際費等に該当しないし、また、広告宣伝、販売促進を目的としたものであり交際費等に該当しないと主張しましたが、判決では、遊園地運営原価÷全入場者数＝一人当たり運営原価の額が、交際費等の額としています。無料入場券等の交付の取扱いには、税務当局の動向に留意が必要となります（前述 **2** Q2（213頁）参照）。

Q18　ホテル業者が挙式者に対して行う無料サービス

　ホテル業です。婚礼、披露宴等を行うお客様には、その値段に応じて各種のサービスを提供します。例えば、次のケースでは交際費等に該当しないと考えてよいですか。

　①　新郎新婦の当日の無料宿泊

　②　当日の新郎新婦との記念写真（当ホテルの社名入り）

　③　新郎新婦への記念品（1万円相当の品）

A18

　いずれも交際費等には該当せず婚礼収入等の原価となると考えます。

④ 販売奨励金と交際費等　*275*

(解説)

　税務上の交際費等とは、得意先等の事業関係者に対する接待、供応、金品の贈答等のために支出する費用をいいます。この場合の事業関係者とは、取引先等の直接の関係者のほか、その関係者の役員、従業員及び株主、銀行等も含まれますが不特定多数の一般消費者は含まれません（措通61の4(1)-9）。自社ホテルで婚礼、披露宴等を行った者は特定者か又は一般消費者のいずれに該当するかです。一般消費者に対して当ホテルで挙式等をした場合にはサービスを提供するとの約束ですから、不特定多数の者に対して行った広告宣伝であり、これに応じた挙式者は不特定多数、一般消費者といえます。また、①や②のような無料宿泊、記念写真等はいずれも披露宴等の一環、つまり添え物として行われるものであり、披露宴の一部をなすものとも見ることができます。その披露宴等の収入を得るための直接原価ともいえます。また、③のような記念品は一種の値引きともなります。したがって、得意先に対する接待、供応には該当せず交際費等となりません。

Q19　災害被災地の得意先、従業員等に対する見舞金等

　集中豪雨により得意先等に大きな被害がでました。得意先を含め被災地に次の援助活動を行いました。寄附金又は交際費等となりますか。

　①　得意先に対して、売掛金、貸付金等の全部又は一部免除

　②　災害により毀損した商品の新品との無償交換、修理等

　③　得意先及びその従業員に対する見舞金

276 第3編 質疑応答事例

④ 被災地域住民に対して自社製品の無償提供

A 19

災害被災地の救援、支援活動に要する費用は、得意先、得意先従業員分を含め寄附金、交際費等となりません。ただし、特定の得意先、得意先従業員等のみを対象とする場合には寄附金又は交際費等となる場合があります。

解説

平成7年1月の阪神・淡路大震災を契機として被災者に対する災害見舞金等については、直接の得意先に対するものだけでなく、その得意先を通じて間接的に自社製品等を取り扱う取引先（いわゆる間接的な得意先。「得意先等」という。）に対する災害見舞金等も交際費等、寄附金に該当しない取扱いとなりました。その内容、要件は次のとおりです。

① 被災した得意先等に対してその復旧支援を目的として災害発生後の相当期間（災害を受けた取引先等が通常の営業活動を再開するための復旧過程にある期間）内に売掛金、貸付金等の債権の全部又は一部を免除した場合及び災害前に契約していた返済条件等を変更した場合（措通61の4(1)-10の2、法基通9-4-6の2）。

これらは、被災した得意先等の倒産等を防止し、当社が蒙るであろう損失を回避するためのものであり売上値引きとして取り扱われます。

② 得意先等に対して、被災前の取引関係の維持や回復を目的として災害発生後の相当期間内に行う事業用資産の交換、交付、無償の役務提供等をした場合（措通61の4(1)-10の3）。

これは、得意先が災害により滅失、毀損した自社商品等と同種の

商品を交換又は無償で補塡した場合や事業資産の修理等が含まれます。上記と同様の理由です。なお、事業用資産を収受した得意先等はその金額を収益計上する必要があります。

③　得意先等に対して、被災前の取引関係の維持や回復を目的として災害発生後の相当期間内に行った災害見舞金(措通61の4(1)-10の3)。

この得意先等の復旧過程での災害見舞金等も売上値引きとして取り扱われます。

なお、見舞金を収受した得意先等はその金額を収益計上する必要がありますが、受領後直ちに福利厚生の一環として被災した従業員に交付した場合には、この限りではありません（措通61の4(1)-10の3(注3)）。

④　不特定又は多数の被災者を救援するために緊急に自社製品等の提供に要する費用（措通61の4(1)-10の4、法基通9-4-6の4）。

これは人道的見地、社会的要請に基づくものであり交際費等、寄附金に該当しません。

ただし、同じ被災地であっても特定の得意先等へのみ見舞金等を支出する場合は、それが販売奨励金等の特別な事情に該当する場合を除いては、寄附金又は交際費等となる場合があります。さらに、被災地の役員、従業員等の個人への見舞金は自社の専属下請け、専属セールスマンを除いては交際費等となります（措通61の4(1)-15(3)）。

また、協同組合等が一定の基準に従って組合員等に支出する災害見舞金等も交際費等となりません（措通61の4(1)-11）。これは、協同組合等が、もともと共同企業体としての性格があり、組合員のための福利厚生事業を行うのが本来の事業ともいえるため、一定の基準に基づく見舞金は交際費等に該当しないとされたものです。

第3編　質疑応答事例

5　旅行、観劇等への招待と交際費等

○　得意先に対する旅行、観劇等への招待は、典型的な交際費等の
支出行為の一つです。

　一方、一般消費者に対する旅行、観劇等への招待は広告宣伝費
となり交際費等に該当しません。
○　販売促進、販路拡大のために行う旅行、観劇等への招待は広く
行われていますが、それに要する費用は多額となる場合が多く、
招待者が得意先か一般消費者かにより交際費等か広告宣伝費かに
分かれるため、その判断と事前の対応は重要です。
○　旅行、観劇等の費用は、直接支出のほか、間接的な支出や付随
費用も発生することに留意が必要です。

Q1　一般消費者を旅行、観劇に招待する場合

　季節キャンペーンとして、期間中に一定金額を購入した消費者を
対象に抽選で温泉旅行に、更に特別高額の購入者に対しては全員香
港旅行に招待します。この費用は交際費等となりますか。

A1

　一般消費者を抽選で旅行に招待する場合、また、あらかじめ旅行招待
を広告した場合の旅行費用は広告宣伝費となります。

⑤ 旅行、観劇等への招待と交際費等　*279*

解説

　得意先に対する旅行・観劇等への招待は、典型的な交際費等の支出行為の一つです。

　一方、あらかじめ宣伝広告して一般消費者を対象に旅行、観劇等に招待する費用は、販売促進、広告的効果を意図するものであるため交際費等に該当しません（措通61の4(1)-9(1)）。得意先等の招待ではなく、不特定多数の者に対するものであるからです。

　通達では「抽選」の方法が必要要件の感がありますが抽選にはこだわりません。一般消費者は極めて多数であることから、その中から数名、数十名を選ぶには抽選方法が一般的であるからです。

　例えば、優秀作品者のみを招待する方法も該当します。また、高額購入者を旅行に招待する招待付販売も、一般消費者の購買心を高めることを目的とした宣伝の結果として支出するものですから広告宣伝費となります。

　ただし、ある意味で特定者となることから、あらかじめ一般に広告宣伝することが要件とされています（措通61の4(1)-9(3)）。また、抽選であっても、特定の者を恣意的に選んでいるような場合（例えば、親族縁故者等を多数当選者とする。）には交際費等となる場合もあります。

Q2　旅行、観劇に招待する場合の得意先の範囲

　当社はメーカーです。得意先、仕入先等の事業関係者を旅行、観劇に招待する費用は交際費等になることは承知しております。次の者を対象に旅行に招待しますが、いずれも直接の得意先ではないため交際費等にならないと考えてよいでしょうか。

280 第3編　質疑応答事例

① 当社の直接の得意先（卸売業者）ではなく、その小売業者を
招待する場合
② その小売店に対して招待者を抽選の方法で選んだ場合
③ これから取引したい業者を招待した場合

A 2

製造業者と直接取引がないとしても間接的に取引関係にあることから
得意先に該当し、抽選であっても交際費等に該当します。新規取引先と
なるための運動費も交際費等となります。

(解説)

交際費等とは、得意先、仕入先その他事業に関係ある者等に対する接
待、供応、贈答などの行為のために支出する費用をいいます（措法61の
4④）。そして、事業に関係ある者とは、得意先等の直接取引に関係す
る者のみだけでなく、例えば、製造業者（メーカー）の製品を卸売業者
を通じて取り扱う小売業者等もメーカーにとっては間接的に取引関係の
ある事業者となります（措通61の4(1)-15(4)）。また、これから取引を開
始したい事業者とは、正に当社の売上等に直接に結びつく関係者となり
ます（措通61の4(1)-15(2)）。要するに当社製品等の最終使用者が一般消
費者となり、それ以外の者は取引関係者となります。ただし、当社製品
等の最終使用者であっても、当社製品等を利用して、それぞれ事業を営
んでいる事業者（例えば、医薬品メーカーにおける医師又は病院、飼料、
肥料等の農業用資材メーカーにおける農家等）は一般消費者には該当しま
せん（措通61の4(1)-9(注)）。ご質問の場合の小売業者は、間接的な取
引先となりますが当社の得意先に該当しますので旅行招待費用は交際費
等となります。また、旅行招待者を抽選で選んだとしても、得意先を抽

選方法で絞り込んだだけであり当選者も得意先であることに変わりがありませんので交際費等に該当します（後述のＱ４を参照）。

また、これから取引をしたい者とは、得意先となるための運動費でありその接待費用は交際費等に該当します（措通61の４(1)-15(2)）。

Q3　一般消費者と得意先を抽選で一緒に旅行招待した場合

婦人服メーカーです。夏物衣類の販売促進のため一定額以上を購入した一般客を対象に抽選で10名を海外旅行に招待します。一方、この企画に積極的に参加した小売店の中から抽選で３名も一緒に招待する予定です。一般消費者の招待が主であり得意先は添乗的な意味合いもあることから、全額広告宣伝費でよいですか。

A3

一般消費者の旅行招待に要する費用は交際費等とはなりませんが、得意先は、一般消費者の旅行添乗員とは認められないため交際費等となります。

解説

メーカー等が、抽選で一般消費者を旅行、観劇等へ招待する費用は、不特定多数の者に対する宣伝効果を意図するものであり交際費等には該当しません（措通61の４(1)-９(1)、(3)）。したがって、当選した一般消費者の旅行招待に要する費用は交際費等となりません。一方、得意先等の旅行、観劇への招待費用は、それが抽選によるものであっても交際費等

282 　第 3 編　質疑応答事例

となります（措通61の 4 (1)-15(4)）。

　ご質問は、一般消費者の招待旅行と、得意先の招待旅行を合わせて行った場合ですが、もちろん、一般消費者の招待旅行での当社員の添乗費用は交際費等とはなりません。しかし、得意先の方を一般消費者のお世話係りとして連れて行くとのことですが本当でしょうか。やはり得意先もお客様としてご招待するのが実態だと思います。したがって、得意先も旅行に招待したとみなさざるを得ませんので得意先分の旅行費用は交際費等に該当すると考えます。

Q 4 　旅行等招待者が一般消費者か得意先かの区分

　医薬品メーカーです。当社製品を一定額以上購入した開業医を抽選で10名をハワイ旅行に招待します。一般消費者を抽選で旅行招待した費用は交際費等に該当しないと聞きましたが、全国の多数の開業医を対象とし、しかも抽選の方法によるので交際費等にならないと考えてよいのでしょうか。

A 4

　医薬品メーカーにとって開業医は得意先に該当し、旅行招待に要する費用は交際費等に該当します。

（解説）

　メーカーが、自社製品を取り扱う販売業者等の得意先を旅行等に招待する費用は交際費等に該当します（措通61の 4 (1)-15(4)）。この場合の得

意先には、その販売業者は当然ですが、その販売業者の取引先も（間接的な）得意先等に該当します。一般に商品の流通はメーカー→卸業→小売業→消費者の経路で流通します。問題は、医薬品メーカーにとって開業医は一般消費者に該当するかどうかです。開業医は製薬会社の薬品等を使用して患者の治療に当たります。したがって、メーカーにとって開業医は、いわば小売店の立場にあるとみることができ、上記流通過程における小売業としての得意先等となり不特定多数の消費者（この場合には患者）には該当しません（措通61の4(1)-9（注））。また、抽選での旅行招待は偶然性によるとの考えがありますが、これも得意先招待方法の一形態であるため交際費等の判断には影響がありません。

なお、次に掲げる者も一般消費者には該当しないとされています。対象者が全国的、多数者であっても得意先等に該当し、旅行招待、金品の贈与等は交際費等となります（措通61の4(1)-9（注））。

① 医薬品製造業、卸売業者における医師又は病院
② 化粧品製造業者における理容、美容業者
③ 建築資材業者における大工、左官等の建築業者
④ 飼料、肥料等の農業用資材業者における農家
⑤ 機械又は工具製造業者における鉄工業者

Q5　売上割戻しと旅行招待費用

　売上割戻しは交際費等とならないと聞きました。売上割戻しを支払いますが、その金額を一旦預かり、その金額をもって得意先との観光旅行費用に充てることにしました。この場合でも売上割戻しと

284　第3編　質疑応答事例

して認められますか。

A 5

　売上割戻しと同一基準での支払いであっても現実に支払いをしないで
預かり、その金額等で得意先の旅行招待費用に充てた場合には交際費等
となります。

（解説）

　売上割戻しは、得意先事業者に対して売上高、売掛金の回収高等の一
定の基準に基づいて、又は得意先の営業地域の特殊事情、協力度合い等
を勘案して金銭で支出する費用をいいます。

　これは取引価格の修正であって売上代金の一部を取引先に返還（一種
の値引き）する性格のものであるため支払い側で損金となります（措通
61の4(1)－3）。また、受領する相手方事業者は当然に収益となります。
一方、得意先の役員、従業員等を旅行等に招待する費用は交際費等とな
ります。これは得意先の役員等の個人に対する「もてなし」行為である
からです。

　ご質問の場合、売上割戻しと同一基準による算定金額であったとして
も、現実に相手方に支払っていないこと、相手方も収益計上していない
こと、得意先役員等を当社費用で旅行に招待していることから、売上割
戻しとしての性格はなくなり得意先の役員等に対する旅行招待費用に該
当し交際費等となります（措通61の4(1)－4）。要するに、売上割戻しと
して損金になるのは、得意先事業者に現実に支払った場合となります。

　なお、支払うべき金額を預り金等とした場合には預り金とした事業年
度の損金とはならず、現実に支払った年度の損金となります。しかし、
その預り金を取り崩して旅行費用等に充当した場合には旅行等に招待し

た日の事業年度に交際費等としての支出があったものとされます（措通
61の4(1)-6）。

Q6 売上割戻しを旅行招待費用とした場合の 不参加者への返戻金

　得意先を旅行等に招待する費用を、得意先に支払う売上割戻しで
積み立てています。
　この度、招待旅行を実施しますが事情により不参加の得意先には
預り金相当額を現金で交付しました。もともとが売上割戻しであり、
この交付金（返戻金）は交際費等とならないと考えてよいのでしょ
うか。

A6

　売上割戻しとは認められず、不参加の得意先に返戻した金額を含めて
全額が交際費等となります。

（解説）

　得意先に対する売上割戻しは、取引価額の修正であり、値引きとも認
められるため交際費等とはなりません（措通61の4(1)-3）。もちろん、
相手方の得意先では収益計上となります。しかし、売上割戻しであって
も、現実に現金の支払いをしないでメーカー等が預り金等として積み立
て、一定額に達したときにその預り金等で得意先を旅行、観劇等に招待
する場合があります。この場合には、預り金として積み立てた事業年度
では、現実の支払がないため損金とはならずに、実際の旅行、観劇等に

286 第3編 質疑応答事例

招待した年度で現金支出した金額が交際費等の支出があったとして交際費等課税が行われます（措通61の4(1)-6）。

この預り金とした場合の得意先の経理処理は、現金による（仕入れ）割戻金の入金がないため収入計上の必要がなく、更には実際の旅行、観劇等に参加した場合にも特に費用支出がありませんので何ら課税関係が生じません。

しかし、旅行等に事情により不参加となった得意先に対して、預り金から現金を支払った場合（返戻金）には、その預り金の性格は当初から旅行等に招待する目的（交際費等の目的）のための積立て（預り金）であることから、その預り金の返還時に接待があったものとして交際費等の支出となります（措通61の4(1)-6(注)、昭38.4.9長野地裁）。すなわち、売上割戻しとならず還付を受けた得意先は雑収入等として収益に計上しなければなりません。

Q7 仕入割戻しの入金と同時の旅行参加費用の支払い

仕入先から海外旅行へ参加する条件で仕入割戻しを受け、直ちに、この金額を仕入先指定の旅行代理店に支払いました。当社の受領する仕入割戻し（収入）と旅行会社への支払い（経費）処理はどうなりますか。旅行には当社役員が参加します。

A7

入金した仕入割戻し金額をそのまま旅行会社に支払った場合には、税務上は何らの処理は必要とされません。もちろん、売上割戻しを行う法

人の交際費等支出となります。

解説

　得意先を旅行、観劇等に招待する場合に、その招待する基準が売上割戻しと同一基準であっても、その費用は売上割戻しとして損金とならず交際費等とされます（措通61の4(1)-4）。得意先に支払う目的が旅行等への招待費用であるからです。したがって、それらを受領する得意先では、その仕入割戻し金額を直ちに旅行費用に充当したとすると、その実質は支払側（売上先）が旅行費用を旅行会社に支払ったと同じことになります。すなわち、支払側ではその全額が交際費等となり、受領側では単なる仮受金の入金、払出しとなり収益に計上する必要はないとの考えです。

　ただし、旅行参加が任意で、不参加の場合にも仕入割戻しが受けられるとすると、受領側で自由に旅行参加、不参加を決めることができることから、受領側では仕入割戻しとして収益計上が必要となります。自社が負担した旅行参加費用は交際費等又は場合によっては参加した役員の給与となります。

Q 8　旅行招待費用をメーカー等が負担した場合の支出交際費等の額（共同開催の適否）

　家電製品卸売業です。得意先の小売業者を旅行に招待するに当たりメーカーに協賛要請をしたところ一部費用負担が認められました。当社の交際費等支出額は総費用からメーカー協賛金を差し引いた当社の純（正味）負担額でよいですか。

A 8

招待旅行がメーカー等とあらかじめ協賛（共同開催）となっている場合には、純（正味）負担額で損金不算入額計算ができます。

解説

卸売業者が得意先である小売業者を旅行、観劇等へ招待する費用は交際費等となります（措通61の4(1)-15(4)）。また、これらの旅行等に対してメーカーや元卸業者が協賛して、卸売業者の旅行費用の全部又は一部を負担することもあります。この場合には、その旅行等に対してあらかじめメーカー等が協賛することが事前にはっきりしているときは、「同一の接待行為」に対しての共同の交際費等支出と見られることから、主催者の卸売業者はメーカー等から受領した協賛金を控除した金額で交際費等の損金不算入額計算ができます。

この場合には、メーカー等の負担金額はメーカー等の交際費等支出となります（措通61の4(1)-15(5)）。要するに、旅行費用を卸売業者とメーカー等が割り勘で負担したということです。

しかし、卸売業者が計画・実行した得意先の招待旅行費用の負担を、事後的にメーカー等に求めた場合は、交際費等の行為者、支出者は卸売業者のみとされ、その全額が卸売業者の交際費等に該当します。この場合にはメーカー等からの協賛金は雑収入計上となり、支払ったメーカー等は販売奨励金等としての支払いが一般的となりますが、場合によっては単なる金銭贈与として交際費等又は寄附金等となる場合もあります。

⑤ 旅行、観劇等への招待と交際費等　　*289*

Q 9 テナント販売員研修と優秀者の海外研修費用の負担

　　当社は不動産賃貸業でテナントはファッション関係者です。賃貸料は固定部分とテナント売上高の一定割合です。ファッション業界は販売員のスキル、センスが売上高に直接結びつくため、当社主催のテナント販売員の接客コンテスト大会を行い、優秀者には表彰金品のほか、パリやロンドンへの研修旅行に派遣し、帰国後は全国テナント向けに報告書を発表して販売員のスキルアップに役立てています。販売員コンテスト及び海外研修費用等はすべて当社が負担しますが、当社の売上増進に直接結びつくものであるため販売促進費として扱ってよいでしょうか。

A 9

　　ビルオーナーが全テナントの販売員を対象に接客技術の向上研修を制度化し、優秀者を表彰、海外研修旅行に派遣したとしても、その成果はビルオーナー自身の売上（賃料）増加に直接結びつくことから販売促進費用として認められると考えます。

解説

　　多くのテナントが入居する貸しビルにあっても、従業員教育は各テナントが行っています。しかし、ご質問のようにビル全体がファッション業のテナントの場合には、来店するお客もそのビル全体を一体として買い物等を楽しむ感があります。したがって、ビルオーナーとしても販売員教育を各テナントに任せるだけでなく、ビル全体を一体として販売員

290　第3編　質疑応答事例

のセンス、接客態度等を高めて販売力の向上は、自社の売上（賃料）増加に結びつくことは容易に理解できます。各テナント販売員の販売力コンテストの全国大会で優秀者を表彰する、更には、最優秀者等をファッションの本場であるパリやロンドンに派遣して更にセンスに磨きをかけ、その見聞体験等を報告書等として全テナントの販売員に紹介し、販売力向上にフィードバックしている。そして、その費用をビルオーナーが負担したとしても、この制度はあらかじめ公知された公平な競争と審査で決定され、かつ、ビルオーナーとテナントの販売促進に直接結びつくと認められます。

　優秀者に対する表彰金品贈呈は、単なる謝礼の交際費的行為ではなく、また、海外派遣費用も見聞結果を全テナントにフィードバックして当社・テナント各社の売上増進に貢献していることから、単なる観光旅行招待とは明らかに異なると考えます。更には、各テナントが行う研修教育費用を当社が単に肩代わりしたものでもないことから販売促進費用として認められ、交際費等又は寄附金とはならないと考えます。なお、表彰式後の祝賀会等は立食程度の飲食は会議費の範疇に含まれると考えますが、その程度を超えた場合には交際費等に該当すると考えます。ただし、5,000円基準及び飲食接待費の50％損金算入に該当する場合は、その部分は交際費等から除かれます。

Q10　得意先社員の海外研修費用を負担した場合

　食品メーカーです。得意先スーパーマーケットの社員が海外研修に出かけることになり、当社としても販路拡大の一助になればと考

⑤　旅行、観劇等への招待と交際費等　*291*

え旅行費用の一部を負担することとしました。研修の中に当社製品に関するものもあり観光旅行ではありませんので、交際費等に該当しないと考えてよいのでしょうか。

A10

その旅行目的が観光でなく当社業務に関係があるとしても当社工場等の見学等当社と密接な関係が認められない場合には旅行招待費用として交際費等になると考えられます。

解説

得意先の旅行招待に要する費用は交際費等に該当します（措通61の4(1)-15(4)）。一般的には、自らが得意先を招待する場合のことをいいますが、得意先が実施した旅行等の費用を当社が負担する場合も含まれます。旅行招待と行為が同じであるからです。

交際費等課税は、得意先等の接待、供応等の行為に対して行うものであるため、旅行招待は通常は観光、慰安旅行をいいます。また、得意先の旅行招待費用が交際費等となる理由は、得意先等との取引関係の維持や、さらなる発展への期待、得意先の歓心を買う等の意図を持っての接待行為であるからです。

ご質問の場合、旅行目的が観光ではなく研修目的であって、その研修の中に当社製品に関するものが含まれているため、遊興・慰安等の接待行為ではないとの考えがあるかもしれません。しかし、たとえ、研修目的の旅行であり、当社業務に関係があるとしても、当社に対する具体的な行動、関連性等が希薄であり、当社が旅行費用を負担する理由が乏しいといわざるをえません。得意先との取引関係の維持のため、あるいは歓心を買うために旅行費用負担という金銭贈与を行ったとして交際費等

に該当すると考えられます。

なお、自社製品の知識普及等のために得意先等を製造工場等に見学させる費用は交際費等に該当しないとされています（措通61の4(1)-17(4)）。この製造工場の見学は海外工場も含まれますので、今回の海外旅行の目的が当社の海外工場への見学等が主目的であれば場合によっては交際費等以外の費用となることができます。しかし、ご質問の場合にはそのようなスケジュールが見当たりませんので交際費等に該当するとしたものです。

Q11 販売物件、旅行先、展示会、自社工場等への現地案内費用

総合商社ですが、食品製造、不動産販売も営んでいます。新製品の発表会、食品工場、不動産販売物件の現地等に得意先や購入予定者を招待・案内しての販売活動が不可欠です。得意先等を現地に案内する場合の交通費、食事、又は宿泊費用も負担しますが、販売経費として認められますか。

A11

営む事業の特殊性から行わざるを得ない現地案内、展示会等又は工場等見学のための費用は、食事代や宿泊費負担があったとしても通常要する費用であれば交際費等に該当しません。現地案内等には外国人バイヤー等も含まれます。

⑤　旅行、観劇等への招待と交際費等　　*293*

解説

　例えば、不動産業者が販売物件の購入希望者等を物件現地に案内すること、衣料品メーカーが新作品、季節品等発表会、展示会等へ得意先を招待すること、自社製品販促のために得意先を工場等へ見学させること等が一般的に行われています。これらの現地案内等に要する費用は得意先等の接待、供応、慰安等の性格が希薄であり、むしろ、営業上不可欠な営業直接費とも認められるため、交際費等に該当しません（措通61の4(1)-17）。もちろん、同行した社員の費用も交際費等となりません。

　現地案内等に要する費用とは、得意先等の交通費、食事代、場合によっては宿泊代も含まれますが、それらは通常要する程度の費用が原則となります。食事は通常の昼夕食程度であり、宴会費用等は交際費等となります。宿泊代は現地との関連から宿泊の必要性が判断されます。一般には、販売物件等の近隣ホテル、旅館等となりますが、あえて別地の有名温泉旅館等への宿泊は交際費等となる場合があります。

　なお、旅行斡旋業者が、団体旅行斡旋に際し、団体の責任者等を事前にその旅行予定地に案内する交通費、食事、宿泊費用も交際費等となりません。これらの費用を旅行先の旅館等が負担した場合も交際費等となりません。これは、あくまでも団体旅行のスケジュール、安全確保、予算見積等の準備として旅行斡旋業者が行う場合をいいます。例えば、業界団体の慰安旅行の幹事となった会社が、事前に下見する費用はこれに該当せず、観光（交際費等）の下見費用として交際費等となります。また、ゴルフ会員権販売業者の会員権販売コースの下見費用も交際費等とはなりませんが、下見プレー代の負担は、やはり接待に該当し交際費等となると考えられます。

　新製品、季節商品等の展示会等は、販売促進活動の有効な手段ですので展示会に通常要する費用であれば、交際費等になりません。会場はホ

テル等が多いですが温泉地、観光地等であっても、場所柄を捉えて直ちに交際費等となるとは限りません。展示会がその中心であれば交際費等とはなりません。しかし、展示会と慰安、観光等を兼ねての場合には、展示会部分の費用のみが販売費となり、交通費、宿泊費等は交際費等となるので注意が必要です。この取扱いは、「旅行等に招待し、併せて会議を行った場合の会議費用（措通61の4(1)-16）」に準じて区分することになります。

　得意先等の自社工場等見学は、工場設備や製品の知識と理解度を深めてもらうことは販売政策上重要ですので、宿泊代を含めて通常要する費用は交際費等となりません。日本の得意先を外国工場等へ視察させる場合又は外国の得意先を日本の工場等へ視察招待する費用も通常要する費用であれば、交通費等が多額となっても交際費等となりません。

　現地案内等と交際費等の区分は次のようになります。

	現地案内等となるもの	交際費等となるもの
販売用物件の現地案内費用	・販売用の現地等に案内することが販売促進につながるもの ・現地までの交通費、食事も若しくは宿泊に通常要する費用 ・別荘地等、販売ゴルフ権コースの下見も可能	・特定の顧客に限っての現地案内 ・現地近隣の宿泊でなく温泉地、観光地等での宿泊 ・通常の程度を超える過度の飲食・お土産等 ・ゴルフコースの下見プレー代等
旅行先の下見費用	・旅行斡旋業者が行う団体旅行等の下見 ・引率者責任者等に対する下見に係る交通費、食事も若しくは宿泊に通常要する費用 ・旅行先の旅館等が負担する	・旅行コース以外の観光地等への案内 ・多数者の下見又は通常の程度を超える過度の飲食・お土産等 ・旅行斡旋業者以外の者が行う観光旅行の下見

⑤ 旅行、観劇等への招待と交際費等 *295*

		場合を含む
新製品、季節商品等の展示会、即売会等の費用	・得意先等に対する販売促進目的での新製品、季節商品等の展示会等への招待費用 ・会場までの交通費、食事も若しくは宿泊に通常要する費用 ・観光地等での開催は展示会等の実体があるもので、その展示会に要した費用 ・海外バイヤーも適用がある	・上得意先等に対する単なる招待接待費用 ・展示会等での飲食代、お土産代等。ただし、飲食代は5,000円基準の適用がある ・展示会場等を離れての観光地等への招待費用 ・観光地等での開催で展示会等に実体がない場合には交通費、宿泊費等を含む費用全額
工場等への見学費用	・自社工場等の実態確認のための見学に要する交通費、食事若しくは宿泊に通常要する費用 ・工場生産品の試食、粗品程度のお土産品 ・外国工場への視察、外国バイヤーの日本工場への視察費用	・工場見学後の場所を代えての宴会費用、お土産代等 ・工場見学は名ばかりで実体がない場合の交通費、食事若しくは宿泊代等見学費用の全額 ・見学後の観光地等への案内費用

Q12 新製品発表の展示会に外国取引先を招待した場合

　当社の新製品の発表展示会に国内取引先のほか、アメリカの有力取引先も招待する予定です。その場合に、次の費用は販売促進費となりますか。

　① アメリカとの往復航空運賃

296 第3編 質疑応答事例

② 日本滞在の宿泊費、食事代

③ 来日中の専属通訳代

④ 展示会での懇親会費用

⑤ 京都観光費用

A12

　新製品の展示会等に得意先等の参加を求めるのが主目的の場合には、招待する際の交通費、宿泊費等に通常要する費用は、海外の得意先を含め交際費等に該当しません。ただし、京都観光費用は交際費等となります。

解説

　新製品、季節商品等の展示会等に得意先を招待する場合には、招待者の展示会場までの交通費や食事代だけでなく、宿泊代を負担するケースもあります。これらの費用を負担することにより遠方者を含め多くの来場者を期待し、当社製品の理解を深めてもらい、より多くの売上増進を期待できるからです。すなわち、広告宣伝や販売促進のために必要な支出であり、展示会開催に通常要する費用については広告宣伝費となります（措通61の4(1)-17(3)）。この場合の招待する得意先は、国内の取引先に限定されず海外の取引先も含まれます。

　したがって、①〜③のような新製品、季節商品等の展示会等に得意先の参加を求めるのが主目的の場合には、海外の得意先であっても日本までの往復の航空運賃、食事代、宿泊費、専属通訳代等は、通常要する費用の範囲内であれば交際費等に該当しません。

　また、④の展示会における懇親会費用ですが、それが会議費における昼食程度であれば会議費として認められますが、パーティー等の飲食となるとその部分は交際費等となります。ただし、いわゆる5,000円基準

⑤ 旅行、観劇等への招待と交際費等　　*297*

及び接待飲食費の50％損金算入の適用がありますので、一人当たりの金額を検討してください（措法61の4①④）。次に京都観光に要する費用は、明らかに接待であり交際費等に該当します。

　一方、展示会への招待が名目的であり、その実態が⑤のように京都観光等の観光旅行への招待が主目的であるとすると、招待に要した費用の全額が交際費等に該当することになります。ただし、展示会そのものに要した費用は会議費（販促費）等として認められます。

Q13　得意先の旅行招待に同行する当社員の添乗費用

　得意先をハワイ旅行に招待することになりました。旅行会社の添乗員のほか、当社の社員2名もお世話役として同行します。社員の旅費等の旅行費用及び給与も日割り計算等で交際費等となるのでしょうか。また、海外出張手当はどうなりますか。

A13

　接待旅行に同行した社員の旅費等の旅行費用も交際費等となります。月給は交際費等となりませんが海外出張手当は交際費等に含めるべきと考えます。

解説

　得意先を旅行、観劇等に招待した場合に要する費用は交際費等となります（措通61の4(1)-4、(1)-6、(1)-15(4)）。この場合に、得意先の招待旅行に同行する主催者である当社員の費用の取扱いです。交際費等の支出

には、本来的な交際費等支出とその接待行為がなかったなら発生しなかったいわゆる付随費用も交際費等に含まれます。得意先等のハワイ招待費用は交際費等となります。したがって、その招待旅行という交際行為がなければ発生しない費用、逆にいえば旅行があるが故に発生した費用は、接待行為そのものに係る費用となり交際費等に該当します。招待旅行に同行する主催者の社員に係る旅費、宿泊費等は旅行招待のために発生した費用であることから交際費等となります。しかし、同行する社員は会社業務としての出張であり個人的旅行でもないため旅費等は現物給与となりません。また、本人の月給は旅行に関係なく定額で支払われるものであるため交際費等には該当しませんが、海外出張のために特別に支給される支度金、海外出張手当は旅行招待があるが故に付随的に発生したものであるため交際費等に含まれると考えます。これに類する事例として、得意先等をゴルフに接待した場合の同伴者のプレー代、交通費等も交際費等に含まれます。

Q14 得意先からの招待旅行に参加した当社員の費用

得意先からハワイ旅行への招待を受け当社の役員、社員2名が参加することになりました。旅行費用は得意先が負担しますが、当社は2名に対して社内旅費規程に基づく日当等を支給します。この取扱いはどうなりますか。

A14

接待旅行に応じて参加した社員等の旅行のために特別に支出した費用

は原則、交際費等となるのではないかと考えます。

解説

得意先を旅行、観劇等に招待した場合の費用は交際費等となります（措通61の4(1)-4、(1)-6、(1)-15(4)）。一方、これらの招待を受けた側の明確な取扱いは、特に明らかにされたものはありません。何故なら招待を受けた側にはそのために特別に発生する費用が一般には殆んどないからです。しかし、海外旅行のように日時を要するものや旅行時の身の回りに費用が見込まれる場合には、たとえ得意先の招待であるとしても、参加者に旅費規程等に基づく支度金や日当等を支払うことも見受けられます。社員等の海外渡航費の取扱いは、業務命令等に基づくものであっても観光部分は原則、給与となります（法基通9-7-6～10）。しかし、本件の場合は、観光旅行であるとしても、当社の参加者は自身の娯楽等のために参加したわけではなく、一種の業務命令であることから給与にはならないと考えられます。

接待を受ける社員等の接待場所へのタクシー代は、自社が行う接待のために支出したものでないことから交際費等とならない事例紹介があります（**1** Q13（194頁）参照）が、この取扱いは自社の営業活動上認められている一般的な交通費の範囲（例えば、日常の営業活動中の場所から接待場所に行く場合の交通費等）であれば交通費として認められるとの考えと思われます。しかし、招待された側のその招待に伴い支出する費用のすべてが無条件に損金として認められるものではないとの考えがあります。観光旅行は典型的な交際費行為であり、得意先からの旅行招待に応じるか否かは会社の任意であり、観光旅行という接待行為に参加したことは自社も接待行為に応じたともいえます。そして、その接待行為のために当社が敢えて特別に支出した費用（日当等）は、交際費等の費用

300　　第3編　質疑応答事例

の一部を負担したものとも考えられ当社の交際費等となるのではないか
と思われます。日常的な営業活動の範囲内でのタクシー代とは支出目的
が異なるのではないかとの判断です。ただし、このような判断基準は税
務の取扱上では明確にされているものではありません。なお、日当等が
不相当に高額であったり、旅行日程、内容等に個人的な部分の追加があ
る場合には、その部分についての会社負担額は本人の給与となると考え
ます。

Q15　翌期に実施した招待旅行の交際費等の支出時期

当社は3月期決算です。得意先を3月中にハワイ旅行に招待する
予定が都合により4月2日からの実施となりました。旅行手続、旅
行費用はすべて3月末までに旅行代理店に支払いました。交際費等
の損金不算入額の計算は当期で行うのでしょうか。

A15

招待旅行を実施した4月が交際費等の支出時期となり、当3月期決算
では前払費用等となります。

(解説)

メーカーや卸売業者が得意先である小売業者を旅行、観劇等へ招待し
た費用は交際費等となります（措通61の4(1)-15(4)）。その場合の交際費
等の支出の時期は、その支出の行為が行われたとき、すなわち、招待旅
行が行われたときとなります（措通61の4(1)-24）。

ご質問のように本来３月中の旅行で手続もすべて完了したが４月にずれ込んだとのことです。しかし、延期が不可抗力であったとしても旅行の実施が４月２日のため翌期の交際費等支出となります。本年３月期では旅行代理店に支払った金額等は仮払金又は前払費用として処理すべきです。

6 情報提供料・手数料と交際費等

○　得意先を開拓する、売上を伸ばす等のための情報提供には、相当額の情報提供料・手数料を支払います。しかし、この情報提供料等と交際費等との区分については税務調査でよく問題とされます。

○　取引に関する情報提供、役務提供を受けたことにより支払う情報提供料等は正当な経費として認められるはずです。一方で、事業関係者に対して取引の謝礼としての金品贈与は交際費等となります。税務上は、情報提供を業とする専門業者に支払う場合は取引の対価として認めています。しかし、それ以外の者に対する支払いはそれが役務提供の対価であるか、単なる謝礼として交際費等になるかの判断が必ずしも明確でないことから、それらの者に対する情報提供料等を問題視しています。

○　情報提供等の専門業者以外の者（得意先等、一般消費者を含む。）に対する情報提供料等が交際費等とならない場合とは、次の要件をすべて満たす場合です（措通61の4(1)-8）。

①　あらかじめ締結された契約に基づく支払い

②　役務内容が契約で具体的に明らかにされ、かつ、実際に役務提供がある

302 第３編　質疑応答事例

③　支払金額が相当である

○　なお、情報提供等の専門業者となる範囲にも問題点があります。

Q1　情報提供料（手数料）と交際費等の区分

情報提供料（紹介手数料）と交際費等の区分について明らかにしてください。

A1

取引情報に関する情報料・手数料は一定要件を満たす場合に限り損金となり、満たさない場合には交際費等となります。

解説

取引に関する情報手数料等は販売政策上必要な費用ですが、それが正当な対価なのか、それとも単なる謝礼としての交際費的支払いであるかの区別は難しいです。商社等の仲介斡旋専門業者への支払いは商取引としての対価性が認められるが、それ以外の者（非専業者）への情報提供料は次の要件（下記表中の①〜③）のすべてを満たさない場合には交際費等となります（措通61の4(1)-8）。

	情報提供料となるもの	交際費等となるもの
支出の相手先	・情報等提供を「事業」している者（商社、仲介業者等の専門業者）に対するもの	・専門業者でも明らかに謝礼と認められるもの ・非専業者は下記三要件（左の①〜③）を満たさないもの

6　情報提供料・手数料と交際費等　　*303*

	・上記以外の者（非専業者）は下記三要件（左の①〜③）を満たしたもの	・当該取引に係る取引先等の役員、従業員等の個人に支払うもの（例えば、バス、タクシー会社等の運転手個人に支払うもの）
①あらかじめの支払契約	・事前の支払契約による合意 ・ポスター、新聞、張り紙等広告で一般に周知しての支払い	・事後の契約（例えば、成功報酬の場合に成功時に契約書締結等） ・外部への周知がなく、社内のみの内規による支払い
②役務提供の有無	・あらかじめの契約に基づく役務提供を受けていること	・役務提供の内容が明確でないもの又は抽象的なもの
③対価として相当	・情報提供の報酬として相当の金額（契約額の○％が相当等の基準は特にない）	・一般水準を超える金額又は対価として相当でないもの（業種により異なる）

Q2　情報提供料、斡旋手数料等が交際費等となる理由

　　住宅分譲業者です。住宅購入希望者の情報を提供をしてくれた人には、売買契約成約の場合は当然ですが、情報の提供だけであっても何がしかの手数料を支払います。あらかじめ情報提供に対する報酬を支払うとの広告はしておりませんが、税務上支払手数料と認められますか。

A2

　情報提供を事業とする専門業者への支払いは手数料となりますが、一般の者への支払いはあらかじめ支払契約等がないと成約の場合であっても交際費等となります。

解説

　事業の発展には、取引に関する情報収集は欠かせません。税務上は、取引に関する情報提供、取引媒介、代理、斡旋等の役務提供を受けたことに対する報酬は、単なる謝礼と異なるため交際費等には該当しません。一方、事業関係者への取引に対する謝礼金は交際費等の範囲に含まれます（措通61の4(1)-15(9)）。両者の違いは、商社等の情報収集や提供を事業とする専門業者は、それが正業であり営業収入となることから交際費等となる余地はありません。しかし、情報提供を行うことを事業としていない者への支払いは、それが正当な役務提供の対価の場合には交際費等となりませんが、中には情報提供という漠然とした内容を隠れ蓑にしての一種の謝礼金（あるいは賄賂）や心付けを「情報提供料等」として支払うことが多く見受けられることから、原則、交際費等に該当するとしております。

　ただし、情報の提供を業としていない者（非専業者）に対する金品の交付であっても、次のすべての要件を満たす場合は、情報提供の正当の対価として交際費等に該当しません（措通61の4(1)-8）。

① 　その金品があらかじめ締結された契約に基づくものであること

② 　提供を受ける役務内容が当該契約で具体的に明らかにされており、かつ、これに基づいて実際に役務提供を受けていること

③ 　支払う金額が提供を受けた役務内容に照らし相当と認められること

この取扱いに対して、実務上、次の問題点が指摘されています。

第一に、情報提供等を行うことを「事業」としている者の範囲です。専門の仲介業者や商社等のほか、建築設計事務所、不動産鑑定士等の各種「士」業等が含まれるかどうかです。

第二に、あらかじめの契約が必要ですが、例えば、成功した場合に支払う約束で実際に成功したため契約書を締結した場合（後からの契約書）には、あらかじめの契約に該当するかです。つまり、事後契約（遡り契約）又は、口頭契約は認められるかです。

現在までは、専業者に「士」業が無条件で含まれるとの見解は少ないです（次問Ｑ３参照）。また、必ず事前の契約が必要であるとの見解は多いです。「あらかじめ締結された契約」には口頭契約も含まれますが、事後の税務調査に対応するためには、事前の口頭契約又は合意があったことを証するメモ等が必要です。契約書日付が事後の場合には「あらかじめ」の契約がなかったとされる場合があるからです。

Q 3　情報提供の専業者の範囲
 （いわゆる「士業」に支払う情報提供料）

建築業者です。設計事務所、不動産鑑定士事務所等に対して新改築する顧客の紹介があった場合に相当の手数料を支払います。諸般の事情であらかじめ手数料支払いの事前契約はありません。自動車ディーラーと自動車修理工場、整備工場等の間は事前契約がなくても手数料となるとのことですが、建築業者と設計事務所、不動産鑑定士事務所等も同様とみてよいですか。

306　第3編　質疑応答事例

A3

　建築業者にとって設計事務所、不動産鑑定士事務所等は顧客紹介の専業者とはみておりません。事前に手数料の支払契約が必要と考えます。

解説

　情報提供料は、情報提供を事業としている者（専業者）に対する支払いは手数料として認められますが、それ以外の者（非専業者）が顧客を紹介してくれた場合の手数料は、一般人いわゆる素人を含めそれを支払うことがあらかじめ契約等で明らかにされており、かつ、支払金額も相当である場合に限り、交際費等に該当しないとされています（措通61の4(1)-8）。

　この場合の情報提供の専業者とは、一般に商社、斡旋業者、不動産仲介業者等その情報提供料収入が営業収入の主体を占めている事業者をいいます。

　ところで、設計事務所は顧客の求めに応じて行う建築設計、構造計算等の設計が専門であり、不動産鑑定士事務所は土地建物の鑑定評価が専門です。もちろん、専業の仕事遂行上で新改築の顧客情報を得る機会は十分にあり、これらの情報を建築業者に提供する機会も少なくないでしょう。しかし、税法が求める相当の情報提供料とは情報提供専業者を対象としており、それ以外の者への支払いは交際費等となる単なる謝礼金との区分をするために、あらかじめの契約等に基づく支払いに限定されているところです。現在の税務の現場での取扱いでは、設計事務所、不動産鑑定士事務所等は顧客紹介の機会が多いと思われますが情報提供を専業とする者でないことから専業者とはみていないと思われます。したがって、情報提供料として支払う場合には、あらかじめの定め、契約が必要であると考えます。ご注意してください。

　なお、自動車ディーラーの自動車修理業者、整備業者、中古車販売業

6 情報提供料・手数料と交際費等　　*307*

者等は最も自動車購入に関する情報が得られる立場にあり、日常的にも自動車販売の仲介もしていることから、商慣習上も当然に仲介の対価を請求できる立場にあると考えられており、情報提供の専業者と同様と見て事前の契約等がなくても手数料と認められています。

Q4　情報提供料の「あらかじめ締結された契約」とは

> 販売活動を幅広く行うため、情報提供者に手数料を支払うことにしました。交際費等とならない情報提供の「あらかじめ締結された契約」とは、①契約書等の文書が必要でしょうか、また②手数料支払いを外部には知らせず社内規程での支払いも認められるでしょうか。

A4

　あらかじめの契約は、契約書等の文書だけでなく事前の口頭契約、合意、チラシ広告等も認められますが、外部に対する周知（公知）が必要であり社内規程だけでは認められません。

解説

　情報提供料、手数料が損金と認められるためには「あらかじめ締結された契約」に基づくことが必要です。一般論としては、情報提供者への支払いは、それが正当の役務提供の対価である場合には交際費等となりません。しかし、現実には情報提供という漠然とした内容を隠れ蓑にしての一種の謝礼金（あるいは賄賂）や心付けとしての支払いと認められる場合が多くあるため、原則、交際費等に該当するとしたものです。し

かし、「あらかじめ締結された契約」等の一定要件を満たす場合には、正当な取引の対価となり交際費等に該当しません。

あらかじめ締結された契約は、外部に対する周知が必要とされます。

① 契約書等の形式

文書による契約は当然認められますが、事前の口頭契約や合意、あるいはポスター掲示や、チラシ広告等の募集方法でも事前の周囲への周知があれば認められます。

ただし、事前の口頭契約や合意は、後日の税務調査で「あらかじめ契約」があった否かが問題となり、立証も難しいものがあるため、文書による契約が望ましいでしょう。

なお、成功、成約したら支払うとの約束で成功した後に契約を締結する場合は、あらかじめの契約がなく事後契約であるとの指摘もあるため留意が必要です。成功報酬であっても事前の契約が必要と考えます。

② 外部への周知

あらかじめ締結された契約は、口頭契約、合意も認められますが、情報提供すれば手数料がもらえるとの外部への周知と、情報提供料を当然に請求できる状況が必要です。したがって、外部に周知せず、社内規程のみでの支払いは事前の契約がなく単なる謝礼として交際費等となります。

Q5 情報提供料として認められる場合

自動車販売会社が自動車購入の情報提供者に支払う手数料で、次

6 情報提供料・手数料と交際費等　　*309*

の場合はどうなりますか。あらかじめ手数料を支払うことを公知し
ており、また、支払額も相当額と考えております。

① 情報を提供したすべての者（一般人）を対象とする場合

② 希望により現金に代えて当社レストランへ食事招待する場合

③ 自動車修理業者、中古車販売業者への支払い

④ 自動車を販売した先の従業員への支払い

⑤ 当社の従業員への支払い

A 5

　情報提供を業としない者への支払いは、あらかじめ契約があれば、原則すべての者が対象となります。現金のほか物品の交付（食事招待等）も認められます。ただし、自動車販売先の社員への支払いは交際費等となり、自社社員は給与となります。

解説

　情報提供料の取扱いは、情報提供を事業としている者への支払いについては、手数料と認められますが、それ以外の者（非専業者）が顧客を紹介してくれた場合の謝礼金は、一般人いわゆる素人を含めそれを支払うことがあらかじめ契約等で明らかにされており、かつ、支払金額も相当である場合に限り、交際費等に該当しないとされています（措通61の4(1)-8）。ご質問のケースは以下のとおりです。

① 情報提供料の取扱いは、すべての者を対象としており一般の人も含まれます。その場合には、あらかじめ明らかにされた契約等に基づく支払いに限って交際費等となりません。それ以外の支払いは任意に支払う単なる謝礼又はいわゆる心付けとして交際費等に該当することになります。

② 情報提供料は、現金のほか物品の交付も認められます。現金支払いの掲示をしたとしても、希望があれば現金に代えて直営レストランでの食事招待の場合も当然に認められます。情報提供者に現金を一旦支給し、その現金で食事代に充てたと考えることもでき交際費等には該当しません。

③ 自動車修理業者、整備業者、中古車販売業者等は、最も自動車購入に関する情報が得られる立場にあり、通常自動車販売の仲介もしている場合が多いため、業としない場合でも商慣習上、当然に仲介の対価を請求できる立場にあると考えられますので、情報提供の専業者として支払手数料となります。

④ 税務における交際費等の考え方は、取引先「事業者」への金銭の支払いは、それが取引に関する場合には交際費等に該当しないとしています。取引価格の修正（値引き）であり相手先の収益となるからです。しかし、その取引先の役員、従業員等の個人に対する支払いは交際費等となります。謝礼、心付けのためです。したがって、その情報提供者が自動車を購入する会社の社員の立場としての情報提供である場合には、たとえ、事前契約等の要件を満たしたとしても取引先従業員に対する謝礼として交際費等に該当すると考えます（措通61の4(1)-15(9)）。ただし、その者が特約店のセールスマンで措置法通達61の4(1)-13に該当する場合は除かれることになっています。

⑤ 自動車販売会社の従業員については、車を販売する営業マンは当然の職務ですが、一般社員も自社商品の販売に努めるのは当然の職務です。一般社員の顧客紹介は職務執行の対価として一種の歩合給として給与となります。

6 情報提供料・手数料と交際費等　*311*

Q6　情報提供料の「相当の金額」の範囲

　情報提供料が交際費等とならないためには、提供を受けた役務の内容に照らして相当と認められる金額とあります。この場合の相当の金額の程度はどのくらいですか。

A6

　具体的に示された金額、割合等はありません。役務の内容により個別的に判断することになります。

解説

　商社等のように斡旋、仲介等を主な業務としている専門業者はその手数料率等はある程度明確になっていると思います。しかし、情報の提供を業としない一般の者に対する情報提供報酬・手数料については、役務の内容にも千差万別があるため相当の対価について具体的な金額、割合等は見当たりません。役務の内容、取引の内容により個別的、具体的に判断することになります。税務が情報提供料について「相当の金額」の範囲を設けたのは、情報提供という漠然とした内容を隠れ蓑にしての一種の謝礼金（あるいは賄賂）や心付けを「情報提供料等」として支払うことが多く見受けられることから原則、交際費等に該当し、「相当の金額」の範囲内であれば交際費等としないとしたものです。そして、あらかじめの契約も要件としました。これは、あらかじめ締結又は周知した契約に基づく支払いであれば、対価性が明確であり、恣意性のない取引の対価と推測されるからです。したがって、「相当の金額」については、

312　第3編　質疑応答事例

情報の内容、受けた役務の内容、情報に係る取引の損益状況、同業者が支払っている金額、一般的な基準等を勘案して個別に金額等を決めることになります。なお、事後の税務調査では、その金額としたことについての判断を求められる場合が多いと思いますので、会社が判断した基準等を説明できるようにしておいてください。

Q7　取引先の従業員等に支払う情報提供料

　取引先の従業員等から取引等の有用な情報等を提供してもらった場合に、その謝礼として一定金額を支払います。取引先の従業員等に対する情報提供料はすべて交際費となるのですか。

A7

　その取引先（新たに取引を開始する予定の会社を含む。）との取引に関する情報提供料が交際費となります。他社に関する情報提供料は三要件を満たせば交際費等となりません。

解説

　商社や仲介業者、コンサルタント会社等の情報提供を専業とする会社・者（専業者）からの新たな取引情報や新規顧客情報に対する報酬（手数料）は、対価として相当であれば交際費等となりません。

　一方、情報提供を業としない者からの情報提供料は、それが正当な対価であるか、あるいは単なる謝礼であるかの区別が判然としないことから、①あらかじめ手数料支払いの契約に基づいて、②実際に役務提供が

あり、③対価としても相当であるとの三要件を満たすと手数料として認められ、それ以外は謝礼金として交際費等となります（措通61の4⑴-8）。一方、取引先等の従業員等に対する取引等に対する謝礼は交際費等となります（措通61の4⑴-15⑼）。

　取引先等の従業員等からの情報提供料はすべて交際費等となるのか、それとも、取引先等の従業員は一般には専業者でありませんので上記三要件を満たせば手数料として認められるかです。情報提供料通達では「法人が取引に関する情報の提供……（当該取引に係る相手方の従業員等を除く。）……」とされており、当該取引とは、情報提供を受けて新たに成立する取引のことをいいます。したがって、取引先の従業員等からその勤務先自体の情報や取引そのものの斡旋・情報である場合には、取引等の謝礼としてすべて交際費等となります。しかし、取引先の従業員等から新規顧客が見込まれる知人や他社等の第三者の紹介を受けた場合に支払う手数料は、通達の三要件を満たせば交際費等となりません。なお、今まで取引のなかった会社の従業員等から、その会社の取引自体の斡旋、紹介を受けた場合は取引先の従業員に該当するため手数料は三要件を満たしたとしても交際費等に該当すると考えます。

Q8　観光地等のお土産店等がタクシー運転手に支払う手数料

　観光地の土産店です。地元のタクシー会社運転手と個別に約束し、お客を店に連れてきた場合には一定金額の手数料を支払います。領収書は出しませんが運転手ごとに記録しています。販売手数料と認められますか。なお、あらかじめ運転手に手数料を支払う旨の掲示

314　第3編　質疑応答事例

をした場合はどうなりますか。

A 8

　あらかじめ手数料支払いの明示があっても運転手への支払いは交際費等となります。

解説

　各地の観光地等では、タクシーや観光バスの運転手に対して、お土産店、ドライブイン店、旅館等がお客と同伴で立ち寄った場合には、一定の手数料を支払うケースがよく見受けられます。お土産店等にとっては、単なる謝礼というよりも販売政策に伴う必要経費との意識が強いことでしょう。しかし、交際費等の損金不算入制度は事業関係者に対する接待、供応、贈答等のために支出するものをいい、これに該当する場合には販売政策上必要かどうかを問わないことになっています（措通61の4(1)-1）。

　タクシー運転手は、乗客の指示で行き先が決まりますが、たまたま、乗客が不案内なため運転手が特定のお土産店等に案内したとしても、それは乗客へのサービスであり、そのことで対価を請求できるものではありません。また、その乗客がその店で買い物したとしても、そのことは運転手が媒介したものでもありません。したがって、運転手への支払いは媒介行為の対価としての販売手数料とはいえないでしょう。その実質は運転手がお客をお店に案内してくれた謝礼、今後も案内を期待しての心付けの意味合いが強く、交際費等に該当すると考えられます。また、あらかじめ運転手に手数料を支払う旨の掲示をしたとしても、タクシー会社への支払いではなく、あくまで運転手個人に対する支払いとなると交際費等に該当します。ドライブイン店が観光バスの運転手、ガイド、添乗員に支払った金銭が交際費等に該当するとした判決もあります（昭

6 情報提供料・手数料と交際費等　*315*

52.11.30東京高裁)。なお、個人タクシーの運転手に対するものは、事業主対事業主の契約であり個人タクシーは事業収入となるため、領収書の授受があれば交際費等にならないと考えます。

Q9　政治家、地元有力者への顧問料、支払手数料

不動産業です。県会議員と顧問契約を結び土地開発情報や官庁等との円滑な関係のために毎月顧問料を支払っています。また、当社開発物件で立退きに応じないテナントの説得を地元有力者に斡旋を依頼したところ、立退きに応じることになったため成功報酬を支払いました。いずれの場合も、役務提供があることから顧問料、支払手数料として認められますか。

A9

政治家に対する支出は、原則、寄附金となりますが交際費等もあります。また、地元有力者への支払いは交際費等となる場合が多いので注意が必要です。

(解説)

情報提供を業としない者に対する情報提供料が損金と認められる場合とは、①支払いに関するあらかじめの契約締結、②その契約に基づく役務提供、③役務提供に対して相当の対価、の3条件を満たす場合です(措通61の4(1)-8)。

政治家に対する支払いは、たとえ、事前の契約があったとしても、②

のその契約に基づく役務提供が実際にあったかどうか、また、その毎月の支払いが、③の役務提供に対して相当の対価かどうかが判然としません。一般に、政治家に対する支払いは政治活動の公益性、公共性に対する資金援助であり、一般的には寄附金となります。しかし、当社との密接な関係、歓心を買うという交際費目的のために支出する場合もあることから交際費等となる場合もあります。本件の支払いも、たとえ顧問契約に基づく支払いであったとしても役務提供の対応関係が明確でないため、寄附金又は交際費等になると考えられます。

次に、地元有力者に対する手数料は、立退きに応じないテナントの説得工作を依頼し、これが解決したことに対する支払いという対応関係があり対価性があるともいえます。しかし、地元有力者は、土地建物取引業者ではなく、テナントが立退きに応じた結果だけをもって、この手数料が業務に対する正当な報酬として認められるかは難しい面があるでしょう。いわゆる取引に対する謝礼金の性格が強いことから交際費等に該当する場合もあります。したがって、それが正当な報酬と認められるためには、あらかじめの役務提供の契約書を締結し、具体的な役務提供、例えば、テナントに対する具体的な説得工作の内容、支出費用の内容等を明らかにした上で、役務内容とその対価額の正当性を説明することが必要となるでしょう。

7　福利厚生費（社内行事）・給与と交際費等

○　交際費等の支出の相手先となる得意先等には、外部の者のほか社内の役員、従業員、その親族等、OB、株主等、専属下請けの従業員等の社内関係者も含まれます。

７ 福利厚生費（社内行事）・給与と交際費等 *317*

○ それらの社内関係者との飲食等は福利厚生的なもの、会議費的なもの、あるいは給与の一部とみられるもの等の他、いわゆる社内交際費等に該当するものもあります。それらの取扱い及び各種の記念式典、福利厚生行事、社員募集費等の社内行事と交際費等との区分について検討します。

○ なお、交際費等から除かれる飲食費一人当たり5,000円以下の基準及び接待飲食費の50％損金算入は、得意先等との飲食代のみが対象のため、いわゆる社内交際費は5,000円以下であっても交際費等になります。

○ 給与と交際費等の区分は、従業員等に対する経済的利益が金銭によるもの又は多額なもの及び特定の者を対象とするものが給与となり、消費的なもの又は金額が多額でないものは交際費等と区分することが多いです。

Q1 福利厚生的支出の福利厚生費、給与、交際費等との区分

社員等の職場・労働環境を良くするために多くの福利厚生的な支出をしています。社員等に対する経済的な利益供与は税務上では給与が原則となり、交際費等となる場合もあると聞きました。福利厚生費、給与、交際費等の区分・判断はどのようになっていますか。

A1

福利厚生的な支出について福利厚生費、給与、交際費等との区分は、おおむね次の通りです。なお、社員等に対する飲食が交際費等となった

318   第3編　質疑応答事例

場合でも5,000円基準による交際費からの除外及び50％損金算入の適用はなく、全額が交際費等となります。

解説

　福利厚生費は、一般に社員の健康管理、レクリエーション等の行事、社内サークル活動の補助、厚生施設負担金等社員の勤務条件の改善目的又は慰労のために支出する費用です。しかし、その本質には、従業員等に対する金品の贈与、飲食の提供等による経済的利益の供与であることから給与又は交際費等に該当する場合があります。

　ただし、その供与が会社業務の遂行上から必要なものであり、全社員（あるいは、該当者又は希望者全員）を対象とするもので、また、一人当たりの金額も通常認められる程度の金額である場合には、社員の福利厚生のためと認められ交際費等となりません（措法61の4④一）。

　したがって、交際費等となる場合とは、特定の社員に限って行うもの、一人当たりの金額が多額なもの、遊興娯楽を主とするもの等がこれらに該当することになります。

　給与又は交際費等の区分は、従業員等対する経済的利益が金銭によるもの又は多額な場合は給与となり、消費的なもの又は金額が多額でないものは交際費等と区分しています。

　なお、飲食代の5,000円基準及び50％損金算入は社内交際費の場合には適用がありません（措法61の4④）。

　福利厚生費、給与、交際費等との区分は、おおむね次の通りです。

内　容	福利厚生費に該当	給与に該当	交際費等に該当
1　レクリエーション行事	全従業員を対象としたもの（所基通36-30)	①役員のみ、又は特定の社員のみ等を対象とするもの	役員のみ、又は特定の社員のみ等を対象とする

⑦　福利厚生費（社内行事）・給与と交際費等　　319

	①一般的に認められているレクリェーション行事 ②通常要する費用 ③場合によっては、OB、家族の参加も認められる	②華美、過大の費用 ③自己都合による不参加者への金銭支給は参加者も給与となる（所基通36-50） ④ゴルフ費用負担は現行では給与が多い	もので給与とならないもの（5,000円基準及び50％損金算入の適用はない）
2　社内サークル活動	①サークル参加が自由 ②会社補助金が本来目的に使用し、かつ、明確なもの ③打上げ、祝勝会等の飲食で会議費程度のもの	①特定の社員のみを対象又は得意先等も参加（交際費の場合もある） ②通常の程度を超える補助金 ③会社補助金を各人に分配、自由使用が可能 ④ゴルフサークル補助は現行も給与が多い	①役員のみ、又は特定の社員のみ等を対象とするもので給与とならないもの ②打上げ、祝勝会等の飲食で会議費程度を超えるもの（5,000円基準等の適用はない）
3　レジャークラブ等の施設利用（ゴルフ会員権は除く）	①法人会員として入会 ②福利厚生施設として社員が自由に利用できるもの	①個人会員としての入会（所基通36-34の3） ②特定の役員、個人のみが利用	得意先等が利用しているもの
4　ゴルフクラブ	ゴルフに関しては、現在のところ、専ら社員等の慰安等のためでも福利厚生費としては難し	法人名義であっても、個人が使用するものは、入会金、年会費、プレー代は給与となる（所基通36-34、	得意先接待等としての年会費、プレー代等

	い状況にある	36-34の2）	
5　社員旅行	次のような旅行（昭63直法6-9、平5課法8-1改正）①旅行期間が4泊5日（海外は目的地滞在期間）②全従業員の50％以上が参加③費用一人当たり10万円程度	左の①から③に該当しないもの	旅行中での交際費等行為の負担
6　創立〇周年記念パーティー等	おおむね5年以上の周期で行うもの①従業員におおむね一律に社内で供与される通常の飲食費用、ふさわしい記念品（ホテル等開催も認められる）②記念品は元従業員に一律配布も交際費等とならない	高価（処分見込価額1万円以上）な記念品（所基通36-22）及び金銭（商品券等の同等のものを含む）の交付	得意先を招待したパーティー等への社員の参加費用（飲食が主であると5,000円基準及び50％損金算入の適用がある）
7　慶弔・禍福費、永年勤続記念など	①「社内慶弔規定」等の一定の基準に従って支給される金品②元従業員も上記基準に準じての支給③永年勤続記念は、10年以上勤務で	慶弔・禍福は、①役員のみ、特定の社員のみ等を対象とするもの②役員等の理由のみで、特に加算支給のもの②永年勤続記念としての高価な記念品	慶弔・禍福は、左の給与に該当しないもの永年勤続記念は、式典での通常パーティー等後の二次会など

		飲食、記念品として相当なもの（旅行、観劇招待を含む）	（所基通36-21）	
8	忘年会、新年会、誕生日会等	全社員を対象とする社内行事の一環とするもの（支店、部、課単位も認められる）	①役員のみ、特定の社員のみ等を対象とするもの ②華美、過大の費用	特定の社員等を対象とするもので給与とならないもの

Q2 給与と交際費等との区分

　従業員等に対する飲食費は、いわゆる「社内交際費」となり、場合によっては給与の場合もあると聞きました。交際費と給与の区分はどのようになりますか。

A2

　労務の対価として支払われる金銭及び金銭以外の経済的利益の供与は給与が原則となりますが、給与と至らないもの及び給与とすることが相当でないものが交際費等となります。

（解説）

　給与とは、雇用関係に基づいて人的役務提供の対価として金銭で支給を受けるもので、給料、賃金、賞与をいいます。しかし、金銭以外でも物品の贈与、債務免除、各種負担金の会社肩代わり等の経済的利益の供

与も給与（現物給与）となります（所法28、法基通9-2-9、9-2-10）。一方で、社員の安全・快適な労働環境維持のための福利厚生的行事や会議の円滑な進行のために飲食の提供も行っています。しかし、これらの本質は社員等に対する経済的利益の供与と認められることから、税務上は給与を原則としますが、給与とするまでに至らない程度のもの、給与することが相当でないものは福利厚生費、会議費及び交際費としています（措法61の4④）。飲食については、特定の社員等を対象とし金額的にも多額なもの、会社業務とは関係のない個人的なもの等が給与となり、それ以外は、会社側からの接待行為として交際費に該当します。

役員、従業員に対して支給される次のようなものは、給与となり交際費等とはなりません（措通61の4(1)-12）。

① 常時支給される昼食等の費用

② 自社製品、商品等を原価以下で販売した場合の原価に達するまでの費用

③ 機密費、接待費、交際費、旅費等の名義による支給で、その法人の業務のために使用したことが明らかでないもの（いわゆる渡切り交際費等）

④ 個人的費用の負担額。例えば、社交団体等に対する会費等で個人が負担すべき費用

　　（ロータリークラブ、ライオンズクラブの入会金、会費は交際費等に該当する）

なお、役員の給与と認定されると、継続的に供与され、かつ、毎月おおむね一定額であるもの（法令69①三、法基通9-2-11）を除き定期同額給与（法34①一）又は事前確定届出給与（法34①二）のいずれにも該当しないため、損金となりません（個人と法人に対する二重課税となる。）。

交際費等と給与との区分は次のとおりです（福利厚生費との区分は前

7　福利厚生費（社内行事）・給与と交際費等　　*323*

問Q1を参照）。

	給与となるもの	交際費等となるもの
事業遂行上の必要性	・事業の遂行上必要と認められない交際費支出	・事業の遂行上必要と認められる交際費支出 ・役員が業務の必要上から業界団体等の役員等となっている場合の業界団体等関係における交際費支出
渡切り交際費	・機密費、交際費、旅費等の名目であっても、その使途について精算が行われていない渡切り交際費等	・渡切り交際費等であっても、後日精算が行われ、事業遂行上必要と認められる交際、接待費
個人的費用	・事業の遂行上必要と認められない個人的費用 ・役員等個人の冠婚葬祭に際し、多くの得意先等を招待したとしても個人的費用の負担となる。 ・ただし、社葬の会社負担は給与又は交際費等とならない（基通9-7-19）	・会社の業務上からの飲食等で給与とならない程度のもの
従業員の慰労会等	・従業員の慰労会等であっても、特定の者のみを対象とし、その金額が社会一般的な程度を超えているもの	・特定の者のみを対象とし、その金額が給与とならない程度の飲食代等 ・新年会、忘年会等であっても、一人当たりの金額が通常の程度の範囲を超えるもの

324 第3編　質疑応答事例

Q 3　社員等に対する飲食代等が交際費等となる理由

　当社は限られた人員で目一杯の仕事をしております。したがって、日頃の労苦に報いるために残業の後や、区切りの付いた時に会社費用負担で慰労会を行っています。福利厚生の目的としての飲食と考えておりますが、社員に対する飲食も交際費等になるとのことです。その区分はどのように考えたらよいですか。

A 3

　社内の行事として概ね社員等全員を対象としての慰労であり、かつ、社会の常識的程度の金額による飲食は福利厚生費として認められます。しかし、特定の社員を対象とするもの、金額的にも多額と認められる飲食は交際費等又は給与となります。

（解説）

　社員等は雇用関係に基づき労務の対価として給与が支給されています。一方で、社員の安全で快適な労働環境の維持・整備等の要請から福利厚生的な行事や施策も会社が費用負担しています。しかし、福利厚生の本質は従業員等に対する経済的利益の供与であることから税務上は原則給与とし、給与とならない程度のものは関係者に対する接待として交際費等としています。しかし、専ら従業員の慰安のために行われる運動会、旅行等のために通常要する費用は交際費等から除いており（措法61の4④一）、創立記念日等での社内祝賀会での飲食及び社員の慶弔、禍福に際しての金品も交際費等としていません（措通61の4(1)-10）。飲食等の

7 福利厚生費（社内行事）・給与と交際費等 *325*

供与が社内の行事としておおむね社員等の全員を対象とするものは、社員自身が好むと、好まないとにかかわらず一種の参加強制であること、かつ、その金額も社会常識的な金額であれば福利厚生費とすることが認められています。しかし、特定の社員を対象とするもの、金額的にも多額と認められる飲食はその社員等に対する会社側からの接待行為となり交際費等に該当します。また、場合によっては給与となります。要するに、原則全員参加（参加希望者は全員参加できる。）の会社の行事としての飲食の場合には福利厚生費となり、特定の者のみに対する飲食は交際費等となります。更には金額的にも相当額か否かにより交際費等又は給与かどうかに区分されます。

Q4 創立記念式典等のホテル又は各地開催と記念品代

会社創立50周年に際し従業員を対象に記念式典を行います。費用については次のように考えていますが認められますか。

① 本社主催での統一式典は、本社内に適当な場所がないためホテルで立食パーティー形式で開催します。ホテルで開催すること、若干名のコンパニオンを呼んで少し華やかにしますが福利厚生費とします。

② 社員には購入価額8,000円のボールペンとシャープペンシルのセット、得意先には購入価額10,000円の電波時計を当社50周年記念の刻印入りで贈ります。得意先（郵送）は交際費等、社員は福利厚生費とします。

③ 各支店単位での式典開催も考えています。式に要する費用は

326　　第3編　質疑応答事例

地域性も考えて参加者一人当たりで統一しますが、九州支店は営業成績が好調だったため予算の割増を認めました。会社行事としての創立記念式典のため福利厚生費とします。

A 4

　式典を催すことができる会場の都合でのホテル使用は福利厚生費が認められます。記念品は得意先等に配布は郵送料を含め交際費等になりますが、社員への記念品は福利厚生費が認められます。ただし、式典費用は地域性の加味は認められますが全国一律が原則であるため九州支店は交際費等となる場合もあります。

（解説）

　会社の行事としての創立記念行事等に際し従業員におおむね一律に社内において供与される通常の飲食に要する費用は福利厚生費となります（措通61の4(1)-10）。この取扱いの開催場所が「社内において」とは、社内が絶対の要件で社外は一切認められないものではなく、社内又はこれに代わるふさわしい場所を意味していると考えます。したがって、社内に適当な場所がない場合には、近隣等のホテルでの開催も認められると考えます。しかも、①のように従業員を対象に立食パーティー形式で一人当たりの飲食単価も常識的な範囲内であるとすれば、コンパニオンを呼んだとしても若干名である場合には通常の飲食に要する費用に該当すると考えます。通常要する費用は、式典の内容、一人当たり金額、会社の規模等により社会一般に認められる範囲内の金額となります。また、全国に支店等を有している場合には、支店ごとに式典等を行うこともあります。会社の行事であることから原則は、一律に行うべきと考えますが、各支店にはそれぞれ地域性、習慣等があることからまったくの統一

7　福利厚生費（社内行事）・給与と交際費等　　*327*

は不可能で若干の相違はやむを得ません。交際費等の通達には、創立記念行事等における宴会費、記念品代等は交際費等に該当するとしています（措通61の4(1)-15(1)）。これには得意先等だけでなく従業員に対するものも含まれ、従業員の場合は前述の通常の飲食費用を超えた一種の豪華なものが社内接待として交際費等に該当するとの考えと思われます。③のように九州支店は式典の割増予算が認められるとありますが、その内容・金額によっては、成績優秀の慰労会を兼ねた割増とも考えられると、全国一律の式典を超えた飲食としていわゆる社内交際費等となる可能性もあると思われます（措通61の4(1)-15(1)）。

　次に②の記念品についてです。創立記念日等での従業員に対する記念品交付は原則、給与となります。しかし、①社会通念上、記念品としてふさわしいもので処分見込額10,000円以下のもの、②おおむね5年以上の周期で行うものは給与とはされません（所基通36-22）。ただし、記念品の支給に代えて現金、商品券等を支給する場合には、その全額（商品券の場合は券面額）が給与となります。ご質問の場合は、従業員は8,000円の筆記具で社名刻印入りとのことですので福利厚生費が認められると考えられます。なお、得意先への記念品贈答は郵送料を含めて交際費等となります。

Q5　創立記念品を下請先従業員、派遣社員等に配った場合

　当社の創立30周年記念に社員に記念品を交付します。当社の工場で専属的に作業している下請先従業員、個人事業者、派遣社員等にも同じ記念品を交付する予定です。当社員への記念品は福利厚生費

328 第3編　質疑応答事例

が認められる程度のものですが下請先等への配付は交際費等となり
ますか。

A 5

　下請先従業員等に対する創立記念品の贈呈は、原則交際費等となります。しかし、専属的な下請先であって、貴社の従業員と同一基準で同様の記念品であれば交際費等から除くことができると考えます。

解説

　会社の創立記念行事等における記念品等は得意先等に対するものは交際費等に該当します（措通61の4(1)-15(1)）。したがって、当社の工場で作業している下請先従業員、派遣社員等も得意先等に該当するため記念品は交際費等となります。一方、当社の従業員に対する創立記念品は原則、現物給与に該当しますが前問でご説明のように10,000円以下の品物で、おおむね5年以上の周期で行なわれるものは福利厚生費が認められております（措通61の4(1)-10(1)）。

　ところで、当社の工場等で専属的に当社の業務に従事している下請先従業員は、ある意味においては当社の従業員とは変わりがないことから、当社の従業員に供与している災害見舞金、業務に関する表彰金品、運動会、慰安旅行等の負担金、慶弔、禍福の金品支給等は当社基準と同等で交付するものは交際費等に該当しません（措通61の4(1)-18）。この取扱いには、創立記念品等の交付については明らかでありません。しかし、上記通達の趣旨が当社の従業員と区別がつかない程に当社業務に従事している専属下請先従業員等は当社従業員と変わりがないものであり、それらの者に供与する福利厚生費的支出は交際費等から除いている趣旨から考えると、ご質問の記念品も当社従業員では給与とならない程度の品

物で、交付基準も同一等であれば交際費等とならないと考えてもよいと思われます（記念品が当社従業員では給与となる場合は下請先では交際費等との考えです。）。ただし、専属下請先への交付は当社従業員への交付と同等であるとの記録は残しておく必要があると考えます。

なお、派遣社員の場合も専ら当社の業務にある程度長期間従事している者が該当するものであり、派遣期間が短い等、単に出入り業者程度の場合には交際費等になると考えます。

Q6　社内サークル、慶弔、会合等と規程の有無

従業員との意思疎通、福利厚生のために次のことを行いますが、福利厚生費と認められますか。その際に、いずれも社内規程がある場合とない場合で取扱いが異なるでしょうか。
①　社内サークル活動への補助金
②　慶弔、禍福に際しての金品
③　社員旅行への家族の同伴
④　誕生会、忘年会、新年会等の飲食会

A6

いずれも規程の有無にかかわらず社内行事として原則、全社員を対象として一律に適用があり、かつ、社会通念上も相当の金額であれば福利厚生費として認められます。しかし、公平性の見地からも社内規定の策定をおすすめします。

解説

　会社にとって従業員はなくてはならない存在です。最近では、福利厚生面の充実が入社動機の上位を占めています。そのため、従業員との意思疎通、福利厚生のために多くのことを行っていますが、福利厚生の本質は従業員等に対する経済的利益の供与であることから税務は給与又は交際費等として取り扱うことを原則としています。しかし、福利厚生目的の社内行事として、全社員に一律等で適用されるもので、かつ、金額も社会通念上相当であれば福利厚生費として認められています。一部の社員のみを対象とするもの、金額が多額になるもの等は給与又は交際費等となります。

　なお、平成18年度改正で、一人当たり5,000円以下の飲食代は交際費等からの除外が認められましたが、いわゆる社内交際費等はこの除外規定に該当せず、すべて交際費等となることに留意してください（措法61の4④二）。ご質問のケースは以下のとおりです。

①　福利厚生費と認められるサークル活動は、①サークルへの参加が自由、②会社補助金が本来目的に使用、③打上げ、祝勝会等の飲食も会議費程度のものが認められます。しかし、社内サークルであっても、④特定社員のみや得意先等も参加、⑤会社補助金が通常程度を超える、⑥補助金を各人に分配又は自由使用が可能といったものは、給与又は交際費等となります。

　　なお、現在でも、レクリエーション行事であっても社内ゴルフコンペやゴルフサークルへの補助は給与となる場合が多いので注意が必要です（後述のQ15～16を参照）。

②　役員、従業員及びその親族の慶弔、禍福に際しての一定の基準による金品は福利厚生費となります（措通61の4(1)-10(2)）。一定の基準とは、通常は「社内慶弔規程」等を指しますが、規程の有無が絶

対要件ではなく、支給事由、金額等が社会通念から見て相当であり、例えば、役職のランクにより合理的な金額差があるとしても社内的にバランスが取れていれば福利厚生費となります。

なお、支給額が規定を超える場合であっても慶弔、禍福の状況、家庭事情等による増加支給があったとしても常識的な範囲であれば問題はないでしょう。

③　専ら従業員の慰安のために行われる運動会、旅行等に通常要する費用は福利厚生費となります（措法61の4④一）。例えば、運動会では従業員のみでは盛り上がりに欠け、その家族等を含めてこそ慰安の効果がより一層発揮されるでしょう。したがって、このような社内行事への家族の参加費用も福利厚生費となります。

ただし、社員旅行はその費用が多額になることから、例えば、いちご狩りや潮干狩などの日帰り旅行等は認められると考えられますが、海外旅行等にあっては家族分の会社負担は給与となるでしょう。

④　従業員に対する接待、供応等の接待行為は交際費等となります。しかし、社内の行事に際して、役員、従業員の全員を対象にして、おおむね一律に社内で供与する通常の飲食費用は福利厚生費となります（措法61の4④一）。したがって、社内飲食が交際費等か福利厚生費かの区分は、目的が慰安・慰労か、全社員が対象か、特定の者だけが対象か及び金額の多寡等で区分されます。

忘年会、新年会は、社内行事として行われるもので金額も相当であれば福利厚生費となりますが、課長以上、部長以上のみ等特定の者だけの忘年会等の飲食は、交際費等あるいは金額によっては給与となります。

また、誕生会や成人式等も対象者は全員参加で費用も相当であれば福利厚生費となり、その際の記念品もそれにふさわしいもので1

332　　第３編　質疑応答事例

万円以下であれば給与とはなりません（所基通36-22）。

Q7 福利厚生費となる「通常の飲食に要する費用」

会社創立50周年記念式典、パーティーをホテルで行います。当日は社員のみで行い得意先等のご招待はありません。従業員等におおむね一律に社内において供与される「通常の飲食に要する費用」は福利厚生費となるとありますが、ホテルでの開催は認められますか。また、飲食の程度は具体的にどの程度をいいますか。

A7

ホテルでの開催は認められます。飲食程度は、その行事でのいわゆる一般的な常識の範囲での飲食費用となります。

（解説）

創立記念日等の行事に際し従業員等におおむね一律に社内において供与される「通常の飲食に要する費用」は福利厚生費となります。これは我が国においては、このような行事に際して社員等が一同に会してお祝いの席として飲食を共にすることが一般的に慣習として行われていることから、これらの行事で通常供与される飲食の程度のものは交際費等としないとしたものです。したがって、飲食の程度は具体的にどの程度かを示したものはありませんが、その会社の歴史、規模、業績等の個々の事情により判断することになります。一般的には、「世間並み」をいいます。福利厚生費の判断ですから過度に豪華なものは交際費等となりま

す。また、社内で行う場合には特に問題は生じないと思いますが、社員数等からホテルを会場にすることは止むを得ませんので会場がホテルであっても特に問題はありません。要するに、会社のステータス等を勘案してのその行事でのいわゆる一般的な常識の範囲、世間並みとしての飲食費用であれば福利厚生費が認められると考えます。

　なお、会社が従業員（約1,000人）の日頃の労をねぎらうため、「感謝の集い」として年1回開催されるホテルでの食事やコンサート鑑賞等に要した費用（一人当たり2.2万円から2.8万円）は半日程度の慰安行事としては極めて高額であり、社会一般に認められている福利厚生行事の程度を著しく超えているため交際費課税した事案について、裁判所は「本件行事は、従業員の非日常性を有する場所への移動であり、従業員が一堂に会して特別料理やライブコンサートを楽しむ非日常的内容を含むものであるため、「日帰りの慰安旅行」ともいえる。一人当たりの金額も「日帰りの慰安旅行」としては通常要する程度の費用であるとして福利厚生費を認めました（平29.4.25福岡地裁）。この判決の今後の影響には注視が必要です。

Q8　役員が各職場ごとに行う食事会

　当社は、得意先事務所、工場等の警備保守等を請け負っています。仕事柄、得意先の就業体制に合わせるため各職場の休日等は一致しないため全社で統一的な催しができません。そこで、役員が年2回、各職場を回り社員との意見交換会をした後に懇親会を開いています。また、この度、社長が交代したため新社長も各職場を回り、経営方

334 第3編 質疑応答事例

針を説明後に懇親会を行います。いずれも、結果的に全社員が参加する社内行事であることから福利厚生費が認められると考えてよいでしょうか。

A 8

全員参加の懇親会であっても、福利厚生費が認められる場合とは、その行事が社会一般的に行われているものであり、かつ、その費用の額が通常要する費用の範囲内であることが必要です。

解説

社員に対する飲食提供等の経済的利益の供与は原則、給与となります。しかし、それらの供与が給与に至らない程度のものは交際費等となります。ただし、それらの供与が、専ら社員の慰安のために行われるもので、かつ、その費用の額が社会通念上、一般的に認められる程度の金額であれば福利厚生費として認められます。いわゆる会社の行事として行われるもので、全社員を対象（希望する者は全員、又は該当者は全員の場合を含みます。）としますが、一同に会する必要はなく、各支店、各工場又は各部や各課ごとに行なっても差支えありません。部・課単位での忘年会、新年会等も福利厚生費が認められています（後述Q11参照）。

ご質問の場合です。役員が全社員を対象に意見交換会等の会議と慰労をかねての懇親会ですので、福利厚生費が認められる余地は十分にあります（措法61の4④一、措通61の4(1)-10、(1)-21）。しかし、福利厚生費とするには次の留意が必要と考えます。

① 役員が各職場に臨場し、社員との意見交換会、新社長の会社経営の方針等の説明が行われた場合には、「会議」の実態があることになります。単に、慰安の飲食会のためにのみ臨場したものではない

7 福利厚生費（社内行事）・給与と交際費等　　*335*

からです。

② 　懇親会の金額が問題となります。福利厚生費は「通常要する程度
　の費用（金額）」が要件です（措法61の4④一）。レストラン等での
　懇親会となりますが、忘年会、新年会等で福利厚生費となる程度の
　金額であれば、通常要する程度の費用といえると考えます。

　ただし、ご質問の場合のように役員が各職場に臨場して懇親会を行う
ことは一般的な行事までには至っていないと考えます。したがって、懇
親会（慰労会）のみが目的の酒食を伴う飲食会は社員全員が参加したと
いう理由だけではいわゆる社内交際費等となる可能性が大きいです（社
内交際費のため5,000円基準は適用できません。）。しかし、社員との意見交
換会、経営方針説明等の会議が中心であり、その会議に引き続いての懇
親会で福利厚生費として相当の金額内であれば福利厚生費が認められる
と考えます。

Q 9　成績優良の支店（課）、優秀社員の表彰費用

　当社は、年1回売上又は利益向上等の成績優良支店（課）を団体
表彰するとともに勤務成績良好者、顕著な職場改善提案者又は社会
的に功績のあった者も個人表彰します。
　表彰式は近隣ホテルで本社の幹部と表彰対象者及びその幹部等が
集まって行い、団体表彰は①金一封（支店（課）で自由に使用が可
能）、②記念品（支店（課）の事務用品）、個人表彰は①金一封、②
記念品（概ね1万円以下の物品）の贈呈と表彰式後に立食形式の懇
親パーティーを行います。販売促進費又は福利厚生費等として認め

336　　第3編　質疑応答事例

られますか。

A9

　個人に分配、交付される金銭は給与等となる場合がありますが、記念品は1万円以下であれば給与となりません。懇親パーティーは立食程度であれば交際費等にならないと考えます。

解説

　会社は販売促進の一環として、また、従業員等にマンパワーを発揮してもらうために成績優良の支店（課）を表彰することや勤務成績良好者、顕著な職場改善提案者又は社会的に功績のあった者も個人表彰することが行われています。この表彰に際して金一封や記念品の贈呈があります。税務上は、従業員の身分として会社から受ける経済的な利益は原則、給与としております。団体表彰での金一封は、その支店（課）で自由に使用が可能とありますが、実際の使途によりその取扱いが異なります。例えば、各個人に現金分配した場合には各個人の給与となります。支店（課）で懇親会費用に充てた場合には社内交際費等となります。支店（課）ごと行うことが認められている社員旅行費用に充てた場合には福利厚生費が認められますが、表彰記念として特別に旅行した場合には給与と考えます。

　個人表彰の金一封も原則、給与となります（表彰慰安旅行も給与の場合があります。）が、事務改善等の場合の報奨金は一時所得となる場合があります（一時所得は年50万円以下は非課税。所基通23〜35共-1）。

　記念品の場合です。会社行事としての個人に対する記念品は、記念品としてふさわしいもので処分見込額10,000円以下のものは給与となりません（所基通36-22）。

⑦　福利厚生費（社内行事）・給与と交際費等　　　*337*

　懇親パーティー費用です。会社の行事としての表彰式後の懇親会をホテルで行ったとしても立食パーティーで一人当たりの飲食単価も常識的な範囲内であれば通常の飲食に要する費用として福利厚生費が認められると考えます（措通61の4(1)-10）。また、会議ともいえるかもしれません（措通61の4(1)-21）。懇親会の参加者が本社幹部、表彰者とその幹部等に限定されたとしても、該当者全員を対象としていることから特定の従業員を特別に接待したといえないことから交際費等にならないとの考えです。

Q10　残業食事代と連日残業後の打上げ

　請け負った仕事の納期が迫った時や決算時の経理担当等は連日残業となります。その残業は会社の業務命令での残業ですので、会社負担での夕食を認めております。また、残業続きの仕事が一段落したので居酒屋で打上げも行います。残業食事代と連日残業後の打上げ費用は福利厚生費として認められますか。

A10

　残業食事代は原則、福利厚生費として認められます。連日残業後の打上げも残業食事程度であれば福利厚生費となりますが、慰労会等となると交際費等となります。

解説

　従業員等に対する飲食の提供は、会社の行事等に際してのものは福利

厚生費となり、特定の個人に対する利益供与は給与、給与に至らない程度の慰労等は交際費等となるとおおむね区分することができます。一般的な勤務時間は8時又は9時から18時頃です。勤務終了後は家族又は個人的に自由に夕食となります。残業は、命令に基づいて通常の勤務時間を超えて就業するものであり、夕食も会社での食事となることから個人的には家庭分の用意もあり余分の出費となります。そこで、会社が残業食事代を負担するのは、会社の都合による個人の出費を実費で補填するとの考えがあります。残業手当（残業食事代）は出張手当と同じような実費負担に類似するともいえますので福利厚生費等が認められています（所基通36-24「その者の通常の勤務時間外における勤務として残業を行った者に対する食事に限る。」）。なお、昼食代を会社が負担した場合には、原則給与となります。これは、もともとの勤務時間である8、9時から18時頃の中には昼食時間が組み込まれての就業時間ですので、会社が昼食を負担する理由がないからです。次に、連日残業後の打上げ費用です。慰労会としての飲食が福利厚生費となる場合とは、忘年会等の社内行事として行われるもので、その内容も常識的な金額のものです。ご質問の場合は、社内で通常的に行われているものではなく、特定の部署に限られると思われます。したがって、その打上げ費用は慰労会として社内交際費等となるのが一般的と考えます。しかし、その打上げが残業程度の食事と場所であれば残業の延長として福利厚生費となる場合もあります。

Q11 部・課単位での忘年会、新年会等

社員数が多く、部、課により仕事の繁忙が異なるため、部・課単

⑦　福利厚生費（社内行事）・給与と交際費等　　*339*

位でしか忘年会、新年会等ができません。この場合でも福利厚生費
と認められますか。

A11

　部・課ごとであっても社内行事として、かつ、費用もおおむね同等で
あれば福利厚生費となります。

（解説）

　社内の行事に際して、役員、従業員の全員を対象にして、おおむね一
律に社内で供与する通常の飲食費用は、福利厚生費となります（措法61
の4④一）。

　この場合、全社員対象が要件となっていますが、それは必ずしも全員
が一同に会して行うことではありません。社員数が多く、かつ、部・課
により仕事の繁忙が異なる場合には、部・課・係単位でしか忘年会、新
年会等ができないこともあります。要するに、部・課単位であっても忘
年会等が会社の行事であり、かつ、課長以上、部長以上など特定の者だ
けを対象としていない場合には、福利厚生費となるということです。

　ただし、部・課単位であっても、それぞれの費用に大きな差がないこ
とも要件です。通常要する費用が条件であるからです。

Q12　部・課により会社負担額が異なる場合の忘年会費

　当社は、忘年会を部・課単位で会社負担で行います。その年の会
社の業績や各部・課の働き具合等を総合判定して各部・課の会社負

担額を役員会で決めております。各部・課の会社負担額の差も大きくなく一人当たりも一般的な忘年会での負担額と認められる金額です。忘年会費の会社負担に部・課で差があっても福利厚生費として認められますか。

A 12

　部・課ごとに会社負担額に差があるとしても、役員会で負担額を決める、一人当たりも忘年会として相当である等の事情があれば福利厚生費として認められと考えます。

解説

　社内の行事に際して、役員、従業員の全員を対象にして、おおむね一律に社内で供与する通常の飲食費用は福利厚生費となります（措法61の4④一、措通61の4(1)-10）。忘年会、新年会等での社員の慰安費用を会社が負担したとしても福利厚生費として認められます。

　この場合、忘年会が会社の行事であれば部・課・係単位で行うことも認められます。会社の行事ですので「おおむね一律に」かつ「通常の飲食費用」が要件となりますが、各部・課で会社負担額に差があることから「おおむね一律に」をどう判断するかです。しかし、この差の決定は年間の各部・課の働き具合等を総合勘案し、役員会の詮議を得て決められており、社内でも周知の事実であり、社員もその差があることを受け入れている場合には、一種の社内報奨制度に基づく差であるとも考えられます。また、差があったとしても結果的に一人当たりの忘年会費用の会社負担額が「通常の飲食費用」の範囲内であれば、福利厚生費として認められると考えます。

7 福利厚生費（社内行事）・給与と交際費等　　*341*

Q13　忘年会等に得意先（下請先）等が参加した場合

　当社の忘年会に下請先も参加して居酒屋で一人当たり5〜6,000円程度で行いました。当社の忘年会が主目的のため当社分は福利厚生費、下請先分は交際費としましたが認められますか。

A13

　会社の忘年会が主目的であることが参加人数、内容等で明らかな場合には下請先分のみを交際費とすることが認められます。

(解説)

　社員に対する飲食提供で福利厚生費が認められる場合とは、専ら社員の慰安のために行われるもので、その費用の額が一般的に認められる程度の場合です。いわゆる会社の行事であり、全社員を対象（希望する者は全員又は該当者は全員等を含む。）としますが、一同に会する必要はなく、各支店、工場又は各部・課ごとに行う忘年会、新年会等も福利厚生費として認められます。

　一方、得意先等との接待飲食は交際費となります。得意先が一人でも同席した場合には、社員分を含めてすべてが得意先接待として交際費等となるかです。同席することの趣旨や目的、実態で判断して良いと考えます。その会食の目的、参加者割合、飲食場所、飲食代金等で判断します。会社の忘年会等が主目的である場合には、下請先等も社員と同等の慰労の意味があり、参加者も少数で、場所や飲食代も社内行事の程度であるときは得意先分を交際費とし、社員分は福利厚生費とすることが認

342　第3編　質疑応答事例

められると考えます（なお、専属下請の場合には交際費等とならない取扱いもあります（措通61の4(1)-18(3)））。

　ただし、得意先が一人や二人と少数でも、得意先として重要な人物であり接待することに意味がある飲食の場合には、当社分を含めてその全額が交際費等に該当します。

　なお、当社分を福利厚生費とした場合には、得意先分のみを5,000円基準や50％損金算入の適用は難しいです。それらは「得意先との接待飲食」をした場合の特例であり、飲食代金には当社員と得意先分の合計額で一人当たり5,000円又は50％損金算入額を計算するからです。

Q14 ゴルフクラブ、レジャークラブの入会金、年会費、名義書換料

　ゴルフクラブ、レジャークラブの入会金、年会費、名義書換料等の取扱いはどうなりますか。いずれも、得意先との接待で使用する場合と会社の役員、従業員が使用する場合があります。

A14

　入会金、申込金ともに原則資産計上が必要です。年会費、プレー費は使用目的及び使用実績に基づいて主として得意先接待用は交際費等に該当し、社員等の使用は福利厚生費又は給与となります。

解説

　ゴルフクラブは、ゴルフ場施設を会員に利用させる目的のものであり一般には得意先等の接待用としての利用が多いため、それらに要する費

7 福利厚生費（社内行事）・給与と交際費等 *343*

用は交際費等となります。また、社員が利用する場合にはプレー費等の会社負担は原則として福利厚生費とは認められず給与となります。

　レジャークラブは、宿泊施設、体育施設、遊戯施設等のレジャー施設を会員に利用させる目的のクラブであり、一般には社員の福利厚生目的での利用が多いようですが、得意先等の接待として利用することもあり、この場合には交際費等となります。

　ゴルフクラブ、レジャークラブの入会金、年会費、名義書換料等の取扱いをまとめると、次のとおりとなります（法基通9-7-11〜9-7-13の2）。

項　　目	種類、内容	利用者	取　扱　い
入会金・申込金	法人会員として入会	法人が利用	資産計上
		個人が利用	個人の給与
	個人会員として入会	法人が利用	資産計上
		個人が利用	個人の給与
	有効期間があり、返還金がない		繰延資産
年会費等プレー費	ゴルフクラブ	法人が使用	交際費
		個人が使用	個人の給与
	レジャークラブ	法人が使用	交際費又は福利厚生費
		個人が使用	個人の給与
名義書換料	新規加入（他から購入を含む）	法人が利用	資産計上
		個人が利用	個人の給与
	加入後の書換え	法人が利用	交際費又は福利厚生費
		個人が利用	個人の給与

344　第３編　質疑応答事例

Q15　社員旅行での社内ゴルフコンペ費用

　　当社は、年１回、１泊２日の社員旅行を行っています。２日目は、観光組、ゴルフ組に分かれますが、いずれも会社負担額は同一金額にしています。社内行事ですのでゴルフ費用も福利厚生費として認められますか。

A15

　社内行事であっても、現在でもゴルフ費用の会社負担は原則、給与となり福利厚生費には該当しないと思われます。

解説

　社員の親睦と慰安をかねて各種レクリエーション行事を行う場合は、社会通念上一般的と認められる行事で、かつ、その費用も通常要する範囲内であれば福利厚生費として認められ、交際費等あるいは給与とはなりません（措法61の４④一）。社員旅行が海外旅行であっても、現地滞在４泊５日、全社員の50％以上参加、おおむね10万円以下の会社負担、不参加者には現金支給なし等の要件を満たせば福利厚生費として認められます。

　ところで、ゴルフ費用ですが、従来、ゴルフは接待専用である、費用が高すぎる、特定の役員、社員に限られる等の考えから社員のゴルフ費用の会社負担は福利厚生費とならず、給与として取り扱われていました。現在のようにゴルフが一般社員の趣味として広がっているとしても、税務の現場では、いまだ福利厚生活動と認められる範疇に入っていません。

7 福利厚生費（社内行事）・給与と交際費等 *345*

社内のゴルフコンペであったとしても、それが福利厚生の一環としての社会一般に認められているレクリエーション行事には至っていないとの考えであると思われます。したがって、たとえ、社員旅行の一環で行ったとしてもゴルフ費用の会社負担は給与となると考えられます。観光組との取扱いに差が生じますが、やむを得ない状況にあります。しかし、少なくとも、会社負担額が観光組と同じ程度のものである場合には、その部分は福利厚生費が認められてもよいのではないかとの意見もあります。

Q16 社内ゴルフサークルに対する会社負担

当社では、従業員のサークル活動には「サークル運営要領」により一定基準を満たした場合には運営費の一部を助成しています。助成費は用具代、会場賃借料、競技会参加費等に充てられ個人的に使用するものはありません。野球部や卓球部等のほか囲碁将棋、軽音楽、華道等もあります。この度、要望の強かったゴルフ部も認めることにし、社内での簡易な練習ネット購入や練習ボール代、レッスンプロの実技指導料等に充てられ他のサークル助成費と大差がないようにします。このような場合であればゴルフサークルへの助成は福利厚生費が認められるでしょうか。

A16

サークル運営要領に基づいて、参加者も広く従業員等を対象にしており、助成費も他のサークルと同等程度であれば福利厚生費が認められて、給与又は交際費等となることはないと考えます。

解説

ゴルフはいわゆる得意先等の接待用として多く利用されており、また、役員等の個人的な利用も多く、その費用も多額に及ぶことから冗費抑制等の観点からもゴルフ費用は交際費又は給与とされています。また、社員等のゴルフコンペは、今でも社会通念上一般的に行われているレクリエーション行事とは認められないとの考えが強くあり、ゴルフ費用の会社負担は参加者の給与課税が原則になっていると思われます。

しかし、ゴルフ愛好者は男女を問わず1千万人近くあり、野球等の他のスポーツと比べても遜色がないほどに一般に普及しております。したがって、ご質問のように社内の公表された「サークル運営要領」の基準を満たした場合であって、かつ、①参加希望者は自由に加入できる、②助成費はサークル活動本来の目的に沿って費消され、③購入した用具、備品等も個人所有としない、④会計報告があること等の要件があれば福利厚生費として認められる余地はあると考えます（所基通36-30）。なお、打上げ等での飲食費用は交際費等となる場合があります。ただし、ゴルフ費用は高額の場合が多いことから他のサークルとの一人当たり助成のバランスを考慮する必要があり（個人負担が多くなるのはやむを得ない）、自由参加といっても、あらかじめ（又は結果的に）ハイレベル者しか参加できないクラブ（役員等特定の者のみのサークル）の場合には給与課税の問題が生ずると考えます。

Q17　従業員の日帰り慰安旅行に従業員家族を同伴した場合

従業員の日頃の労をねぎらうために、従業員とその家族を対象に

⑦　福利厚生費（社内行事）・給与と交際費等　　*347*

日帰りで観光旅行を行います。希望者は全員参加できます。旅行費用はバスチャーター代、名所等入園料、昼食代（缶ビール等を含む。）、お菓子代等です。家族分を含めて福利厚生費が認められると考えてよいでしょうか。

A17

家族分を含めて福利厚生費が認められます。

解説

　専ら従業員の慰安のために行われる運動会、演芸会、旅行等のために通常要する費用は福利厚生費が認められ、交際費等には該当しません（措法61の4④一）。従業員を対象に行われる運動会は、従業員の家族も参加して行われるのが一般的です。家族を含めた大勢の人が参加しての盛り上がりは、家族の会社への理解も深まり、従業員に対する慰安の効果もより大きくなるからです。したがって、運動会と同様の演芸会や日帰り旅行等に従業員の家族が参加した場合であっても、それらに通常要する費用の範囲内であれば福利厚生費が認められます。

　ただし、家族が参加する場合には日曜日等休日開催が多くなり、従業員の都合により参加人員が限られることもあり、特定の者のみに対する旅行として指摘を受けるかも知れません。したがって、会社側としては、全従業員等に向けた「社内通知（募集）」を確実に行い、結果的に限られた参加人数になってしまったが、あくまでも社内行事であることを明確にしておいてください。

第3編　質疑応答事例

Q18　社員旅行（海外等）の会社負担額

　当社は隔年、社員慰安旅行を実施していますが、本年は会社創立30周年に当たることから海外旅行を実施したいと考えています。旅行案は次のものがありますが福利厚生費として認められますか。なお、いずれの場合も原則全社員が参加する予定です。

　①　ハワイ旅行……現地で4泊5日、一人当たり15万円（会社負担10万円、社員個人負担5万円）

　②　アメリカ西海岸旅行……現地で4泊5日、一人当たり25万円（会社負担15万円、社員個人負担10万円）

A18

　上記①は福利厚生費が認められるが、②は会社負担額は給与として課税されると考えます。

解説

　社員等に対する経済的利益の供与は給与を原則としています。しかし、給与に至らないまでの少額なものや利益金額が不確実なものは交際費等に該当する場合があります。旅行費用の会社負担も経済的利益の供与として給与を原則としますが、内容によっては交際費等の場合（例えば、日帰り等の飲食中心の旅行）もあり得ます。しかし、専ら社員等の慰安のための旅行は、旅行費用として社会通念上通常要する範囲の額で、かつ、次のいずれにも該当する場合には福利厚生費として認められています（措法61の4④一、所基通36-30、平5.5課法8−1）。

　　　　　　　　　　⑦　福利厚生費（社内行事）・給与と交際費等　　*349*

①　その旅行に要する期間が4泊5日（目的地が海外の場合には、目的
　　地における滞在日数）以内のものであること
②　その旅行に参加する社員等の数が全社員等（工場、支店等で行う
　　場合には、その工場、支店等）の50％以上であること

　つまり、社員旅行が福利厚生費となる場合とは、会社の行事として全
員参加（過半数以上）及び短期間の旅行を原則とし、かつ、会社負担額
も給与とならない程度の少額な場合（少額不遡及）が該当するとしてい
ます。会社負担額について国税庁が次の事例を公表しています（国税庁
HP　タックスアンサー　No.2603「従業員レクリエーション旅行や研修旅行」
参照）。

	事例1	事例2
旅行期間	4泊5日	5泊6日
旅行費用（一人）	15万円	30万円
会社負担額（個人負担額）	10万円（5万円）	20万円（10万円）
参加割合	100％	100％
結論	福利厚生費	給与課税

　給与課税とした事例2は、旅行期間が5泊6日と通達より長く、また、
会社負担額20万円は少額不遡及（少額な現物給与は強いて課税しない）の
趣旨の範囲を超えていると認められるため給与とするとしています。し
かし、「通常要する費用」は一人10万円以下であると明確にしたもので
はないと思われますが、税務の現場では社員旅行等での会社負担額は上
記事例1、2を根拠に一人10万円程度が相当とし、それを超える場合に
は給与として課税している現実があるようです。ご質問の場合は、いず
れも上記通達の2要件を満たしていますが、会社負担額が社会通念上一
般に行われている社員旅行の範囲内の金額（法律的には「社員旅行等に通

常要する費用」）に該当するかの検討が必要となります。

　しかし、税務の現場を考えると、ご質問のハワイ旅行は会社負担額が10万円であることから福利厚生費が認められ、アメリカ西海岸旅行は会社負担額が15万円であることから給与となる可能性が強いといわざるを得ません。10万円を超える会社負担額については慎重な対応が望まれます。

Q19　従業員の結婚披露宴等への出席旅費、お祝い金等

　当社の従業員の結婚に際しては、「慶弔規定」に基づいて一定金額のお祝い金等を支給し、社長が原則として出席しています。次の場合には福利厚生費が認められますか。
　① 　「慶弔規定」が無い場合のお祝い金
　② 　次期社長予定の社長長男の結婚披露宴費用の会社負担
　③ 　披露宴出席のための交通費

A19

　お祝い金は福利厚生費が認められますが、結婚披露宴費用の会社負担は費用とは認められず、また、披露宴出席の交通費も会社費用として認められない意見も多いです。

（解説）

(1)　従業員等の冠婚葬祭に際しての慶弔金（結婚祝金、香典等）は、一定の基準に基づくもので、社会通念上相当と認められる範囲のものは福利厚生費が認められます（措通61の4(1)-10(2)）。「慶弔規定」が無い

場合であっても、その支給事由及び金額が相当であれば福利厚生費となります。

(2) 結婚披露宴費用の会社負担ですが、例えば、次期会社後継者としてのお披露目も兼ねての社長長男の結婚披露宴で、招待者は会社取引先等が多いとしても、結婚式や披露宴は、社会通念上「個人的な行事」として認識されていることから、会社の経費とすることは難しいと考えます。長男又は社長の給与になるとの考えです。判例でも「社葬費用は生前役員等として会社への功労に対する餞（はなむけ）として会社が行う儀式であり、本来的に福利厚生的な性格を帯びている。」とし、一方、「結婚披露宴は、本来、私的な行事で通常は結婚当事者がこれを行うべきものである。」とし、社葬とは性質を異にすると判示し、役員賞与としています（大阪高昭52.3.18）。

(3) 従業員の結婚披露宴への社長等出席の交通費の取扱いです。結婚は個人的な慶事であり、現在では仲人もなく親族等の身内のみの式典も多くなっています。したがって、会社代表者が招待を受けて、それに出席する場合であっても、限られた場合であり、全従業員を対象とする福利厚生のために支出した旅費とは認められないとの意見が多いです。全従業員を対象とする福利厚生行事とは異なるとの見解です。

　しかし、社長等の出席は、会社の代表者の立場としてであり、従業員との人間関係を良くし、ひいては会社の健全な発展につながる等からの出席で、会社業務の遂行上も必要であるとの考えは理解できます。上記(2)の場合や大企業の場合は会社負担は難しいですが、中小企業は人材の確保が重要であるため、従業員確保のための福利厚生の一環として社内旅費規程等により一律、一定の基準に基づいての会社を代表しての出席であれば、福利厚生費（旅費）が認められるとの意見があり、同意できます。

352　　第3編　質疑応答事例

Q20　プロ野球観戦券と福利厚生費

　　社員にはプロ野球の地元球団を応援する者が多いため、福利厚生
の一環として地元球場の年間観戦券（入場券）又はボックスシート
券2席を購入する予定です。全社員を対象として希望者には公平な
基準で配布します。得意先には交付しませんので福利厚生費として
認められますか。

A20

　　従業員のみに交付する場合には、現在の状況下にあっては福利厚生費
として認められる余地があると考えます。

解説

　　プロ野球はスポーツですが娯楽性があり人気度も高いため、その入場
券は得意先接待用として交付する場合が多く交際費等に該当する考えが
一般的です。しかし、札幌、仙台、千葉、広島、福岡等地方を拠点とす
る球団が多くなり地元との関連が強く地元ファンが多くなっているのも
事実です。交際費課税の本質は、ぜいたくや冗費・浪費を抑制すること
にあります。一方、福利厚生費は、専ら従業員の慰安のために行われる
演芸会、観劇、旅行等のために通常要する費用（措法61の4④一）をい
いますが、具体的には様々なものがあり一様ではありません。地域の特
殊性を加味する必要もあります。要するに、全社員の福利厚生のため、
慰安のために行うもので社会通念上もぜいたくでない行事等であれば福
利厚生費として認められると解されています。プロ野球の観戦は、今の

状況においては「ぜいたくな娯楽」というよりは庶民的なものになって
きており一人当たりの金額も大きくありません。地元球団を応援するこ
とは社内、社員の融和にもつながる感があり、観劇等が福利厚生費とし
て認められていることから観戦も同様といえるかもしれません。したが
って、プロ野球の観戦券（入場券）又はボックスシート券を社員の福利
厚生目的で購入し、全社員を対象として希望者には公平な基準で配布す
ること、更には得意先には交付しないとのことですので福利厚生費とし
て認められる余地があると考えます。

　ただし、その観戦券又はボックスシート券が高すぎるとか、全社員数
が少ない場合には問題があります。例えば、総社員数が10人程度である
と何時でも観戦できることになり、これでは福利厚生の程度を超え給与
の問題が生じます。また、各種の観戦券又はシート券がある場合には廉
価を選ぶ方がよいでしょう。プロ野球はあくまでも娯楽であることから
福利厚生費となる従業員の「慰安」としてはぜいたく（濫費）であると
いわれないような留意が必要と考えます。

Q21　会長の叙勲に伴う祝賀会費用

　当社の会長が長年にわたり業界に尽くした功績により叙勲の栄誉
を受けました。そして、その栄誉を記念するため祝賀会を開催する
ことにしました。
　祝賀会は、まず、政財界の方、得意先等を招待してホテルで行い
ます。次に、後日、当社の従業員を対象に社内で行います。いずれ
も祝賀会に要した費用は会社が負担する予定ですが、その費用の取

扱いはどうなりますか。なお、得意先等との祝賀会で招待者からいただいたお祝い金は、費用総額から控除できますか。

A21

　得意先等を招待しての祝賀会費用は交際費等となります。招待者からの祝い金は雑収入となり祝賀会費用からは控除できません。社内での祝賀会は、通常の飲食に要する程度のものであれば交際費等に含めないことができます。

解説

　叙勲は会長個人が受けたことから、祝賀会費用は個人が負担すべきとの考えもありますが、叙勲は、長年業界に尽くした功績に対するものであり、法人の業務と関連性が強いものがあります。また、祝賀会への招待者は、法人の得意先等業務に関係のある者ですので、これらの費用は法人の経費として処理することが認められます。

　ホテルでの得意先等を招待しての祝賀会は、得意先等に対する接待、供応となるためこれらに要した費用は交際費等となります（措通61の4(1)-15(11)）。なお、この場合に、交際費等の額は、接待等の行為のために支出した金額で計算するため、招待者からのお祝い金を差し引くことはできません。お祝い金は、別途、雑収入として処理することになります。

　次に、従業員を対象とした祝賀会ですが、原則は、社内交際費等となります。しかし、創立記念日等の社内行事に際し、従業員におおむね一律に社内において供与される通常の飲食に要する費用は福利厚生費に該当するとしています（措通61の4(1)-10(1)）。したがって、社内祝賀会の費用についても、社内行事として通常の飲食に要する程度のものであれば交際費等に含めないことができます。

７　福利厚生費（社内行事）・給与と交際費等　　*355*

Q22　社葬費用・お別れ会費用

当社創業者の元会長が死亡しました。当社に対する貢献は計り知れないものがあり、社葬をもって生前の貢献に報いることにしました。葬儀費用は遺族との相談の上、次の費用を会社が負担しました。なお、密葬費用は遺族が負担し、参列者等からの香典はすべて遺族に渡します。交際費等との区分はどうなりますか。

① 社葬の新聞広告代

② 葬儀会場使用料

③ 祭壇費等葬儀社への支払い

④ 僧侶等への読経料、お布施代

⑤ 会葬参列者への挨拶状

⑥ 粗品代（会葬御礼の印刷物及びハンカチ等）

⑦ 葬儀会場での簡単なおときに要する費用

⑧ 手伝った当社員の夜食代

なお、葬儀に代えて、ホテルでの「お別れ会」を行った場合はどうなりますか。

A22

社葬又はお別れ会を行うことが社会通念上認められる場合で、かつ、社葬等として通常認められる範囲内の金額であれば交際費等に該当しません。香典は全額遺族に渡すことができます。

356　第3編　質疑応答事例

(解説)

　葬儀は、一般的には遺族が行うものですが、創業者等で会社に多大な貢献があった者又は業務上の事故等による死亡の場合には、社葬が多く行われているところです。税務では、故人の経歴、地位、会社の規模、死亡の事情、生前での会社に対する貢献度合い等を勘案して社葬を行うことが社会通念上相当であり、会社が負担する額も社葬として通常要する金額である場合には損金処理を認めています（法基通9-7-19）。

　一般に社葬費用として会社が負担する費用には、上記①から⑧等が該当すると考えられ、交際費等にならないと考えられます。

　ただし、次のような費用は遺族が負担すべき個人的費用であり、会社が負担した場合には交際費等又は場合によっては遺族等の当社社員等に対する給与となることもあります。

（個人的費用となるもの）

　○　密葬費用、戒名料、香典返礼費用、墓碑及び墓地に関する費用、初七日等の法要に要する費用、遠隔地から葬式に参列した親族の交通費等

　また、葬儀参列者からの香典は、故人の冥福を祈るために霊前に捧げられたものですので、会社の収入とせず、すべて遺族に渡すことには問題ありません。

　なお、最近の社葬は寺社等での葬儀ではなく、ホテル等のホールで「故人とのお別れ会」として行われることも多くなりました。これについても従来の社葬と同様のものであれば社葬費用として認められる場合があると考えられます。

7 福利厚生費（社内行事）・給与と交際費等　　357

Q23　先代社長の一周忌の費用

　　創業者である前社長は、当社の今日の基礎を築いた貢献者であることから、取引先及び従業員で一周忌の法要を行いました。酒食等の供与はなく会場費、飾り物、生花代、参列者一人当たり2,500円程度のお土産代です。この費用は全額会社で負担しますが得意先等分は交際費、従業員分は雑費が認められますか。なお、前社長の葬儀は社葬として会社経費としました。

A23

　　一周忌の法要費用は、会社経費としては認められず交際費等となると考えます。

解説

　　冠婚葬祭は本来は個人が執り行う儀式ですが、社葬費用については、会社に多大な貢献があった者や業務上の事故等により死亡した場合には、社会一般的に社葬として営まれていることから税務上も交際費以外の経費を認めているところです（法基通9-7-19）。

　　しかし、原則が個人的な費用であることから、社葬として法人経費が認められる部分の金額は前問Q22にあるように限定的なものと考えます。したがって、一周忌の法要は現状においては法人が執り行うとの社会一般の慣行には至っていないと認められ、また、会社は社葬として既に前社長に哀悼の意を表しております。したがって、ご質問の場合は、飲食等もありませんがその費用負担は、ご遺族を含めた得意先等に対する接

358　　第3編　質疑応答事例

待行為として全額が交際費等が相当と考えられます。また、主催者が社員等の場合には給与となることもあります。

なお、飲食が伴った場合の5,000円基準の適用ですが、一周忌の法要が目的であることから飲食が含まれていたとしても、得意先との飲食接待を対象とする5,000円基準等の適用は難しいとの考えが多いです。

Q24　新入社員の募集費用

　新入社員の募集のため次のことを行う予定ですが、これらに要した費用は、税務上はどうなりますか。
① 各地の高校での求人PR活動後、先生方と場所を変えての懇親会費用
② 各大学の研究室教授等への研究費の補助及び学生等との会社説明懇談会（会食付き）費用
③ 当社見学希望者に対する交通費、昼食費、記念品及び会社幹部との懇談会費用

A24

　求人活動の説明会等に伴う通常要する費用は会議費に該当し、交際費等となりません。ただし、接待としての懇親会は交際費等となり、単なる資金贈与は交際費等又は寄附金となります。

（解説）

　優秀な社員、必要な社員数を確保するための求人活動は、企業にとっ

⑦ 福利厚生費（社内行事）・給与と交際費等 *359*

て重要なことですが、競争の激しい時代にあっては人材確保に苦労されている企業は少なくありません。

求人活動として通常行われる説明会、研修会、懇談会等は広い意味での会議費とも認められるため、それらに通常要する交通費、弁当程度の食事代等は交際費等となりません（措通61の4(1)-21）。

ただし、接待としての懇親会は交際費等となり、単に謝礼としての資金贈与は交際費等又は寄附金となります。ご質問のケースは、次のように取り扱われることになります。

① 求人活動としての学校の先生、生徒、父兄等に対する説明会等のための交通費（先生等の出席者分負担も含みます。）、会場費、昼食程度の食事代等は会議費として認められます。

しかし、求人PR後の先生方との場所を変えての懇親会は、それが会議の延長で会議の実態があると認められる場合には会議費となりますが、その場所が料亭など明らかに接待場所である場合には、接待が主であり交際費等となるでしょう。

② これも、上記①と同様に求人活動として認められるものは会議費となり、接待と認められるものは交際費等となります。

なお、研究室教授、助手等への研究費の補助は、教授等に求人を有利に進めてもらうための謝礼とも認められ交際費等となるとの考えもあります。ただし、その補助金を大学側が採納した場合には、寄附金（指定寄附金もあります。）となります。

③ これも、当社の実情を理解してもらうことは重要なことから、上記①と同様に求人活動として認められるものは会議費となり、接待と認められるものは交際費等となります。

また、参加者への記念品も当社製品である等ふさわしいもので、金額も相当であれば交際費等とはなりません。

360 第3編　質疑応答事例

Q25 採用内定者に対する費用、新人社員の 父兄の工場見学費用

　新入社員の採用内定者全員を対象として、入社日までに定期的に来社してもらい、会社案内、懇談会を行います。また、正式入社後は、新入社員の父兄を当社工場及び寮等に1泊2日の予定で招待しての見学会（懇親会、お土産付き）も行います。税務上はどうなりますか。

A25

　正式入社までは求人活動の一環であり、通常要する費用は会議費に該当します。

　また、入社後の父兄を工場等へ見学招待する際の費用も原則、交際費等となりませんが、懇親会、お土産に要する費用は交際費等となる場合があります。

（解説）

　せっかく入社が内定した者であっても、正式入社までは繋ぎ止めが必要です。また、入社後にスムーズに会社業務に就けるよう事前の会社案内、説明会も必要です。

　したがって、求人活動と同様に、これらに要する費用も一種の会議費と認められることから交際費等となりません。ただし、夜の懇親会等は接待と認められる場合には交際費等となります。次に、正式入社後の新入社員の父兄を工場等見学に招待する場合ですが、これも工場見学等の実態を備えており、父兄との意見交換等を目的として行われるものであ

7　福利厚生費（社内行事）・給与と交際費等　　*361*

れば、新入社員の定着化を図る一種の労務対策的な費用とも考えられるため、父兄の往復交通費、宿泊費、食事代等に通常要する費用は、交際費等にならないと考えられます。しかし、お土産代は当社製品である等ふさわしいもので、かつ金額も相当であれば交際費等とはなりませんが、いわゆる名産品をお土産とするものであれば交際費等になるでしょう。

Q26　社史の作成と得意先等への贈答

創立50周年記念祝賀会をホテルで得意先等を招待して開催しました。記念品の一部として新規作成した社史も贈呈しました。単純計算で一冊当たり1.5万円程度ですが、得意先への贈呈費用は交際費等となりますか。

なお、社史編纂に当たり旧知の関係者に取材したときに酒類を伴う飲食がありましたが、この費用は取材費（措令37の5②三）に該当し交際費等から除くことができますか。

A26

創立記念としての社史の作成費用、得意先への贈呈費用は交際費等に該当しません。

ただし、社史の取材での飲食費は交際費等となる場合があります。

解説

交際費等とは、得意先等に対する接待、供応、金品の贈与等の行為に対する支出をいいます（措法61の4④）。しかし、得意先への物品の贈与

がすべて交際費等となるわけではなく、その交付目的が商品等の広告宣伝や、企業のイメージアップ等を目的とするもので、かつ、交付物品がその目的に合致している場合には交際費等とはされません。

一般的に社史は、会社の履歴書であり、その作成は得意先の歓心を得るために作成するものではなく、受領した得意先でも一般的な経済的価値を認めているとは限りません。

したがって、たとえ、創立記念祝賀会の席上で記念品として得意先に贈呈したとしても広告宣伝費となり、その社史が一冊1.5万円だとしても交際費等に該当しません。なお、社史の期末在庫ですが、期末までに配布が終わった後の在庫については、その経済的価値は無いに等しいことから敢えて在庫計上の必要はないと考えます。

一方、社史編纂で関係者への取材に際して支出した飲食費用については、それが会議費として認められる程度のものであれば交際費等となりません。租税特別措置法施行令で規定されている取材費が交際費等とならないのは新聞、雑誌等の出版物又は放送番組の編集のための取材費、いわばマスコミの取材に限ってのものであり（措令37の5②三）、一般法人の社内報取材、しかも酒類を伴う飲食費用までを認めたものではありません。同じ取材費でもその取扱いに差異があります。ただし、OB社員との飲食はいわゆる5,000円基準及び接待飲食費の50％損金算入の適用があります（措法61の4①④）。

8　株主対策と交際費等

○　最近の株主は「もの言う株主」として株主総会での発言が活発ですし、内部統制（J-SOX）の観点からの質疑もあることから事

8 株主対策と交際費等　　*363*

前準備も大変・大切です。

　また、開かれた株主総会として株主の家族も出席できる会社や若干の手土産品をお渡しする会社もあります。

○　従来の株主総会対策は、いわゆる総会屋対策が主でしたが、大株主、一般個人株主等への対応も重要なことから様々な株主対策が出てきました。

Q1　株主優待券の交付（原則）

　株主に対して、優待利用券、無料券、又は自社製品を含めた贈答品等の交付は、配当か交際費等のいずれに該当しますか。

A1

会社が配当として経理しない限りは原則交際費等となります。

解説

　株主たる地位に基づいての金銭又はその他の経済的利益の供与は、一般には配当となります。しかし、会社の利益の有無、多寡にかかわらず供与される経済的利益は、会社が配当として経理しない限り配当所得とはされないことになっています（所基通24-2）。

　また、株主数が全国に多数人あったとしても、株主は法人の得意先等の事業関係者に含まれるため株主に交付する経済的利益の供与は接待、贈答等と同じ考えであり交際費等となります。

　したがって、株主に対する経済的利益の供与で、それが配当とならな

い場合には交際費等として取り扱われることになります。

　これに該当するものとして、株数に応じての株主優待券、無料券、自社製品等の交付のほか、増資記念等の記念行事に際しての記念品交付も得意先等に対する金品の贈与として交際費等となります。交際費等の支出の額は、交付時の原価相当額となります。

Q2　株主優待券の交付（例外）

　株主に対して、自社が運行する交通機関の無料乗車券、自社上映館の映画招待入場券を交付しております。無料券の交付の有無に係わらず、原価の額は不変であるため、招待者に特別に支出した額はないと考え、交際費等に該当しないと考えております。認められますか。

A2

　その券の価額（券面額等）が少額であり、かつ、その券を利用することにより特別に費用の負担がないと認められる場合には交際費等に該当しないとの考えが一般的です。ただし、高額な無料券等の交付は交際費等の場合があり得ます。

解説

　前問Ｑ１と同様に、株主たる地位に基づいての金銭、経済的利益の供与は一般には配当となりますが、会社が配当として経理しない限り配当所得とはされません（所基通24-2）。ただし、株主も事業関係者に含ま

れるため株主に交付する経済的利益の供与は接待、贈答等と同じであり交際費等となります。したがって、株主に対する経済的利益の供与で、それが配当とならない場合には交際費等として取り扱われることになります。

自社が運行する交通機関の無料乗車券、自社上映館の映画招待入場券又は自社の興業施設等への無料招待券の場合です。交際費等の判断は、接待、供応、贈答等の行為のために「支出する費用」が交際費等の額となります。それらの入場券等を交付したとしても、そのことにより特別に「支出する費用」が生じない場合には交際費等に該当しないとの考えです。例えば、それらの券が金券ショップ等で換金できたとしても、その経済的利益を交際費等の額に含めることはないと考えます。各種交通機関、映画上映館、興業施設等はたとえ、乗客、入場者が皆無であったとしても電車等の運行、映画上映、興業施設の開場等を行わざるを得ず、原価の額はそれがすべてとなります。したがって、無料券等による入場者等があったとしても、それらの者のために特別に支出した費用はないとの考えがあります。また、それらの券の交付は、金額的にも少額で広告宣伝的な要素もあり、更には、乗車又は入場した場合には飲食、買い物等により無料券を超える消費も期待できる販売促進の意味もあるとして交際費等にしないとの考えがあります。

ところで、株主への無料入場券ではありませんが、自社の遊園地施設への優待入場券は得意先等の接待として交付したものであり、有償入場者と同等の役務提供を行っていることからその支出費用は直接総原価から総入場者に対する優待入場者分を按分した額を交際費等として課税した処分を認める判決があります（平22.10.8最高裁）。その施設の有料券は6,000円以上と高額で人気度の高い遊園施設であることから特別な例であるとの意見もありますが、この判決により無料入場券は交際費となる

366　　第3編　質疑応答事例

可能性もあることから、今後の税務当局の動向に注意が必要となります。

Q3　株主総会でのお土産品

　株主総会に出席した株主に対して、その持株数に関係なく会場で全員に当社の新製品を渡しております。新製品の広告宣伝の意図があるため広告宣伝費として認められますか。

A3

　出席者全員に対して広告宣伝を意図しての少額な自社製品のお土産は広告宣伝費として認められると考えます。

解説

　株主総会は、会計年度の結果報告と次年度の営業方針の説明、承認を得るために重要な会議です。最近の株主総会は、いわゆる開かれた株主総会として多くの株主の参加を求める方向が鮮明となっています。その際、総会出席の株主に対して自社製品等の手土産の交付をすることが多く見受けられます。会社が株主に交付する金銭又はその他の経済的利益の供与は一般的には配当となります。しかし、会社がその利益と関係なく交付するもので、かつ配当と経理しない場合には配当としない取扱いがあります（所基通24-2）が、株主も事業関係者ですので、その経済的利益供与は交際費等として取り扱われます。しかし、株主総会に出席した株主に対して会場で全員に当社の新製品をお土産として渡す場合です。交際費等になるとの考えもありますが、会社が新製品の発売に際して、

出席した株主にその持株数に関係なく渡すことにより、その製品を広く一般に宣伝してもらうことを期待しての広告宣伝の意図を持って渡したものであれば広告宣伝費として認められると考えます。また、自社製品の交付は一種の見本品とも考えられるため、その金額が少額であれば株主総会関連費として損金となります。扇子、カレンダー等の配布も交際費等とならないと考えます。

ただし、その新製品が高価なものであったり、市場では中々手に入らない人気商品であったりすると交際費等となると考えます。

Q 4　いわゆる総会屋が発行する雑誌の広告料

総会屋との風評がある雑誌に広告を掲載しました。送られてきた雑誌は見ることがなく棚ざらしとなっていますが、広告料は世間相場と考えられますので広告宣伝費として認められますか。

A 4

たとえ、雑誌が発行され広告料が世間相場であるとしても広告等としての実態が認められない場合は交際費等となります。

（解説）

いわゆる総会屋に対する金品の交付は、株主総会をスムーズに終了する等のために必要な支払いであるとしても税務上は交際費等に該当します（措通61の4(1)-15(6)）。このことは、雑誌等の講読料や広告料に対する支払いであっても、その雑誌等に実態がなく広告目的の意味を成さな

368　　第3編　質疑応答事例

いような実情にある場合には、その支払額は単なる金品の贈与と考え交
際費等としたものです。広告宣伝の実態があるかどうかの判断は難しい
ところですが、その雑誌等がある程度の発行部数があり、市販されてお
り一般消費者も購読しているような場合には、実態があるといえます。
ただし、ある程度の発行部数があるとしても、その大多数を特定の法人
が買い占めて、あるいは、そのまま放置しているような場合には雑誌等
に実態がないことになるでしょう。

Q 5　総会直前での大株主に対する決算説明会費用

株主総会前に大株主に対して個別に決算説明会を行っています。
次のような費用はどうなりますか。
- ①　当社会議室での説明会と昼食代
- ②　ホテルでの説明会と昼食代及びお土産代
- ③　説明会出席のための交通費（お車代として一律5万円）

A 5

説明会での昼食代を除き、交際費等となります。

解説

　会社の役員は、株主から委任を受けて会社経営をしていることから、
株主総会前に大株主に事前に決算等の説明をすることは当然にあります。
したがって、①のようにそれらに要する費用は一般に会議費となります
が、大株主であるが故に、その費用内容と会議の場所が問題となります。

一般に、②のように会議場所は会社内の会議室や場合によってはホテルの一室も認められます。しかし、説明会が、例えば、最初から料亭等の接待場所の場合には、その席で決算説明を行ったとしても、その費用のすべてが交際費等となります。

　会社内の会議室、場合によってはホテルでの開催は、説明途中の昼食や茶菓等を含めて会議費と認められますが、お土産代は交際費等となります（措通61の4(1)-21）。ただし、この際の交通費の扱いですが、説明会出席のための交通費としての実費弁済程度であれば交際費等とならないと考えますが、③のようにお車代として一律、3万、5万円等を支給する場合は単なる謝礼として交際費等に該当すると考えられます。

9　広告宣伝費と交際費等

○　広告宣伝費とは、不特定多数の者に対する自社及び自社製品の販売促進のための広告宣伝として支出する費用をいい原則全額損金となります。ただし、広告宣伝用資産の贈与は繰延資産となる場合があります。

　一方、交際費等とは、得意先等の事業関係者に対する自社及び自社製品の販売促進、取引継続、拡大のために支出する費用をいい、両者にはその目的、意図に大きな差はありません。

○　さらに、いずれも外部の者に対する金品の贈与や旅行、観劇への招待等同じ行為が含まれています。結局、両者の区分は対象とする者が「不特定多数の者」に対するものは広告宣伝費、「事業関係者」に対するものは交際費等になると区分されます。

○　不特定多数の者とは一般消費者又は最終消費者をいい個人と考

370　第3編　質疑応答事例

えます。しかし、**最終消費者には企業も当然に含まれますので、不特定多数の者と事業関係者との区分は難しいことから、広告宣伝費と交際費等との区分も難しいのが現実です。**

Q1　広告宣伝費と交際費の区分

広告宣伝費と交際費等の区分について明らかにしてください。

A1

　金品の贈与等であっても一般消費者や取引先に対する販売促進や知名度アップ等広報活動のための費用は広告宣伝費となります。

（解説）

　広告宣伝費は一般消費者（不特定多数者）等を対象とする広告宣伝効果を意図する費用であり、その過程での景品や旅行招待等も交際費等となりません（措通61の4(1)-9）。得意先等に対する見本品やカレンダー等の交付、新製品発表会、現地案内費用も広告宣伝費又は販売促進費となります（措令37の5②一、措通61の4(1)-17、(1)-20）。自社製品等の広告宣伝用として一定の資産贈与は繰延資産となります（法令14①六ニ、法基通8-1-8、8-2-3）。

	広告宣伝費となるもの	交際費等となるもの
支出の相手先	・一般消費者、不特定多数の者を対象に、あらかじめ旅行、観劇招待、物品贈与等	・抽選であっても得意先等を対象とする物品贈与、旅行招待等

	を広告、周知した場合（抽選等で特定となった者を含む） ・工場見学者（得意先を含む）に対する製品の試飲、試食、相当の記念品（通常の交通費等を含む） ・得意先に対する自社製品等の広告宣伝費の負担額	・抽選であっても、結果的に当選者が特定の事業関係者が多数を占める場合 ・事業関係者に対する工場見学等で通常の試飲食、記念品を超える支出 ・得意先が行う交際費該当のイベント等の費用負担
見本品、試用品等の提供	・新製品等の周知、宣伝、販売促進を目的とするサンプル等の見本品等	・新製品等の見本品等であっても貴金属、宝飾品等で販売店員個人に提供するもの ・家庭用等で個人的に使用のもの
少額な資産贈与	・カレンダー、手帳、扇子、手拭い、ゴルフボール等少額なもの	・特定の者のみに対する贈与で高額なもの
広告宣伝用資産の贈与	・自社製品宣伝のための事業用資産（看板、陳列棚、陳列ケース、冷蔵庫、自動車等）の贈与。ただし、繰延資産該当もある	・事業用資産以外の資産の贈与（寄附金該当もある） ・事業用資産でも個人的使用が大のもの（例えば、ゴルフセット、家庭用調度品等）

Q2　広告宣伝費となる不特定多数の者

　広告宣伝費か交際費等の区分で、広告宣伝費は「不特定多数の者」に対するものですが、不特定多数の者とは具体的にどのような

者をいいますか。

A 2

　広告宣伝費となる「不特定多数の者」とは、一般消費者、最終消費者、大衆をいい、平たくいえば、行きずりの人です。個々の取引実態から個別に判断することになります。

解説

　広告宣伝費は、不特定多数の者に対しての企業の販売促進や知名度アップ等を目的とする広報活動の費用をいいます。TV等のメディア広報のほか飲食、旅行等招待、金品の贈与などの費用も含まれ、その対象者及び活動の範囲は極めて広範となります。一方、交際費等は得意先等の事業関係者に対する接待、供応、金品の贈与等の費用です。両者ともにその目的、意図が自社及び自社製品の販売促進や、取引継続、拡大のために行うものであり、その差に大きな違いがありません。

　しかし、広告宣伝費はそのまま経費となり、交際費等は課税となることから両者の区分は重要です。一般的な区分はその行為の対象者が不特定者か特定者（事業関係者）かによります。

　不特定多数の者とは一般大衆、一般消費者、最終消費者をいい、特定者とは得意先等の事業関係者をいいます。しかし、現実には一般消費者ともみられる中に事業関係者となる場合があります。例えば、医薬品業者における医師や病院、開業医、化粧品会社における理・美容室、農薬、農機具会社における農家等は全国的に極めて多数者が存在するとしても当社製品等を利用して、それぞれの事業を営んでいることから事業関係者に該当することになるので注意が必要です（措通61の4(1)-9(注)）。また、企業との取引は得意先等が多いですが、まったくの最終消費者と

⑨　広告宣伝費と交際費等　　*373*

して購入してもらう場合もあります。それが、広告宣伝費となるか、交際費等となるかは支払者の支払目的、意図、媒体（メディア）等を勘案し個々の取引実態に応じて個別に判断されることになるでしょう。

Q3　販売促進、宣伝用物品等の受贈者が「特定の個人」となる場合

　販売促進と広告宣伝を目的として次のことを行いますが、結果的に物品等の受贈者が特定の個人となってしまいます。広告宣伝費となりますか。
　①　小売店が一定額以上の購入者をディナーショー又は旅行に招待する場合
　②　新規購読契約者に野球チケットや商品を贈呈する場合
　③　料理店が新装開店に当たって近隣に優待食事券を配布する場合

A3

　いずれの場合も不特定多数の者を対象とした広告宣伝を目的としたものと認められるため、交際費等となりません。

(解説)

　不特定多数、一般消費者を対象に広告宣伝効果を意図したものは、交際費等に該当しません。また、得意先への物品贈答であっても、広告宣伝を目的とした少額な物品の交付も交際費等となりません（措通61の4(1)-9、(1)-20）。

ご質問の設例は、いずれも、当初は一般消費者を対象として宣伝効果を意図して始めたものであり、結果として特定者となったものであるため広告宣伝費と認められます。ただし、一般消費者を対象とするものであっても、特定の者を恣意的に選択しての招待（例えば、親族、縁故者等）は、交際費等となる場合があります。ご質問のケースは以下のとおりです。

① 一般消費者の購買意欲をそそるために、あらかじめ広告宣伝して一定額以上の購入者あるいは抽選等により旅行等へ招待する招待付販売に要する費用は広告宣伝費となります（措通61の4⑴-9）。これには各種の催し物、飲食への招待も含まれます。一定額以上の購入者又は抽選で当選した者は結果的に特定の者となったものであり、当初から一般消費者を対象とするものに変わりがありません。ディナーショーへの招待も広告宣伝費となります。

② メーカー等が小売店に景品引換え付販売を行った場合は、おおむね3,000円以下の少額物品で、その景品をメーカーで確認できる場合は交際費等となりません（措通61の4⑴-5）。一方、小売業者が一般消費者に景品を交付するのは、不特定多数のものに対する宣伝効果を期待して支出するものであるため、金額の多寡にかかわらず広告宣伝費となります（措通61の4⑴-9）。例えば、新聞販売店等は新規購読者に対してプロ野球チケットや洗剤等を渡しております。購読者は、たとえ、購読契約が成約した場合であっても一般消費者であり契約獲得のための野球チケットや商品等は景品交付費用であるため広告宣伝費となります。

③ 飲食店が新規開店等に際して、地域企業、住民に対して、割引食事券を新聞折込広告、路上等で配布する場面をよく見受けます。これらは、店舗のPR、顧客獲得のための宣伝活動であり、しかも、

不特定多数に対する店舗の紹介と来客への広告宣伝効果を期待しての配布であり広告宣伝費となります（措通61の4(1)-9）。

Q4 「メンバー会員」に対する観劇招待、商品券の進呈

　小売店です。お店の顧客を対象に「メンバー会員」を募集しており、会員には一定期間の購入高に見合った当社商品の購入券を進呈するほか、2年1回程度、観劇にご招待します。なお、商品購入券の進呈、観劇ご招待は募集広告に記載しております。この費用は販売促進費として認められますか。

A4

　一般消費者を対象としたメンバー会員であれば広告宣伝活動と認められ交際費等となりません。

解説

　不特定多数、一般消費者を対象に広告宣伝効果を意図したものは、交際費等に該当しません。また、得意先への物品贈答であっても、広告宣伝を目的とした少額な物品の交付も交際費等となりません（措通61の4(1)-9、(1)-20）。

　小売店が販売促進のために、「メンバー会員」「友の会」等の制度を設け、不特定多数の者から会員を募り、会費や一定期間の購入高に見合った商品購入券の進呈や観劇等へ招待する例はデパートを始め多く見受けられます。

メンバー会員、友の会会員は、会員になったその時から「特定の者」
となり、その者に対する優遇策として交際費等とならないかです。しか
し、この制度は固定客をいかに幅広く集めるかの施策であって、当初は
一般消費者を対象として宣伝効果を意図して始めたものであり、結果と
して特定者となったもので広告宣伝費として認められます。また、商品
購入券の進呈や観劇等へ招待も固定客を集める、募集するための手段と
しての方法と認められます。これらは、小売店にとって如何に顧客を獲
得するかは重要なことであり、広告宣伝活動の一環と認められるため交
際費等に該当しません（措通61の4(1)-9）。

　ただし、会員は広く一般に自由に入会できることが必要であり、上得
意者だけを対象とするような極めて限定的に会員資格とするものは、も
はや不特定多数の者を対象とするとはいえない場合もあり、得意先接待
として交際費等となることもあります。

Q5　工場、支店開設時の近隣挨拶の手土産

　地方に工場及び支店を新規開設しました。近隣付き合いが大切な
ことから開設時にお菓子又は自社製品を手土産に挨拶廻りをしまし
た。近隣一帯であり得意先のみではありません。広告宣伝費として
認められますか。

A5

　円滑な近隣対策のために挨拶は不可欠であり、少額な手土産程度は交
際費等に該当しないと考えます。

解説

　最近の地域住民の権利意識の高まりは無視できません。そのため、新規に支店や工場等の進出に際しては、円滑な近所付き合いのためと自社の存在アピールも兼ねての地域住民への挨拶は欠かせません。また、挨拶時には手土産持参も一般的な常識となっています。したがって、工場等の地域住民、近隣住民（近隣の会社も含まれます。）は取引関係のない不特定多数の者であるともいえますし、また、単なる挨拶廻りを目的としての少額なお菓子等や自社製品の手土産は、自社の広報活動一環としての費用であり広告宣伝費として認められると考えます。ただし、特定の者のみへの挨拶（例えば、得意先や地元有力者等）や高額な手土産は交際費等となります。

Q6　新規契約者及び1年前契約者に対する贈答品

　不動産業とホテル経営の会社です。新規の住宅建築注文者に建物完成時に記念品を贈呈します。また、当ホテル挙式の結婚1周年記念として当ホテル宿泊券等をプレゼントします。いずれも特定者への贈与として交際費等となりますか。

①　建物完成時に、あらかじめ用意した記念品（家具、電気器具、時計、ヴェランダ小物等）を贈呈する費用

②　当ホテルで結婚式等を行ったカップルに対する1年後の結婚記念日に当ホテル宿泊、飲食券のプレゼントに要する費用

A 6

いずれの場合も不特定多数の者を対象とした広告宣伝を目的とした費用と認められるため交際費等となりません。

解説

不特定多数、一般消費者を対象に広告宣伝効果を意図したものは、交際費等に該当しないとされています（措通61の4(1)-9、(1)-20）。ご質問の場合は、いずれも一般消費者を対象とするものであり、結果として特定者となったに過ぎないと認められるため広告宣伝費となります。ただし、一般消費者を対象とするものであっても特定の者（例えば、親族、縁故者等）を恣意的に選択しての贈答や招待は、交際費等となる場合があります。ご質問のケースは以下のとおりです。

① 小売業者が、商品を購入した一般消費者に対して景品を交付する費用は、宣伝的効果を意図するものとして交際費等には該当しません（措通61の4(1)-9）。住宅建売業者が、建築依頼主に対して、建物完成時には家具、調度品、電化製品等を贈答することを約束し、完成時に贈呈する場合ですが、当社に建築を依頼するか否かはまったく自由な立場の個人を対象とするものであり、一般消費者に該当します。また、請負時に贈答が条件であるとすると一種の値引きとも認められるため交際費等に該当しません。

② 一般にホテルの収益源は、宴会又は結婚式・披露宴等ともいわれています。したがって、その顧客獲得の活動として、当ホテルで結婚式等を行った場合には、結婚祝い金の贈呈や結婚1年後の結婚記念日に当ホテル宿泊や飲食券をプレゼントすることもよく見受けられるところです。これらは、いずれも一般消費者を対象とするものであり、顧客獲得の宣伝効果を意図するものと認められます。また、

9 広告宣伝費と交際費等 *379*

結婚祝い金は一種の値引きに該当するため交際費等となりません。

Q 7　得意先等への贈答品で交際費等とならない少額物品

得意先等に対するカレンダー、手帳等及びこれらに類する物品の贈与でその価額が少額であるものは交際費等に該当しないとありますが、「これらに類する物品」とは具体的に何ですか。また、購入単価が「少額」とは、どの程度の金額ですか。

A 7

得意先への贈答が交際費等とならない物品は、多数の者への配布を目的として主として広告宣伝的効果を意図する物品をいい、その購入価額が少額とは、おおむね1,000円程度といわれています。

(解説)

メーカー等が小売店等へ、小売店が得意先等に販促物品を配布することは一般的に行われています。これらの物品の贈与は交際費等の典型的な形態ですが、税務上は、広告宣伝的効果を意図して多数の者への配布を目的として、しかもその購入単価が少額なものの配布は交際費等に該当しないとされています（措法61の4④三、措令37の5②一、措通61の4(1)-20）。

① 多数の者へ配布することを目的とする物品には、カレンダー、手帳、扇子、うちわ、手拭い、ボールペン、シャープペンシル、ライター、ゴルフボール、文房具、家庭用品、健康器具、民芸具等多数

の物があります。

② 広告宣伝的効果を意図しての配布とは、一般には、社名、商品名、営業担当者名などが入っている場合が多いですが、特に社名等がなくてもセールスの際の名刺代わりの粗品も認められます。

③ 購入価額が少額とは、特に明文はありません。税務の実務では、おおむね1,000円程度（社名等の印刷代は除きます。）で取り扱っているようです。

　なお、売上割戻しと同一基準での少額物品は「おおむね3,000円以下」となっていますが（措通61の4(1)-4）、これは、交付する目的が一種の値引きとしての性格があるために、ある程度の金額が必要であるからです。しかし、本件は、広告宣伝目的であるかどうかの判定のためであり、その目的、性格が異なるため金額も異なっています。少額かどうかの判定は、その物品の通常の取引単位ごとの単価で判定します。カレンダー、手帳等の製作単価は1,000円を超えると思いますが、いずれも年単位で無価値となるものであり、かつ、社名、商品名等の記載があれば広告宣伝費として認められます。

Q8 得意先の店舗新改築に際しての花輪、生花等の贈呈

　得意先が店舗新築、改装を行った場合には、お祝いとして花輪又は生花等を贈呈しております。当社名入りのため広告宣伝費となりますか。

A 8

　開店祝いの花輪、生花等は、贈答者の社名入りであっても交際費等となります。

解説

　得意先の慶弔、禍福に際しての金品の支出は交際費等となり、得意先の店舗新改築のお祝い金品もこれに該当します（措通61の4(1)-15(3)）。

　一方、広告宣伝を目的とする物品の贈与は広告宣伝費が認められています。得意先の開店祝いとしての花輪、生花等の贈与が、単なるお祝品の贈与として交際費等となるか、又は当社の名前入りのため得意先店頭で道行く人等の広告宣伝効果を意図しての広告宣伝費に該当するかです。

　飲食店、遊技場等の新装開店時には、多くの花輪、生花が見受けられます。また、新装開店時での花輪等の贈呈が業界の商慣習ともなっているようです。これらは贈呈者の名前入りのため広告宣伝費との考えもあり得ます。しかし、現在の取扱いでは、開店祝い等での花輪等に贈答者の名前入りであったとしても、一般大衆への広告宣伝の意図ではなく得意先の開店という祝事に際してのお祝い品の贈呈であり、今後の取引関係の円滑を目的とした、いわゆる「お付き合い」と認められることから交際費等に該当するとしています。ただし、パチンコ店の花輪等は、新装開店が頻繁でその宣伝のために花輪等が欠かせないものであり、また、納入業者に花輪等の提供が納入条件である等の特別な事情があることから、販売奨励金として認められています。

382 第3編 質疑応答事例

Q 9 飲食店等の取材に際しての食事の提供

　グルメ雑誌に掲載してもらうため取材に応じ、当店自慢の料理を同誌スタッフに無料で飲食してもらいました。広告雑誌掲載のための飲食として広告宣伝費となりますか。

A 9

雑誌掲載のための広告宣伝費用であり広告宣伝費となります。

解説

　広告宣伝とは、広く一般消費者を対象に行う自社製品の知名度アップや販売促進のための活動をいいます。飲食店等においては、行列のできる店、町内一押しの店等といった近年のグルメブームを反映しての雑誌掲載などの取材が多く見受けられます。広告宣伝には、自ら雑誌等に掲載することもありますが雑誌社や商店街等からの取材に応じて雑誌などに掲載されることもあります。いずれの場合であっても、自身の飲食店の料理を雑誌等に掲載する目的のために取材スタッフ等に食してもらうことから広告宣伝そのものであり、交際費等とはなりません。

Q10 テレビコマーシャル出演者への自社商品の交付

　家庭用品メーカーです。当社のテレビコマーシャルに出演したタ

9 広告宣伝費と交際費等　*383*

レントや一般人に、自社製品の性能や知識を理解してもらうため、商品を無料で贈呈します。この自社製品の交付は、交際費となりますか。

A10

タレントへの自社製品の贈与は見本品、試供品の提供となり、一般出演者分と併せて広告宣伝費と認められます。

解説

テレビコマーシャルは、自社製品の販売促進としては非常に効果的です。このため、出演するタレントに自社製品の性能、知識をよく理解してもらうことはコマーシャル自体の完成度にもかかわります。したがって、普段に使用してもらうための交付は、いわば見本品、試供品の交付に準じるとの考えも成り立ち、広告宣伝費に該当することもあり得ます（措通61の4(1)-9(6)）。もちろん、単なる、謝礼としての交付は交際費等又は場合によっては出演料に含まれることとなります。なお、一般人の参加者に対する自社製品の交付は、コマーシャル参加の報酬ともいえますし、また、事業関係者にも該当しませんので、交際費等とはなりません。

Q11　メーカーが行う新製品の発表展示会の費用

婦人服メーカーです。毎年、春、秋に新製品の発表展示会をホテルで有力小売店を招待して開催します。次の開催費用はどうなりま

384 　第3編　質疑応答事例

すか。

① 　会場費

② 　来場者の食事代

③ 　来場者の最寄りの駅からのタクシー代

④ 　遠方からの来場者宿泊費

⑤ 　宴会費

⑥ 　お土産代

A 11

　新製品、季節商品等の展示会等に得意先を招待する場合に通常要する費用は交際費等に該当しません。しかし、宴会費は交際費等（5,000円基準等の適用あり）となり、お土産代も原則、交際費等となります。

解説

　メーカー、販売店主催の新製品、季節商品の展示会等がホテル等でよく開催されます。新製品等の周知と販売促進を意図する展示会等は有効な手段であり、それに得意先等を招待する①の費用は会場費を含め通常要する費用であれば交際費等に該当しないとされています（措通61の4(1)-17(3)）。しかも、多数の得意先に参加してもらうために会場までの交通費や食事、場合によっては宿泊代も負担することがあります。その場合であっても、②の食事代、③の交通費、④の宿泊費は、通常要する費用となり交際費等に該当しません。ただし、展示会会場は通常ホテル等が多いようですが、温泉地、観光地等での開催もあります。観光地等での展示会であっても日程、費用等から実質的に展示会の実態があれば交際費等とはなりませんが、実際にはそのような事例は少なく、慰安、観光等が重点となるのではないでしょうか。そうすると展示会部分の費用

9 広告宣伝費と交際費等　　*385*

のみ（例えば、展示会会場費）が交際費等以外となり、交通費、宿泊費等を含めた費用は交際費等となりますので注意が必要です。

　なお、⑤のホテル等での展示会の後の宴会費は接待のため交際費等となりますが、いわゆる5,000円基準に該当する場合は交際費等から除くこと及び接待飲食費の50％損金算入が認められます。⑥のお土産代は、通常要する費用ではないため交際費等に該当します。ただし、お土産が会社の社名入り手帳、手ぬぐい、あるいは扇子等の広告宣伝的物品であれば交際費等とならないと考えます。

Q12　新製品展示会での模擬店の飲食

　衣料品卸売業です。ホテル等に得意先を招待して展示即売会を行います。その際に、会場内で、おでん、焼き鳥、寿司、酒、ビール等の模擬店を設けるほか、会場でのお買上高に応じて景品を差し上げます。模擬店は、一人当たり2,500円程度、景品単価は最高3,000円程度です。その取扱いはどうなりますか。

A12

　金額からみて、模擬店、景品に要する費用は交際費等に該当しないと考えます。

解説

　新製品、季節商品の展示会等に得意先等を招待する場合の交通費、食事代、宿泊のために通常要する費用は交際費等に該当しません（措通61

の４(1)-17(3))。展示会等は、売上げ促進を図るために行われる広告宣伝的要素の強い催し物であり、その費用は営業直接費と認められることから交際費等とはされていません。

　会場内の模擬店での飲食ですが、展示会に際しては食事の提供も通常要する程度であれば、交際費等とならないことが認められています。いわゆる会議に際してのランチ程度の昼食です。会場での模擬店も食事の提供に該当し、一人当たり2,500円程度ですので会議に際しての通常供される食事にも該当すると考えます。たとえ、酒類を伴ったとしても儀礼的な範囲であり、通常の範囲内と考えられます。また、いわゆる5,000円基準にも該当し交際費等から除くことができます（措法61の４④二）。

　次に、買上高に応じた景品ですが、得意先に対する景品付販売では、その景品が単価おおむね3,000円以下の物品は交際費等に該当しない取扱いとなっています（措通61の４(1)-５）。したがって、今回の景品の最高単価が3,000円ですので交際費等に該当しないとの考えです。

Q13　新製品を見本品として贈呈した場合

　女性用装身具メーカーです。新製品の発売に際し得意先等に見本品として贈呈する予定です。次の場合は広告宣伝費として認められますか。

①　得意先の営業担当者に個人的に贈呈した場合（売価１万円相当）

②　新規取引を期待しての販売業者への贈呈

9 広告宣伝費と交際費等　*387*

A13

　得意先の営業担当者に個人的に贈呈した場合は交際費等となります。新規取引を期待しての販売業者への贈呈は広告宣伝費となると考えます。

解説

　得意先等に対する見本品や試用品の供与に通常要する費用は、広告宣伝費の性質を有するものとして交際費等に含まれないとしています（措通61の4(1)-9(6)）。これは、自社製品を取引業者等に周知させるために、見本品や試用品をもって自社製品の情報を積極的に提供し、取引の開始や自社製品の購入の際の参考としてもらうためであるからです。

　この場合の見本品、試用品の程度ですが、例えば、化粧品、医薬品メーカー等が新製品を規格外の小瓶、小ケースに詰めたものや、繊維メーカーが新柄生地の小断片を貼付したものなどがこれに当たると考えられます。また、同種の商品を購入した得意先に新製品を見本品として供与する場合は、一種の値引き又は事業用資産の交付に当たるとも考えられ交際費等に該当しないと考えられます（措通61の4(1)-7）。ご質問のケースは以下のとおりです。

①　新製品の販売促進を意図して得意先の営業担当者に見本品として贈呈とありますが、特に見本品として作られたものではなく販売商品そのものと思われます。得意先に供与される見本品、試用品とは、その物品を事業者が事業の用に供するものをいいます。営業担当者への贈呈は、見本品として活用してもらうというよりは、むしろ新製品を贈答することにより得意先担当者に積極的に販売してもらうことを期待しての贈答とみられ、通常の見本品、試用品の贈呈とはその性格が異なるものと考えられます。

　　したがって、贈呈費用は交際費等に該当し、その金額は原価相当

388　　第 3 編　質疑応答事例

額となります（措通61の 4 (1)–15(9)）。

② 　見本品、試用品の贈呈は、一般消費者に対するものは当然に広告宣伝費となります。得意先等の事業関係者に対する金品の贈与は、原則として交際費等に該当しますが、それが自社製品の販売促進のための広告宣伝効果を意図したもので、通常要する費用であれば広告宣伝費として認められています。見本品、試用品の贈呈で通常要する費用はこれに該当します。ご質問のように、当社の営業担当者が、新規取引先開拓のために自社製品の紹介と情報を見本品、試用品として事業者に贈呈するもので通常要する費用であれば広告宣伝費として認められると考えます。

　　なお、新規取引関係を結ぶために相手方事業者に対して、事業用資産を交付する場合の費用は交際費等に該当しない取扱いがあります（措通61の 4 (1)–15(2)(注)）。

Q14　広告宣伝用資産の贈与（メーカー名等の有無）

　化粧品メーカーです。小売店に商品陳列ケースを贈与します。当社の会社名・商品名・ロゴが表示された陳列ケースと白地の陳列ケースを贈与します。メーカー名等の名入りの有無によって取扱いが異なりますか。

A14

　当社の商品名等が入ったものは広告宣伝用資産として繰延資産となります。白地の陳列ケースでも明らかに事業用資産であれば交際費等には

該当しません。

解説

　得意先等に資産を贈与した場合には原則、寄附金又は交際費等となります。しかし、自社の商品名等が記入された事業用資産を贈与した場合には、広告宣伝費等となり交際費等に該当しません。それらの資産を贈与する理由は、贈与を受けた得意先に対して当社商品を優先的に販売させる一種の圧力をかけており、また、得意先店頭で自社名又は自社製品等を常に一般消費者にアピールしていることから広告宣伝効果が期待できるからです。したがって、それらの資産の贈与は広告宣伝費に該当するとしたものです。一方、贈与者の名前や製品名等が入っていない資産の贈与は、例えば、売上割戻しと同一基準での交付（措通61の4(1)-4）、販売奨励金としての交付（措通61の4(1)-7）、新規取引先とするための運動費としての交付（措通61の4(1)-15(2)）で、交付先で明らかに事業用として使用しているものに限って寄附金又は交際費等にならないとしています。ご質問の場合です。当社の会社名・商品名・ロゴ入りの陳列ケースは広告宣伝の目的のある資産ですので広告宣伝費となりますが、陳列ケースの使用できる期間が1年以上のため繰延資産として5年（陳列ケース・その他8年×70％＝5.6年＝5年）で均等償却します（法基通8-2-3）。次に、白地の陳列ケースの場合です。陳列ケースですので明らかに事業資産と思われますが、その贈与する理由が売上割戻しと同一基準での交付等によるものであれば交際費等には該当しません。しかし、単なる資金援助的な贈与であるとすると寄附金又は交際費等となる場合があることに留意してください。なお、贈与を受けた小売店では、それが広告宣伝用資産の場合には陳列ケースの取得価額の2/3相当額が受贈益となります（その額が30万円以下の場合はゼロ円です。）。

390　　第3編　質疑応答事例

10　会議費と交際費等

○　得意先等との業務に関する会議、商談、打合せ、あるいは社員同士の会議も頻繁に行われています。会議は意思の提案、交換、決定、伝達等に不可欠であるからです。その際における飲食物の提供は、本来的には得意先等の接待として交際費等に該当しますが、会議等に際しての茶菓、弁当等程度の飲食は会議の進行上でも必要なものであり、また、金額的にも通常の昼食程度であれば交際費等に該当しません。

○　平成18年度改正で、いわゆる5,000円基準が導入されました。これは、得意先との「接待飲食」に限っての規定であり、従来から会議費として認められている会議に伴う飲食代の改正ではありません。したがって、会議に伴う飲食費は一人当たり5,000円超の飲食代でも通常要する程度であれば会議費として認められます。

○　平成26年4月から、飲食費については、一人5,000円超のものについても、その50％相当額が損金として認められます。ただし、得意先氏名を記入する等の必要事項記載が要件となります。また、社員だけの飲食は適用がありません。

Q 1　会議費と飲食費の5,000円基準・50％損金算入の関係

得意先との打合せ等では、食事を伴う場合が多いです。会議に際

しての食事は会議費が認められていますが、会議費と5,000円基準及び接待飲食費の50％損金算入の関係はどのようになりますか。

A 1

　会議、商談等に際しての通常供与される昼食の程度を超えない飲食物の提供は会議費となります。5,000円基準・50％損金算入も飲食の提供では共通です。したがって、得意先との会議に伴う飲食代を会議費としないで5,000円基準・50％損金算入を適用することも可能ですが、この場合には相手先氏名を記入する等の要件が必要です。

解説

　会議、商談等に際して社内又は通常会議を行う場所において、通常供与される昼食の程度を超えない飲食物の提供は会議費とすることができます（措令37の5②二）。会議費として認められる飲食代とは、昼食等での「通常の飲食の程度の食事代」であることが必要です（措通61の4(1)-21）。例えば、一人5,000円を超える飲食であっても、それが会議場所であるホテル等のランチ程度であれば、通常の飲食代として会議費が認められます（国税庁Q＆A・Q12）。もちろん、会議としての実体がある場合の昼食等が該当します。

　一方、得意先等との明らかに接待飲食であっても一人当たり5,000円以下の飲食費は交際費等から除くことができます（措法61の4④二、措令37の5①）。一人5,000円を超える場合でも、その50％相当額は損金算入が認められます（措法61の4①）。会議の場合と5,000円基準等とは飲食の提供が共通なものとなります。

　したがって、得意先等との飲食代について会議費とするか5,000円基準等とするかは会社の任意です。ただし、5,000円基準・50％損金算入

392　　第3編　質疑応答事例

を適用する場合には得意先等の参加者全員の氏名を記入・保存する等の
要件が必要となります（措規21の18の４）。もし、損金算入の要件を欠如
した場合には、その飲食費は一義的には交際費等となります。ただし、
会議費としての要件を満たしている場合には会議費として認められると
考えますので、その旨説明してください。

Q2　飲食が会議費と認められる「実態ある会議」の判断

　　会議に際しての飲食が会議費として認められる場合に会議に実態
があるとの判断基準はどういうものですか。

A2

　飲食が会議費と認められる場合とは、①会議に実態がある、②会議場
所が相当、③通常の昼食の程度、④会議に際しての供与等が要件となり
ます。

解説

　得意先等との業務に関する会議、商談、打合せに際しての社内又は通
常会議等を行う場所で、通常供与される昼食の程度を超えない飲食物の
提供は、交際費等に該当せず会議費として認められます（措令37の５②
二、措通61の４(1)–21）。この場合の要件は次のとおりです。

①　会議に実態があること

　　会議には来客との商談、打合せも含まれます。会議の開催時刻、
　時間の長短は問われませんが、実際に会議等が行われていることが

必要です。飲食するために集まったものは会議とはいいません。

② 社内又は通常会議を行う場所で行うこと

　社内は問題がありません。社外で通常会議を行う場所とは、貸会議室が一般的ですが開催場所に特に制限がないため、ホテルはもちろん、温泉地でも会議の実態あれば認められます。ただし、温泉地等は観光、慰安等も併せて行う場合が多く、会議が名目的であると認められる場合には会議部分を含めて全体が交際費等となることに留意してください（措通61の4(1)-16）。

　なお、実際に会議を行ったとしても、その場所が料亭、バー等では交際費とならざるを得ません。

③ 通常供与される昼食の程度を超えないこと

　一般には、会議場所への出前弁当等の程度をいいます。この程度の食事であれば都合で外部での食事や会議場所がホテルでのランチも一人当たり5,000円を超えても認められます。会議が夜にかかる場合の食事も通常の範囲であれば認められます。

④ 会議に際しての供与であること

　一般には、会議途中での食事をいいます。会議、商談等の「始まる前」はともかく、「終わった後」での飲食は会議に際してといえるかの問題があります。少なくとも、飲食の目的が「会議、商談、打合せ」のためであることが必要です。

⑤ 社員だけの会議も該当するが注意が必要

　社員だけの会議に際しての飲食も会議に実態があり、会議の途中での飲食も通常の昼食程度であれば「会議費」として認められます。しかし、社内の場合には特定の者に集中する可能性もあり、また、社員に食事を提供する合理的な理由も必要です。単に会議が食事時間となっただけでは社内交際費等又は給与となる場合もあります。

394　　第3編　質疑応答事例

　また、交際費から除外される5,000円基準及び接待飲食費の50％損金算入は社員同士の飲食、いわゆる「社内交際費」については適用されず、交際費となります。

⑥　会議での飲食との疎明（資料）があること

　単に飲食代領収書の保存だけでは、後日のトラブルの元となります。会議に際しての飲食であることを証する「会議（打合せ）スケジュール記録」「会議費経費精算書」等（参考様式は170頁を参照）の書類保存が必要でしょう。

Q3　会議に際しての「通常供与される程度の飲食」の判断

　飲食代が会議費と認められるのは、通常供与される昼食の程度を超えないこととあります。具体的にはどの程度ですか。また、夕食も認められますか。

A3

　いわゆるランチ程度の食事をいいます。会議が夜になる場合には夕食の提供も認められます。

（解説）

　会議に際して社内又は通常会議等を行う場所において通常供与される昼食の程度を超えない飲食物の提供は、交際費等に該当せず会議費となります（措令37の5②二、措通61の4(1)-21）。この場合に、通常供与される昼食の程度には、具体的な金額基準等の明示は特にありません。

10 会議費と交際費等　　　395

　常識的にみて、通常の昼食として提供される程度のものかどうかで判断することになります。一般には、会議場所への出前弁当等の程度をいいます。この程度の食事であれば、都合により外部での食事や会議場所がホテル等の場合にはランチもそれ相応の額となりますが、ランチ程度であれば認められるということです。一人当たり5,000円を超えても認められると考えられます。

　なお、会議が夜まで延長となった場合や会議が夜に開催される場合には夕食の提供も会議に際してのものであれば認められます。

Q4　会議の前、会議の途中、会議の終了後の食事

　得意先、社内の会議は頻繁に行っています。会議は①朝食会を兼ねた早朝の会議、②昼食をはさんだ会議、③夕食をはさんだ会議、④会議が終わった後の食事会と4様があります。いずれも会議の実体がありますので食事会は会議費として認められますか。

A4

　①朝食、②昼食及び③会議途中の夕食は会議費として認められますが、④会議終了後の食事会は交際費等となる可能性が大きいです。

解説

　会議費として認められる食事代とは、一般的には会議途中での食事をいいます。会議が進行途中で食事時間となった場合に、食事抜きで会議を続行しなさいとはいえません。食事による小休止は冷静さを取り戻す

396　第3編　質疑応答事例

機会や取りまとめに都合の良い時間かもしれません。したがって、会議
途中での食事は会議に含まれるとの考えです。また、会議は通常は昼間
行うことが一般的ですので会議に際しての「通常の昼食程度の食事」を
例示したものと考えられます。こられのことから、会議の前の朝食会は
正にこれから会議を行う前ですので、その程度は自ずから軽食又は自制
が働くため会議費として問題はないと考えます。夜にかかる会議での夕
食も会議途中であれば通常の程度であれば会議費となります。しかし、
会議が終わった後の食事は、いわゆる立食程度のものであれば会議費と
なりますが、やはり慰労会や懇親会としての性格が強くなり、食事もあ
る程度グレードアップや酒類の提供が予測されるため交際費等とならざ
るを得ないと考えます。

Q5　大型店が出店に際し地元商店等との会議・運動費

　当社はスーパーマーケット業です。A市に新規出店することにな
り、地元官公署、商店街、商店等と協議を行っています。協議は当
社会議室のほか地元ホテル等で行いますが出席者は商店主のため夜
の開催が多く、簡単な夕食（仕出弁当等）のほかビール等の提供も
あります。会議費として認められますか。

　また、最終的な出店条件として地元商店に営業補償金を支払うこ
とで合意しました。この営業補償は会議の中で合意したものであり、
出店には不可欠な費用であるため出店費用として認められると考え
ています。

A 5

　地元商店等との協議における食事提供は、会議場所からみても（例え、ビール等が含まれていたとしても）会議費として認められます。ただし、地元商店に対する営業補償金は明らかに損害賠償としての性格が認められる以外には金銭贈与として交際費等になると考えます。

解説

　スーパーマーケット等を営む法人が新規進出するには、地元の官公署や周辺商店等の同意が必要となっています。したがって、出店に際して地元等との協議が繰り返され、その都度に必要な経費は会議費となります。会議費には会議の途中での通常供与される程度の飲食代も含まれ交際費等とはなりません（措法61の4④三、措令37の5②二）。

　ご質問のように会議参加者に商店主が多い場合には会議、打合せは営業時間が終了した夜になる場合も多く、その時間帯からみて簡単な夕食程度を提供することは会議をスムースに進行するために必要なことからか、たとえ、その際にビール1・2本程度があったとしても会議費として認められると考えます。ただし、会議終了後に飲食店・料亭等に場所を変えての飲食は交際費等に該当します（措通61の4(1)-15(8)）。なお、いずれの飲食の場合にも、いわゆる5,000円基準及び接待飲食費の50％損金算入の適用（措法61の4①、④二）がありますが、この場合には参加者全員の氏名等の記録保存が必要となります（措規21の18の4）。

　次に、出店に際して地元商店等に対する営業補償金等の支払いです。この営業補償金については、地元商店等が有する特約店、代理店等の地位、資格を出店者が譲り受けた場合に当商店等が転廃業することになることに対する支払いは損害賠償金と認められるため、交際費等には該当しないとしております。

398　　第3編　質疑応答事例

　しかし、店舗の新規出店は行政上の制約等はあるとしても本来は自由競争であり、出店に際して地元商店等へ特別な支出を強制する道理はなく、損害を賠償する責務もないと考えられています。このため、上記転廃業店以外の商店等に対して支出する費用の性格は、地元商店街等に対する挨拶やスムースな出店及び営業妨害がないこと等を期待した一種の贈与金の性格があると考え、税務上は交際費等に該当するとしております（措通61の4(1)-15の(8)）。ご質問の場合は、支払う根拠が明確ではありませんが、単に営業を補償するとしての金銭の支払いであるとすると金銭贈与として交際費等になると考えが強くなります。

　なお、新規出店に際しての地元対策費には、店舗周辺の道路整備、アーケード、街路灯の設置等の費用負担も見受けられます。これらの負担は公共性も高い支出であるため交際費等になりませんが、支出内容により寄附金又は自己が便益を受けるための費用として繰延資産となる場合があります（法基通8-1-3、8-1-4、8-1-13、8-2-3）。

Q6　社内の取締役会・幹部会における昼食代

　毎月1回、役員会を開催します。遠隔地の役員がいること、時間の節約のため昼食時をはさんで行う関係で出前弁当を出します。会議費として認められますか。部長以上の幹部会での昼食はどうですか。

A6

　社内だけであっても、会議に際しての昼食程度の食事提供は会議費として認められます。ただし、昼食を提供することに合理的な理由が必要

となります。

解説

　会議に際して社内又は通常会議等を行う場所において通常供与される昼食の程度を超えない飲食物の提供は、会議費として認められます（措令37の5②二、措通61の4(1)-21）。会議が夜となる場合には夕食も該当します。また、会議には、社内、社員だけの会議も含まれます。したがって、社内の役員会、幹部会等の会議に際しての弁当等は、会議としての実態があり、弁当もランチ程度（夕食もその程度）であれば会議費として認められます。

　ただし、社内会議の場合には食事を提供することに合理的な理由が必要です。合理的理由がないと社内交際費等又は給与となる場合があります。例えば、月1回、全国の役員や幹部に慰労のために食事会を行うことが主たる目的であるとすると、いわゆる社内交際費等となる場合があるからです。会議が中心であるとの位置付けが必要です。

　遠隔地の役員が参加するため開催時間に制約があるとの事情や、業務時間の節約のため昼食時を選んだ等は相当な理由の一つとして考えられます。なお、朝食会での役員会もありますが、朝食は、正にこれから1日の始まりであり、自ずと節度や限度があるため交際費等となる余地は少ないと考えられます。なお、会議費としての飲食の程度を超えた場合には参加者が社内だけのため、いわゆる5,000円基準及び接待飲食費の50％損金算入の適用はなく、全額が交際費等となります。

400　　第3編　質疑応答事例

Q 7　社内での営業会議後の慰労会

　毎月1回、当社の会議室で営業社員による営業会議を開催しています。会議の終了は夜となりますが、その会議室で弁当程度の簡単な食事とビール等で1時間程度の慰労会を行っています。会議費として認められますか。

A 7

　慰労会の場所が社内であり、弁当程度の食事であるため会議に関連しての通常要する飲食物の供与と認められ会議費と考えられます。

解説

　会議に際して社内又は通常会議等を行う場所において通常供与される昼食の程度を超えない飲食物の提供は、会議費として認められます（措令37の5②二、措通61の4(1)-21）。会議が夜となる場合には夕食も該当します。また、会議には、社内、社員だけの会議も含まれます。したがって、営業社員による営業会議に際しての弁当等は、会議としての実態があり、弁当もランチ程度（夕食もその程度）であれば会議費として認められます。ビール1本程度が付いたとしても、その程度なら問題はないでしょう。

　月1回の営業会議終了後の慰労会ですが、慰労会とのことから社内交際費等に該当するとの意見もありますが、会場が社内の会議室であり、会議から引き続いて行っていることから会議の延長ともみられ、更には、料理も出前弁当程度とのことですので、会議に関連しての通常の飲食に

該当すると考えられます。たとえ、ビール等の酒類が加わったとしても会議費として差支えがないと考えられます。

なお、会議費としての飲食の程度を超えた場合には、参加者が社内だけのため、いわゆる5,000円基準及び接待飲食費の50％損金算入の適用はなく全額が交際費等となります。

Q8 全国の本支店長会議を温泉地で開催する場合

本社は東京にあります。全国の本支店長会議を温泉地・熱海において大手取引先の会社保養施設を借りて1泊2日で開催します。会議は、会社の中長期方針、経済評論家の講演等盛り沢山です。費用は次の予定ですが会議費となりますか。

① 参加者の旅費・交通費、会場費及び宿泊代

② 経済評論家の講演に対する報酬

③ 懇親会費用、各支店等に対するお土産代

A8

温泉地開催であっても会議の実態があれば、旅費、宿泊代を含め会議費として認められます。ただし、懇親会費用、お土産代は交際費等となります。

（解説）

全国の本支店長会議の開催場所が、すべて本社（東京）でなければ会議費として認められないということはありません。全国の本支店の持ち

回り開催もあれば、距離的中間地での開催もあり得ます。今回の開催地は温泉地・熱海ですが、例えば、全国から集合しやすい場所、長時間の会議のため温泉で疲労回復ができ、会場も取引先保養施設を利用するなど費用を多少とも安くできる等の判断から選んだとすると、相当の理由があるとして認められます。

しかし、会議費の絶対要件は実際に会議を行ったかどうかです。実質的に会議の実態があると認められる場合には、①全社員等の旅費・交通費、会場費・宿泊代、②研修会での講師報酬は会議費として認められます。懇親会費用は一般には交際費等となります。しかし、その会議が全国の本支店長に対する慰労会が主目的であり、会議は名目的であるとするといわゆる社内交際費等に該当し、その費用の全額が交際費等となります。③のお土産代もその内容、程度によりますが地元の名産品等であれば交際費等となります。

Q9 得意先との打合せに持参する手土産代

社員が、お得意先との打合せに行く場合には3,000円程度の手土産（お菓子類）をよく持参します。得意先の担当係に渡す場合もありますが、打合せ等の際に出席者でお茶の友とする場合もあります。会議に際しての茶菓として交際費等に該当しないことができますか。

A9

得意先へのお土産は交際費等となりますが、会議、打合せに際して茶菓として使用するものであれば会議費として認められます。

　　　　　　　　　　　　　　10　会議費と交際費等　　*403*

解説

　税務上、交際費等とは、得意先、仕入先その他事業に関係のある者に対する接待、供応、金品の贈与その他これらに類する行為のために支出する費用をいいます（措法61の4④）。お中元、お歳暮等の贈答品のほか得意先訪問時の手土産等も交際費等に該当します。

　一方、得意先等との飲食、金品の贈与であっても得意先等との業務に関する会議、商談、打合せ等に際しての茶菓、弁当等の飲食物の提供は、通常要する程度の費用であれば会議費として認められます（措令37の5②二、措通61の4(1)-21）。

　お得意先への手土産代は3,000円程度であっても原則、交際費等に該当します。しかし、得意先との会議、打合せに際しての茶菓として供与されるものであれば3,000円程度のお茶菓子なら会議費として認められると考えます。会議の際に食すると会議費となり、得意先へのお土産とすると交際費等となるとの最終結果を見てから会議費か否かを判断するのは煩雑で現実的ではありません。

　したがって、社員が手土産代請求等に際して、「会議、打合せ等のお茶菓子代」として持参すると明示したものは会議費とし、「得意先手土産」としたものは交際費等とするなどの社内でルール化した場合にはその処理も認められる余地はあると考えられます。

Q10　会費と交際費等との区分

　当社には、いわゆる会費がたくさんあります。税務上は、会費はどのように取り扱っていますか。特に交際費等との区分、判断基準

404　　第3編　質疑応答事例

について教えてください。

A10

　会費は、明らかに商談、打合せや研修等の会議等費用に充てられるものは経費として問題はありませんが、懇親会費用に充てられるものは交際費等、政治献金等は寄附金、個人が負担すべきものは給与、場合によっては繰延資産となる等その目的、支出先などにより取扱いが異なります。

（解説）

　いわゆる会費であっても、税務上の取扱いはその会費の使途目的により異なります。会議、打合せ、研修会等が目的の会費は損金が認められます。しかし、同業者団体（協会）、ゴルフクラブ、レジャークラブ、社交団体、組合等に対する会費は、その会（団体）の性格、目的、会費の使途により会費、交際費等、寄附金、給与，繰延資産等になります。その取扱いを検討します。

	会費となるもの及びその他	交際費等	寄附金	給与
会議、研修会等の参加	通常の会費	懇親会費用等		個人的な会合の費用負担
同業団体（協会）（法基通9-7-15の3～4、措通61の4(1)-23)	・通常会費（多額な剰余金は前払費用） ・特別会費で国際会議等の負担 ・特別会費で会館等施設の取得に充てられるものは繰延資産	・懇親会等の費用負担が明らかなもの ・懇親が目的の団体の入会金、	特別会費で政治献金等	

	・会員の災害見舞金	会費等		
ゴルフクラブ（法基通9-7-11～13）	・入会金は資産計上	・年会費等 ・名義書換料		個人会員の場合の入会金、年会費等
レジャークラブ（法基通9-7-13の2）	・入会金はゴルフクラブに準ずる ・有効期間がある場合は繰延資産 ・福利厚生目的の会費	・接待利用の場合の年会費等		個人会員の場合の入会金、年会費等
社交団体（法基通9-7-14）		業務上の必要からの入会金、会費		個人会員の場合の入会金、年会費等
ロータリークラブ・ライオンズクラブ（法基通9-7-15の2）		業務上の必要からの入会金、会費	寄附金目的の特別会費	原則、個人的費用となる
商工（青年）会議所、法人会、町内会等	通常の会費（特別会費はその内容による）			青年会議所会費は給与もある
同窓会、県人会等				原則、個人的費用となる

406　　第3編　質疑応答事例

Q11 所属する業界団体への会費と交際費負担額

　　当社は各種の協会や同業者団体等に所属しています。その団体等は会員のための事業活動を行っており、通常会費と特別会費があります。特別会費は特別な会議やレセプション等の場合に負担します。また、当社の役員が同業者団体の役員をしていますが、団体の財政事情等から懇親会費用等の一部を当社が負担しています。交際費等の負担を含め税務上の取扱いはどうなりますか。

A11

　　同業者団体がその会員のために事業活動を行っている場合の通常会費は損金として認められます。交際費等支出に充てるための特別会費は、その団体が実際に支出した日の交際費等となります。役員が懇親会費用等を負担することが会社の業務上の必要からの場合には会社の交際費等とも考えられますが、明らかに団体が負担すべきものを当社が負担した場合には寄附金となる場合もあります。

解説

　　会社が同業者団体（所属する協会、連盟、その他の同業者団体等）に対しての会費は、それが構成員のための広報活動、調査研究、福利厚生等の通常の業務運営のために経常的に要する費用の分担としての通常会費は、支出した日の損金となります（法基通9-7-15の3）。しかし、通常会費のうちに懇親会等の交際費等支出に充てられることが明らかな部分の金額は交際費等の負担額となります。ただし、懇親会等費用であって

もその懇親会等が当該団体の業務運営の一環として通常要すると認められる程度のものであれば会費として損金となり交際費等となりません。特別会費はその支出の目的となった内容により取扱いが異なります（法基通9-7-15の3(2)）。その目的が交際費等の負担の場合には、その団体がその目的のために実際に支出した日の交際費等となります。

次に、当社の役員が団体等の役員になって場合の会社負担の取扱いです。団体の財政事情等にも詳しいことから懇親会費用等の一部を当社が負担したとあります。しかし、当社の費用とするには当社が負担することに相当の理由が必要です。団体の財政上の問題は会員全員又は役員全員の問題であるからです。相当の理由には例えば、団体の役員であるが当社の役員でもあることから、今回の懇親会は、当社の経営上や営業上の使命を帯びて出席者等との懇親活動を積極的に行ったものであるとすると当社がその費用負担することにも一理あるとも思われ、会社の費用負担（交際費等）も考えられます。しかし、明らかに団体が負担すべきものを当社が負担した場合には、当社には負担に対する反対給付が伴わないことから団体に対する寄附金となると考えられます（法法37⑦）。

Q12 会議、研修会費用と懇親会費用を会費として支払った場合の区分

当社は所属する同業者団体が主催する会議や各種研修会に参加しています。会議・研修会は実質的な内容を伴っていますが、その会議等の終了後に酒食を伴う懇親会があります。主催者からは、その懇親会費用を含めて「会費」として請求があります。懇親会費用は飲食費の5,000円基準及び接待飲食費の50％損金算入の適用がある

408　第3編　質疑応答事例

と考えますが、その費用の区分はどのようにしたらよいですか。

A12

　会議・研修等が主目的で、その後の立食程度の簡易な懇親会は会議費として認められると考えます。懇親会の内容が相当程度以上の場合には、飲食費相当額を主催者に確認する必要も出てくると考えます。

解説

　同業者団体等が主催する会議又は研修会等がその内容等に実質が伴っている場合には、それらに参加する費用は会議費等が認められます。そして、その会議等の終了後に立食程度の簡易な懇親会は、たとえ、ビール等があったとしても会議、研修等の延長上の懇談、質疑応答ともいえることから、会費すべてが会議費等として認められると考えます。

　しかし、その会議・研修会等が名目であり、主目的が懇親会の場合には会費は交際費等に該当すると考えます。

　会議・研修会に実質があり、かつ、その後の懇親会も相当程度の内容の場合には、会議費等と交際費等との区分が必要です。

　飲食費の5,000円基準の一人当たりの金額の判定は、懇親会主催者から一人当たり金額の会計報告がある場合はそれによります。会計報告がない場合は、当社の出席者がその飲食代が一人当たり5,000円程度と想定され、かつ、その会費が5,000円以下の場合には交際費等から除外ができるとしています（措通61の4(1)-23(注)）。

　接待飲食費の50％損金算入は、金額基準はありませんが懇親会での飲食費相当額の自己負担額が該当するとしています（接待飲食費FAQ・Q4）。したがって、当社の出席者が5,000円基準と同様に飲食費相当額を想定するとの考えもあります。会議費相当額を先取りし残りを飲食費と

する又は飲食費を先取りして残りを会議費とする方法等も考えれれます
が、会費が、例えば、２万円等の場合には、やはり主催者にその区分額
を要請することも検討すべきとなります。節税にはそれなりの努力が必
要となります。

Q13 ロータリークラブ・ライオンズクラブの会費等

　　当社の社長は、ロータリークラブ・ライオンズクラブに入会しま
す。同クラブは地域社会に貢献する趣旨に賛同してですが、会員に
は地域の企業家、実力者も多いことから当社をアピールし販売促進
に繋ぎたいとの考えもあります。同クラブの会費等は会議費等とし
て認められますか。

A13

　ロータリークラブ・ライオンズクラブは個人的な費用が原則です。会
社の経営上の必要からの入会の場合には、販売促進に結びついたとして
も現行の取扱いでは入会金、会費は交際費等となります。特別会費等は
その内容によりますが、給与となる場合もあります。

（解説）

　ロータリークラブやライオンズクラブは、その地域の個人事業主や法
人企業の経営者等の個人を会員として構成され、その活動は社会連帯の
高揚や社会奉仕・貢献等を目的にしている団体です。しかし、同クラブ
に加入する目的は、ご質問の会社と同じように会合への参加を通じて他

の事業関係者等との懇親を深めることにあるともいわれています。同クラブの入会金や会費の大半は定期的な会合での食事代等に消費されているのが実情とのことです。法人税の取扱いは、会社経営上の必要からロータリークラブやライオンズクラブに入会した場合には、その入会金、会費は支出した日の交際費等になるとしています（法基通9-7-15の2(1)）。そして、それ以外の負担金は、その支出の目的に応じて交際費等又は寄附金となり会員個人が負担すべきと認められるものは当該役員等の給与となります（法基通9-7-15の2(2)）。

　ご質問の場合も、同クラブでの活動で販売促進に結びついたとしても入会金・会費は交際費等となります。したがって、入会後に知己となった他の企業家等とは、その会を離れた別の機会、別の場所で貴社の販売促進に努めるとすればその場合の経費は内容によっては会議費等の営業経費が認められます。

　なお、青年会議所（JC）への入会金・会費は原則、営業経費が認められますが、JC会議等へ出席の多額の交通費等は法人の「旅費交通費」としては認められないとの裁決があります（平27.7.28裁決）。

11　寄附金と交際費等

○　寄附金と交際費等とは、ともに金品の贈与で共通していますが、税務上は、①事業に関係のない者への贈与、②事業関係者への一方的な贈与を寄附金としています。しかし、利益を追求する企業にとっては、事業に関係のない者（他人）に対して見返りを求めないで一方的に贈与をすることは、一般的な災害見舞金、歳末義捐金等を除いては通常は殆んどあり得ません。株主代表訴訟のお

11 寄附金と交際費等 *411*

それもあります。

○　したがって、寄附金と交際費等の区分が問題になるのは、事業関係者（特に有力者、大口得意先）に対して支出したもの及び、親子、グループ関係会社間に支出した金品が寄附金となるか交際費等となるかが問題となります。

Q1　寄附金と交際費等の区分

寄附金と交際費等は、相手方に対して金品等を贈与・供与する共通点があり、事業関係者に対する贈与等が交際費等となり、事業関係以外の者への贈与等が寄附金といわれています。しかし、事業関係者に対する贈与等も寄附金となります。寄附金と交際費等の区分はどのように考えたらよいですか。

A1

ともに金品等の無償贈与等が該当しますが、交際費等は事業遂行上に直接必要な対価性のある経費をいい、寄附金は事業遂行上に直接関係しない対価性のない支出と区分しています。現実には両者の区分は難しいです。

解説

寄附金と交際費等は、相手方に金銭、物品等を贈与・供与する共通点があります。

寄附金の定義では、法人税法37条7項で「…寄附金の額は、…いずれ

412 第3編　質疑応答事例

の名義をもってするかを問わず、金銭その他の資産又は経済的な利益の贈与又は供与をした場合…」とする一方で、「広告宣伝費、交際費、見本品費、福利厚生費等とされるべきものを除く」と規定しています。すなわち、同じ金品の贈与、無償の役務提供であっても「寄附金」の場合と「寄附金以外の費用（交際費等を含む。）」の場合があるということです。

1　寄附金の考え方

　　寄附金は、反対給付がなく（期待しないで）、一方的に行う金品の贈与等といわれています（法37⑦）。時価よりも低い価額での低額譲渡や高額買入れも寄附金となります（法37⑧）。寄附金を整理すると、①事業に関係ない者に対するもの、②事業関係者に対するものであっても直接事業に関係しない支出であり、③対価の授受がなく、④反対給付（見返り）を求めない、⑤一方的な贈与等が寄附金の考えです。特に「事業に関係しない支出」「反対給付（見返り）を求めない支出」「一方的な支出」が判断基準と考えます。

2　交際費等の考え方

　　得意先等に対する金品贈与が交際費等となる事例は、①得意先等との取引の謝礼又は今後の取引の円滑化・拡大を期待しての贈与は反対給付があるとして交際費等に該当する、②役務提供の実態が見受けられない又は対価として相当でない場合は、一種の謝礼金等と認定して交際費等となる、③総会屋対策費や談合金等の正常な取引と認められない不正の請託的支出も交際費等としています。

　　したがって、金品等の贈与、経済的利益の供与が交際費等となる場合とは、取引の継続や拡大等を訴えながらの接待行為で、その目的が「（何かしらを含めて）反対給付を求めての接待・供応・謝礼等」の行為のために支出するもの及び不正の請託的支出が交際費等となります。

3　寄附金と交際費等の区分について、措置法通達61の4(1)-2で「事

業に直接関係のない者に対しての金品贈与等が、寄附金であるか交際費等であるかは個々の実態により判定するが、金銭贈与は原則寄附金とし、①社会事業団体、政治団体に対する供出金、②神社の祭礼等の寄贈金は交際費等に該当しない。」としています。しかし、企業の支払行為は「事業に関係する者」がほとんどであることから、この通達からでは企業関係者に対する金品贈与は、すべて交際費等に該当するとも取られかねないです。

4　ご質問のように事業に関係ある者に対する寄附金も現実にあることから、両者の区分は不可能に近いものがあります。一般的には交際費等は事業遂行上に直接必要な対価性のある経費をいい、寄附金は事業遂行上に直接関連しない対価性のない一方的な支出であるといえるでしょう。支出する相手先、支出の内容、支出の目的、反対給付の有無、支出するに至った理由、支出金額、支出の効果、支出の時期等から総合勘案し、個別的事情も斟酌して判断することになると考えます。

Q2　寄附金と交際費等の現実的区分

　寄附金と交際費等との区分を明確にすることは難しいのはわかります。しかし、現実的には参考となる判断区分はありますか。

A2

寄附金と交際費等との区分を整理しました。

414 第3編　質疑応答事例

解説

　各種の事例を参考にして寄附金と交際費等との区分を整理しました。

項目	寄附金となるもの	交際費等となるもの
法人、団体等への拠出金、寄附金	・国、地方公共団体、試験研究法人に対するもの（ただし、固定資産、繰延資産等の取得価額となる場合がある） ・政治団体に対する寄附（政経文化パーティー代を含む） ・神社等の祭礼等に対する寄附 ・NPO法人（認定NPO法人を含む）に対する寄附	・それらの法人が行う接待費用等の負担金 ・それらの法人、団体等の役員、従業員に対する寄附、物品贈答又は経済的利益の供与等 ・政治家個人に対する謝礼金等（政経文化パーティー出席は交際費となるケースもある）、選挙での当選祝金等 ・取引先でもある神社等への多額な寄附（取引謝礼の寄附）
取引先に対するもの	・合理的理由のない資金提供、経費又は債務免除又は肩代わり、不当な値引き ・回収可能債権等の債権放棄等 ・その他経済的な利益供与 ・広告宣伝用以外の資産の贈与（事業用資産を除く）	・取引先役員、従業員又は従業員団体に対する謝礼（値引販売を含む） ・取引の謝礼としての手数料、値引販売、債権放棄、利益供与等 ・不正の請託等に対する手数料等 ・取引先等となるための運動としての金品贈与・接待費用
災害見舞等に対するもの	・被災得意先に対する単なる資金援助、債権放棄、免除等 ・ただし、得意先等との取引再開、安定取引等のための災害	・得意先及び得意先役員、従業員に対する災害見舞金は、原則交際費等（措通61の4(1)-15(3)）。

復旧支援金は寄附金又は交際費等に該当しない（法基通9－4－6の2～6の4、措通61の4(1)-10の2～10の4） ・協同組合員に対する福利厚生としての災害見舞金等は損金算入（措通61の4(1)-11）	・ただし、左の復興支援目的は交際費等とならないが、単なる見舞金程度は交際費等となる

Q3　寄附金と交際費等の判断に迷った場合

担当部署から回ってきた「業務委託料」について「役務提供の事実が乏しい」「対価としては高すぎる」との疑問があります。どのように対応したら良いですか。

A3

業務委託を具体的に説明でき、相手先は役務提供を行える能力があるか、報告等を受けているか等を確認します。それらが稀薄である場合には、寄附金又は交際費等の検討も必要となります。

解説

取引対価の損金性は、支払うべき役務提供を実際に受けていること、対価の額が役務内容からみて相当額であることが必要です。したがって、業務委託料、コンサルタント料等の支払いには、①業務委託の内容を具体的に説明でき、実現（結果的に失敗等を含みます。）できるもの、②相手先は役務提供を行える能力、環境にあること、③委託業務に対する報

告等を受けていること、④支払金額は相当額であること等を説明する必要があります。会社側が当該委託料を費用（損金）として計上するからです。

したがって、これらの要件が稀薄とされると得意先（取引先）に対する贈与等の有無の検討が必要となります。寄附金と交際費等は、相手方に金銭、物品等を贈与する共通点があり、金品贈与があると、まず、寄附金の検討が行われ、次に、交際費等の検討となります。

その支払目的が（取引対価の支払いではなく）資金援助等であり、特に直接の反対給付を求めない一方的な金品贈与（贈与の意思を持って支払った高額分を含む。）が寄附金に該当すると考えます（法37⑦）。

一方、得意先等に対する取引の謝礼や今後の取引の円滑化を期待しての支払いである場合には、（委託業務に対する対価ではないが、取引継続を要求等の）反対給付がある贈与として交際費等となります（措法61の4④）。

ご質問の場合です。その業務委託は「一般的にあり得る取引」で、その支払先を選んだ理由は「実績がある、信頼性がある」からで、本件委託業務は新しい事案のため「高額」と思われるが妥当である等の合理性を説明します。相手先との交渉過程、相手先の行動実績、活動報告書の授受等から実際に役務提供があったと説明できるようにします。もし、説明資料が不足している場合には、補強に努めてください。

しかし、なお「役務提供の事実が乏しい」等の場合には、上記の判断基準に基づいて支払目的を担当者等から再確認してください。寄附金と交際費等は同じ贈答行為であることから、その区分は難しいものがありますが、寄附金と交際費等では税負担に軽重がありますので、その判断は慎重に行ってください。

なお、税務当局は相手方（支払先）に臨場して事実確認の反面調査を行うことがあることも認識してください。

11 寄附金と交際費等　　*417*

Q4　寄附金と交際費等の額が異なる理由

　交際費等の額は原価相当額が認められています。また、現実の支出額がない場合には課税対象となりません。しかし、寄附金は金銭支出がない場合であっても常に売価相当額が寄附金の額といわれています。両者の違いはどこにありますか。

A4

　交際費等は、接待等の行為のために支出する費用であることから現実の支出額が交際費等の額となり、支出額がない場合には課税対象とならないのが原則です。寄附金の額は、時価相当の贈与・経済的利益の供与であるため売価相当額となります。

解説

　交際費等とは、得意先等に対する接待、贈答等の行為のために支出するものをいい、支出した費用の額をその対象としています（措法61の4④）。費用として計上される額が対象となるため、現実の支出額、すなわち原価相当額が交際費等となります。また、現実の支払いがない場合には費用計上がないため交際費等の額もありません（ただし、税務の現場では、債務免除額等も交際費等とした事例があるといわれています。）。

　一方、寄附金の額は、法人税法37条7項で、「寄附金の額は、…金銭の額、贈与の時における価額又は経済的な利益のその供与の時における価額によるものとする。」と規定しており、資産贈与も役務提供の供与もその時の「時価」を寄附金の額としています。したがって、無償贈

418　第3編　質疑応答事例

与・供与の場合には会計上の仕訳がありませんが、税務上は、その時の「時価」すなわち、売価相当額で寄附金支出があったとみなされます。寄附金の場合は受贈者が得た経済的利益（時価）の額を課税対象（法人税法22条2項）とし、交際費等の場合は、支出者の現実の費用相当額を対象とするところに相違があります。

Q5　「政経パーティー」「○○先生を励ます会」等のパーティー券代

　政治家を励ます会のパーティー券を購入します。出席する場合もあり、しない場合もあります。また、全部を得意先に渡す場合もあります。どう取り扱えばいいでしょうか。

A5

　政治家等のパーティー券の購入費用は寄附金が原則ですが、交際費等となる場合もあります。

（解説）

　いわゆる政治家等の「○○先生を励ます会」等は選挙資金集めであり、購入する法人も自社の業務とは関係がなくとも引き受ける場合が多いでしょう。これらのパーティー券代は、一般的にその購入目的が政治家に対する政治献金と認められる場合には寄附金となります。

　購入目的がパーティーに出席して、政治家や他の出席者との懇親を深め、事業の円滑、活性化に資する営業活動の一環と考えて出席する場合には交際費等ともいえます。出席の有無では判断されませんが、出席し

11　寄附金と交際費等　　*419*

た場合には交際費等として処理することもできるでしょう。

　次に、当社は出席することを考えずに、パーティー券を得意先等に交付するのが目的で購入した場合には、購入自体がお付き合いとの考えから交際費等となると考えます。

Q 6　政経文化パーティーの会費と 5,000円基準・50％損金算入

　政治家が主催する政経文化パーティーに会費2万円で役員が出席しました。パーティーには、多くの得意先等も出席するため懇親を深める場でもあるとの考えから会費は交際費等と考えています。また、立食ではありますが飲食を伴うことから接待飲食費の50％相当額の損金算入が認められますか。

A 6

　飲食を伴う政治家パーティー券購入費用を交際費等とした場合には、接待飲食費の50％相当額の損金算入が認められるとされました。

解説

　前問で説明しましたが、政治家等の「政経パーティー」「○○先生を励ます会」等は選挙資金集めが主目的であるため、これらのパーティー券代は、一般的には政治家に対する政治献金として寄附金が原則となります。

　しかし、実務では購入目的がパーティーに参加して、政治家や他の出席者との懇親を深め、事業の円滑、活性化に資する営業活動の一環と考

420 第3編 質疑応答事例

えて出席する場合には、その会費を交際費等とすることも認められています。

　交際費等とした場合にパーティーには立食による飲食が伴いますので、飲食費相当額について5,000円基準及び50％相当額の損金算入が適用できるかです。それらの会費については、会費と飲食費が明確に区分されていないため一般的には飲食費の損金算入の取扱いはできないと考えられています。また、主催者から飲食費部分の金額が明示されたとしても、その会の主目的が政治資金集めであり、飲食部分は少額のため飲食費の損金算入は認められないと考えられていました。しかし、会社が政治家等のパーティー券の購入目的がパーティーに参加して出席者との懇親を深めるためであり交際費と認識した場合には、立食程度であっても飲食を伴うため会費（2万円）の50％総合額（1万円）の損金を算入が認められるとされました（週刊税務通信　平26.9.29　№3329参照）。もちろん、所定の事項を帳簿書類に記載することが要件となります（措規21の18の4）。なお、このような会費は一般的には、1枚5,000円を超えているため、5,000円基準の適用はできないと考えます。

Q7　選挙に際しての事務所開き、当選祝い等

　県会議員の選挙があり、立候補者の事務所開きに際し金一封とお花を届けました。また、当選しましたのでお祝い金とお花を届けました。どうなりますか。

11 寄附金と交際費等 *421*

A 7

　政治団体に対する拠金は寄附金が原則ですが、選挙期間中の寄附及び当選祝いは交際費等となると考えます。

解説

　政治家、政治団体に対する拠金・寄附は寄附金が原則です（措通61の4(1)-2）。しかし、公職の候補者の政治活動・選挙運動に対する寄附行為は政治資金規正法上、禁止又は制限があります。したがって、これらの法律をクリアした場合には寄附金の可能性もありますが、その可能性は少ないでしょう。陣中見舞い、当選祝い等の支出は一般的には、日頃からお世話になっている候補者又は当選した議員に対するお付き合いとしての、又は今後のお付き合いを期待しての慰安、贈答等の意味合いが強いものがあります。したがって、交際費等となるのが一般的な考えです。なお、これらの費用を会社が負担することに問題なしとはいえないところがあります。社長等の個人としての付き合いの要素が強い場合には、社長等に対する給与となることもあります。

Q 8　取引先でもある神社の祭礼等に際しての金品の寄贈

　町内の神社の祭礼に際して、清酒のほか奉納金として現金も寄贈し当社名入りの提灯も制作しました。なお、当社は当神社に商品を納めている得意先でもあるため現金は多めに納めましたが、税務上どうなりますか。

422　　第3編　質疑応答事例

A 8

　祭礼奉納金、清酒代金等は原則寄附金ですが場合によっては交際費等に該当します。提灯制作費は広告宣伝費となります。

解説

　事業に直接関係のない者に対する金銭の贈与は、原則寄附金となります。一般に神社・仏閣と会社との間は事業上の関連性が薄く、かつ、直接の反対給付もないため寄附金となります（措通61の4(1)-2(2)）。会社にとっても近所付き合いは大切です。地域の氏神様の祭礼に際しての一般的な寄附は税務上の問題は少ないと考えます。しかし、神社は当社の得意先とのことですから一般の得意先の例も考慮して交際費等か否かの判断することになります。祭礼の奉納金が取引の円滑化、謝礼としての贈答であれば交際費等となります。要するに、祭礼に際しての一般的な儀礼の程度であれば寄附金も妥当と思われますが、今後の取引の円滑化等の期待を込めて金額を多くしたような場合には交際費等に該当することもあり得ます。寄附芳名者として張り出される場合には寄附金でよいでしょう。

　なお、社名入り提灯代等の負担は広告宣伝費となります。

Q 9　赤字工事を請け負った場合

　景気の停滞、公共事業の抑制等から請負業者は大変厳しいです。当社は中規模工事でもはじめから赤字見込みで請け負う場合があります。当初から赤字が見込まれるものは寄附金又は交際費等となり

11 寄附金と交際費等 *423*

ますか。

A9

　赤字受注することが止むを得ないものであり、かつ、発注者等に特に便宜を与えるもので無い場合には寄附金、交際費等とならないと考えます。

（解説）

　景気停滞と、公共事業の大幅な抑制が長引くと建設業等請負関連業界は売上高、利益確保等に極めて厳しい環境にあります。一方で、合理化や経費削減に努めたとしても必要な人員、外注先等は確保していく必要があります。そこで、固定費等の回収のため、あるいは得意先獲得のためには当初から赤字が見込まれる工事であっても受注せざるを得ないことがあります。一方、寄附金又は交際費等とは相手方に利益を供与する、金品を贈与する意思をもってその行為を行うものです。しかし、競争の激しい状況下においては、会社存続、事業継続のためには赤字であっても覚悟の上で受注することは止むを得ない事情があると思われます。

　ご質問のように少しでも固定費等を回収するために、あるいは得意先獲得のためには、いわゆる値引き販売も必要な場合があると思われます。発注者等に特に便宜を与える意図が無い場合には赤字工事受注であっても寄附金、交際費等とならないと考えます。

　もし、当初から赤字が見込まれるものの受注がすべて寄附金又は交際費等となるとした場合に、原価割販売や値引販売が不可能となり、自由競争の下では考えられません。赤字受注にはそれなりの理由があるからです。したがって、赤字受注することに止むを得ない事情があるものについては、寄附金又は交際費等とならないと考えます。

　しかし、その赤字工事の発注者が有力得意先等であり、今後の有利な

424 第3編 質疑応答事例

取引等を期待してのサービス工事等を意識的に提供したような場合には、交際費等又は寄附金となります。

Q10 JV工事での赤字分を代表会社が負担した場合

地方公共団体発注工事は、地元業者とのJV（共同企業体）が条件のため地元業者甲とJV（出資割合は当社（スポンサー）70％、甲社（サブ）30％）で受注しました。当初の工事損益ゼロの予定でしたが大幅な赤字となりました。本件工事は入札金額策定、発注者との協議、外注先・資材購入先の選定、施工管理等を含めすべて当社が主導・施工したものであり、発注者への値増し交渉も不調で、赤字原因の責任はすべて当社にあります。また、甲社にJV組成をお願いしたこと、当初から工事損益ゼロと約束したこと等からJV決算は当初予定案で決算し、赤字部分は当社の単独原価として負担します。当社の責任に帰すべきものであり、やむを得ないものであるため当社の損金が認められると考えてよいでしょうか。

A10

ご質問の前提の限りにおいては、スポンサー会社が赤字部分を負担することは認められるものと考えます。

（解説）

複数の建設業者が、一つの建設工事を受注、施工することを目的に形成する事業組織体を共同企業体（ジョイント・ベンチャー、JV）といい

ます。代表者（スポンサー）と他の構成員（サブ）の出資で構成され、工事損益は各構成員の出資割合に応じて分配されます（なお、これとは別に各社の単独原価等は各社で負担します。）。一般に、スポンサーは当該工事を代表して入札（又は見積合わせ）金額の策定、発注者との協議、外注先・資材購入先の選定、施工・原価管理等を主導し、工事決算も作成しており、サブはJV委員会等で承認することで運営されています（ただし、サブも施工管理等に直接参加し、責任負担することもあります。）。

　一方、地方公共団体は、その発注工事について地元業者育成等の観点から、地元業者とのJVを受注条件とすることが多くあり、大手業者は地元業者とのJV協定書を締結して受注に取り組んでいます。JV協定書には、構成員各社の出資割合が決められ（本件は、当社（スポンサー）70％、甲社（サブ）30％）、この割合で工事損益を各社分配することになります。

　ご質問の場合です。工事の概要、赤字の金額等は不明ですが、貴社が策定した工事損益ゼロの予定でしたが大幅な赤字となった。しかし、本件工事は入札金額の策定、発注者との協議、外注先・資材購入先の選定、施工・原価管理等を含めすべて貴社が主導して施工したものであり、サブは社員派遣の参加のみとあります。発注者への値増し交渉も不調で赤字原因の責任はすべて貴社にあり、サブには赤字原因の責任が（実質的に）ないとのことです。また、甲社にJV組成をお願いしたこと、当初から工事損益ゼロと約束したこと等からJV決算は当初予定案で決算し、赤字部分は貴社がすべて負担したとあります。受注から施工、原価管理等はすべて貴社が主導した結果の責任であることが明かであり、サブには、出資割合に応じた施工等に係る赤字責任がないことも明らかとのことです。このような事実認定に立てば、協定上、単にサブに出資割合に応じた負担があることのみを持って工事損失を負担させることは相当で

426 第3編 質疑応答事例

ないとの考え及びスポンサーはその責任上、赤字を負担することはやむを得ないとの考えは、いずれも肯首できます。したがって、スポンサーの損失負担は損金が認められると考えます。スポンサーにはサブに対して利益供与（贈与）したとの認識が無く、サブもスポンサーから債務免除受けたとの認識が無いとの判断ができるとの考えです。

なお、サブが赤字を負担すべき（具体的）相当の理由があると認められる場合には、その部分は赤字負担免除として寄附金又は得意先に対する一種の贈与として交際費等となる可能性があります。

Q11 得意先に対する債権放棄等と交際費等

当社の大口得意先（資本関係等はありません。）が、他の得意先の倒産により多額の貸倒れが発生して資金的窮地に陥りました。得意先との長年の取引関係を考慮して当社売掛金の一部を免除することにしました。当社の一方的な債権放棄ですが税務上の問題がありますか。債務免除等に関する契約書、覚書等は特にありません。

A11

取引契約書等に基づく債権放棄等でなく、合理的な再建計画に基づく放棄でもない場合には、寄附金又は交際費等に該当する場合があります。

（解説）

得意先が業績不振等に陥り、当社の債権回収や今後の取引の継続が危ぶまれ、そのまま放置した場合には当社にも悪影響が及ぶおそれがある

場合や、長年の取引関係から得意先の窮地に際して債権放棄、債務免除等により支援を行うことがあります。このような場合、例えば、得意先との取引に関する契約・覚書等で取引先等の貸倒リスクを支援等する条項に基づく損失負担は、負担することに相当の理由があることから損金算入ができます。また、そのような契約がない場合であっても、取引関係の強さから子会社等に該当します（資本関係がない場合も含む。）ので、合理的な再建計画に基づく債権放棄は寄附金に該当しないこととされています（法基通9-4-2）。さらに、災害等による売掛債権等の免除等も寄附金、交際費等に該当しません（措通61の4(1)-10の2）。

　しかし、そのような事情や合理的な再建計画に基づくものでもなく、単に大口得意先の窮状を支援するための債権放棄等は原則、寄附金に該当するといわざるを得ません。また、今後の取引の継続や、円滑な関係を維持、期待をしての（反対給付の見返りを要求しての）資金贈与は交際費等となる場合もあります。何故なら、貸倒損失の計上は厳格性が求められているのとの整合性や一債務者を優遇することに対して他の債務者等との公平性が保たれないからです。

　なお、競争の激しい地域での販売促進を維持するための販売奨励金として認められる余地があるかを検討してください。

Q12　得意先に対する無利息等貸付

　当社の得意先が経営不振に陥ったため、繋ぎ資金として無利息で貸付を行いました。貸付後約2年を経過しますが経営が改善しないため無利息はそのまま継続しています。利息相当額は寄附金となり

428　第3編　質疑応答事例

ますか。それとも関係会社への利益供与（贈与）として交際費等と
なりますか。

A12

　得意先等の事業関係者であっても無利息貸付の利息相当額は寄附金と
なり、交際費等とはならないと考えます。

解説

　法人が金銭の貸付けをする場合には、貸付先が得意先であっても利息
を収受するのが通常ですから、無利息の場合や通常の利率よりも低い利
息を収受している場合には、通常収受すべき利率に相当する額を相手方
に贈与したものして取り扱われます（法法22②、37⑦⑧）。

　この無利息貸付等による贈与が明らかな場合には、利息相当額は税務
上は寄附金となり、交際費等にはならないと考えます（大阪高裁昭53.3.
30）。ただし、収受しないことについて相当の理由があれば無利息貸付
であっても寄附金とはなりません。例えば、①得意先が債務超過で倒産
の危機に陥った場合に合理的な再建計画に基づく再建支援策としての無
利息貸付の場合（法基通9-4-2）、②既存の債権の保全のためにやむを
得ず無利息融資をした場合、③免除した利息相当額に見合った製品等の
仕入価額を低く決定しているような場合が認められています。したがっ
て、貴社が得意先に無利息で貸付けを行った理由（行わなければならなか
った理由）及びその後にどのような回収等の善後策に努めたかなどに合
理的な説明ができる場合には、直ちに寄附金となることはないと考えま
す。

11 寄附金と交際費等　　*429*

Q13　社員の子弟が多く通う中学校への物品の贈与

　当社工場に隣接する市立中学校へは当社員の子弟が多く通学しています。この度、この中学校創立30周年記念に際して教育用としてパソコン15台を贈呈しました。社員の子供の通学が多い関係からの贈答のため交際費等となりますか。

A13

国等への寄附金として全額損金となります。

解説

　交際費等とは、事業関係者への接待、供応、物品の贈与等に要する費用をいいます（措法61の4④）。事業関係者には国、地方公共団体等の公共機関も含まれるため、一般的には、国、地方公共団体の関係者に対する接待や物品の贈与も交際費等となります。工場隣接地の市立中学校に当社の従業員の子弟が多く通っていることから、その中学校は間接的には当社の事業、業務に関係がある者といえます。しかし、その中学校の30周年記念行事に対するパソコンの贈与は、当社に対して、何らかの反対給付を期待又は求めて贈与したわけではなく、本源的な寄附と考えられることから地方公共団体に対する寄附金と認められ、交際費等に該当しません。

Q14 得意先の展示会費用の一部負担

　得意先が参加した全国展示会への出展費用の一部負担を得意先から要請されました。展示会では当社名、商品名等の発表の余地がありませんので、得意先が会場配布するパンフレットの中に当社製品の紹介パンフレットを追加して配布しました。税務上どのように取り扱われますか。

A14

　自社製品パンフレット制作費等は広告宣伝費となりますが、このパンフレット追加をもって全体が広告宣伝費と判断される余地は少なく、単に得意先展覧会費用の負担として交際費等となる可能性が大きいと考えます。

解説

　得意先が参加した展示会は得意先の行事であり、当社は参加していないとのことから当社がその費用を負担すべき直接的な理由はないと考えられます。得意先の要請に応じての費用負担は、得意先との取引を円滑にするため、あるいは期待しての得意先広告費の負担であり、事業に関係ある者への贈答として交際費等とされます。得意先の費用を今後の取引円滑の意図の下に負担したものであるため、一方的な資金贈与とは異なるため寄附金とならないとの考えです。

　また、展示会場で配布するパンフレットの中に当社製品紹介のパンフレットも入れてもらった場合に、その当社パンフレットが展示会での有

効な広告宣伝となり得る場合には広告宣伝費となる余地はあるでしょう。しかし、パンフレットの配布費用と得意先への負担金額とに大差があり実質が伴わないと認められる場合には、全体を広告宣伝費とすることは難しいでしょう。

12 使途不明金・使途秘匿金と交際費等

○ 交際費等は、結果的に損金不算入となるとしても、その支出内容や相手先等を証する書類保存が必要です。しかし、種々の事情からその使途、費途が明らかでない場合には「使途不明金」として損金が認められません（法基通9-7-20）。

○ さらには、その使途を「故意に明らかにしない場合」には、「使途秘匿金」として支出額の40％相当額の重課税が別途に課税されます。赤字申告でも支出額の40％相当額の納税が生じます（措法62①）。

○ この使途秘匿金重課税は、企業が支払先を秘匿するような支出は違法ないし不当な支出につながり易く、それがひいては公正な取引を阻害することにもなるため、そのような支出を極力抑制する政策的見地から支出者に対して追加的税負担を求めるとして平成6年度から始まりました。

○ 使途不明金・秘匿金は、その全額が損金とならないことから、企業はその支出額を交際費勘定に含めている場合が多くみられます。しかし、秘匿金の場合には極めて重い税負担が課されることから、その取扱いには十分な注意が必要となります。

432 第3編 質疑応答事例

Q1 使途不明金と使途秘匿金の違い

　使途不明金と使途秘匿金は、いずれもその使途、費途、相手先の氏名等が明らかでないものですが、使途秘匿金は支出額の40％重加税と重い税負担を求めています。両者の違いはどこにありますか。

A1

　従来からの使途不明金は、支出内容、相手先等が明確でなく、その費用性が確認できないため損金として認めないものです。使途秘匿金は、相当の理由がなく相手先の氏名、支払事由等を故意に帳簿に記載しないもので「意識的にその使途を隠蔽する」ものをいいます。

解説

　従来から、その使途、費途が明らかでないものは、その計上科目にかかわらず損金算入が認められません（法基通9-7-20）。いわゆる使途不明金です。しかし、使途不明金として申告加算している中にヤミ献金や賄賂等の不正資金が含まれているとの批判から、使途不明金を抑制する政策目的から「使途秘匿金」重課税が平成6年に導入されました。

　この結果、法人が交際費等として損金不算入とした場合であっても使途秘匿金に該当すると、さらにその支出額の40％の税額を別に納付することになります。

　使途秘匿金とは、法人がした金銭の支出（金銭以外の資産の引渡しを含みます。）のうち、相当の理由がなく、その相手方の氏名又は名称及び住所又は所在地並びにその支出事由を帳簿書類に記載していないものを

いいます（措法62②）。

したがって、ある意味では損金と認められる手数料等の支払いであっても、相手先の氏名等を明らかにしないと原則、使途秘匿金として取り扱われることになります。一般には、ヤミ献金、利権獲得の工作資金、謝礼金、賄賂、取引先役員等への裏リベート、株主総会対策費、あるいは自社の簿外蓄財等といわれています。

使途不明金と使途秘匿金の相違は明確に区分できませんが、支出金の使途、費途が不明確なものは使途不明金となりますが、その中で特に、相手先氏名等を意識的に秘匿するもの、概して金額が多額で相手先に課税されたくないもの、使途を明らかにすると会社が訴追されかねないもの等が使途秘匿金と考えられます。例えば、100万円あるいは500万円を支出したにもかかわらず、誰に、何の目的で支出したかを明らかにしないような場合が使途秘匿金に該当するものと考えられます。「使途が明らかでないもの」と「使途を明らかにしないもの」の差ともいえます。

Q2 赤字申告の場合の秘匿金課税

当社は今期は赤字申告となり法人税の納税額はありません。しかし、諸般の事情で使途を明らかにできない支出金が100万円あり交際費等に含めて損金不算入としました。秘匿金課税となると納税額はどうなりますか。

A2

使途秘匿金課税は赤字申告で法人税が無い場合であっても、その支出

434　　第3編　質疑応答事例

額の40％を納税します。もちろん支出額は損金不算入となります。

解説

　使途秘匿金の課税は、使途を明らかにできない支出を抑制するための政策的な措置ですので、支出額の40％相当額の税金を強制的に納付させるものです。したがって、法人の当期決算が赤字申告で納付すべき法人税額がない場合であっても、支出額の40％相当額の納税義務が生じます。いわゆる所得課税ではなく支出額課税のためです。

　設例でみてみます。

　当期赤字所得▲5,000,000円、使途秘匿金100万円（交際費等として損金不算入）、地方税17.3％（標準税率）の場合です。

（設例）　　当期の所得　　　　　　　▲5,000,000円
　　　　　　同上に対する法人税　　　　　　　0円
　　　　　　使途秘匿金の支出　　　 1,000,000円
　　　　　　同上に対する法人税　　　 400,000円（1,000,000円×40％）
　　　　　　　〃　　　地方税　　　　69,200円（400,000円×17.3％）

　すなわち、法人税400,000円＋地方税69,200円＝469,200円の納税額が出ます。

　キャッシュベースで考えると1,469,200円となりますので、100万円の支出は1,469.2千円に増加することになります。いかに秘匿金重課税が重い負担かを理解する必要があります。

Q3　調査による秘匿金課税

今回の税務調査で支払手数料の中に使途秘匿金100万円があると

の指摘を受け、多額の追徴課税をいわれました。なぜですか。

A 3

　使途秘匿金課税は、その支出額は損金不算入となるほか、その支出額の40％を納税します。故意に使途を秘匿したことから重加算税の対象となるかも知れません。

解説

　使途秘匿金の課税は、使途を明らかにできない支出を抑制するための政策的な措置ですので、支出額の40％相当額の税金を強制的に納付させるものです。したがって、使途が明らかでないため経費として損金算入が認められないほか、その支出額の40％相当額の納税義務が生じます。いわゆる所得課税ではなく支出額課税のためです。しかも、法人税の申告に当たり、故意に使途を秘匿する金額を手数料等として費用計上しているため、架空経費として重加算税の対象となると考えます。設例でみてみます。

　当期所得5,000,000円、支払手数料中の使途秘匿金100万円が税務調査で判明した場合です（地方税の加算税、延滞税は省略）。

（設例）	当期の所得	6,000,000円（500万円＋100万円（支払手数料否認）
	同上に対する法人税（25.5％）	1,530,000円（増加分255,000円）
	使途秘匿金の支出	1,000,000円
	同上に対する法人税	400,000円（1,000,000×40％）
	（重加算税35％）	229,200円（655,000×35％）
	〃　　地方税	113,300円（同上×17.3％）

436　　第3編　質疑応答事例

　すなわち、法人税655,000 円（内255,000円は支払手数料否認分）＋重加算税229,200円＋地方税113,300円＝997,500円が追徴されます。更に、延滞税、地方税加算税等が加算されるため極めて重い税負担となります。したがって、100万円の使途秘匿金があると約200万円（倍額）以上の追徴税金の負担となることに心すべきです。

Q4　使途秘匿金での物品贈与とその購入領収書

　　使途秘匿金課税では、現金のほか「金銭以外の資産」の引渡し、物品の贈与も含まれますが具体的にはどのようなものですか。購入した物品の領収書はあります。

A4

　「金銭以外の資産」には商品券等の換金性の高い物品のほか、貴金属、絵画等の高価な物品が含まれます。物品の購入先が判明してもその交付先（贈答先）の秘匿が課税対象となります。

（解説）

　使途秘匿金課税は、相手先を秘匿するような支出は、違法、不当な支出につながり易く、ひいては公正な取引を阻害することになるため極力抑制しようとする政策的な意図から導入されました。秘匿金は、金銭支出のほか「金銭以外の資産」の引渡しも含まれます（措法62②）。現金が一般的ですが、換金性の高い物品（商品券等）や高価な物品（貴金属、絵画等）も現金と同等であるため含めたものです。注意すべき点は、商

品券、貴金属、絵画等を購入したデパート等の領収書があり購入の事実が証明されたとしても、その交付（贈答）先を秘匿すると課税対象になるということです。

なお、小売店が一般消費者に商品を販売する場合には、その都度お客の氏名等を聞くことはありませんし、誰に売ったか判らない場合が殆んどです。このため秘匿金課税においては、金銭以外の資産は、「贈与、供与その他これらの目的のため」に引渡しをする場合に限り適用があるとしました。したがって、通常の売買取引にあっては相手方の氏名等が不明であっても課税の対象となりません。

Q5 使途秘匿金の相手先名記載がない「相当の理由」

商品購入時に領収書が無い場合があります。ゴルフ場のチップも相手先名が不明です。香典等の慶弔金も領収書がありません。相手先を記載しない場合の「相当の理由」とはどのような場合ですか。

A5

相手先名等の記載がないことに「相当の理由」があるか否かは、この制度の趣旨と社会通念に照らして判断します。

（解説）

使途秘匿金課税は、企業が支出した金銭等のうち相当の理由がないのに相手先の氏名又は名称及び住所又は所在地並びにその事由（「相手方の氏名等」という。）を帳簿書類に記載していないものをいいます（措法

62②)。つまり、帳簿書類に故意に相手方の氏名等を記載しないのが使途秘匿金とされるわけです。帳簿書類には、請求書、領収書、支払明細書等のほか、原始記録としての贈答先リスト等の保存があれば記載があるとされています。

　一方、相手先名等の記載がないことに「相当の理由」がある場合には秘匿金課税はありません。「相当の理由」の具体的な例示は法令上特に明らかにされていませんが、この制度の趣旨と社会通念に照らして判断されます。

　例えば、次のような支出は使途秘匿金に該当しないと考えられます。

①　資産購入等の取引対価の支払いであることが明らかなもの

　　すなわち、商品仕入に対する代金支払のように対価性が明確なものは記載がない場合でも認められます。取引の対価として明らかなものとは、①取引を行っていること、②当該取引に係る支出であること、③対価の額として相当であること等が判断基準となると思われます。

②　不特定多数の者との取引のもの

　　不特定多数の者との取引は、その性質上、いちいち相手先等の氏名を聞く、あるいは書き留めるわけにはいかない事情にあります。例えば、①多数の者へのカレンダー、手帳等の広告宣伝用物品の贈答、②チップ等の小口謝金の支払い、③不特定多数の者からの小口の仕入れ（廃品回収、ちり紙交換等）等です。

③　香典等の慶弔金

　　香典等の慶弔金は領収書等がないのが一般的です。しかし、誰に対するものかの支出先は特定できることから訃報連絡せん、招待状等の文書あるいは社内の支払明細書等には相手先氏名の記載が必要でしょう。特に多額な支出には留意が必要です。

④　なお、使途を明らかにしない理由が、①犯罪に問われ‥‥‥‥‥ある、②今後の取引に支障がある、③取引を解消、停止され‥‥‥がある等の理由で相手先の氏名等を記載しないことは、「相当の理由」に該当しないとされています。

Q6 旅行、飲食、ゴルフ接待した相手先を明らかにしない場合

得意先等を旅行、飲食、ゴルフ等に接待した場合に相手先を明らかにできない場合があります。もちろん、旅行等の接待に要した費用の領収書はもらっております。このような場合でも秘匿金課税となるのですか。

A6

秘匿金課税とはなりません。原則交際費等となります。ただし、費途不明金として損金不算入又は場合によっては給与となることもあります。

解説

使途秘匿金は、金銭の支出又は贈与、供与その他これらに類する目的のためにする金銭以外の資産の引渡しのうち、相当の理由が無いのに支出の相手先氏名等を秘匿するものをいいます（措法62②）。したがって、役務の提供、サービスの提供はこれらに含まれておりません。これは、サービスの提供を受けたとしても相手方には多額の資産の蓄財が発生するわけでもなく、消費的接待であるからです。旅行、飲食、ゴルフ等の接待はサービス接待であるため、たとえ、相手先名を明らかにしない場

440　第3編　質疑応答事例

合であっても秘匿金課税とはなりません。原則、交際費等となります。ただし、通常の接待を超えるような場合や接待金額が多額であるような場合には、接待者が不明であると使途不明金として損金不算入となる場合があり得ます（法基通9-7-20）。更には、接待担当者に対する給与となる場合もありますので、できるだけ相手先名を明らかにすべきと考えます。

Q 7　秘匿金課税後に相手先が判明（所得課税）された場合

取引関係者に受注謝礼金を支払いましたが、諸般の事情で当社は使途秘匿金として申告・納税しました。その後、相手先の税務調査で所得漏れとして追徴課税されたとの連絡がありました。使途が明らかとなったため当社の税金は還付されますか。

A 7

秘匿金課税は、決算期末の時点（又は確定申告書の提出期限）で支払先氏名等を帳簿書類に記載しない場合に適用されます。その後支払先が明らかになったとしても重課税の還付はありません。

（解説）

使途秘匿金重課税は、企業が支払先を秘匿するような支出は、違法ないし不当な支出につながり易く、それがひいては公正な取引を阻害することにもなり、また、相手先の脱税にも加担することから、そのような支出を極力抑制するために政策的に支出者に対して追加的税負担を求め

る制度として平成6年度から始まりました（措法62①）。

　この秘匿金課税は、真実の所得者が課税されないために支払者に課税する代替課税の制度ではなく、支出者が使途を秘匿したことに対してその抑止策として課税されるものです。つまり、支払者に重課税を課して支出そのものを抑制しようとするものです。

　秘匿金の課税時期は、支出した事業年度終了の日までに会社の帳簿書類に記載がない場合としていますが、確定申告書の提出期限までに記載があれば記載があったとして認められます（措令38①、②）。

　したがって、その時期を経過した後に、例えば、自社の税務調査時や真実の所得者に対する税務調査で、氏名、金品の授受等が明らかになり受領者に対して課税がなされたとしても当社の秘匿金課税に対する税額が還付されることはありません。

13　連結納税・グループ法人税制と交際費等

○　親会社（持ち株会社＝ホールディングス）を中心としたグループ企業の一体的運営が急増しています。適格組織再編制度によりグループ内での一定の取引、行為には譲渡損益の課税をしない、簿価移転や欠損金の引継ぎが可能等となったことが大きいです。

○　平成14年連結納税制度、平成22年グループ法人税制が導入され、100％完全支配関係にあるグループ法人間では、必ずグループ法人税制が適用され、その中で親会社1社に所得等を集中して申告・納税を選択したグループが連結納税となります。両者ともグループ間の一定の取引・行為は内部取引として課税関係が生じないとされました。

442   第3編　質疑応答事例

○　交際費課税については、連結納税は親会社資本金を基準として
グループ内の交際費等の合計額で損金算入額計算を行います。グ
ループ法人税制は各社が損金不算入額計算を行います。ただし、
親会社資本金が5億円以上の子会社等はすべて大法人とみなされ
て全額損金不算入となります。

○接待飲食費（飲食費）の、5,000円基準及び50％損金算入は、連
結納税各社及びグループ法人税制で大企業とみなされる子会社等
の各社においてその適用をすることができます。

Q1　連結納税・グループ法人税制の対象法人

　親会社と100％でつながる子会社群は連結納税及びグループ法人
税制の対象となると聞きましたが、両者の対象法人には違いがあり
ますか。

A1

　一の株主（国内外を含む。）が直接又は間接的に100％完全支配する子会
社等は同じですが、連結納税は内国法人による100％支配関係の場合に
適用となり、個人が100％支配する兄弟会社間や完全支配関係に外国法
人が介在する場合は対象となりません（グループ法人税制の適用はありま
す。）。

解説

　企業グループが一体的に運営にしていることに着目して、特に、

100％の完全支配関係にあるグループ法人を対象に税制面からとらえていく制度がグループ法人税制です。そしてそのグループの中から親会社一社が申告・納税することを自ら選択したのが連結納税制度となります（グループ法人税制は該当法人グループはすべて強制適用となります。）。したがって、100％でつながる法人群はすべてが対象となるのは同じですが、日本に申告納税するとの観点から両者の対象法人には違いが出てきます。

以下の事例の会社は、すべてグループ法人税制の適用となりますが、連結納税の場合には差があります。

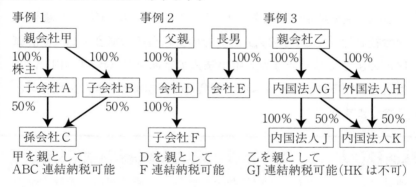

事例1は典型例です。なお、連結納税での「親法人」は必ずグループの国内法人の頂点が親法人となります（A社は親法人になれない。）。事例2は、父親と長男は「一の者（株主）」となる（法法2十二の七の六、法令4の2②）ため、D社とF社、E社はグループ法人税制の対象となります（兄弟会社。正確には、「当事者間の完全支配の関係がある法人相互の関係」のあるグループ法人）。事例3は、外国法人を含め全社がグループ法人税制の対象となります。ただし、連結納税は、完全支配関係に外国法人が介在する場合は対象となりませんのでHK社は除かれます。

なお、グループ法人税制ではグループ法人間の寄附金・受贈益は全額

444　　第3編　質疑応答事例

損金・益金不算入となりますが、この場合は、法人による完全支配関係がある内国法人の寄附金に限られます（法法25の2、37①）。事例2のD、F間は適用がありますが、D、E間は適用がなく、通常の寄附金、受贈益課税となります。

Q2　連結納税の場合の交際費等の損金不算入額

　今回、連結納税の適用を考えています。親法人（資本金1億円）、子会社2社（共に中小法人）計3社の交際費等の損金不算入額計算はどのようになりますか。中小法人の定額控除（年800万円）は3社とも受けられますか。なお、親会社の資本金が2億円の場合はどうなりますか。

A2

　連結グループ（3社）の交際費等を合計して連結親法人の資本金額に基づいて損金不算入額の計算を行います。不算入額は各法人の支出額に応じて按分して各法人に帰属させます。親法人が中小法人の場合は定額控除又は接待飲食費の50％損金算入のいずれか有利の方法を選択適用できます。親会社が大法人の場合には連結各社とも定額控除はありません。なお、連結納税でも交際費等の範囲等には変わりがなく連結グループ各社に対する接待、供応等も交際費等となります。

解説

　連結納税における交際費等の損金不算入額計算は、各連結法人の支

出交際費等を集計した上で、連結親法人の資本金額を基に連結グループ全体を一体として損金不算入額を計算します（措法68の66①②）。したがって、親法人の資本金が1億円を超えている場合には、子法人もすべてが損金不算入となります。一方、ご質問のように親法人資本金が1億円以下で、子法人も1億円以下の場合であっても定額控除は親法人での1回、年800万円しか控除できません（連結納税のデメリットです。）。なお、平成26年度改正で得意先等との接待飲食費については、得意先等の参加者全員の氏名等を記載・保存している場合には、その支出額の50％相当額の損金算入が認められます（措法61の4①、措規21の18の4）。中小法人の場合には、年800万円の定額控除か接待飲食費の50％損金算入のいずれか有利の方法を選択適用ができます（措法61の4②）。

　連結納税も同様の取扱いとなります。すなわち、連結親法人が中小法人の場合には、平成26年4月開始事業年度から年800万円の定額控除か接待飲食費の50％損金算入（連結各社の接待飲食費の合計額の50％相当額）のいずれか有利の方法を選択適用ができます（措法68の66①②、措規22の61の4）。

　また、連結グループ全体の損金不算入額は、各連結法人の支出交際費等の額に応じて各連結法人に按分し個別帰属額として配分されます（措令39の95）。

　なお、連結納税に係る交際費等の損金不算入額の計算は申告書別表15の2（交際費等の損金算入に関する明細書）を使用します。

【設例】

（単位：万円）

	支出交際費等の額		
	接待飲食費	その他交際費等	合計額
連結親法人甲社 （資本金1億円又は2億円）	600	850	1,450

子法人Ａ社（資本金５千万円）	200	300	500
子法人Ｂ社（資本金２千万円）	100	150	250
合計	900	1,300	2,200

1　連結親法人甲社の資本金が１億円の場合

(1)　年800万円の定額控除を選択の場合

2,200万円－800万円＝1,400万円（損金不算入額）

(2)　接待飲食費の50％損金算入を選択した場合

2,200万円－（900万円×50％＝450万円）＝1,750万円（損金不算入額）

※　したがって、(1)の定額控除選択の場合が有利となります（接待飲食費の50％損金算入選択が有利の場合とは、接待飲食費の合計額が1,600万円以上の場合となります。）。

なお、どちらかの有利な選択は、申告書別表15の２（交際費等の損金算入に関する明細書）の②から④に記載して選択します。

2　連結親法人甲社の資本金が２億円超の場合

2,200万円－（900万円×50％＝450万円）＝1,750万円（損金不算入額）

※　連結親法人の資本金が１億円超の場合は定額控除の適用はありません。ただし、接待飲食費の50％損金算入の適用はあります。

3　交際費等の損金不算入額の連結各社への個別帰属額は次の算式によります（措令39の95①②）。

①　接待飲食費の50％損金算入を適用した場合

連結各法人の支出交際費等の額から接待飲食費の50％損金算入額を控除した額が個別帰属損金不算入額となります。

②　上記以外の場合

13 連結納税・グループ法人税制と交際費等 *447*

$$
\begin{array}{l}
\text{各連結法人の} \\
\text{交際費等の個} \\
\text{別帰属損金不} \\
\text{算入額}
\end{array}
=
\begin{array}{l}
\text{連結グルー} \\
\text{プ全体の交} \\
\text{際費等損金} \\
\text{不算入額}
\end{array}
\times
\frac{\text{各連結法人の支出交際費等の額}}{\text{全社の支出交際費等合計額}}
$$

Q3 グループ法人税制と交際費等

　100％完全支配関係にあるグループ法人にはグループ法人税制が強制適用されると聞きました。交際費等の損金限度額は、連結納税では親会社の資本金で決まりますが、グループ法人税制での各グループ法人の交際費等の限度額はどうなりますか。

A3

　グループ法人税制での交際費等は、グループ各社の資本金に基づいて各社が限度額計算を行います。各社が中小企業の場合には、各社で定額控除（年800万円）が受けられます。ただし、親会社の資本金5億円以上の子会社群は資本金が1億円以下であっても全額損金不算入となります（定額控除できません。）。

　なお、接待飲食費の5,000円基準及び50％損金算入は各社すべてで適用できます。

(解説)

　企業が、親会社又はいわゆる持株会社（ホールディング会社）を頂点にそのグループ会社の一体的運営を進めています。22年度税制改正で、このような企業の一体的運営に即しての課税関係を構築したのがいわゆ

448　第3編　質疑応答事例

るグループ法人税制です。具体的には、100％支配関係のあるグループ法人間では、①資産譲渡損益の課税繰延べ、②寄付金の損金不算入、受贈益の益金不算入、③受取配当金の全額益金不算入等損益を認識しないという制度です（本支店取引との考えです。法法37②、61の13①等）。100％グループ法人とは、個人（その同族関係者を含む。）又は法人により発行済み株式の全部を直接・間接に保有する子会社・孫会社や兄弟会社等をいいます（法法2十二の七の六）。外国法人の100％日本子会社等にも適用があります。

　同じ100％グループ会社間には連結納税制度がありますが、それは親会社一社にグループ法人全部の所得を合算し、親会社一社が申告・納税することを自ら選択したグループに適用されます。しかし、グループ法人税制は100％グループ法人にはすべてが強制適用となりますが、グループ各社は従来と同じように単体として申告・納税します。したがって、交際費等の損金不算入額計算は、各単体法人の資本金に基づいて限度額計算をすることになります。資本金1億円以下の法人群は何社あったとしてもそれぞれ800万円の定額控除が受けられます（連結納税は上記問2参照）。ただし、親会社の資本金が5億円以上の100％子会社等は大会社に完全に支配されていることから、その子会社等の資本金が1億円以下であったとしても大企業として取扱い、交際費等損金不算入の定額控除はできず全額損金不算入となります（措法61の4②、66⑥二）。

　なお、5,000円基準及び50％相当額の損金算入はグループ法人各社が適用できます（措法61の4①）。ただし、中小法人は年800万円の定額控除又は50％相当額の損金算入のいずれか有利な方を選択適用ができます（措法61の4②）。なお、大法人の100％子会社は定額控除はありません。

　グループ法人税制での交際費等の定額控除の適用関係です。子会社等に表示がない場合は100％保有関係です。

13 連結納税・グループ法人税制と交際費等　　*449*

（定額控除：適○：否×）

親会社（資本金）	子会社（資本金）	孫会社（資本金）
甲（5億円）→×	A社（5千万円）→×	B社（5千万円）→×
乙（1億円）→○	C社（6億円）→×	D社（5千万円）→×
丙（1億円）→○	E社（6億円）→×50%→G社（5千万円）→○ F社（5千万円）→○ 　　　　　　50%／	
丁（個人）	H社（2億円）→×	I社（5千万円）→○
戊（個人）　　　50%→J社（5千万円）→○ 己（5億円）→× 50%／		
外国法人（5億円）	日本K社（1億円）→×	L社（5千万円）→×

Q4 交際費課税における一般法人、連結納税、グループ法人税制の対比

　中小企業は交際費の損金不算入額の計算では年800万円の定額控除が認められております。当社は得意先との懇親が不可欠で交際費支出がかさみます。できるだけ税負担を少なくしたいため分社化も考えていますが、一般会社（単体課税）、連結納税、グループ法人税制での交際費等の取扱いの対比をお願いします。

A4

　交際費課税について、一般的な単体納税、連結納税、グループ法人税制をまとめました。なお、定額控除を受けるためのみの理由による株式移管は慎重にすべきと考えます。

450　第3編　質疑応答事例

解説

　交際費課税について、単体納税、連結納税、グループ法人税制の対比をまとめました。なお、交際費等の定額控除800万円は減税要素であり、連結納税、グループ法人税制で大法人とみなされて全額損金不算入の適用を受けている資本金1億円以下の子会社、孫会社等について、定額控除（減税）を受けるために親会社等の持ち株の若干株を関連会社に移管して100％グループから離脱したいとの話もあります。しかし、株式を移管するには経営政策等での相当の理由、合理性が必要であると考えますので慎重に対応すべきです（法人の行為否認規定。法法132〜132の3）。

　大法人とは原則、資本金1億円超の法人、中小法人は1億円以下の法人をいいます。

（○は適用あり）

	親会社法人等	定額控除	子会社	定額控除	孫会社	定額控除
単体課税	大法人	×	大法人	×	大法人	×
			中小法人	○	中小法人	○
	中小法人	○	大法人	×	大法人	×
			中小法人	○	中小法人	○
連結納税（100％支配関係）	大法人	×	大法人	×	大法人	×
			中小法人	×	中小法人	×
	中小法人	○（ただし、子会社等を含め1回のみ）	大法人	×	大法人	×
			中小法人	×	中小法人	×
グループ法人税制（100％支配関係）	大法人（5億円以上）	×	大法人	×	大法人	×
			中小法人	×	中小法人	×
	大法人（1億円超5	×	大法人	×	大法人	×

億円未満)		中小法人	○	中小法人	○
中小法人	○	大法人	×	大法人	×
		中小法人	○	中小法人	○
個人株主	—	大法人	×	大法人	×
		中小法人	○	中小法人	○

(注) 定額控除とは、資本金1億円以下の中小企業に適用される交際費から控除される年800万円（平成25年4月1日開始事業年度から適用。）の金額をいいます。

14　交際費等と消費税

○　消費税は、課税資産の譲渡等（課税売上）に課税され、納付する税額は課税売上に係る消費税から課税仕入に係る消費税を控除して計算します。消費税はその取引内容により、「課税取引」、「非課税取引」、「免税取引」と「不課税取引」とに区分され、消費税が課否判定されます。

○　交際費等に係る消費税は、上記取引区分のいずれもが発生する（免税取引は除く。）可能性があり、その区分は納付税額に直接影響するため重要です。課税売上に係るものが仕入税額控除できるが、非課税、不課税取引に係るものは税額控除できないからです（ただし、課税売上5億円未満で課税売上割合95％以上の法人は全額控除できます）。

○　消費税率が平成26年4月から8％に増税され、2019（平成31）年10月から10％とアップ（予定）されるため、消費税の課否区分

452　第3編　質疑応答事例

は更に重要となります。

Q1　交際費等と消費税

　交際費等の支出には消費税が含まれています。消費税の経理方式には「税込経理方式」と「税抜経理方式」があり、税込経理方式の方が交際費等の額が多くなると聞きました。不利となりませんか。

A1

　交際費等の額は税込経理の方が多くなりますが、税込経理が不利であるとは一概にはいえません。

（解説）

　交際費等は、得意先等の事業に関係がある者等に対する接待、供応、金品の贈答等の行為のために支出する費用をいいます（措法61の4④）。消費税も接待等をした場合には本体価格に加算されて支払いますので消費税込みの金額が交際費等の額となります。

　しかし、消費税の経理処理には①税込経理方式と②税抜経理方式の2方法があります。税込経理方式は消費税込みの金額が交際費等の額として費用化されます。一方、税抜経理方式では本体価格のみが交際費等の額となり、消費税額は仮払消費税として記帳されます。お中元品10,800円（本体10,000円＋消費税800円）を贈答した場合で説明します。

【設例】　お中元贈答品代　10,000円、消費税額　800円の場合

　　○　税込経理方式

　　　　（借方）交際費等　10,800　／　（貸方）現金　10,800

　○　税抜経理方式

　　　　（借方）交際費等　10,000　／　（貸方）現金　10,800

　　　　　　　仮払消費税　800

　交際費等の額は、上記例のように消費税の経理方式の違いにより金額が異なり、税込経理の方が交際費等が大きくなり、損金不算入額も大きくなるのは事実です（平元.3.1直法2－1、消費税関連通達12）。しかし、税込経理は、毎日の記帳事務及び法人税、消費税の申告も税抜経理に比べて簡単です。納付する消費税の額は租税公課として経費となります。消費税の経理方式により支出交際費等の額が異なるのは止むを得ないですが、税込経理は手続が簡単である等一概に不利とはいえません。

　ただし、いわゆる5,000円基準の場合の一人当たり5,000円以下は、税込経理では消費税込みの金額で判断するため、例えば、本体価格4,640円は5,011円（税率8％の場合）が交際費等の額となり、5,000円超過のため交際費等から除外できず不利になります（税抜経理の場合は5,400円（本体5,000円）まで控除できます。）。

Q2　交際費等と消費税の課否判定

　接待等で支出した金額に消費税が含まれていますが、その内容によっては非課税・不課税となるものもあります。交際費等の内容による課税・非課税・不課税の区分を教えてください。

454　　第3編　質疑応答事例

A2

　交際費等の支出は原則、課税仕入となります。しかし、商品券、旅行券等の贈答は非課税仕入、海外招待旅行費用は免税又は不課税、お祝い金見舞金等は不課税仕入となる等取扱いが複雑に分かれています。交際費等に係る消費税の課税等区分は次の表を参考にしてください。

（解説）

　交際費等に係る消費税は、課税取引、免税取引、非課税取引、不課税取引のいずれかの区分に該当し、その区分は重要です。消費税の納税額の計算は、課税取引（課税売上等）に対応する課税仕入に係る消費税額のみが納付すべき額から控除でき、非課税売上に対応する仕入消費税は控除できないからです。ただし、年間の課税売上が5億円以下で課税売上割合95％以上の法人は全額仕入控除できます。不課税取引に係るものはそもそも消費税が課税されないため税額控除はできません。主な交際費等の支出例で区分をみてみます。

1　課税仕入に該当

　　得意先接待の飲食代、宴会・パーティー費用、お中元・お歳暮等の贈答品費（送料を含む。）、手土産代、観劇、国内旅行招待費、ゴルフプレー代、交通費、慶弔費の生花、花輪、供物代等の購入代金

2　非課税仕入に該当

　　商品券、ビール券、図書券、お食事券、旅行券等の物品切手を購入し、得意先等への贈答費用。ただし、その物品切手を自社の事業用品購入として使用した場合には、仕入税額控除ができます。

3　不課税仕入に該当

　　お祝い金、餞別、香典、見舞金等、チップ、心付け等、謝礼金（取引の対価としての謝礼を除く。）等は、反対給付の対価として支出する

ものではないため消費税は課税されません（消基通5-2-14）。ただし、情報提供に対する謝礼金等は、法人税法上交際費等となったとしても役務提供の対価であれば課税仕入れが認められます。得意先から受領したお祝い金等も不課税となります。

4　費途・使途不明、使途秘匿金等は帳簿に費用内容の記載がなく請求書等の保存もないため仕入控除できません（消基通11-2-23）。

5　海外旅行に係る国際旅客運輸費用は免税の対象であり、海外現地での費用は不課税となります。

6　交際費と消費税の課否判定をまとめました。

交際費等の内容	課税仕入	非課税仕入	輸出免税	不課税仕入	参考
売上割戻し	○				売上対価の返還
販売奨励金	○				売上対価の返還等
販売促進費	○				役務提供の対価
広告宣伝費	○				資産譲渡、役務提供の対価
事業用資産の交付	○				交付資産の購入代価
飲食接待	○				
中元等の物品贈答※	○	（○）			ただし、物品切手は除く
観劇・観賞招待※	○	（○）			ただし、入場券贈答を除く
国内旅行招待	○				添乗社員の支度金等を含む
海外旅行招待費用※			○	○	海外で支出分は不課税
同上での国内移動分	○				空港までの分及び添乗社員の支度金等を含む
旅行クーポン券の贈答		○			物品切手の贈答

456　第3編　質疑応答事例

					摘要
得意先等の交際費等の負担金※	○			(○)	ただし、単なる経費負担は不課税
情報提供料※	○			(○)	対価性があるものは課税仕入れ。ただし、対価性がなく交際費等認定は不課税
現金による祝金、見舞金、香典、チップ、餞別				○	
謝礼金、手数料、協賛金、迷惑料、同意料、慰謝料等※	(○)			○	対価性があるものは課税仕入れ。ただし、対価性がなく交際費等認定は不課税
商品券、お買い物券、ビール券、観劇等招待券、食事券等の贈答		○			物品切手の贈答
会費※	(○)			○	通常会費は不課税　ただし、交際費負担が明確な負担金は課税仕入れ
社内交際費等※	○			(○)	ただし、給与となるものは除く
渡切交際費等				○	給与となる
ゴルフクラブ等の年会費等	○				
領収書のないもの※	(○)			○	原則、仕入控除できない　ただし、交通費等や請求書等のあるものは控除可能
使途不明金				○	

（注）※（　）内は、摘要欄のただし以下が該当します。

14 交際費等と消費税 *457*

Q3 交際費等に係る控除対象外消費税等の処理

不動産賃貸業で消費税は税抜経理方式です。今期は土地の売上げがあったため課税売上割合は75％となり控除対象外消費税が発生します。この控除対象外消費税は租税公課として損金に算入しますが、交際費等に係る部分は損金不算入となるとのことですが何故ですか。また、土地譲渡により課税売上割合が一時的に低下しましたが救済措置はありますか。

A3

交際費等に係る控除対象外消費税の額は、元々が交際費等支出に係るものであるため交際費等の額に加算して損金不算入額計算を行います。なお、たまたま土地売上（非課税）があったため課税売上割合が低下した場合には課税売上割合の特例があります。

解説

交際費等は、得意先等の事業に関係がある者等に対する接待、供応、金品の贈答等の行為のために支出する費用をいいます（措法61の4④）。消費税も接待等をしたことにより本体価額に加算されて支出するため消費税込みの金額が交際費等の額となります。

消費税の経理処理には税込経理方式と税抜経理方式の2方法があり、税込経理では消費税込みの金額が交際費等の額として費用化されます。一方、税抜経理では本体価格のみが交際費等の額となり、消費税額は仮払消費税として記帳されるため、交際費等の額は経理方式により異なり

ます（具体的な経理処理は前問Ｑ１を参照）。

　一方、消費税の申告は、課税資産の譲渡に係る消費税額（税抜経理の場合は仮受消費税）から課税仕入れに係る消費税（仮払消費税）を控除した差額を申告納付（又は還付）します（消法４、28、30）。この場合の課税仕入れに係る消費税は、期間中に支払った消費税の全額が控除の対象となるのではなく、課税売上げのために支出した課税仕入れ部分の消費税のみが控除対象となります（消法30）。例えば、土地売上げに係る仲介手数料の消費税は、土地売上げが非課税のため、税額控除できないのを基本としております。この控除できない消費税を控除対象外消費税といいます。

　控除対象外消費税は、税抜経理方式を採用している事業者で、その課税期間における課税売上高が５億円を超える場合又は課税売上割合が95％未満の場合には実際の課税売上割合で計算するため控除できない消費税が発生します。そして、経費に係る控除対象外消費税は租税公課等として損金となり、資産に係るものは損金経理により損金とするか当該資産の取得価額に加算するか、又は繰延消費税額等として資産計上し５年で償却することになります（法令139の４）。しかし、経費のうち交際費等に係る控除対象外消費税は、元々が交際費等の支出に係るものであるため、原則に戻り交際費等の額に加算されて損金不算入額を計算することになります（申告書別表15の支出交際費等の額「５」欄に「控除対象外消費税〇万円」として記載します。消費税関連通達12（注２））。

　この控除対象外消費税の計算（逆に言うと控除対象仕入税額の計算）には、一括比例配分方式と個別対応方式があり任意に選択できます。ただし、一括比例配分方式を選択した場合には２年間の継続適用が必要です（消法30⑤）。

　①一括比例配分方式とは、当期に仕入税額控除できる金額は、課税仕

入の全額に課税売上割合を乗じた金額であり、次の算式によります（消法30②二）

　　　仕入控除税額＝課税仕入れに係る消費税×課税売上割合

②個別対応方式とは、当期に仕入税額控除できる金額は、課税売上に対応する仕入税額と課税・非課税売上に共通する仕入税額に課税売上割合を乗じた金額の合計額であり、次の算式によります（消法30②一）。

　　　仕入控除税額＝イの消費税額＋（ハの消費税額×課税売上割合）

　　イ　課税売上にのみに係る課税仕入消費税

　　ロ　非課税売上にのみ係る課税仕入消費税

　　ハ　課税売上と非課税売上に共通に係る課税仕入消費税

　具体的な計算例は次問を参照してください。

　また、たまたま非課税の土地売上があったため課税売上割合が低下した場合には、「前3年の通算課税売上割合又は前年の課税売上割合のうち低い方の割合」により仕入税額控除を適用できる特例（課税売上割合に準ずる方法）があります（消法30③、消令53③）。この特例はあらかじめ税務署長の承認を受ける必要があります（消令47）。

Q4　交際費等に係る控除対象外消費税の具体的処理

　当社の消費税は税抜経理方式です。昨年までは課税売上割合は95％以上でしたが、今期は土地譲渡があったため課税売上割合は90％となり控除対象外消費税が発生します。今期の交際費等の内訳は次のとおりですが、一括比例配分方式と個別対応方式の場合での

460 第３編　質疑応答事例

控除対象外消費税と交際費等の取扱いはどうなりますか。

交際費等の内訳	消費税額
課税売上に対応するもの	400,000円
非課税売上に対応するもの	10,000
課税・非課税売上に共通するもの	50,000
合　　計	460,000

A 4

　課税売上割合が90％の場合には仕入税額控除できない消費税（控除対象外消費税）が発生しますが、その額は一括比例配分方式と個別対応方式では異なります。法人はどちらかの方法を選択しますが、一括比例配分方式を選択した場合には２年間の継続適用が必要です。

解説

　消費税の申告・納税額計算は、前問Ｑ３でご説明しましたが、税抜経理方式を採用している場合で課税売上割合が100％未満（ただし、当期の課税売上高５億円以下の法人は課税売上割合95％未満）の場合には、仕入税額控除ができない仮払消費税（控除対象外消費税）が発生します。

　この控除対象外消費税の計算(逆に言うと控除対象仕入税額の計算)には、一括比例配分方式と個別対応方式があり任意に選択できます。一括比例配分方式を選択した場合には２年間の継続適用が必要です（消法30⑤）。

　一括比例配分方式及び個別対応方式についての具体的な取扱いは前問Ｑ３を参照してください。

　なお、いずれかの方式においても控除できない仮払消費税の額が控除対象外消費税となり、経費に係る控除対象外消費税は租税公課等として

15 その他 461

損金となりますが、その発生元が交際費等の場合は原則に戻り交際費等の額に加算し、損金不算入額を計算することになります（消費税関連通達12（注2））。

ご質問の場合の交際費等に係る具体例です（課税売上割合90％の場合）。

	一括比例配分方式	個別対応方式
交際費等に係る控除対象外消費税額（支出交際費等に加算すべき額）	$460,000 \times (1-90\%)$ $=46,000$円	$10,000+50,000 \times (1-90\%)$ $=15,000$円

一般的には仕入控除できる消費税額（控除対象消費税額）は個別対応方式が有利となります。

なお、接待飲食費の50％損金算入の対象となった飲食費に係る控除対象外消費税額も接待飲食費に含まれるため、50％損金算入の対象となります（消費税関連通達12（注）3）。飲食費に係る控除対象外消費税額は合理的な方法により算出し、書類等には当期の接待飲食費の総額に係る控除対象外消費税額を一括して記載しておけば損金算入が認められます。各接待飲食費に配分して、それぞれの領収書等に記載する必要はありません（接待飲食費FAQ・Q10、週刊税務通信 平26.6.16 №3315参照）。

15 その他

Q1 資産の取得価額から減算できる交際費等の額

当期取得した工場用地の取得価額に交際費等が含まれていますが、交際費等の額は土地価額から減額できると聞きました。どのように

462　　第3編　質疑応答事例

計算するのですか。また、期末棚卸資産や建設仮勘定に含まれている交際費等も減算できますか。

A1

　土地、棚卸資産、建設仮勘定等の資産に含まれている交際費等はすべて減算できます。ただし、減算できる金額は損金不算入額相当額です。

解説

　交際費等の損金不算入額の計算は当期中に支出した交際費等の総額で行います。製品の製造原価（期末棚卸高）、固定資産の取得価額、未成工事支出金や繰延資産（棚卸資産の取得価額等という。）の中に交際費等が含まれていたとしても、損金不算入額計算を行います。したがって、その棚卸資産の取得価額等には、取得価額等として損金とならない部分と交際費等として損金不算入となる部分が生じ、支出年度ではいわゆる二重課税となります。

　そこで、取得価額等に算入された交際費等で損金不算入額相当額については、棚卸資産等の取得価額等から減額ができる調整計算が認められます（措通61の4(2)-7）。

　これらは、棚卸資産、土地、建物、機械装置等の資産、建設仮勘定、繰延資産等のすべての資産等が対象となります。

　〈例〉

　①　当期支出交際費等の額（全社分）　　　　1,000万円

　②　当期交際費等の損金不算入額（〃）　　　　200万円

　③　土地取得価額に含まれる交際費等の額　　120万円

　当期土地価額から減算できる金額　200万円×120万円／1,000万円＝▲24万円となります。

15　その他　　*463*

　具体的な方法は、当期の申告書別表4の所得減算欄で「土地認定損24万円（留保）」を減算し、申告書別表5では、当期の増減の「増③」欄、「差引翌期首現在利益積立金額④」欄で「土地　▲24万円」を記入します。

　翌期は、会計上、「（借方）前期損益修正損24万円／（貸方）土地24万円」の仕訳経理をするとともに、前期に減算している24万円を別表4の所得加算欄で「土地認定損戻入24万円（留保）」として加算し、別表5で「期首現在利益積立金額①」、当期の増減の「減②」欄で「土地　▲24万円」を記入します。前期に資産価額から減額したときは、翌期で必ずこのような決算調整をしなければなりません（措通61の4⑵-7（注））。

Q 2　資産の取得価額から交際費等を減算できる時期

　資産の取得価額に含まれている交際費等は帳簿価額から減算できるとのことですが、その減算の時期はいつですか。次の場合も認められますか。

　①　前期取得した土地価額に含まれている交際費等（損金不算入額）について申告から1年以内ですので「更正の請求」ができますか。または当期の申告で減算しても認められますか。

　②　税務調査で販管費中の手数料が交際費等と認定され、かつ、当期取得した工場建物の取得価額に含めるとなり二重に課税されました。修正申告の際に交際費等の減額調整ができますか。

A 2

いずれの場合も資産の取得価額から減算することは認められません。

464　　　第３編　質疑応答事例

（解説）

　交際費等の額が資産等の取得価額に含まれており、かつ、交際費等の損金不算入額となる場合には、その損金不算入額部分は支出年度でいわゆる二重課税（取得原価と損金不算入額）となります。そこで、原価に算入された交際費等の損金不算入額相当額については、棚卸資産等の資産の取得価額等から減額ができる調整計算が認められます（措通61の4(2)-7）。しかし、支出した交際費等の額が、資産の取得価額を構成するか否かの取扱いと交際費等の損金不算入となる取扱いとは、本来、別の次元のものであることから、たとえ、二重課税となっていたとしても当然に減額調整できるものではありません。二重課税の解決策としては①この取扱いにより一時に減額するか、②減価償却又は事後の売却原価等として損金化するかの方法があり、法人の選択に委ねています。①の場合は、交際費等を支出し損金不算入額が生じた事業年度の確定申告で減額する場合に限り認められます。したがって、ご質問の場合はいずれも上記②の方法を選択したとみなされ、更正の請求や当期から減額することは認められません。また、当期の税務調査で交際費等と認定されたとしても修正申告では認められません。

Q3　談合金「その他これに類する費用」とは

　建設業者等が工事入札等に際して支出する談合金その他これに類する費用は交際費等に該当するとされています。談合金及びその他これに類する費用とはどのような費用をいうのですか。

15　その他　　　*465*

A 3

　談合金の定義は明確にされていませんので、いわゆる談合金及び談合金のような費用をいいます。

解説

　建設業者等が工事入札等に際して支出する、いわゆる談合金その他これに類する費用は交際費等に該当します（措通61の4(1)-15⑽)）。談合とは公正な価格を害し又は不正の利益を得る目的で公の競売・入札に際して、競売人又は入札者が相談し、ある特定者に競落又は落札させることとされています（刑法96の3）。公正な価格とは、談合がなかったら成立したであろう競落・落札価格をいいます。

　談合金は、刑法の談合罪に当たる趣旨での談合に伴って授受する金品とされています。しかし、税務上は、刑罰に該当するか否かを問わずその実質で判断するしかありませんので、談合罪に当たる談合に伴って授受する金品及びそれに類するような費用を談合金としています（いわゆる談合金）。一般には「降り賃」のこととしています。そして、いわゆる談合金は自己に有利に入札を進めるため不正の請託に関連して支払うものであり、一種の贈答（いわば賄賂の性格を有するもの）に当たるとして交際費等に該当するとしています。なお、収受する相手先では収益となります。

　税務の現場では、同業者であるの建設業者等への次のような支払いを「談合金」と認定している可能性があります。

　①　役務提供の事実が全くなく名目だけの支払手数料、外注費等として支出するもの

　②　裏ジョイント契約（裏JV）であるが、相手方は工事参加の実績がなく、また、参加も名目だけで相手方持分（取下金）と出資金と

466 第3編 質疑応答事例

の差額として支出するもの

③ 裏ジョイント契約で実際の工事損益に関係なくあらかじめ定められた一定の利益金額を支出するもの

④ 相手方に特定工事の全部又は一部を発注し、これを落札者が再受注したこととして差額を支出するもの

⑤ 落札者から入札参加者間で順次受注・発注を繰り返して最終的に落札者が受注して、それぞれの受注額と発注額との差額として支出するもの

Q4 民間工事等に談合金はあるか

建設業者です。得意先から工場新設工事を受注しました。その工事について同業者等からアドバイスを受けるため一定の手数料を支払うことになりました。同業者への支払いであっても民間工事であり競争入札等もありませんので談合金に該当しないと考えてよいのでしょうか。

A4

談合金は官公庁等工事等の入札等に際して支出するものが該当し、民間工事等は該当しないのが一般的と思われます。ただし、官公庁工事等での談合金を民間工事の原価に付け替えての支払いは交際費等になると考えます。

15　その他　　*467*

解説

　談合は前問で説明しましたが、公正な価格を害し又は不正の利益を得る目的で「公の競売・入札」に際し、競売人又は入札者が相談し、ある特定者に競落又は落札させることとされています（刑法96の3）。そして、その談合したこと伴い特別に支出する費用が談合金であり税務上は交際費等に該当します（措通61の4(1)-15⑽）。すなわち、談合金の交際費課税は、談合罪の趣旨から一般には官公庁等の工事・物品納入等が該当し、民間企業の場合には発注者（施主等）に契約自由の原則があるため、たとえ、同業者が談合して受注者を決めたとしてもそのとおりに受注できるものではありません。したがって、民間工事等にはいわゆる談合金その他これに類する費用は含まれないとの考えが出てきます。

　ご質問の場合は、その工事についてアドバイスを受けるとありますので、アドバイスの内容により個別的に原価性・経費性を判断することになると考えます。なお、それらを支払うこと等について発注者との間で受注の要件であったり、受注金額にその部分が含まれている場合もあるともいわれています。このような場合には支払うことに相当性もあり総合的に判断することになると考えます。ただし、民間工事等の原価の中に別の官公庁工事等での談合金支払いをこの民間工事原価に付け替えて支払うような場合には、いわゆる談合金として交際費等になると考えます。

　また、民間業者等でも「談合」報道があります。これは、同業者間で価格調整のカルテルで販売価格を調整する等の独占禁止法違反（不当な取引制限）の場合が多く、同業者間で談合金等の支払いは少ないと思われます。公正取引委員会から課徴金納付命令がありますが、この課徴金は法人税法では損金となりません（法法55④三）。

468　　第3編　質疑応答事例

Q5　公益法人等の交際費等の損金不算入額計算

　公益法人、人格のない社団等は資本金を有しませんが、交際費等の損金不算入額計算をする場合の1億円以下の法人の定額控除限度額（800万円）の計算はどうなりますか。

A5

　期末資本金の額は、期末日の純資産価額を基礎として「資本金の額に準ずる額」を計算し、公益法人はその金額のうち収益事業に係る金額で判断します。

解説

　交際費等の損金不算入額の計算は、期末の資本金又は出資金が1億円以下の法人については年800万円に達するまでの金額は、いわゆる定額控除額として損金が認められています。公益法人、人格のない社団等で資本金又は出資金を有しない法人についても資本金の額を計算し、その金額が1億円以下であれば定額控除額（年800万円）の損金算入が認められます。

(1)　資本金等を有しない法人の期末資本金の額の計算は次のように計算します（措法61の4、措令37の4三、措通61の4(2)-2～4）。

$$\left\{\begin{matrix}\text{期末総資産}\\\text{の帳簿価額}\end{matrix} - \begin{matrix}\text{期末総負債}\\\text{の帳簿価額}\end{matrix} - \left(\begin{matrix}\text{当期利益}\\\text{又は当期}\\\text{損失}\end{matrix}\right)\right\} \times \frac{60}{100} = \text{期末資本金の額（A）}$$

　　※　当期損失の額は加算します。

15 その他　　　*469*

(2)　公益法人、人格のない社団等の場合は、その金額（A）のうち収益事業に係る金額が期末資本金の額となります。

$$A \times \frac{\text{分母のうち収益事業に係る資産価額}}{\text{期末総資産価額}} = \begin{array}{l}\text{収益事業に係る}\\\text{資本金又は出資金の額}\end{array}(B)$$

したがって、公益法人の場合はBの金額が１億円以下であれば定額控除（800万円）の適用が受けられます。

Q6　公益法人等の交際費等での期末資本金

公益法人等の資本金の額は、期末の総資産、総負債の帳簿価額、当期利益又は損失の額及び収益事業に係る資産の価額を基に計算するとありますが、その場合の留意点を教えてください。

A6

期末総資産、総負債の帳簿価額、収益事業に係る資産の価額は、貸借対照表に計上されている金額(簿価)によることが認められると考えます。

解説

公益法人等も交際費等については損金不算入額計算を行います。しかし、公益法人等は期末資本金を有しない場合には、前問Q5の算式により資本金の額を求めて行います（措令37の4一～三）。この場合の留意点です。

①　期末貸借対照表の正味財産（普通法人の「純資産の部」に相当）か

470　　第3編　質疑応答事例

ら当期正味財産増加額を減算（減少の場合は加算）します（普通法人の「当期利益又は当期損失」に相当します。）。すなわち、期首正味財産の額となります。

② 期首正味財産のうち60％相当額（法定化されています。）が元手であるとして、期末総資産の価額のうち収益事業に係る資産の価額を乗じた金額が期末資本金となります。

③ 期末総資産の価額と収益事業に係る資産の価額は期末の時価評価の額になると考えますが、税務上は、上記①の価額を含めて期末の貸借対照表に計上されている金額とされています。計算の簡便性等を考慮していわゆる帳簿価額の金額で計算できます（措令37の4一〜三、措通61の4(2)-2〜4）。

④ 収益事業を営む公益法人等は、収益事業の経理と非収益事業（公益事業）の経理を区分することになっています（法令6）。この場合の区分経理とは、単に収益及び費用の区分だけでなく、資産及び負債についても区分経理が必要です（法基通15-2-1）。しかし、一つの資産が収益事業の用と非収益事業の用とに共用されている場合には、その資産自体は非収益事業に属する資産として経理し、その償却費等の費用のみを収益事業に係る費用とすることとされています（法基通15-2-1（注））。

⑤ このことから、法人が収益事業に係る資産を区分経理しない場合には、上記算式の「収益事業に係る資産の価額」は、専ら収益事業に供与される資産の価額の合計額とし、収益事業の用と非収益事業の用とに共用されている資産は含めないことができると考えられています。

15 その他 *471*

Q 7 清算中の法人の交際費等

法人が解散し清算中の法人であっても交際費課税が行われ、法人税を納付する場合もあると聞きました。概要を教えてください。

A 7

法人が解散してもそのまま事業継続している場合が多く見受けられることから、清算結了までの期間は「通常の所得課税」に変更され、交際費等の損金不算入額等を計算し納税を行うことになります。

（解説）

法人が解散した場合には、事業継続が不能となり残余財産を分配して消滅するのが一般的でしたので、清算中の事業年度は、「いわゆる清算所得課税」として残余財産の分配のみに課税し、清算中の各事業年度では法人税の課税はありませんでした（旧法法5、6）。しかし、最近の解散は、黒字解散や法形式上では解散するが事実上事業継続を行って法人課税を免れている事例が多くみられるようになったとのことです。そこでこれらの課税上の弊害をなくすために、平成22年度改正で清算所得課税を廃止し、「通常所得課税」に移行されました。通常所得課税とは、正に解散前の一般法人と同じ規定、取扱いを適用して所得金額を計算し、申告・納税することです（法法5）。したがって、解散後の清算中の各事業年度においても、交際費等の損金不算入額の計算を始め、寄附金の限度額計算、役員給与の取扱い等が適用されます（ただし、期限切れ欠損金の損金算入等の特別な規定も設けられました。）。

472　第3編　質疑応答事例

　また、解散した場合の「みなし事業年度」には改正がありませんので、解散を含む事業年度は、①通常の事業年度開始の日から解散の日までの期間、②解散の日の翌日からその事業年度終了の日までの期間（一般的には1年間）となります（法法14①一）。

16　交際費等と税務調査

○　税務調査では、すべての項目について調査されますが交際費等が重点的に調べられるのは論を待ちません。何故なら、どの法人にも交際費等支出があり、かつ、それが損金にならないこと及び役員等の個人的支出に該当する場合には役員給与として損金不算入となり、更には源泉所得税も追徴できるからです。

○　したがって、申告に当たっては交際費勘定の中身の吟味及び他科目中に交際費等となるべき支出の有無の再検討が必要です。

○　税務調査の対応は、事前準備として交際費勘定及び他科目中の交際費等の有無に目を通し、問題と思われる事項に対しては答弁できるようにしておきましょう。

　　また、調査中での指摘に際しては慎重なる答弁に心掛けます。

○　なお、いわゆる5,000円基準の適用について、税務調査が本格化しており、適用誤りが多発しています。適用要件が5,000円基準と同じである接待飲食費の50％損金算入はその金額も多額となる場合が多いため適用誤りのないように社内ルールの徹底が重要となります。

16 交際費等と税務調査　　*473*

Q1　確定申告に当たっての交際費等の留意点

　初めて経理責任者となりました。交際費等は損金不算入となることは承知していますが、確定申告に当たって交際費等について留意すべき点を教えてください。

A1

　交際費等は、交際費の科目にこだわらず他の勘定科目の中に接待、供応等による支出があったかどうか（他科目中の交際費等）の確認が必要です。

　また、それらの中に役員等の個人的費用となるものが含まれているかの確認も必要です。

解説

　交際費等とは、得意先、仕入先その他事業に関係ある者等に対する接待、供応、慰安、贈答その他これらに類する行為のために支出するものをいいます（措法61の4④）。そして、事業に関係ある者等とは、得意先等の直接の取引先のほか、同業者団体、監督・許認可官庁、融資を受ける銀行等の間接的な利害関係者、当社の役員、従業員、顧問、OB等及びその家族、親族等、株主、出資者等が含まれるなど、その範囲は極めて広いものがあります。したがって、それらの者に対する接待、供応、金品の贈答等が交際費等となります。

　一般には、会社が経理した「交際費」科目が交際費等となります。しかし、税務上の交際費等は会社の経理科目にこだわらず、接待、供応等

474　　第3編　質疑応答事例

の行為のために支出したものすべてを交際費等と判断するため、いわゆる交際費科目以外の科目から支出した中に交際費等（いわゆる他科目中の交際費等）があるかどうかが申告・調査の重点となります。

　したがって、経理担当者は確定申告書を作成するに当たって、交際費等以外の科目、特に、交際費等と隣接する売上割戻し、販売奨励金、販売手数料、会議費、広告宣伝費、（仲介、斡旋）手数料、福利厚生費等の中身を再度確認し、交際費等支出に該当するものは申告加算する等の事前チェックが必要です。

　さらには、それらの中に役員等が個人的に使用した費用が含まれているかのチェックも必要です。例えば、飲食、ゴルフ等で金額が多額なものに個人的費用が含まれていると、その役員等に対する給与（賞与）となり法人税でも役員賞与の損金不算入（法法34①）とし損金とならず、かつ、個人でも所得税課税の二重課税を受けることとなります。

Q2　税務調査の連絡があった場合の交際費等の事前準備

　税務署から税務調査の連絡がありました。経理責任者として初めての税務調査です。特に、交際費等に関する留意点についてご教示ください。

A2

　税務調査では交際費等の確認が必ずあります。交際費等の科目にこだわらず他の勘定科目の中に接待、供応等の行為の支出があったかどうか（他科目中の交際費等）の事前確認が必要です。

16 交際費等と税務調査　*475*

解説

　税務調査は、会社のすべての項目について調査します。地方の支店、工場等にも出張し現地確認調査をする場合もあります。また、場合によっては、得意先、銀行等の取引関係者に対しても「反面調査」として確認調査が行われます。したがって、十分な事前準備が必要です。

　① 税務調査での主な調査項目とその着眼点、調査方法は次のとおりです。

調査項目	着眼点、調査方法
会社の概要・現況、組織、得意先、取引銀行等の一覧	会社の事業内容、人的、物的組織等を確認し、活況な事業、不振の事業や社員配置、上得意先等の全体像を把握する。役員会議事録、稟議書等の読込み等から調査項目、対象者等を絞り込む。
建物、工場、支店等に臨場	固定資産、棚卸資産、扱い事業、品目等の現物と帳簿計上の有無の確認と簿外資産等の把握。スクラップ、自動販売機の設置手数料収入の確認。
売上・収入関係	納品書、請求書、領収書等からの売上除外、計上時期等の確認。特に、期末又は翌期首の請求書、伝票等からの売上繰延べの確認、家賃収入、貸付金利息収入等の雑収入の確認。
原価関係	納品書、請求書、領収書等から架空原価、棚卸除外、計上時期等の確認。特に、期末又は翌期首の請求書、伝票等からの原価の繰上げ計上の確認。
経費関係	人件費、交際費等、手数料、貸倒損失、修繕費等の確認。業務委託費関係は報告書等の到達日から経費繰上げ計上を確認。営業外損失、特別損失の確認。
資産関係	固定資産の前期との増減の確認。仮払金の内容、貸付金の増減と貸付先の使途、返済計画等、受取利息等の確認。売掛金等の確認。

負債関係	買掛金、未払金、借受金、預り金の内容と長期未済の理由等。借入金、特に個人等からの借入金の理由及び使途、返済口座の確認。

② 交際費等に関する調査の留意点は、次のとおりです。

　交際費等とは、得意先、仕入先その他事業に関係ある者等に対する接待、供応、贈答その他これらに類する行為のために支出するものをいいます（措法61の4④）。どの企業にも交際費等支出がありますが、原則、損金不算入のため交際費等を他の科目で処理すること（例えば、雑費等）も多く見受けられます。税務調査はそれらの有無が調査の重点となります。

　したがって、税務調査の連絡を受けた場合には、経費勘定のうち交際費等以外の科目、特に、交際費等と隣接する売上割戻し、販売奨励金、販売手数料、会議費、広告宣伝費、（仲介、斡旋）手数料、福利厚生費等の中身を請求書、領収書等から支出内容を再度確認し、交際費等となるかもしれない懸念のあるものについては、交際費等とならない理由、資料等を準備しておくことが調査をスムーズに進めるために肝要となります。

③ また、接待飲食費（飲食費）に係る5,000円基準による交際費等からの除外及び50％相当額の損金算入は、得意先参加者の氏名を記載する等の所定の要件具備が必要です（措規21の18の4）。特に支出金額の大きいものについて、記載もれの確認や適用除外となる社内飲食代が含まれていないか等の再確認をし、誤りがある場合には是正することが必要と考えます（後述のＱ6、7を参照）。

16 交際費等と税務調査　*477*

Q3　税務調査での交際費等指摘に対する対応

　　税務調査を受けており、調査官から手数料、販売促進費等の中に
交際費等に該当するのではないかとの指摘がありました。どのよう
に対応したらよいですか。

A3

　税務上、交際費等は得意先等に対する接待、供応、贈答等のために支
出するものです。相手先の収益に計上されるものは原則、交際費等とな
りません。当社の担当者に支出時の経緯を聴取し、契約書等を確認して、
役務提供に対する正当な対価であると説明します。

解説

　税務上、交際費等とは得意先等に対する接待、供応、贈答等のために
支出するものをいいます。具体的には、①支出の相手先が「事業関係者
等」であり、②支出の目的が「事業関係者等との間の親睦の度を密にし
て取引関係の円滑な進行を図ること」のために行うもので、③支出の態
様が「接待、供応、金品の贈与等の行為」のために支出するとの三要件
に該当するものが交際費等となります（東京高裁平15.9.9）。会社にとっ
ては、金品を支出する相手先は事業の関係者がほとんどです（①に該
当）。したがって、会社が支出した金品費用が交際費等となるか否かは、
接待、供応、金品の贈与等の行為があったか否か（③に該当）、支出の
目的がもてなし、取引の円滑化を図るため等のためであったか否か（②
に該当）が重要な判断材料となります。このことから、逆に、その支払

いがいわゆる商取引として行われたものである場合、又は、役務の提供が実際にあった場合に、その対価として相当である場合には交際費等となりません。したがって、調査で交際費等に該当するとの指摘があった事項について、もう一度会社担当者等から支出時の経緯を聴取し、契約書等を確認して単なる謝礼（贈与）ではなく、契約に基づく役務提供の正当な対価の支払いであると調査官に説明してください。

Q4 手数料が交際費等に該当するとの指摘に対する対応

税務調査で、調査官から手数料の中に交際費等に該当するとの指摘がありました。契約書に基づく支払いで役務の提供もあると説明しましたが納得しないようです。どのように対応したらよいですか。

A4

事実関係が不明ですので一般論となりますが、そのような取引が一般的にあり得るのか、また、役務提供の具体的な内容が説明できるのか、相手先は役務提供をなし得る者かがポイントと考えます。

解説

前問Q3でご説明しましたが、税務上、交際費等とは得意先等に対する接待、供応、贈答等のために支出するものをいいます。具体的には、①支出の相手先が「事業関係者等」であり、②支出の目的が「事業関係者等との間の親睦の度を密にして取引関係の円滑な進行を図ること」のために行うもので、③支出の態様が「接待、供応、金品の贈与等の行

16 交際費等と税務調査　479

為」のために支出するものです（東京高裁平15.9.9）。ご質問の「手数料」の支払いが交際費等に該当するかです。

　手数料の支払いは契約書に基づく支払いで、役務の提供もあるのに何故に調査官が交際費等になるというのかです。まず、当該手数料支払いの基となった取引は「一般的にあり得る取引」かです。一般的にある取引なら、何故その支払先を選んだのかです。実績があるとか、信頼性があるとか、廉価であるとかの合理的な説明をしてください。一般的にない稀な取引とすると、その取引を行った理由、動機は何故かです。新規事業のためとか、リスク・損失防止のためとか、その支払先を選んだ理由も含めて合理的な説明をしてください。次に、役務提供の有無です。例えば、成功報酬の場合には「成功した」との結果があれば役務提供があったといえます。しかし、税務的には、その成功のために相手先が具体的に何をしたかの実績を求めております。したがって、相手先との交渉過程、相手先の行動実績等から実際に役務提供があったと立証してください。また、支払先が役務提供を行える能力、環境があるかも重要です。難しい問題ですが、役務提供があったか否かの決め手と考えます。状況証拠等を示して粘り強く説明する必要があります。なお、手数料等の支払いは、その当事者（契約書）名義に確実に支払うのが重要であり、例えば、他社名義、個人名義はもちろん、当事者名義であっても現金支払いは問題があります（次問Ｑ５を参照）。

　なお、税務当局は相手方（支払先）に事実確認の反面調査を行うことも認識してください。

480　第3編　質疑応答事例

Q5　販売手数料を個人口座に振り込んだ場合

　会社間契約に基づく販売手数料を支払いましたが、得意先の指示で振込口座は個人口座（得意先代表者）となりました。税務調査で個人に対する謝礼金であり交際費に該当すると指摘されました。交際費となりますか。

A5

　結果的に個人に支払った場合には、個人に対する謝礼金と認定されて交際費課税となる場合もあり得ます。

解説

　得意先に対する販売手数料、売上割戻し（リベート）等は、商取引として行われるもの、あらかじめの契約に基づいて支払われるものは交際費となりません。役務の提供があり、相手方では収益に計上されるからです（措通61の4⑴-3（注）、-8）。一方、得意先役員等の個人に対して取引の謝礼として支払うものは交際費となります（措通61の4⑴-15⑼）。

　販売手数料の契約者が法人であることを重視すると交際費となりませんが、得意先では収益計上漏れと役員個人に対する認定賞与が想定されます。

　一方、振込先が個人であることを重視すると謝礼金支払いとして支払側で交際費となる可能性が強いです。得意先の指示であり、断り切れない事情が在るとしても支払うのは当社であることから、税務当局は支払い結果から見て交際費と判断したものと思われます。

16 交際費等と税務調査 *481*

　同様の事例では、得意先との今後の取引の影響等に配慮して支払側
（当社）で（止むを得ず）交際費課税を受けている例もあるといわれてい
ます（支払側であっても弱い立場の場合もあります。）。特に、海外代理店
等に対するコミッション支払いにこのような事例が多くあります。個人
口座への支払いには、その後の税務処理も考えた上で慎重な判断が必要
と考えます。

Q 6　飲食費の5,000円基準・50％損金算入を失念した場合の更正請求

　当社は、営業社員による得意先との飲食接待が頻繁にあります。
そこで、飲食費の5,000円基準による交際費からの除外と接待飲食
費の50％損金算入を適用しています。今回、税務調査を受けるに際
し、事前見直しをしたところ5,000円基準及び50％損金算入の適用
を一部失念したものがあり交際費課税で申告しました。所得金額を
減額する更正請求が認められますか。

A 6

　5,000円基準及び50％損金算入の対象となる飲食費及び接待飲食費に
ついて、交際費として申告していた場合には更正の請求が認められます。

（解説）

　平成26年4月開始年度から導入された、接待飲食費の50％相当額の損
金算入は措置法61条の4第1項で「支出する交際費等の額のうち接待飲
食費の額の100分の50に相当する金額を超える部分の金額は、当該事業

年度の所得の金額の計算上、損金の額に算入しない。」と規定しており、接待飲食費の50％相当額は損金算入が認められます。したがって、法人が接待飲食費とすべき金額の一部又は全部について50％相当額の損金算入をしていなかった場合には、更正の請求の要件である「課税標準等若しくは税額等の計算が国税に関する法律の規定に従っていなかったこと又は当該計算に誤りがあったことに該当する。」として更正の請求が認められます（接待飲食費FAQ・Q9）。

　一方、飲食費の5,000円基準に関しての更正の請求については、「交際費等（飲食費）に関するQ＆A」でも、又、今回の50％損金算入のFAQにおいても明確な説明がありませんでした。

　しかし、この5,000円基準についても、飲食等の費用の対象範囲が接待飲食費と同じことから、申告に誤りがある場合には更正の請求が認められるとされました（週刊税務通信　平26.8.4　No.3322参照）。

　もちろん、5,000円基準及び50％損金算入の適用は、得意先等参加者全員の氏名を記載し、保存する等の適用要件のすべてを具備している場合に限ります（措規21の18の4）。

　なお、更正の請求は法定申告期限から原則5年間とされています（通則法23①一）。

Q7 税務調査で5,000円基準に誤り指摘があった場合に50％損金算入を適用するこの是否

　得意先等との飲食について、5,000円基準により交際費等から除外して申告しています。

　今回、税務調査で5,000円基準の適用要件である「参加人数」に

誤りがあり、一人当たり5,000円を超えてしまいました。しかし、接待飲食費の50％損金算入の適用要件には該当するため、飲食代の50％相当額は損金になると申し立てることはできますか。

A 7

　その飲食費が、接待飲食費の50％損金算入の適用要件を満たしている場合には、飲食費の50％相当額は損金が認められると考えます。

（解説）

　飲食費の5,000円基準とは、得意先等との接待飲食で、「参加者一人当たり5,000円以下」の飲食費で、かつ、次の事項の記載及びその書類を保存する要件を満たした場合には、その飲食費の額を支出交際費等から除くことができる制度です（措法61の4④、措規21の18の4。）。

① 飲食等の年月日
② 飲食等に参加した得意先の氏名等とその関係
③ 飲食等の参加者数
④ 飲食費の額及び飲食店の名称、所在地
⑤ その他飲食費であることを明らかにするために必要な事項

　一方、接待飲食費の50％損金算入とは、得意先等との接待飲食に係る飲食費で、かつ、上記のうち、③の参加人者数を除いた事項を帳簿書類に記載することを要件とし、これを満たしている場合には、その飲食費の額の50％相当額を損金とする制度です（措法61の4①④、措規21の18の4）。

　すなわち、5,000円基準と接待飲食費の50％損金算入は、飲食費が一人当たり5,000円以下を確認する「参加者数」の記載の有無が異なるのみで、本質的には接待飲食に変わりがありません（適用法令も同じ。）。したがって、5,000円基準と接待飲食費の50％損金算入について、同一

484 第3編 質疑応答事例

の様式の帳簿書類（社内で作成した独自の様式もこれに該当します。）に必
要事項を記載することも認められています。

このため、上記③の飲食等の参加者数の誤りにより飲食費の5,000円
基準を適用ができなくなった場合であっても、接待飲食費の50％損金算
入の要件を満たしているといえます。

税務調査で、参加者数の誤りが指摘されたとしても接待飲食費の50％
損金算入の要件を満たしている場合には、飲食費の50％相当額は損金が
認められると考えます。

なお、参加者人数の誤りが、接待等を行った当社の社員による故意の
水増しにより、一人当たり5,000円以下とした場合であっても、接待飲
食費の50％損金算入が認められるとされています（週刊税務通信　平
26.9.15　№3327参照）。

Q8 税務調査で把握された簿外交際費等

工場の税務調査で、鋼材スクラップ売却収入月約10万円（年間
120万円）の計上漏れが判明しました。工場長（取締役）もその事実
を認めましたが個人的流用はなくすべては得意先、工員との飲食等
簿外の交際費等に使用したと申立てましたが、それを証する領収書
は最近のものはありますが調査対象年度分は殆んどありません。ど
のように対応したらよいですか。

A8

最近の領収書を示し個人的使用がないこと、飲食等の交際費等に使用

していることを説明し理解してもらってください。交際費等となるほか、場合によっては使途不明金又は工場長の賞与となる場合もあります。

解説

　調査のポイントは、スクラップ収入の計上漏れは明らかですが、その除外資金の使途（処分）をどう認定するかです。工場長の申立てが事実とすると飲食等として使用した事実を、保存する領収書や使用メモ等によって立証し調査官に理解してもらう必要があります。この場合には交際費等課税となるでしょう。

　しかし、交際費等支出の立証ができないとすると使途不明金として課税される場合もあります。更には、収入除外の実行者である工場長への賞与（認定賞与）となり、工場長は取締役のため役員給与として損金となりません。いわゆる、収入除外と工場長の給与課税の二重課税となります。また、会社としては工場長に対する貸付金として返還を求める場合もあります。この場合であっても、収入除外、工場長への返還請求権（貸付金）として課税されることとなります。なお、余談ですがスクラップ等の産業廃棄物等はその処理が法的に厳しく管理されているため、売却実績等の記録は産廃業者等を通じて、税務当局に取引事実等が特に、法人番号（マイナンバー）が付されている場合には本社（本店所在地）に直ちに資料化され税務調査で指摘されるといわれています。したがって、正しく計上・処理することに心掛けてください。

486　　第3編　質疑応答事例

Q 9 「作成日付遡り」の契約書は重加算税に留意

　3月期決算の卸売会社です。毎年、小売店に売上高等に応じた売上割戻し（リベート）を支払っており今期も同様に支払いますので、期末に未払費用として計上しました。しかし、小売店との契約書作成を失念したため4月に入って3月日付の契約書を作成しました。税務調査で、後から契約書を作成したことを問題視され、根拠のない販促費は交際費になるとして重加算税対象と認定されました。なぜですか。

A 9

　経費が当期の損金となる要件は、契約等により当期に支払うべき原因、事実、根拠が確定している場合です。税務的には契約書上の日付よりも、実際に作成した日付を重要視することが多いです。作成日付の遡りには注意が必要です。

(解説)

　税務上、販売費等が損金となるには当期末までに、①債務が成立している、②給付原因となる事実が発生している、③金額が算定できることが要件です（法基通2-2-12）。売上割戻し、つまり売上高等の一定基準に応じての金銭支払いは一種の値引きのため交際費や寄附金となりません（措通61の4(1)-3）。したがって、得意先に一定基準に達した場合には割戻しを支払うとの事前の契約（通知）が必要と考えます。期間中の販売を(報奨金等を支払うことによって)特に促すためであるからです。

16 交際費等と税務調査　　*487*

文書やチラシ、口頭も契約と認められますが、口頭の場合には期末までに支払確定があったのかを巡って争いが多くなります。また、税務では、「実際に作成した日付」を重要視しています。その日付以後からが有効であり、その日付前は「債務が存在していない。」との考えが強いです。ご質問の場合は、当局は3月期末までには契約がないとして「債務の発生がない。」との考えから、単なる謝礼金の支払いとして交際費と認定したと思われます。

　3月末までに契約書等を失念した場合です。昨年同様リベートを支払っていることから、当社は「昨年同様に支払う。」小売店は「昨年同様にもらえる。」との認識が3月末までにあれば、契約書の日付は4月であっても、「3月末には合意・連絡済み」で確定債務として認められるのではないかと考えます（文書契約書は事実の補完等の意味合い。）。しかし、日付を遡っての契約は、経費の架空計上の疑いが強くなることから留意が必要です。なお、情報提供料等は事前の支払契約が損金の要件と明示されています（措通61の4(1)-8）。

Q10　社内メールの確認調査

　税務調査で、支払手数料には交際費の懸念があるため当社の担当者と支払先とが交信しているメールがあるので、それを見たいといわれました。どのように対応したらよいですか。

A10

調査の過程で、その手数料について支払先等とのメール交信の存在が

488　第3編　質疑応答事例

明らかになった場合には、税務処理判断の必要上からその交信メールの開示は受けざるを得ないのではないかと考えます。

解説

　税務調査に協力するのは当然となります。IT化が進んだ現在ではメール交信は一般的です。手数料の調査の過程で支払先等との交信メールの存在が明らかになり、その内容等確認のために交信メールの開示を要求された場合には受けざるを得ないのではないかと考えます。手数料取引の証拠資料等の一部と考えられるからです。

　社内メール等を含めた情報データは極めて機密性が高く、データの喪失や情報漏れが無いように厳重なセキュリティ管理を各社は行っていると思います。しかし、会社にあるパソコンは会社の資産であり、業務用に使用していることから社員個人に属する部分はない（あったとしてもそれは見ない）との要求に対して、セキュリティ管理を理由にまったくの開示拒否は難しいものと考えます。しかも、手数料の調査の過程で支払先等との交信メールの存在が明らかになったことからなお更のことと考えます。

　ところで、税務調査において、個別の取引等と結びつくことがなく網羅的に全社メールの全開示の要求があった場合に受けなければならないかがあります。メールは今や電話を超えて日常的な交信手段となっております。会社が作成又は受信したとしても、あくまでも会話としてのやりとりやメモ等であり取引等に関連しない事項も多く含まれております。また、青色申告等で備え付けや提出義務が定められている取引等に関する帳簿書類等には、現段階においても直接的には該当していないのではないかとの意見も多くあります（法法126、法規54〜59）。ただし、ある取引等に関する証拠書類や参考資料のなかにメールの存在が明らかにな

っている場合において、そのメールの開示を求められたときには、取引の証拠資料等の一部としてその部分の開示の必要はあると考えます。メール等を含めた情報データの管理は極めて機密性が高く、メール内容によってはメール発受信者の相手方に対して税務当局を含めて第三者に開示することについての事前の承諾を受ける必要もあるかもしれません。相手方との信頼関係にも配慮が必要であり取扱いには慎重さが必要なことを説明し、網羅的なメール開示を求められるに至る前において、各種資料の提出や質問等に適切に対応して、調査のスムースな展開に協力することが涵養となります。もちろん、会社がすべての開示に納得した場合にそれも認められます。

　なお、平成29年度改正で、いわゆる脱税事件調査では、電磁的記録（メールを含む。）の強制差押えができることになりました（通則法132②、平成30年4月1日施行）。

　また、電子帳簿保存法における「電子取引」（同法2六）には①いわゆるEDI取引、②電子メールにより取引情報を授受する取引（添付ファイルによる場合を含む。）、③インターネット上にサイトを設け、当該サイトを通じて取引情報を授受する取引が含まれる（電子帳簿保存法取扱通達2-3（電子取引の範囲））とし、同法10条で保存義務を課しているがこれは「電子取引を行った場合の電子取引情報」とされています。

Q11　会計記録データの借用（預かり）を求められた場合

　税務調査で、雑費等に交際費支出が多数見受けられると指摘され、経費科目データをUSBメモリに複写して税務署に持ち帰り検討し

490   第3編　質疑応答事例

たい、調査日数の短縮のために必要といわれました。当社にとって
は機密性の高いデータです。どのように対応したらよいですか。

A11

　会社内で経費科目のデータを常に閲覧、検索、出力ができるようにし
て、調査に協力することによりデータの持ち出しまでには至らないよう
にすべきと考えます。

解説

　国税通則法では、税務調査の手続等を法定化、明確化して税務当局に
は調査の事前通知や調査結果の説明、処分理由の附記等を義務付けまし
た。一方、納税者にも正当な理由がないのに帳簿書類等の不提示・不提
出、虚偽書類の提出等には罰則が科される（通則法127三）等調査に一層
の協力が求められています。

　その中で、税務調査で必要があるときは国税当局が帳簿書類等を「預
かる（物件の留置といいます。）」ことができます（通則法74の7、通則令
30の3①）。もちろん納税者の承諾を得た上でのことです。「必要がある
とき」とは、次のような場合です。

　①　納税者事務所で調査を行うスペースがなく調査を効率的に行うこ
　　　とができない場合
　②　帳簿書類等の写しが必要なときにコピー機がない場合
　③　調査書類の量が多く、調査先担当者に説明を受けなくても税務署
　　　等で一定の検査が可能であり、調査先の負担や迅速な調査から書類
　　　等の預かりが合理的と認められる場合

　帳簿書類等の物件が「電磁的記録（パソコンデータ）」の場合でも、
「調査担当者が持参した電磁記録媒体への記録の保存（コピー）をお願

いする場合もあります。」とし、「提出いただいた電磁記録については、調査終了後、確実に廃棄（消去）することとしています。」としています（国税庁「税務調査手続きに関するFAQ（一般納税者向け）」問5参照）。

　ご質問の場合です。帳簿書類等が電磁的記録（パソコンデータ）の場合には、税務調査で税務当局がそのデータの借用を申し出ることはあり、調査官の要請にはできるだけ協力することになります。しかし、会社側ではデータの機密・漏洩もれの保持、改ざんやウイルス感染等の防止から外部への持出し禁止が一般的と思われます。したがって、会社のデータ管理の実情を説明し、調査に必要なデータ等はすべて迅速に開示・必要書類の紙コピー等することにより、データの持出しを行うことなく社内で調査が行えるように協力することを考えます。なお、データの借用を断ったとしても社内でデータをすべて開示しているため調査に非協力といわれることはありません。

Q12　プリペイド・クレジットカード等と交際費の二重計上

　役員には交通費、宿泊代、飲食代等の業務上の費用についてクレジットカードによる支払いを、また、営業等の外交社員には交通費、打合せコーヒー代が頻繁にあることからプリペイドカードによる支払も認めています。このたびの税務調査で、同一の飲食接待についてカード支払いと領収書支払の二重計上があると指摘されました。カード利用による税務上の問題点・留意すべき点にはどのようなものがありますか。

492　第3編　質疑応答事例

A12

　接待飲食費の二重計上のため、一の経費が否認され、かつ、交際費等の損金不算入額を二重加算の場合は、加算過大として所得減額されます。二重支出金額の使途により、使途不明金（又は使途秘匿金の重課税）又は役員等に対する給与あるいは横領金の未収入金となる場合があります。消費税は仕入税額が二重控除のため追徴課税されます。

解説

　プリペイドカードやクレジットカードは日常的な代金決済手段としてキャッシュレス時代となりました。プリペイドカードは、事前に一定金額を支払って購入し、その残高がゼロになるまで商品購入代金等の支払いとして利用でき、交通系等に幅広く利用されています。クレジットカードは、商品等購入代金等の決済（支払い）を後で支払うもので、カード会社からの請求により銀行等から引き落とされる後払いのカードです。クレジットカードには法人を対象とする「法人カード（コーポレートカード）」（個人対象は「ビジネスカード」）もあり、役員の接待費や出張費等の経費決済として利用されています。銀行が発行するデビットカードは購入代金が直ぐに預金口座から引き落とされる「即時払い」のカードです。

　プリペイドカードもクレジットカード等も飲食代の決済にも利用でき、利用時には「レシート」等により利用実績が明示されます。一方、利用者からの要請があるとレシートとは別に、「領収書」の交付も受けることができ、この領収書にはカード利用が印字されない場合もあるといわれています。ご質問のように役員や社員がこの盲点を利用して接待費の二重請求をしていたものと思われます。

　税務上の処理です。交際費等が二重計上されているため、一の経費は

架空経費として所得加算となります。一方、交際費等の損金不算入額が二重に加算されている場合には加算過大分は所得から減算されます。問題は、二重計上した資金の使途により処理が異なります。個人が搾取（横領）した場合には個人に対する給与となり、役員の場合には臨時給与（賞与）として損金不算入となります（法法34①）。本人から回収する場合は未収入金となります。一方、その使途を会社のために費消したと会社側が認めると、使途が明らかでないため使途不明金（法基通9-7-20）となり、場合によっては使途秘匿金として支出額の40％の税額追徴となります（措法62）。

　その他、カード利用で税務上問題となったものには、退職した役員のコーポレートカードを社員がそのまま継続利用し横領した事件や得意先から過大に振り込まれた「（架空）業務委託料」の金額を返金する際に、得意先氏名のカードを作成し、それを本人に渡してカード利用で返金していた事例があります。なお、カード返金額を経費とした場合には、脱税加担金として損金算入が否認される場合もあります（法55①）。更に、消費税の仕入税額控除は、課税仕入れを行ったことについて帳簿記載及び請求書等の保存が要件です（消法30⑦）。カード利用の場合は、その飲食店等が発行する「レシート」「領収書」等がこれに該当します。カード会社等から送られてくる明細書は事業者（例えば、飲食店等）が作成・交付した書類ではないため、消費税法上の請求書等（消法30⑨一）には該当しませんので、留意が必要です。

　いずれにしても、カードの利用は、交通費、接待費等の予算管理が容易になり、経理処理も簡素化される等の利便性があります。その一方で、経費の二重計上も容易に行うことができるため、その使用状況の把握や管理・チェックにより一層の注意が必要となります。

第 4 編

参 考 資 料

1 交際費等に関する法令・通達

1 租税特別措置法（交際費等）

（交際費等の損金不算入）

第61条の4 法人が平成26年4月1日から平成32年3月31日までの間に開始する各事業年度において支出する交際費等の額のうち接待飲食費の額の100分の50に相当する金額を超える部分の金額は、当該事業年度の所得の金額の計算上、損金の額に算入しない。

2 前項の場合において、法人のうち当該事業年度終了の日における資本金の額又は出資金の額（資本又は出資を有しない法人その他政令で定める法人にあつては、政令で定める金額）が1億円以下であるもの（法人税法第2条第9号に規定する普通法人のうち当該事業年度終了の日において同法第66条第6項第2号又は第3号に掲げる法人に該当するものを除く。）については、次の各号に掲げる場合の区分に応じ当該各号に定める金額をもつて、前項に規定する超える部分の金額とすることができる。

　一　前項の交際費等の額が800万円に当該事業年度の月数を乗じてこれを12で除して計算した金額（次号において「定額控除限度額」という。）以下である場合　零

　二　前項の交際費等の額が定額控除限度額を超える場合　その超える部分の金額

3 前項の月数は、暦に従つて計算し、1月に満たない端数を生じたときは、これを1月とする。

4 第1項に規定する交際費等とは、交際費、接待費、機密費その他の費用で、法人が、その得意先、仕入先その他事業に関係のある者等に対する接待、供応、慰安、贈答その他これらに類する行為（以下この項において「接待等」）のために支出するもの（次に掲げる費用のいずれかに該当するものを除く。）をいい、第1項に規定する接待飲食費とは、同項の交際費等のうち飲食その他これに類する行為のために要する費用（専ら当該法人の法人税法第2条第15号に規定する役員若しくは従業員又はこれらの親族に対する接待等のために支出するものを除く。第2号において「飲食費」という。）であつて、その旨につき財務省令で定めるところにより明らかにされているものをいう。

　一　専ら従業員の慰安のために行われる運動会、演芸会、旅行等のために通常要する費用

498　　第4編　参考資料

　二　飲食費であって、その支出する金額を基礎として政令で定めるところにより計算した金額が政令で定める金額以下の費用
　三　前2号に掲げる費用のほか政令で定める費用
5　第2項の規定は、確定申告書等、修正申告書又は更正請求書に同項第1号に規定する定額控除限度額の計算に関する明細書の添付がある場合に限り、適用する。
6　第4項第2号の規定は、財務省令で定める書類を保存している場合に限り、適用する。

2　租税特別措置法施行令

（資本金の額又は出資金の額に準ずるものの範囲等）
第37条の4　法第61条の4第1項に規定する政令で定める法人は、法人税法第2条第6号に規定する公益法人等（以下この条において「公益法人等」という。）、人格のない社団等及び外国法人とし、同項に規定する政令で定める金額は、次の各号に掲げる法人の区分に応じ、当該各号に定める金額とする。
　一　資本又は出資を有しない法人（第3号から第5号までに掲げるものを除く。）
　　　当該事業年度終了の日における貸借対照表（確定した決算に基づくものに限る。以下この条において同じ。）に計上されている総資産の帳簿価額から当該貸借対照表に計上されている総負債の帳簿価額を控除した金額（当該貸借対照表に、当該事業年度に係る利益の額が計上されているときは、その額を控除した金額とし、当該事業年度に係る欠損金の額が計上されているときは、その額を加算した金額とする。）の100分の60に相当する金額
　二　公益法人等又は人格のない社団等（次号から第5号までに掲げるものを除く。）
　　　当該事業年度終了の日における資本金の額又は出資金の額に同日における総資産の価額のうちに占めるその行う法人税法第2条第13号に規定する収益事業（以下この条において「収益事業」という。）に係る資産の価額の割合を乗じて計算した金額
　三　資本又は出資を有しない公益法人等又は人格のない社団等（第5号に掲げるものを除く。）　当該事業年度終了の日における貸借対照表につき第1号の規定に準じて計算した金額に同日における総資産の価額のうちに占めるその行う収益事業に係る資産の価額の割合を乗じて計算した金額
　四～五　（省略）

（交際費等の範囲）
第37条の5　法第61条の4第4項第2号に規定する政令で定めるところにより計算した金額は、同項に規定する飲食費として支出する金額を当該飲食費に係る飲食その他これに類する行為に参加した者の数で除して計算した金額とし、同号に規定する政令で定める金額は、5000円とする。

2　法第61条の４第４項第３号に規定する政令で定める費用は、次に掲げる費用とする。
　一　カレンダー、手帳、扇子、うちわ、手拭いその他これらに類する物品を贈与するために通常要する費用
　二　会議に関連して、茶菓、弁当その他これらに類する飲食物を供与するために通常要する費用
　三　新聞、雑誌等の出版物又は放送番組を編集するために行われる座談会その他記事の収集のために、又は放送のための取材に通常要する費用

3　租税特別措置法施行規則

（交際費等の損金不算入）

第21条の18の４　法第61条の４第４項に規定する財務省令で定めるところにより明らかにされているものは、同項に規定する飲食費（以下この条において「飲食費」という。）であることにつき法人税法施行規則第59条（同令第62条において準用する場合を含む。）又は第67条の規定により保存される同令第59条第１項（同令第62条において準用する場合を含む。）に規定する帳簿書類又は同令第67条第２項（同条第４項の規定により読み替えて適用する場合を含む。）に規定する帳簿及び書類に次に掲げる事項（第３号に掲げる事項を除く。）が記載されているものとし、法第61条の４第６項に規定する財務省令で定める書類は、同条第４項第２号に掲げる費用に係る飲食費につき次に掲げる事項を記載した書類とする。
　一　当該飲食費に係る飲食等（飲食その他これに類する行為をいう。以下この条において同じ。）のあった年月日
　二　当該飲食費に係る飲食等に参加した得意先、仕入先その他事業に関係のある者等の氏名又は名称及びその関係
　三　当該飲食費に係る飲食等に参加した者の数
　四　当該飲食費の額並びにその飲食店、料理店等の名称（店舗を有しないことその他の理由により当該名称が明らかでないときは、領収書等に記載された支払先の氏名又は名称）及びその所在地（店舗を有しないことその他の理由により当該所在地が明らかでないときは、領収書等に記載された支払先の住所若しくは居所又は本店若しくは主たる事務所の所在地）
　五　その他飲食費であることを明らかにするために必要な事項

4　租税特別措置法関係等（連結法人の交際費等）

⑴　租税特別措置法
（交際費等の損金不算入）

500　　第4編　参考資料

第68条の66　連結法人の各連結事業年度（法人税法第15条の2第1項に規定する連結親法人事業年度が平成26年4月1日から平成32年3月31日までの間に開始するものに限る。）において、その連結親法人及び当該連結親法人による連結完全支配関係にある各連結子法人が当該各連結事業年度において支出する交際費等の額の合計額のうち接待飲食費の額の合計額の100分の50に相当する金額を超える部分の金額は、当該連結事業年度の連結所得の金額の計算上、損金の額に算入しない。

2　前項の場合において、同項の連結親法人事業年度終了の日における同項の連結親法人（法人税法第2条第9号に規定する普通法人である連結親法人のうち当該連結親法人事業年度終了の日において同法第66条第6項第2号又は第3号に掲げる法人に該当するものを除く。）の資本金の額又は出資金の額（資本又は出資を有しない連結親法人その他政令で定める連結親法人にあっては、政令で定める金額）が1億円以下である場合には、次の各号に掲げる場合の区分に応じ当該各号に定める金額をもつて、前項に規定する超える部分の金額とすることができる。

　一　前項の交際費等の額の合計額が800万円に当該連結親法人の当該連結親法人事業年度の月数を乗じてこれを12で除して計算した金額（次号において「定額控除限度額」という。）以下である場合　零

　二　前項の交際費等の額の合計額が定額控除限度額を超える場合　その超える部分の金額

3　前項の月数は、暦に従って計算し、1月に満たない端数を生じたときは、これを1月とする。

4　第1項に規定する交際費等とは、交際費、接待費、機密費その他の費用で、連結親法人又はその連結子法人が、その得意先、仕入先その他事業に関係のある者等に対する接待、供応、慰安、贈答その他これらに類する行為（以下この項において「接待等」という。）のために支出するもの（次に掲げる費用のいずれかに該当するものを除く。）をいい、第1項に規定する接待飲食費とは、同項の交際費等のうち飲食その他これに類する行為のために要する費用（専ら当該連結親法人又はその連結子法人の法人税法第2条第15号に規定する役員若しくは従業員又はこれらの親族に対する接待等のために支出するものを除く。第2号において「飲食費」という。）であつて、その旨につき財務省令で定めるところにより明らかにされているものをいう。

　一　専ら従業員の慰安のために行われる運動会、演芸会、旅行等のために通常要する費用

　二　飲食費であって、その支出する金額を基礎として政令で定めるところにより計算した金額が政令で定める金額以下の費用

　三　前2号に掲げる費用のほか政令で定める費用

5　第2項の規定は、連結確定申告書等、修正申告書又は更正請求書に同項第1号に規定する定額控除限度額の計算に関する明細書の添付がある場合に限り、適用する。

6 　第４項第２号の規定は、財務省令で定める書類を保存している場合に限り、適用する。

7 　連結親法人若しくはその連結子法人が各連結事業年度において支出する第１項に規定する交際費等の額のうち同項に規定する接待飲食費の額がある場合又は連結親法人及びその連結子法人が各連結事業年度において支出する同項に規定する交際費等の額の合計額のうち同項及び第２項の規定により損金の額に算入しないこととされた金額以外の金額がある場合における法人税法第81条の18第１項に規定する個別所得金額又は個別欠損金額の計算その他第１項又は第２項の規定の適用に関し必要な事項は、政令で定める。

(2)　租税特別措置法施行令

（資本金の額又は出資金の額に準ずるものの範囲等）

第39条の93 　法第68条の66第２項に規定する政令で定める金額は、同項の連結親法人の連結親法人事業年度（同条第１項に規定する連結親法人事業年度をいう。）終了の日における貸借対照表（当該連結親法人の確定した決算に基づくものに限る。）に計上されている総資産の帳簿価額から当該貸借対照表に計上されている総負債の帳簿価額を控除した金額（当該貸借対照表に、当該連結親法人事業年度に係る利益の額が計上されているときは、その額を控除した金額とし、当該連結親法人事業年度に係る欠損金の額が計上されているときは、その額を加算した金額とする。）の100分の60に相当する金額とする。

（交際費等の範囲）

第39条の94 　法第68条の66第４項第２号に規定する政令で定めるところにより計算した金額は、同項に規定する飲食費として支出する金額を当該飲食費に係る飲食その他これに類する行為に参加した者の数で除して計算した金額とし、同号に規定する政令で定める金額は、5000円とする。

2 　法第68条の66第４項第３号に規定する政令で定める費用は、第37条の５第２項各号に掲げる費用とする。

（個別所得金額又は個別欠損金額の計算）

第39条の95 　法第68条の66第１項の規定の適用がある場合（同条第２項の規定の適用がある場合を除く。）において、同条第１項に規定する連結親法人又はその連結子法人の法人税法第81条の18第１項に規定する個別所得金額又は個別欠損金額を計算するときは、当該連結親法人又はその連結子法人が当該連結事業年度において支出する交際費等（法第68条の66第１項に規定する交際費等をいう。次項において同じ。）の額のうち法第68条の66第１項に規定する接待飲食費の額の100分の50に相当する金額を超える部分の金額は、法人税法第81条の18第１項に規定する個別帰属損金額に含まれないものとする。

2 　法第68条の66第１項及び第２項の規定の適用がある場合において、同項に規定する連結親法人又はその連結子法人の法人税法第81条の18第１項に規定する個別所得

502 第4編 参考資料

金額又は個別欠損金額を計算するときは、法第68条の66第2項各号に掲げる場合の区分に応じ当該各号に定める金額に第1号に掲げる金額が第2号に掲げる金額のうちに占める割合を乗じて計算した金額は、法人税法第81条の18第1項に規定する個別帰属損金額に含まれないものとする。

一　当該連結親法人又はその連結子法人が当該連結事業年度において支出する交際費等の額

二　当該連結親法人及びその各連結子法人が当該連結事業年度において支出する交際費等の額の合計額

(3)　租税特別措置法施行規則

(交際費等の損金不算入)

第22条の61の4　法第68条の66第4項に規定する財務省令で定めるところにより明らかにされているものは、同項に規定する飲食費（以下この条において「飲食費」という。）であることにつき法人税法施行規則第8条の3の10の規定により保存される同条第1項に規定する帳簿書類に第21条の18の4各号に掲げる事項（同条第3号に掲げる事項を除く。）が記載されているものとし、法第68条の66第6項に規定する財務省令で定める書類は、同条第4項第2号に掲げる費用に係る飲食費につき第21条の18の4各号に掲げる事項を記載した書類とする。

(4)　租税特別措置法関係通達（連結納税編）

第8章　連結法人の交際費等の課税の特例

第1款　交際費等の範囲　(68の66(1)-1～68の66(1)-27)
　租税特別措置法関係通達61の4(1)-1～61の4(1)-24と同趣旨のため、省略
第2款　損金不算入額の計算　(68の66(2)-1～68の66(2)-6)
　租税特別措置法関係通達61の4(2)-1～61の4(2)-7と同趣旨のため、省略

5　租税特別措置法（使途秘匿金）

(使途秘匿金の支出がある場合の課税の特例)

第62条　法人（法人税法第2条第5号に規定する公共法人を除く。以下この項において同じ。）は、その使途秘匿金の支出について法人税を納める義務があるものとし、法人が平成6年4月1日以後に使途秘匿金の支出をした場合には、当該法人に対して課する各事業年度の所得に対する法人税の額は、同法第66条第1項から第3項まで並びに第143条第1項及び第2項の規定、第42条の6第5項、第42条の9第4項、第42条の12の3第5項、第42条の12の4第5項、第62条の3第1項及び第9項、第63条第1項、第67条の2第1項並びに第68条第1項の規定、その他法人税に関する法令の規定にかかわらず、これらの規定により計算した法人税の額に、当該使途秘匿金の支出の額に100分の40の割合を乗じて計算した金額を加算した金額とする。

2　前項に規定する使途秘匿金の支出とは、法人がした金銭の支出（贈与、供与その

他これらに類する目的のためにする金銭以外の資産の引渡しを含む。以下この条において同じ。）のうち、相当の理由がなく、その相手方の氏名又は名称及び住所又は所在地並びにその事由（以下この条において「相手方の氏名等」という。）を当該法人の帳簿書類に記載していないもの（資産の譲受けその他の取引の対価の支払としてされたもの（当該支出に係る金銭又は金銭以外の資産が当該取引の対価として相当であると認められるものに限る。）であることが明らかなものを除く。）をいう。

3　税務署長は、法人がした金銭の支出のうちにその相手方の氏名等を当該法人の帳簿書類に記載していないものがある場合においても、その記載をしていないことが相手方の氏名等を秘匿するためでないと認めるときは、その金銭の支出を第１項に規定する使途秘匿金の支出に含めないことができる。

4　第１項の規定は、次の各号に掲げる法人の当該各号に定める事業以外の事業に係る金銭の支出については、適用しない。

一　公益法人等（法人税法第２条第６号に規定する公益法人等をいう。）又は人格のない社団等（国内に本店又は主たる事務所を有するものに限る。）　収益事業（同条第13号に規定する収益事業をいう。以下この項において同じ。）

二　外国法人（人格のない社団等を除く。）　国内において行う事業（当該外国法人が法人税法第141条各号に掲げる外国法人のいずれに該当するかに応じ、当該各号に定める国内源泉所得に係る事業に限る。）

三　外国法人（前号に掲げるものを除く。）　国内において行う収益事業（当該外国法人が法人税法第141条各号に掲げる外国法人のいずれに該当するかに応じ、当該各号に定める国内源泉所得に係る収益事業に限る。）

5　法人が金銭の支出の相手方の氏名等をその帳簿書類に記載しているかどうかの判定の時期その他第１項の規定の適用に関し必要な事項は、政令で定める。

6　（省略）

7　（省略）

8　前二項に定めるもののほか、第１項の規定の適用がある場合における法人税の申告又は還付に関する法人税法その他法人税に関する法令の規定及び地方法人税の申告又は還付に関する地方法人税法その他地方法人税に関する法令の規定の適用に関し必要な事項は、政令で定める。

9　第１項の規定は、法人がした金銭の支出について同項の規定の適用がある場合において、その相手方の氏名等に関して法人税法第153条（同法第155条において準用する場合を含む。）の規定による質問又は検査をすることを妨げるものではない。

6　法人税法

第22条　内国法人の各事業年度の所得の金額は、当該事業年度の益金の額から当該事

504 第4編 参考資料

業年度の損金の額を控除した金額とする。

2 内国法人の各事業年度の所得の金額の計算上当該事業年度の益金の額に算入すべき金額は、別段の定めがあるものを除き、資産の販売、有償又は無償による資産の譲渡又は役務の提供、無償による資産の譲受けその他の取引で資本等取引以外のものに係る当該事業年度の収益の額とする。

3 内国法人の各事業年度の所得の金額の計算上当該事業年度の損金の額に算入すべき金額は、別段の定めがあるものを除き、次に掲げる額とする。

一 当該事業年度の収益に係る売上原価、完成工事原価その他これらに準ずる原価の額

二 前号に掲げるもののほか、当該事業年度の販売費、一般管理費その他の費用（償却費以外の費用で当該事業年度終了の日までに債務の確定しないものを除く。）の額

三 当該事業年度の損失の額で資本等取引以外の取引に係るもの

4 第2項に規定する当該事業年度の収益の額及び前項各号に掲げる額は、別段の定めがあるものを除き、一般に公正妥当と認められる会計処理の基準に従って計算されるものとする。

5 第2項又は第3項に規定する資本等取引とは、法人の資本金等の額の増加又は減少を生ずる取引並びに法人が行う利益又は剰余金の分配（資産の流動化に関する法律第115条第1項（中間配当）に規定する金銭の分配を含む。）及び残余財産の分配又は引渡しをいう。

第22条の2 内国法人の資産の販売若しくは譲渡又は役務の提供（以下この条において「資産の販売等」という。）に係る収益の額は、別段の定め（前条第4項を除く。）があるものを除き、その資産の販売等に係る目的物の引渡し又は役務の提供の日の属する事業年度の所得の金額の計算上、益金の額に算入する。

2 内国法人が、資産の販売等に係る収益の額につき一般に公正妥当と認められる会計処理の基準に従つて当該資産の販売等に係る契約の効力が生ずる日その他の前項に規定する日に近接する日の属する事業年度の確定した決算において収益として経理した場合には、同項の規定にかかわらず、当該資産の販売等に係る収益の額は、別段の定め（前条第4項を除く。）があるものを除き、当該事業年度の所得の金額の計算上、益金の額に算入する。

3 内国法人が資産の販売等を行つた場合（当該資産の販売等に係る収益の額につき一般に公正妥当と認められる会計処理の基準に従つて第1項に規定する日又は前項に規定する近接する日の属する事業年度の確定した決算において収益として経理した場合を除く。）において、当該資産の販売等に係る同項に規定する近接する日の属する事業年度の確定申告書に当該資産の販売等に係る収益の額の益金算入に関する申告の記載があるときは、その額につき当該事業年度の確定した決算において収益として経理したものとみなして、同項の規定を適用する。

4　内国法人の各事業年度の資産の販売等に係る収益の額として第1項又は第2項の
　規定により当該事業年度の所得の金額の計算上益金の額に算入する金額は、別段の
　定め（前条第4項を除く。）があるものを除き、その販売若しくは譲渡をした資産
　の引渡しの時における価額又はその提供をした役務につき通常得べき対価の額に相
　当する金額とする。
5　前項の引渡しの時における価額又は通常得べき対価の額は、同項の資産の販売等
　につき次に掲げる事実が生ずる可能性がある場合においても、その可能性がないも
　のとした場合における価額とする。
　一　当該資産の販売等の対価の額に係る金銭債権の貸倒れ
　二　当該資産の販売等（資産の販売又は譲渡に限る。）に係る資産の買戻し
6　前各項及び前条第2項の場合には、無償による資産の譲渡に係る収益の額は、金
　銭以外の資産による利益又は剰余金の分配及び残余財産の分配又は引渡しその他こ
　れらに類する行為としての資産の譲渡に係る収益の額を含むものとする。
7　前二項に定めるもののほか、資産の販売等に係る収益の額につき修正の経理をし
　た場合の処理その他第1項から第4項までの規定の適用に関し必要な事項は、政令
　で定める。

（寄附金の損金不算入）

第37条

1〜6　（省略）

7　前各項に規定する寄附金の額は、寄附金、拠出金、見舞金その他いずれの名義を
　もってするかを問わず、内国法人が金銭その他の資産又は経済的な利益の贈与又は
　無償の供与（広告宣伝及び見本品の費用その他これらに類する費用並びに交際費、
　接待費及び福利厚生費とされるべきものを除く。次項において同じ。）をした場合
　における当該金銭の額若しくは金銭以外の資産のその贈与の時における価額又は当
　該経済的な利益のその供与の時における価額によるものとする。

8　内国法人が資産の譲渡又は経済的な利益の供与をした場合において、その譲渡又
　は供与の対価の額が当該資産のその譲渡の時における価額又は当該経済的な利益の
　その供与の時における価額に比して低いときは、当該対価の額と当該価額との差額
　のうち実質的に贈与又は無償の供与をしたと認められる金額は、前項の寄附金の額
　に含まれるものとする。

9〜12（省略）

（各事業年度の所得に対する法人税の税率）

第66条

1　（省略）

2　前項の場合において、普通法人のうち各事業年度終了の時において資本金の額若
　しくは出資金の額が1億円以下であるもの若しくは資本若しくは出資を有しないも
　の、一般社団法人等又は人格のない社団等の各事業年度の所得の金額のうち年800

506　　第4編　参考資料

万円以下の金額については、同項の規定にかかわらず、100分の19の税率による。

3～5　（省略）

6　内国法人である普通法人のうち各事業年度終了の時において次に掲げる法人に該当するものについては、第2項の規定は、適用しない。

　一　保険業法に規定する相互会社（次号ロにおいて「相互会社」という。）

　二　大法人（次に掲げる法人をいう。以下この号及び次号において同じ。）との間に当該大法人による完全支配関係がある普通法人

　　イ　資本金の額又は出資金の額が5億円以上である法人

　　ロ　相互会社（これに準ずるものとして政令で定めるものを含む。）

　　ハ　第4条の7（受託法人等に関するこの法律の適用）に規定する受託法人（第4号において「受託法人」という。）

　三　普通法人との間に完全支配関係がある全ての大法人が有する株式及び出資の全部を当該全ての大法人のうちいずれか一の法人が有するものとみなした場合において当該いずれか一の法人と当該普通法人との間に当該いずれか一の法人による完全支配関係があることとなるときの当該普通法人（前号に掲げる法人を除く。）

7　法人税基本通達

（ゴルフクラブの入会金）

9－7－11　法人がゴルフクラブに対して支出した入会金については、次に掲げる場合に応じ、次による。

　(1)　法人会員として入会する場合　入会金は資産として計上するものとする。ただし、記名式の法人会員で名義人たる特定の役員又は使用人が専ら法人の業務に関係なく利用するためこれらの者が負担すべきものであると認められるときは、当該入会金に相当する金額は、これらの者に対する給与とする。

　(2)　個人会員として入会する場合　入会金は個人会員たる特定の役員又は使用人に対する給与とする。ただし、無記名式の法人会員制度がないため個人会員として入会し、その入会金を法人が資産に計上した場合において、その入会が法人の業務の遂行上必要であるため法人の負担すべきものであると認められるときは、その経理を認める。

　　(注)　この入会金は、ゴルフクラブに入会するために支出する費用であるから、他人の有する会員権を購入した場合には、その購入代価のほか他人の名義を変更するためにゴルフクラブに支出する費用も含まれる。

（年会費その他の費用）

9－7－13　法人がゴルフクラブに支出する年会費、年決めロッカー料その他の費用（その名義人を変更するために支出する名義書換料を含み、プレーする場合に直接要する費用を除く。）については、その入会金が資産として計上されている場合に

は交際費とし、その入会金が給与とされている場合には会員たる特定の役員又は使用人に対する給与とする。

(注) プレーする場合に直接要する費用については、入会金を資産に計上しているかどうかにかかわらず、その費用が法人の業務の遂行上必要なものであると認められる場合には交際費とし、その他の場合には当該役員又は使用人に対する給与とする。

(レジャークラブの入会金)

9－7－13の2 9－7－11及び9－7－12の取扱いは、法人がレジャークラブ（宿泊施設、体育施設、遊技施設その他のレジャー施設を会員に利用させることを目的とするクラブでゴルフクラブ以外のものをいう。以下9－7－14において同じ。）に対して支出した入会金について準用する。ただし、その会員としての有効期間が定められており、かつ、その脱退に際して入会金相当額の返還を受けることができないものとされているレジャークラブに対して支出する入会金（役員又は使用人に対する給与とされるものを除く。）については、繰延資産として償却することができるものとする。

(注) 年会費その他の費用は、その使途に応じて交際費等又は福利厚生費若しくは給与となることに留意する。

(社交団体の入会金)

9－7－14 法人が社交団体（ゴルフクラブ及びレジャークラブを除く。以下9－7－15において同じ。）に対して支出する入会金については、次に掲げる場合に応じ、次による。

(1) 法人会員として入会する場合 入会金は支出の日の属する事業年度の交際費とする。

(2) 個人会員として入会する場合 入会金は個人会員たる特定の役員又は使用人に対する給与とする。ただし、法人会員制度がないため個人会員として入会した場合において、その入会が法人の業務の遂行上必要であると認められるときは、その入会金は支出の日の属する事業年度の交際費とする。

(社交団体の会費等)

9－7－15 法人がその入会している社交団体に対して支出した会費その他の費用については、次の区分に応じ、次による。

(1) 経常会費については、その入会金が交際費に該当する場合には交際費とし、その入会金が給与に該当する場合には会員たる特定の役員又は使用人に対する給与とする。

(2) 経常会費以外の費用については、その費用が法人の業務の遂行上必要なものであると認められる場合には交際費とし、会員たる特定の役員又は使用人の負担すべきものであると認められる場合には当該役員又は使用人に対する給与とする。

(ロータリークラブ及びライオンズクラブの入会金等)

508 第4編 参考資料

9－7－15の2 法人がロータリークラブ又はライオンズクラブに対する入会金又は
会費等を負担した場合には、次による。
(1) 入会金又は経常会費として負担した金額については、その支出をした日の属す
る事業年度の交際費とする。
(2) (1)以外に負担した金額については、その支出の目的に応じて寄附金又は交際費
とする。ただし、会員たる特定の役員又は使用人の負担すべきものであると認め
られる場合には、当該負担した金額に相当する金額は、当該役員又は使用人に対
する給与とする。

（同業団体等の会費）

9－7－15の3 法人がその所属する協会、連盟その他の同業団体等（以下9－7－
15の3において「同業団体等」という。）に対して支出した会費の取扱いについて
は、次による。
(1) 通常会費（同業団体等がその構成員のために行う広報活動、調査研究、研修指
導、福利厚生その他同業団体としての通常の業務運営のために経常的に要する費
用の分担額として支出する会費をいう。以下9－7－15の3において同じ。）に
ついては、その支出をした日の属する事業年度の損金の額に算入する。ただし、
当該同業団体等においてその受け入れた通常会費につき不相当に多額の剰余金が
生じていると認められる場合には、当該剰余金が生じた時以後に支出する通常会
費については、当該剰余金の額が適正な額になるまでは、前払費用として損金の
額に算入しないものとする。
(2) その他の会費（同業団体等が次に掲げるような目的のために支出する費用の分
担額として支出する会費をいう。以下9－7－15の3において同じ。）について
は、前払費用とし、当該同業団体等がこれらの支出をした日にその費途に応じて
当該法人がその支出をしたものとする。
イ 会館その他特別な施設の取得又は改良
ロ 会員相互の共済
ハ 会員相互又は業界の関係先等との懇親等
ニ 政治献金その他の寄附
(注) 1 通常会費として支出したものであっても、その全部又は一部が当該同業
団体等において(2)に掲げるような目的のための支出に充てられた場合には、
その会費の額のうちその充てられた部分に対応する部分の金額については、
その他の会費に該当することに留意する。ただし、その同業団体等における
支出が当該同業団体等の業務運営の一環として通常要すると認められる程度
のものである場合には、この限りでない。
2 （省略）

（社葬費用）

9－7－19 法人が、その役員又は使用人が死亡したため社葬を行い、その費用を負

担した場合において、その社葬を行うことが社会通念上相当と認められるときは、その負担した金額のうち社葬のために通常要すると認められる部分の金額は、その支出した日の属する事業年度の損金の額に算入することができるものとする。

（注） 会葬者が持参した香典等を法人の収入としないで遺族の収入としたときは、これを認める。

（費途不明の交際費等）

9－7－20 法人が交際費、機密費、接待費等の名義をもって支出した金銭でその費途が明らかでないものは、損金の額に算入しない。

（大法人による完全支配関係）

16－5－1 法第66条第6項第2号《中小企業者等に対する軽減税率の不適用》の「大法人」による完全支配関係とは、大法人が普通法人の発行済株式等の全部を直接又は間接に保有する関係をいうのであるから、例えば、普通法人の発行済株式等の全部を直接に保有する法人（以下16－5－1において「親法人」という。）が大法人以外の法人であり、かつ、当該普通法人の発行済株式等の全部を当該親法人を通じて間接に保有する法人が大法人である場合のように、当該普通法人の発行済株式等の全部を直接又は間接に保有する者のいずれかに大法人が含まれている場合には、当該普通法人と当該大法人との間に大法人による完全支配関係があることに留意する。

8　租税特別措置法関係通達（法人税編）

第61条の4　《交際費等の損金不算入》関係

第1款　交際費等の範囲

（交際費等の意義）

61の4(1)－1 措置法第61条の4第4項に規定する「交際費等」とは、交際費、接待費、機密費、その他の費用で法人がその得意先、仕入先その他事業に関係ある者等に対する接待、供応、慰安、贈答その他これらに類する行為のために支出するものをいうのであるが、主として次に掲げるような性質を有するものは交際費等には含まれないものとする。

(1) 寄附金
(2) 値引き及び割戻し
(3) 広告宣伝費
(4) 福利厚生費
(5) 給与等

（寄附金と交際費等との区分）

61の4(1)－2 事業に直接関係のない者に対して金銭、物品等の贈与をした場合において、それが寄附金であるか交際費等であるかは個々の実態により判定すべきであ

510　　第4編　参考資料

るが、金銭でした贈与は原則として寄附金とするものとし、次のようなものは交際費等に含まれないものとする。

(1)　社会事業団体、政治団体に対する拠金

(2)　神社の祭礼等の寄贈金

（売上割戻し等と交際費等との区分）

61の4(1)−3　法人がその得意先である事業者に対し、売上高若しくは売掛金の回収高に比例して、又は売上高の一定額ごとに金銭で支出する売上割戻しの費用及びこれらの基準のほかに得意先の営業地域の特殊事情、協力度合い等を勘案して金銭で支出する費用は、交際費等に該当しないものとする。

　　(注)　「得意先である事業者に対し金銭を支出する」とは、得意先である企業自体に対して金銭を支出することをいうのであるから、その金額は当該事業者の収益に計上されるものである。

（売上割戻し等と同一の基準により物品を交付し又は旅行、観劇等に招待する費用）

61の4(1)−4　法人がその得意先に対して物品を交付する場合又は得意先を旅行、観劇等に招待する場合には、たとえその物品の交付又は旅行、観劇等への招待が売上割戻し等と同様の基準で行われるものであっても、その物品の交付のために要する費用又は旅行、観劇等に招待するために要する費用は交際費等に該当するものとする。ただし、物品を交付する場合であっても、その物品が得意先である事業者において棚卸資産若しくは固定資産として販売し若しくは使用することが明らかな物品（以下「事業用資産」という。）又はその購入単価が少額（おおむね3,000円以下）である物品（以下61の4(1)−5において「少額物品」という。）であり、かつ、その交付の基準が61の4(1)−3の売上割戻し等の算定基準と同一であるときは、これらの物品を交付するために要する費用は、交際費等に該当しないものとすることができる。

（景品引換券付販売等により得意先に対して交付する景品の費用）

61の4(1)−5　製造業者又は卸売業者が得意先に対しいわゆる景品引換券付販売又は景品付販売により交付する景品については、その景品（引換券により引き換えられるものについては、その引き換えられる物品をいう。）が少額物品であり、かつ、その種類及び金額が当該製造業者又は卸売業者で確認できるものである場合には、その景品の交付のために要する費用は交際費等に該当しないものとすることができる。

　　(注)　景品引換券付販売に係る景品の交付に要する費用を基本通達9−7−3により未払金に計上している場合においても、当該費用が交際費等に該当するかどうかは、実際に景品を交付した事業年度においてこの通達を適用して判定することとし、交際費等に該当するものは当該事業年度の交際費等の額に含めて損金不算入額を計算する。

（売上割戻し等の支払に代えてする旅行、観劇等の費用）

61の4(1)−6　法人が、その得意先に対して支出する61の4(1)−3に該当する売上割

戻し等の費用であっても、一定額に達するまでは現実に支払をしないで預り金等として積み立て、一定額に達した場合に、その積立額によりその得意先を旅行、観劇等に招待することとしているときは、その預り金等として積み立てた金額は、その積み立てた日を含む事業年度の所得の金額（その事業年度が連結事業年度に該当する場合には、当該連結事業年度の連結所得の金額）の計算上損金の額に算入しないで、旅行、観劇等に招待した日を含む事業年度において交際費等として支出したものとする。

> (注)　この場合に、たまたまその旅行、観劇等に参加しなかった得意先に対し、その預り金等として積み立てた金額の全部又は一部に相当する金額を支払ったとしても、その支払った金額は交際費等に該当する。

（事業者に金銭等で支出する販売奨励金等の費用）

61の4(1)－7　法人が販売促進の目的で特定の地域の得意先である事業者に対して販売奨励金等として金銭又は事業用資産を交付する場合のその費用は、交際費等に該当しない。ただし、その販売奨励金等として交付する金銭の全部又は一部が61の4(1)－15の(5)に掲げる交際費等の負担額として交付されるものである場合には、その負担額に相当する部分の金額についてはこの限りでない。

> (注)　法人が特約店等の従業員等（役員及び従業員をいう。以下同じ。）を被保険者とするいわゆる掛捨ての生命保険又は損害保険（役員、部課長その他特定の従業員等のみを被保険者とするものを除く。）の保険料を負担した場合のその負担した金額は、販売奨励金等に該当する。

（情報提供料等と交際費等との区分）

61の4(1)－8　法人が取引に関する情報の提供又は取引の媒介、代理、あっせん等の役務の提供（以下61の4(1)－8において「情報提供等」という。）を行うことを業としていない者（当該取引に係る相手方の従業員等を除く。）に対して情報提供等の対価として金品を交付した場合であっても、その金品の交付につき例えば次の要件の全てを満たしている等その金品の交付が正当な対価の支払であると認められるときは、その交付に要した費用は交際費等に該当しない。

(1)　その金品の交付があらかじめ締結された契約に基づくものであること。

(2)　提供を受ける役務の内容が当該契約において具体的に明らかにされており、かつ、これに基づいて実際に役務の提供を受けていること。

(3)　その交付した金品の価額がその提供を受けた役務の内容に照らし相当と認められること。

> (注)　この取扱いは、その情報提供等を行う者が非居住者又は外国法人である場合にも適用があるが、その場合には、その受ける金品に係る所得が所得税法第161条第1項各号又は法第138条第1項各号に掲げる国内源泉所得のいずれかに該当するときは、これにつき相手方において所得税又は法人税の納税義務が生ずることがあることに留意する。

（広告宣伝費と交際費等との区分）

61の4(1)ー9 不特定多数の者に対する宣伝的効果を意図するものは広告宣伝費の性質を有するものとし、次のようなものは交際費等に含まれないものとする。

(1) 製造業者又は卸売業者が、抽選により、一般消費者に対し金品を交付するために要する費用又は一般消費者を旅行、観劇等に招待するために要する費用

(2) 製造業者又は卸売業者が、金品引換券付販売に伴い、一般消費者に対し金品を交付するために要する費用

(3) 製造業者又は販売業者が、一定の商品等を購入する一般消費者を旅行、観劇等に招待することをあらかじめ広告宣伝し、その購入した者を旅行、観劇等に招待する場合のその招待のために要する費用

(4) 小売業者が商品の購入をした一般消費者に対し景品を交付するために要する費用

(5) 一般の工場見学者等に製品の試飲、試食をさせる費用（これらの者に対する通常の茶菓等の接待に要する費用を含む。）

(6) 得意先等に対する見本品、試用品の供与に通常要する費用

(7) 製造業者又は卸売業者が、自己の製品又はその取扱商品に関し、これらの者の依頼に基づき、継続的に試用を行った一般消費者又は消費動向調査に協力した一般消費者に対しその謝礼として金品を交付するために通常要する費用

(注) 例えば、医薬品の製造業者（販売業者を含む。以下61の4(1)ー9において同じ。）における医師又は病院、化粧品の製造業者における美容業者又は理容業者、建築材料の製造業者における大工、左官等の建築業者、飼料、肥料等の農業用資材の製造業者における農家、機械又は工具の製造業者における鉄工業者等は、いずれもこれらの製造業者にとって一般消費者には当たらない。

（福利厚生費と交際費等との区分）

61の4(1)ー10 社内の行事に際して支出される金額等で次のようなものは交際費等に含まれないものとする。

(1) 創立記念日、国民祝日、新社屋落成式等に際し従業員等におおむね一律に社内において供与される通常の飲食に要する費用

(2) 従業員等（従業員等であった者を含む。）又はその親族等の慶弔、禍福に際し一定の基準に従って支給される金品に要する費用

（災害の場合の取引先に対する売掛債権の免除等）

61の4(1)ー10の2 法人が、災害を受けた得意先等の取引先（以下61の4(1)ー10の3までにおいて「取引先」という。）に対してその復旧を支援することを目的として災害発生後相当の期間（災害を受けた取引先が通常の営業活動を再開するための復旧過程にある期間をいう。以下61の4(1)ー10の3において同じ。）内に売掛金、未収請負金、貸付金その他これらに準ずる債権の全部又は一部を免除した場合には、その免除したことによる損失は、交際費等に該当しないものとする。

① 交際費等に関する法令・通達　　*513*

　既に契約で定められたリース料、貸付利息、割賦販売に係る賦払金等で災害発生後に授受するものの全部又は一部の免除を行うなど契約で定められた従前の取引条件を変更する場合及び災害発生後に新たに行う取引につき従前の取引条件を変更する場合も、同様とする。

　(注)　「得意先等の取引先」には、得意先、仕入先、下請工場、特約店、代理店等のほか、商社等を通じた取引であっても価格交渉等を直接行っている場合の商品納入先など、実質的な取引関係にあると認められる者が含まれる。

(取引先に対する災害見舞金等)

61の4(1)-10の3　法人が、被災前の取引関係の維持、回復を目的として災害発生後相当の期間内にその取引先に対して行った災害見舞金の支出又は事業用資産の供与若しくは役務の提供のために要した費用は、交際費等に該当しないものとする。

　(注)　1　自社の製品等を取り扱う小売業者等に対して災害により滅失又は損壊した商品と同種の商品を交換又は無償で補填した場合も、同様とする。

　　　　2　事業用資産には、当該法人が製造した製品及び他の者から購入した物品で、当該取引先の事業の用に供されるもののほか、当該取引先の福利厚生の一環として被災した従業員等に供与されるものを含むものとする。

　　　　3　取引先は、その受領した災害見舞金及び事業用資産の価額に相当する金額を益金の額に算入することに留意する。ただし、受領後直ちに福利厚生の一環として被災した従業員等に供与する物品並びに令第133条に規定する使用可能期間が1年未満であるもの及び取得価額が10万円未満のものについては、この限りでない。

(自社製品等の被災者に対する提供)

61の4(1)-10の4　法人が不特定又は多数の被災者を救援するために緊急に行う自社製品等の提供に要する費用は、交際費等に該当しないものとする。

(協同組合等が支出する災害見舞金等)

61の4(1)-11　協同組合等がその福利厚生事業の一環として一定の基準に従って組合員その他直接又は間接の構成員を対象にして支出する災害見舞金等は、協同組合等の性格にかえりみ、交際費等に該当しないものとする。

(給与等と交際費等との区分)

61の4(1)-12　従業員等に対して支給する次のようなものは、給与の性質を有するものとして交際費等に含まれないものとする。

　(1)　常時給与される昼食等の費用

　(2)　自社の製品、商品等を原価以下で従業員等に販売した場合の原価に達するまでの費用

　(3)　機密費、接待費、交際費、旅費等の名義で支給したもののうち、その法人の業務のために使用したことが明らかでないもの

(特約店等のセールスマンのために支出する費用)

514 第4編 参考資料

61の4(1)−13 製造業者又は卸売業者が自己又はその特約店等に専属するセールスマン（その報酬につき所得税法第204条の規定の適用を受ける者に限る。）のために支出する次の費用は、交際費等に該当しない。
(1) セールスマンに対し、その取扱数量又は取扱金額に応じてあらかじめ定められているところにより交付する金品の費用
(2) セールスマンの慰安のために行われる運動会、演芸会、旅行等のために通常要する費用
(3) セールスマン又はその親族等の慶弔、禍福に際し一定の基準に従って交付する金品の費用
　　(注) (1)に定める金品の交付に当たっては、同条第1項の規定により所得税の源泉徴収をしなければならないことに留意する。

(特約店等の従業員等を対象として支出する報奨金品)
61の4(1)−14 製造業者又は卸売業者が専ら自己の製品等を取り扱う特約店等の従業員等に対し、その者の外交販売に係る当該製品等の取扱数量又は取扱金額に応じてあらかじめ明らかにされているところにより交付する金品の費用については、61の4(1)−13の(1)に掲げる費用の取扱いの例による。

(交際費等に含まれる費用の例示)
61の4(1)−15 次のような費用は、原則として交際費等の金額に含まれるものとする。ただし、措置法第61条の4第4項第2号の規定の適用を受ける費用を除く。
(1) 会社の何周年記念又は社屋新築記念における宴会費、交通費及び記念品代並びに新船建造又は土木建築等における進水式、起工式、落成式等におけるこれらの費用（これらの費用が主として61の4(1)−10に該当するものである場合の費用を除く。）
　　(注) 進水式、起工式、落成式等の式典の祭事のために通常要する費用は、交際費等に該当しない。
(2) 下請工場、特約店、代理店等となるため、又はするための運動費等の費用
　　(注) これらの取引関係を結ぶために相手方である事業者に対して金銭又は事業用資産を交付する場合のその費用は、交際費等に該当しない。
(3) 得意先、仕入先等社外の者の慶弔、禍福に際し支出する金品等の費用（61の4(1)−10の2から61の4(1)−11まで、61の4(1)−13の(3)及び61の4(1)−18の(1)に該当する費用を除く。）
(4) 得意先、仕入先その他事業に関係のある者（製造業者又はその卸売業者と直接関係のないその製造業者の製品又はその卸売業者の扱う商品を取り扱う販売業者を含む。）等を旅行、観劇等に招待する費用（卸売業者が製造業者又は他の卸売業者から受け入れる(5)の負担額に相当する金額を除く。）
(5) 製造業者又は卸売業者がその製品又は商品の卸売業者に対し、当該卸売業者が小売業者等を旅行、観劇等に招待する費用の全部又は一部を負担した場合のその

負担額

(6) いわゆる総会対策等のために支出する費用で総会屋等に対して会費、賛助金、寄附金、広告料、購読料等の名目で支出する金品に係るもの

(7) 建設業者等が高層ビル、マンション等の建設に当たり、周辺の住民の同意を得るために、当該住民又はその関係者を旅行、観劇等に招待し、又はこれらの者に酒食を提供した場合におけるこれらの行為のために要した費用

(注) 周辺の住民が受ける日照妨害、風害、電波障害等による損害を補償するために当該住民に交付する金品は、交際費等に該当しない。

(8) スーパーマーケット業、百貨店業等を営む法人が既存の商店街等に進出するに当たり、周辺の商店等の同意を得るために支出する運動費等（営業補償等の名目で支出するものを含む。）の費用

(注) その進出に関連して支出するものであっても、主として地方公共団体等に対する寄附金の性質を有するもの及び令第14条第1項第6号イに掲げる費用の性質を有するものは、交際費等に該当しない。

(9) 得意先、仕入先等の従業員等に対して取引の謝礼等として支出する金品の費用（61の4(1)−14に該当する費用を除く。）

(10) 建設業者等が工事の入札等に際して支出するいわゆる談合金その他これに類する費用

(11) (1)から(10)までに掲げるもののほか、得意先、仕入先等社外の者に対する接待、供応に要した費用で61の4(1)−1の(1)から(5)までに該当しない全ての費用

（飲食その他これに類する行為の範囲）

61の4(1)−15の2 措置法第61条の4第4項に規定する「飲食その他これに類する行為」（以下「飲食等」という。）には、得意先、仕入先等社外の者に対する接待、供応の際の飲食の他、例えば、得意先、仕入先等の業務の遂行や行事の開催に際して、得意先、仕入先等の従業員等によって飲食されることが想定される弁当等の差し入れが含まれることに留意する。

(注) 例えば中元・歳暮の贈答のように、単なる飲食物の詰め合わせ等を贈答する行為は、飲食等には含まれない。ただし、本文の飲食等に付随して支出した費用については、当該飲食等に要する費用に含めて差し支えない。

（旅行等に招待し、併せて会議を行った場合の会議費用）

61の4(1)−16 製造業者又は卸売業者が特約店その他の販売業者を旅行、観劇等に招待し、併せて新製品の説明、販売技術の研究等の会議を開催した場合において、その会議が会議としての実体を備えていると認められるときは、会議に通常要すると認められる費用の金額は、交際費等の金額に含めないことに取り扱う。

(注) 旅行、観劇等の行事に際しての飲食等は、当該行事の実施を主たる目的とする一連の行為の一つであることから、当該行事と不可分かつ一体的なものとして取り扱うことに留意する。ただし、当該一連の行為とは別に単独で行

516　　第4編　参考資料

われていると認められる場合及び本文の取扱いを受ける会議に係るものと認められる場合は、この限りでない。

（現地案内等に要する費用）

61の4(1)−17　次に掲げる費用は、販売のために直接要する費用として交際費等に該当しないものとする。

(1)　不動産販売業を営む法人が、土地の販売に当たり一般の顧客を現地に案内する場合の交通費又は食事若しくは宿泊のために通常要する費用

(2)　旅行あっせん業を営む法人が、団体旅行のあっせんをするに当たって、旅行先の決定等の必要上その団体の責任者等特定の者を事前にその旅行予定地に案内する場合の交通費又は食事若しくは宿泊のために通常要する費用（旅行先の旅館業者等がこれらの費用を負担した場合におけるその負担した金額を含む。）

(3)　新製品、季節商品等の展示会等に得意先等を招待する場合の交通費又は食事若しくは宿泊のために通常要する費用

(4)　自社製品又は取扱商品に関する商品知識の普及等のため得意先等に当該製品又は商品の製造工場等を見学させる場合の交通費又は食事若しくは宿泊のために通常要する費用

（下請企業の従業員等のために支出する費用）

61の4(1)−18　次に掲げる費用は、業務委託のために要する費用等として交際費等に該当しないものとする。

(1)　法人の工場内、工事現場等において、下請企業の従業員等がその業務の遂行に関連して災害を受けたことに伴い、その災害を受けた下請企業の従業員等に対し自己の従業員等に準じて見舞金品を支出するために要する費用

(2)　法人の工場内、工事現場等において、無事故等の記録が達成されたことに伴い、その工場内、工事現場等において経常的に業務に従事している下請企業の従業員等に対し、自己の従業員等とおおむね同一の基準により表彰金品を支給するために要する費用

(3)　法人が自己の業務の特定部分を継続的に請け負っている企業の従業員等で専属的に当該業務に従事している者（例えば、検針員、集金員等）の慰安のために行われる運動会、演芸会、旅行等のために通常要する費用を負担する場合のその負担額

(4)　法人が自己の従業員等と同等の事情にある専属下請先の従業員等又はその親族等の慶弔、禍福に際し、一定の基準に従って支給する金品の費用

（商慣行として交付する模型のための費用）

61の4(1)−19　建物、プラント、船舶等の建設請負等をした建設業者又は製造業者が、その発注者に対して商慣行として当該建設請負等の目的物の模型を交付するために通常要する費用は、交際費等に含まれないものとする。

（カレンダー、手帳等に類する物品の範囲）

61の4(1)−20　措置法令第37条の5第2項第1号に規定する「これらに類する物品」とは、多数の者に配付することを目的とし主として広告宣伝的効果を意図する物品でその価額が少額であるものとする。

（会議に関連して通常要する費用の例示）

61の4(1)−21　会議に際して社内又は通常会議を行う場所において通常供与される昼食の程度を超えない飲食物等の接待に要する費用は、原則として措置法令第37条の5第2項第2号に規定する「会議に関連して、茶菓、弁当その他これらに類する飲食物を供与するために通常要する費用」に該当するものとする。

　　(注)1　会議には、来客との商談、打合せ等が含まれる。
　　　　　2　本文の取扱いは、その1人当たりの費用の金額が措置法令第37条の5第1項に定める金額を超える場合であっても、適用があることに留意する。

（交際費等の支出の相手方の範囲）

61の4(1)−22　措置法第61条の4第4項に規定する「得意先、仕入先その他事業に関係のある者等」には、直接当該法人の営む事業に取引関係のある者だけでなく間接に当該法人の利害に関係ある者及び当該法人の役員、従業員、株主等も含むことに留意する。

（交際費等の支出の方法）

61の4(1)−23　措置法第61条の4第4項に規定する法人の支出する交際費等は、当該法人が直接支出した交際費等であると間接支出した交際費等であるとを問わないから、次の点に留意する。

　(1)　2以上の法人が共同して接待、供応、慰安、贈答その他これらに類する行為をして、その費用を分担した場合においても交際費等の支出があったものとする。

　(2)　同業者の団体等が接待、供応、慰安、贈答その他これらに類する行為をしてその費用を法人が負担した場合においても、交際費等の支出があったものとする。

　(3)　法人が団体等に対する会費その他の経費を負担した場合においても、当該団体が専ら団体相互間の懇親のための会合を催す等のために組織されたと認められるものであるときは、その会費等の負担は交際費等の支出があったものとする。

　　(注)　措置法令第37条の5第1項に規定する「飲食その他これに類する行為のために要する費用として支出する金額」とは、その飲食等のために要する費用の総額をいう。したがって、措置法第61条の4第4項第2号の規定の適用に当たって、例えば、本文の(1)又は(2)の場合におけるこれらの法人の分担又は負担した金額については、その飲食等のために要する費用の総額を当該飲食等に参加した者の数で除して計算した金額が5,000円以下であるときに、同号の規定の適用があることに留意する。ただし、分担又は負担した法人側に当該費用の総額の通知がなく、かつ、当該飲食等に要する1人当たりの費用の金額がおおむね5,000円程度に止まると想定される場合には、当該分担又は負担した金額をもって判定して差し支えない。

518　　第4編　参考資料

(交際費等の支出の意義)

61の4(1)－24　措置法第61条の4第1項に規定する各事業年度において支出した交際費等とは、交際費等の支出の事実があったものをいうのであるから、次の点に留意する。

(1)　取得価額に含まれている交際費等で当該事業年度の損金の額に算入されていないものであっても、支出の事実があった事業年度の交際費等に算入するものとする。

(2)　交際費等の支出の事実のあったときとは、接待、供応、慰安、贈答その他これらに類する行為のあったときをいうのであるから、これらに要した費用につき仮払又は未払等の経理をしているといないとを問わないものとする。

第2款　損金不算入額の計算

(交際費等の損金不算入額を計算する場合の資本金の額又は出資金の額等)

61の4(2)－1　措置法第61条の4第2項に規定する「資本金の額又は出資金の額」は、税務計算上の金額によるのであるから、例えば資本金の額又は出資金の額に税務計算上の払込否認金額がある場合には、当該払込否認金額を控除した金額によることに留意する。

(交際費等の損金不算入額を計算する場合の総資産の帳簿価額等)

61の4(2)－2　措置法令第37条の4第1号に規定する「総資産の帳簿価額」、「総負債の帳簿価額」、「利益の額」又は「欠損金の額」は、その事業年度終了の日における貸借対照表に計上されているこれらの金額によるのであるから、税務計算上の否認金があっても、当該否認金の額は、これらの額に関係させないことに留意する。

(総負債の範囲)

61の4(2)－3　措置法令第37条の4第1号に規定する総負債とは、外部負債たると内部負債たるとを問わないのであるから、貸倒引当金等だけではなく、税務計算上損金の額に算入されないものであっても、法人が損金経理により計上した税金未払金、各種引当金等も含むことに留意する。

(税金引当金の区分)

61の4(2)－4　措置法令第37条の4第1号に規定する総負債の額を計算する場合において、各事業年度終了の日における貸借対照表に計上されている税金引当金の額のうち利益又は剰余金の処分により積み立てられたものと損金経理により積み立てられたものとの区分が明らかでないときは、当該税金引当金の額は、同日に最も近い時において積み立てられたものから順次成るものとして計算し、その計算により損金経理により積み立てられた部分とされる金額を総負債の額に含めるものとする。

(保険会社の総負債)

61の4(2)－5　保険会社に係る措置法令第37条の4第1号に規定する総負債の額には、支払備金、責任準備金及び社員配当準備金の額は含まれるが、価格変動準備金は含まれないものとする。

(外国法人の総資産価額等の計算)

61の4⑵－6 措置法令第37条の4第4号及び第5号に規定する「総資産の価額」は、当該事業年度終了の日における貸借対照表に計上されている外国通貨表示の金額を当該事業年度終了の日の基本通達13の2－1－2に定める電信売買相場の仲値により換算した円換算額によるものとし、これらの号に規定する「国内にある資産（……）及び国外にある資産（……）の価額」は、当該事業年度終了の時における税務計算上の帳簿価額による。

（原価に算入された交際費等の調整）

61の4⑵－7 法人が支出した交際費等の金額のうちに棚卸資産若しくは固定資産の取得価額又は繰延資産の金額（以下61の4⑵－7において「棚卸資産の取得価額等」という。）に含めたため直接当該事業年度の損金の額に算入されていない部分の金額（以下61の4⑵－7において「原価算入額」という。）がある場合において、当該交際費等の金額のうちに措置法第61条の4第1項又は第2項の規定により損金の額に算入されないこととなった金額（以下61の4⑵－7において「損金不算入額」という。）があるときは、当該事業年度の確定申告書において、当該原価算入額のうち損金不算入額から成る部分の金額を限度として、当該事業年度終了の時における棚卸資産の取得価額等を減額することができるものとする。この場合において、当該原価算入額のうち損金不算入額から成る部分の金額は、当該損金不算入額に、当該事業年度において支出した交際費等の金額のうちに当該棚卸資産の取得価額等に含まれている交際費等の金額の占める割合を乗じた金額とすることができる。

　　(注)　この取扱いの適用を受けた場合には、その減額した金額につき翌事業年度（その事業年度が連結事業年度に該当する場合には、翌連結事業年度）において決算上調整するものとする。

520　　第4編　参考資料

2　交際費等（飲食費）に関するＱ＆Ａ

$\left(\begin{array}{l}\text{平成18年5月}\\\text{国税庁}\end{array}\right)$

　平成18年3月31日に公布された所得税法等の一部を改正する等の法律（平成18年法律第10号。以下「改正法」といいます。）により法人の交際費課税に関する規定（措法61の4・68の66）が改正され、平成18年4月1日以後開始する事業年度等から適用されることになりました。

　このＱ＆Ａは、その改正内容等を周知するため、これまで寄せられた主だったご質問に対する回答をとりまとめたものです。

1　法人の交際費課税の改正

（改正の概要）

> **（Ｑ1）**　平成18年度の税制改正により、法人の支出する交際費等の損金不算入制度が改正されたそうですが、その改正の概要はどのようなものなのでしょうか。

（Ａ）　法人の支出する交際費等の損金不算入制度について、次のような改正が行われ、法人の平成18年4月1日以後開始する事業年度分又は連結事業年度分の法人税について適用することとされました（改正法13、改正法附則102）。
　(1)　交際費等の範囲から「1人当たり5,000円以下の飲食費（社内飲食費を除きます。以下同じ。）」が一定の要件の下で除外されました。
　　（注）　「社内飲食費」とは、専ら当該法人の役員若しくは従業員又はこれらの親族に対する接待等のために支出する飲食費をいいます。以下同じ。
　(2)　資本金の額又は出資金の額が1億円以下の中小企業者に対して講じられていた定額控除限度額（年400万円）までの金額の損金算入割合を交際費等の額の90％相当額とする措置の適用期間が、平成18年4月1日から平成20年3月31日までに開始する事業年度又は連結事業年度まで延長されました。

（書類の保存要件）

> **（Ｑ2）**　交際費等の範囲から1人当たり5,000円以下の飲食費を除外する場合の

２ 交際費等（飲食費）に関するＱ＆Ａ 　　*521*

　　一定の要件とは、どのようなものなのでしょうか。

（**A**）　交際費等の範囲から「１人当たり5,000円以下の飲食費」を除外する要件とし
　ては、飲食その他これに類する行為（以下「飲食等」といいます。）のために要
　する費用について次に掲げる事項を記載した書類を保存していることが必要とさ
　れます（措法61の４④・68の66④、措規21の18の２・22の61の２）。
　　イ　その飲食等のあった年月日
　　ロ　その飲食等に参加した得意先、仕入先その他事業に関係のある者等の氏名又
　　　は名称及びその関係
　　ハ　その飲食等に参加した者の数
　　ニ　その費用の金額並びにその飲食店、料理店等の名称及びその所在地
　　（**注**）　店舗を有しないことその他の理由によりその名称又はその所在地が明らか
　　　　　でない場合は、領収書等に記載された支払先の氏名若しくは名称、住所若し
　　　　　くは居所又は本店若しくは主たる事務所の所在地が記載事項となります。
　　ホ　その他参考となるべき事項

２　交際費等の範囲から除かれる飲食等の行為

（飲食その他これに類する行為）

> （**Ｑ３**）　交際費等の範囲から除かれることとされる飲食費は「飲食その他これに
> 　類する行為のために要する費用」と定義されていますが、この場合の「こ
> 　れに類する行為」のために要する費用とはどのようなものが対象となるの
> 　でしょうか。

（**A**）　「飲食その他これに類する行為」のために要する費用としては、通常、自己の
　従業員等が得意先等を接待して飲食するための「飲食代」以外にも、例えば、得
　意先等の業務の遂行や行事の開催に際して、弁当の差入れを行うための「弁当
　代」などが対象となります。この場合の対象となる弁当は、得意先等において差
　入れ後相応の時間内に飲食されることが想定されるものを前提としています。
　　なお、単なる飲食物の詰め合わせを贈答する行為は、いわゆる中元・歳暮と変
　わらないことから、「飲食その他これに類する行為」には含まれないと考えられ、
　その贈答のために要する費用は、原則として、交際費等に該当することになりま
　す。
　　ただし、飲食店等での飲食後、その飲食店等で提供されている飲食物の持ち帰
　りに要する「お土産代」をその飲食店等に支払う場合には、相応の時間内に飲食
　されることが想定されるか否かにかかわらず、飲食に類する行為に該当するもの

522　　第4編　参考資料

として、飲食等のために要する費用とすることができます。

（飲食等のために要する費用）

> **（Q4）**　「飲食その他これに類する行為のために要する費用として支出する金額」
> には、得意先等を飲食店等へ送迎するための費用や飲食店等に支払うサー
> ビス料等の付随費用がどの程度含まれることになるのでしょうか。

（A）　飲食等のために要する費用としては、通常、飲食等という行為をするために必
　　要である費用が考えられることから、例えば、飲食等のためにテーブルチャージ
　　料やサービス料等として飲食店等に対して直接支払うものが対象となります。

　　　一方、得意先等との飲食等を行う飲食店等へ送迎するために送迎費を負担した
　　場合は、本来、接待・供応に当たる飲食等を目的とした送迎という行為のために
　　要する費用として支出したものであり、通常、飲食等のために飲食店等に対して
　　直接支払うものでもありませんので、その送迎費自体は交際費等に該当すること
　　になります。

　　　なお、交際費等の範囲から除かれることとされる1人当たりの費用の額の算定
　　に当たっても飲食費に加算する必要はありません。

（専ら従業員等のための飲食費①）

> **（Q5）**　今般の改正の対象となる飲食費には「社内飲食費」を含まないこととさ
> れていますが、接待する相手方である得意先等が1人でも参加していれば
> よいのでしょうか。

（A）　飲食費のうち「社内飲食費」については、1人当たり5,000円以下のものであ
　　っても、原則として、交際費等の範囲から除かれることとはされません（ただし、
　　他の会議費等の費用として交際費等の範囲から除かれる場合があります。）。

　　　この社内飲食費に関しては、仮に、接待する相手方である得意先等が1人であ
　　っても、その飲食等のために自己の従業員等が相当数参加する必要があったので
　　あれば、社内飲食費に該当することはありませんが、得意先等の従業員を形式的
　　に参加させていると認められる場合には、社内飲食費に該当することがあります。

（専ら従業員等のための飲食費②）

> **（Q6）**　今般の改正の対象となる飲食費には「専ら当該法人の役員若しくは従業
> 員又はこれらの親族に対する接待等のために支出するもの」を含まないこ

② 交際費等（飲食費）に関するQ＆A　　*523*

ととされていますが、接待する相手方は親会社の役員等でもよいのでしょうか。

（A）　今般の改正の対象となる飲食費から社内飲食費が除かれることの意味するところは、接待に際しての飲食等の相手方が社外の者である場合の飲食費が対象となるということです。したがって、資本関係が、100％である親会社の役員等であっても、連結納税の適用を受けている各連結法人の役員等であっても、相手方としては社外の者となることから、その者との飲食等に係る飲食費が社内飲食費に該当することはありません。

　　また、同業者パーティに出席して自己負担分の飲食費相当額の会費を支出した場合や得意先等と共同開催の懇親会に出席して自己負担分の飲食費相当額を支出した場合についても、互いに接待し合っているだけであることから、その飲食費が社内飲食費に該当することはありません。

（ゴルフ等に際しての飲食費）

（Q7）　ゴルフ・観劇・旅行等に際しての飲食費については、どのように取り扱われるのでしょうか。

（A）　ゴルフ・観劇・旅行（国内・海外）等の催事に際しての飲食等については、通常、それらの催事を実施することを主たる目的とする一連の行為の一つとして実施されるものであり、飲食等は主たる目的である催事と不可分かつ一体的なものとして一連の行為に吸収される行為と考えられます。

　　したがって、飲食等がそれら一連の行為とは別に単独で行われていると認められる場合（例えば、企画した旅行の行程のすべてが終了して解散した後に、一部の取引先の者を誘って飲食等を行った場合など）を除き、それら一連の行為のために要する費用の全額が、原則として、交際費等に該当するものとされます。

3　1人当たり5,000円以下の飲食費の判定

（1人当たりの金額計算）

（Q8）　交際費等の範囲から除かれることとなった1人当たり5,000円以下の飲食費であるかどうかの判定はどのように行うのでしょうか。

（A）　交際費等の範囲から除かれる飲食費は、次の算式で計算した1人当たりの金額が5,000円以下の費用が対象となります（措令37の5①・39の94①）。

524　　第4編　参考資料

　　したがって、個々の得意先等が飲食店等においてそれぞれどの程度の飲食等を
実際に行ったかどうかにかかわらず、単純に当該飲食等に参加した人数で除して
計算した金額で判定することになります。

```
┌──（算式）─────────────────────────────┐
│  飲食等のために要する費用        飲食等に参加                        │
│  として支出する金額      ÷   した者の数    =   1人当たりの金額    │
└──────────────────────────────────┘
```

（交際費等とされない飲食費の額）

> **（Q9）**　1人当たりの飲食費が5,000円を超えた場合であっても、5,000円以下の
> 飲食費の部分は交際費等の額から控除することができるのでしょうか。

（A）　交際費等の範囲から除かれる飲食費は、1人当たりの金額が5,000円以下の費
用それ自体が対象となることから（Q8参照）、1人当たりの金額が5,000円を超
える費用については、その費用のうちその超える部分だけが交際費等に該当する
ものではなく、その費用のすべてが交際費等に該当することになります。

　　すなわち、1人当たりの飲食費のうち5,000円相当額を控除するというような
方式ではありません（措令37の5①・39の94①）。

（1次会と2次会の費用）

> **（Q10）**　飲食費が1人当たり5,000円以下であるかどうかの判定に当たって、飲
> 食等が1次会だけでなく、2次会等の複数にわたって行われた場合には、
> どのように取り扱われるのでしょうか。

（A）　1次会と2次会など連続した飲食等の行為が行われた場合においても、それぞ
れの行為が単独で行われていると認められるとき（例えば、全く別の業態の飲食
店等を利用しているときなど）には、それぞれの行為に係る飲食費ごとに1人当
たり5,000円以下であるかどうかの判定を行って差し支えありません。

　　しかしながら、それら連続する飲食等が一体の行為であると認められるとき
（例えば、実質的に同一の飲食店等で行われた飲食等であるにもかかわらず、そ
の飲食等のために要する費用として支出する金額を分割して支払っていると認め
られるときなど）には、その行為の全体に係る飲食費を基礎として1人当たり
5,000円以下であるかどうかの判定を行うことになります。

② 交際費等（飲食費）に関するＱ＆Ａ　　*525*

（支出する費用に係る消費税等の額）

> **（Q11）**　飲食費が１人当たり5,000円以下であるかどうかの判定に当たって、その「支出する金額」に係る消費税等の額はどのように取り扱われるのでしょうか。

（Ａ）　飲食費が１人当たり5,000円以下であるかどうかは、その飲食費を支出した法人の適用している税抜経理方式又は税込経理方式に応じ、その適用方式により算定した金額により判定します。

　したがって、その「飲食等のために要する費用として支出する金額」に係る消費税等の額については、税込経理方式を適用している場合には当該支出する金額に含まれ、税抜経理方式を適用している場合には当該支出する金額に含まれないこととなります。

（会議費等との関係）

> **（Q12）**　会議に際して、１人当たり5,000円超の飲食費が生じた場合は、交際費等に該当するものとして取り扱われるのでしょうか。

（Ａ）　今般の改正は、従来、交際費等に該当していた飲食費（社内飲食費を除きます。）のうち１人当たり5,000円以下のものを、一定の要件の下で一律に交際費等の範囲から新たに除外するというものです。

　したがって、従来から交際費等に該当しないこととされている会議費等（会議に関連して、茶菓、弁当その他これらに類する飲食物を供与するために通常要する費用など）については、１人当たり5,000円超のものであっても、その費用が通常要する費用として認められるものである限りにおいて、交際費等に該当しないものとされます。

4　保存書類への記載事項

（保存書類への記載事項①）

> **（Q13）**　１人当たり5,000円以下の飲食費を除外する要件として一定の書類の保存要件があり、得意先等の氏名又は名称及びその関係が記載すべき事項としてありますが、当社の役員等の氏名等も記載する必要があるのでしょうか。

526　第4編　参考資料

（A）　交際費等の範囲から1人当たり5,000円以下の飲食費を除外する要件として、飲食等のために要する費用について「その飲食等に参加した得意先、仕入先その他事業に関係のある者等の氏名又は名称及びその関係」という事項を記載する必要があります。

　　　これは、社内飲食費でないことを明らかにするためのものであり、飲食等を行った相手方である社外の得意先等に関する事項を、「○○会社・□□部、△△◇◇（氏名）、卸売先」というようにして記載する必要があります（なお、氏名の一部又は全部が相当の理由があることにより明らかでないときには、記載を省略して差し支えありません。）。

　　　したがって、通常の経理処理等に当たって把握していると思われる自己の役員や従業員等の氏名等までも記載を求めているものではありません。

（保存書類への記載事項②）

> **（Q14）**　一定の書類の保存要件としての記載事項として、注意すべき点はどのようなものがありますか。

（A）　記載に当たっては、原則として、相手方の名称や氏名のすべてが必要となりますが、相手方の氏名について、その一部が不明の場合や多数参加したような場合には、その参加者が真正である限りにおいて、「○○会社・□□部、△△◇◇（氏名）部長他10名、卸売先」という表示であっても差し支えありません。

　　　また、その保存書類の様式は法定されているものではありませんので、記載事項を欠くものでなければ、適宜の様式で作成して差し支えありません。

　　　なお、一の飲食等の行為を分割して記載すること、相手方を偽って記載すること、参加者の人数を水増しして記載すること等は、事実の隠ぺい又は仮装に当たりますのでご注意ください。

5　その他

（申告書別表十五等の記載の仕方）

> **（Q15）**　申告書別表十五及び十五の二の記載に当たって、交際費等の範囲から除かれることとされる1人当たり5,000円以下の飲食費の表示は必要ないのでしょうか。

（A）　今般の税制改正において、申告書別表十五「交際費等の損金算入に関する明細書」の改正は行われていませんので、従来どおり「支出交際費等の額の明細」の

「科目」区分に従って各科目を表示し、それぞれの「支出額　5」に含まれる飲食費のうち、それぞれ損金不算入とならない1人当たり5,000円以下の飲食費の合計額を「交際費等の額から控除される費用の額　6」に含めて、「差引交際費等の額　7」を求めてください。

したがって、交際費等の範囲から除かれることとされる1人当たり5,000円以下の飲食費を独自に表示する必要はありません。

なお、連結納税申告に係る申告書別表十五の二の交際費等の記載に当たっても、同様となります。

（事業年度ベースの適用時期）

> **（Q16）** 損金不算入となる交際費等の範囲から除かれることとなった飲食費は、平成18年4月1日以後に支出するものから適用されるという理解でよいのでしょうか。

（A） 法人の支出する交際費等の損金不算入制度について、損金不算入となる交際費等の範囲から1人当たり5,000円以下の飲食費が一定の要件の下で除外されましたが、その適用関係については、法人の平成18年4月1日以後開始する事業年度分又は連結事業年度分の法人税について適用されることとされていますので（改正法附則102）、結果として、当該事業年度又は連結事業年度が開始している法人の支出する飲食費が対象とされることとなります。

したがって、その法人の事業年度等を基礎とした適用関係となり、飲食費の支出ベースでの適用関係とはなりませんので、平成18年4月1日以後に支出をした1人当たり5,000円以下の飲食費については、その支出をした日の属する事業年度等が平成18年4月1日前に開始した事業年度等である法人の場合には、交際費等の範囲から除外することはできません。

528　第4編　参考資料

3　接待飲食費に関するFAQ

$$\left(\begin{array}{c}\text{平成26年4月・7月}\\\text{国税庁}\end{array}\right)$$

　平成26年3月31日に公布された所得税法等の一部を改正する法律（平成26年法律第10号。以下「改正法」といいます。）により法人の交際費等の損金不算入制度に関する規定（措法61の4）が改正され、平成26年4月1日以後に開始する事業年度から適用することとされました。

　このFAQは、その改正内容等を周知するため、これまで寄せられた主な質問に対する回答を取りまとめたものです。

・接待飲食費に係る控除対象外消費税の取扱い（**Q10**）を追加しました（平成26年7月9日）

　　　(注)　1．このFAQの内容は、平成26年4月1日現在における単体申告に係る法人税に関する法令に基づき作成しています。なお、連結申告に係る法人税についても、同様の改正が行われています（措法68の66）。

　　　　　　2．1人当たり5,000円以下の飲食費で書類の保存要件を満たしているものについては、従前どおり、交際費等に該当しないこととされています。1人当たり5,000円以下の飲食費の取扱いについては、「交際費等（飲食費）に関するQ&A（平成18年5月）」を参考にしてください。

(改正の概要)

> （**Q1**）　平成26年度税制改正により、法人が支出する交際費等の額のうち接待飲食費の額の50%相当額は損金の額に算入することとなったと聞きましたが、改正の内容はどのようなものですか。

(A)　改正前における交際費等の損金不算入制度は、次のとおりとされていました（旧措法61の4）。

　(1)　中小法人以外の法人……支出する交際費等の全額が損金不算入

　(2)　中小法人…………………支出する交際費等の額のうち年800万円（以下「定額控除限度額」といいます。）を超える部分の金額が損金不算入

　　(注)　「中小法人」とは、事業年度終了の日における資本金の額又は出資金の額が1億円以下の法人をいい、普通法人のうち事業年度終了の日における

　　　　　　　　　　　　　　　③　接待飲食費に関するFAQ　　*529*

　　　　資本金の額又は出資金の額が５億円以上の法人などの一定の法人による完
　　　全支配関係がある子法人等を除きます。以下同じです。
　　平成26年度税制改正では、この交際費等の損金不算入制度について、その適用
期限を平成28年３月31日まで２年延長するとともに、交際費等のうち飲食その他
これに類する行為のために要する費用（社内飲食費を除きます。以下「飲食費」
といいます。）であって、帳簿書類に飲食費であることについて所定の事項が記
載されているもの（以下「接待飲食費」といいます。）の額の50％に相当する金
額は損金の額に算入することとされました（措法61の４①④、措規21の18の４）。
　　(注)　　１．「社内飲食費」とは、飲食その他これに類する行為のために要する
　　　　　　　費用であって、専ら当該法人の役員若しくは従業員又はこれらの親族
　　　　　　　に対する　接待等のために支出するものをいいます。以下同じです。
　　　　　　２．１人当たり5,000円以下の飲食費で書類の保存要件を満たしている
　　　　　　　ものについては、従前どおり、交際費等に該当しないこととされてい
　　　　　　　ます（措法61の４④二・⑥、措令37の５①、措規21の18の４）。
　　なお、中小法人については、接待飲食費の額の50％相当額の損金算入と、従前
どおりの定額控除限度額までの損金算入のいずれかを選択適用することができ、
定額控除限度額までの損金算入を適用する場合には、確定申告書、中間申告書、
修正申告書又は更正請求書（以下「申告書等」といいます。）に定額控除限度額
の計算を記載した別表15（交際費等の損金算入に関する明細書）を添付すること
とされています（措法61の４②⑤）。
　　これらの改正は、法人の平成26年４月１日以後に開始する事業年度から適用さ
れます（改正法附則77）。

（飲食費―飲食費の範囲）

　（Ｑ２）　　どのような費用が飲食費に該当しますか。

（Ａ）　　飲食費について法令上は、「飲食その他これに類する行為のために要する費用
　　（社内飲食費を除きます。）」と規定されています（措法61の４④）。このため、次
　　のような費用については、社内飲食費に該当するものを除き、飲食費に該当しま
　　す。
　　イ　自己の従業員等が得意先等を接待して飲食するための「飲食代」
　　ロ　飲食等のために支払うテーブルチャージ料やサービス料等
　　ハ　飲食等のために支払う会場費
　　ニ　得意先等の業務の遂行や行事の開催に際して、弁当の差入れを行うための
　　　「弁当代」（得意先等において差入れ後相応の時間内に飲食されるようなもの）
　　ホ　飲食店等での飲食後、その飲食店等で提供されている飲食物の持ち帰りに要

530 第4編 参考資料

する「お土産代」

(注) 接待飲食費は、「交際費等のうち飲食その他これに類する行為のために要する費用（社内飲食費を除く。）であって、帳簿書類により飲食費であることが明らかにされているもの」とされており、ここでいう「飲食その他これに類する行為のために要する費用（社内飲食費を除く。）」は、改正前の飲食費の定義である「飲食その他これに類する行為のために要する費用（社内飲食費を除く。）」と同一の用語であることから、その範囲は変わりません。

（飲食費―飲食費に該当しない費用）

> **（Q3）** 飲食費に該当しない費用には、どのようなものがありますか。

（A） 次に掲げる費用は飲食費に該当しません。

(1) ゴルフや観劇、旅行等の催事に際しての飲食等に要する費用

　通常、ゴルフや観劇、旅行等の催事を実施することを主たる目的とした行為の一環として飲食等が実施されるものであり、その飲食等は主たる目的である催事と一体不可分なものとしてそれらの催事に吸収される行為と考えられますので、飲食等が催事とは別に単独で行われていると認められる場合（例えば、企画した旅行の行程の全てが終了して解散した後に、一部の取引先の者を誘って飲食等を行った場合など）を除き、ゴルフや観劇、旅行等の催事に際しての飲食等に要する費用は飲食費に該当しないこととなります。

(2) 接待等を行う飲食店等へ得意先等を送迎するために支出する送迎費

　本来、接待・供応に当たる飲食等を目的とした送迎という行為のために要する費用として支出したものであり、その送迎費は飲食費に該当しないこととなります。

(3) 飲食物の詰め合わせを贈答するために要する費用

　単なる飲食物の詰め合わせを贈答する行為は、いわゆる中元・歳暮と変わらないことから、その贈答のために要する費用は飲食費に該当しないこととなります。

（社内飲食費―社内飲食費に該当しない費用）

> **（Q4）** 社内飲食費に該当しない費用には、どのようなものがありますか。

（A） 社内飲食費の支出の対象者について法令では、「専ら当該法人の役員若しくは従業員又はこれらの親族に対する」と規定されていますので（措法61の4④）、

自社（当該法人）の役員、従業員（これらの者の親族を含みます。）に該当しない者に対する接待等のために支出する飲食費等であれば、社内飲食費には該当しません。したがって、例えば次のような費用は社内飲食費に該当しないこととなります。

イ　親会社の役員等やグループ内の他社の役員等に対する接待等のために支出する飲食費

ロ　同業者同士の懇親会に出席した場合や得意先等と共同で開催する懇親会に出席した場合に支出する自己負担分の飲食費相当額

（社内飲食費―出向者）

> **（Q5）**　自社から親会社へ出向している役員等に対する接待等のために支出する飲食費は、社内飲食費に該当しますか。

（A）　出向者については、一般に、出向先法人及び出向元法人の双方において雇用関係が存在しますので、その者が出向先法人の役員等の立場で飲食等の場に出席したか、出向元法人の役員等の立場で飲食等の場に出席したかにより判断することになります。

具体的には、例えば、出向者が出向先である親会社の役員等を接待する会合に親会社の役員等の立場で出席しているような場合に支払う飲食代は、社内飲食費には該当しないこととなります。

他方、出向者が自社の懇親会の席に、あくまで自社の役員等の立場で出席しているような場合に支払う飲食代は、社内飲食費に該当することとなります。

（帳簿書類への記載事項①）

> **（Q6）**　接待飲食費については、所定の事項を帳簿書類に記載することとされていますが、具体的にはどのような事項を記載することとなりますか。

（A）　接待飲食費については、交際費等のうち飲食その他これに類する行為のために要する費用（社内飲食費を除きます。）で、かつ、法人税法上で整理・保存が義務付けられている帳簿書類（総勘定元帳や飲食店等から受け取った領収書、請求書等が該当します。）に、飲食費であることを明らかにするために次の事項を記載する必要があります（措法61の4④、措規21の18の4、法規59、62、67）。

イ　飲食費に係る飲食等（飲食その他これに類する行為をいいます。以下同じです。）のあった年月日

ロ　飲食費に係る飲食等に参加した得意先、仕入先その他事業に関係のある者等

532　　第4編　参考資料

　　の氏名又は名称及びその関係
　ハ　飲食費の額並びにその飲食店、料理店等の名称及びその所在地
　ニ　その他飲食費であることを明らかにするために必要な事項
　　（注）　1．1人当たり5,000円以下の飲食費に係る保存書類への記載事項に
　　　　　　ついては、「交際費等（飲食費）に関するQ&A（平成18年5月）
　　　　　　（PDF/220KB）」を参照してください。
　　　　　2．申告の際は、交際費等の額から接待飲食費の額の50％相当額を差し
　　　　　　引いた金額を損金不算入額として申告することとなりますので、申告
　　　　　　書等に別表15（交際費等の損金算入に関する明細書）を添付し、別表
　　　　　　15の所定の欄に接待飲食費の金額を記載してください。

（帳簿書類への記載事項②）

> **（Q7）**　Q6の帳簿書類への記載事項について、注意すべき点はありますか。

（A）　帳簿書類への記載事項として「飲食費に係る飲食等に参加した得意先、仕入先
　その他事業に関係のある者等の氏名又は名称及びその関係」があります。
　　これは、社内飲食費でないことを明らかにするためのものであり、原則として、
　飲食等を行った相手方である社外の得意先等に関する事項を「○○会社・□□部、
　△△◇◇（氏名）、卸売先」というようにして相手方の氏名や名称の全てを記載
　する必要があります。
　　ただし、相手方の氏名について、その一部が不明の場合や多数参加したような
　場合には、その参加者が真正である限りにおいて、「○○会社・□□部、△△◇
　◇（氏名）部長他10名、卸売先」という記載であっても差し支えありません（氏
　名の一部又は全部が相当の理由があることにより明らかでないときには、記載を
　省略して差し支えありません。）。

（中小法人の選択適用）

> **（Q8）**　中小法人については、接待飲食費の額の50％相当額の損金算入と交際費
　　　等の額の年800万円（定額控除限度額）までの損金算入を選択適用できる
　　　と聞きましたが、具体的にはどのように手続きをすればよいですか。

（A）　お尋ねのように、中小法人については、接待飲食費の額の50％相当額の損金算
　入と、定額控除限度額までの損金算入のいずれかを、事業年度ごとに選択できる
　こととされています（措法61の4①②）。
　　具体的には、申告書等に添付する別表15（交際費等の損金算入に関する明細

③　接待飲食費に関する FAQ　　*533*

書）において、いずれかの方法により損金算入額を計算し、申告等の手続きを行うことになります（措法61の4⑤）。

（申告に誤りがあった場合）

> **（Q9）** 接待飲食費に該当する費用の一部について、確定申告書に添付した別表15の接待飲食費の額に含めず、接待飲食費以外の交際費等として申告してしまいましたが、当該接待飲食費の50％の損金算入を内容とする更正の請求をすることはできますか。

（A） 法人が、接待飲食費とすべき金額の一部又は全部につき50％相当額の損金算入をしていなかった場合には、更正の請求の要件である「課税標準等若しくは税額等の計算が国税に関する法律の規定に従っていなかったこと又は当該計算に誤りがあったこと」に該当しますので、これを損金算入することを内容とする更正の請求書を提出することができます（措法61の4①、通法23①一）。

（接待飲食費に係る控除対象外消費税の取扱い）

> **（Q10）** 接待飲食費に係る控除対象外消費税に相当する金額は、接待飲食費に該当することとしてその50％相当額を損金算入できますか。

（A） 税抜経理方式を適用している場合における交際費等に係る控除対象外消費税の額のうち飲食費に係る金額は、租税特別措置法第61条の4第4項に規定する飲食費の額に含まれることになります（平元.3.1個別通達12（注）3）。

また、当該金額について接待飲食費として50％損金算入の適用を受けるためには、法人の帳簿書類に租税特別措置法施行規則第21条の18の4に掲げる事項を記載する必要がありますが、例えば、法人が合理的な方法により飲食費に係る控除対象外消費税を算出した場合のその計算書類は、同条第5号の「その他飲食費であることを明らかにするために必要な事項」を記載した書類に該当します。

534　第4編　参考資料

> **4**　「消費税法等の施行に伴う法人税の
> 取扱いについて」通達関係

$$\left(\begin{array}{l}\text{平元年3月1日直法2-1}\\\text{平29年6月30日課法2-17、課審6-6（改正）}\end{array}\right)$$

標題のことについては、下記のとおり定めたから、これによられたい。

（趣旨）

消費税法（昭和63年法律第108号）、所得税法及び消費税法の一部を改正する法律（平成6年法律第109号）、地方税法等の一部を改正する法律（平成6年法律第111号）及び地方税法等の一部を改正する法律の一部の施行に伴う関係政令の整備等に関する政令（平成9年政令第17号）、社会保障の安定財源の確保等を図る税制の抜本的な改革を行うための消費税法の一部を改正する等の法律（平成24年法律第68号）及び社会保障の安定財源の確保等を図る税制の抜本的な改革を行うための地方税法及び地方交付税法の一部を改正する法律（平成24年法律第69号）の施行に伴い、法人税の課税所得金額の計算における消費税及び地方消費税の取扱いを明らかにするものである。

1〜11　省略

（交際費等に係る消費税等の額）

12　法人が支出した措置法第61の4条第4項《交際費等の損金不算入》に規定する交際費等に係る消費税等の額は、同項に規定する交際費等（以下「交際費等」という。）の額に含まれることに留意する。

ただし、法人が消費税等の経理処理について税抜経理方式を適用している場合には、当該交際費等に係る消費税等の額のうち控除対象消費税額等に相当する金額は交際費等の額に含めないものとする。

（注）　1　税込経理方式を適用している場合には、交際費等に係る消費税等の額は、その全額が交際費等の額に含まれることになる。

2　税抜経理方式を適用している場合における交際費等に係る消費税等の額のうち控除対象外消費税額等に相当する金額は、交際費等の額に含まれることになる。

3　2により交際費等の額に含まれることとなる金額のうち、措置法第61条の4第4項に規定する飲食費に係る金額については、同項の飲食費の額に含まれる。

4　控除対象外消費税額等のうち特定課税仕入れ（その支払対価の額が交際費等の額に該当するものに限る。）に係る金額は、本文の「交際費等に係る消費税等の額」に含まれないことに留意する。

【著者紹介】

西巻　茂（にしまき　しげる）
東京国税局調査第一部調査審理課課長補佐，税務大学校教授，主任国際調査専門官，外国法人調査部門統括官，東京国税不服審判所審判官，世田谷税務署長等を経て退官。調査部所管法人の審理事務、国際課税事務に長らく携わる。現在税理士として活躍。
主な著書に「寄附金課税のポイントと重要事例Ｑ＆Ａ」（税務研究会）など。

本書の内容に関するご質問は、ファクシミリ等、文書で編集部宛にお願いいたします。(fax　03-6777-3483)

　なお、個別のご相談は受け付けておりません。

　本書刊行後に追加・修正事項がある場合は、随時、当社のホームページ（https://www.zeiken.co.jp）にてお知らせいたします。

交際費課税のポイントと重要事例Q&A

平成19年10月30日　初　版第一刷発行		（著者承認検印省略）
平成30年4月25日　第5版第一刷印刷		
平成30年5月2日　第5版第一刷発行		

Ⓒ　著　者　　西　巻　　　茂

発行所　　税 務 研 究 会 出 版 局

週刊「税 務 通 信」「経 営 財 務」発 行 所

代表者　　山　根　　　毅

郵便番号100-0005
東京都千代田区丸の内1-8-2
鉄鋼ビルディング
振替00160-3-76223
電話〔書 籍 編 集〕03(6777)3463
　　〔書 店 専 用〕03(6777)3466
　　〔書 籍 注 文〕03(6777)3450
　　〈お客さまサービスセンター〉

各事業所　電話番号一覧

北海道 011(221)8348	神奈川 045(263)2822	中　国 082(243)3720
東　北 022(222)3858	中　部 052(261)0381	九　州 092(721)0644
関　信 048(647)5544	関　西 06(6943)2251	

〈税研ホームページ〉　https://www.zeiken.co.jp

乱丁・落丁の場合は，お取替え致します。　　　　印刷・製本　藤原印刷

ISBN 978-4-7931-2285-9